アンガス・ディートン

大脱出

健康、お金、格差の起原

松本裕訳

みすず書房

THE GREAT ESCAPE

Health, Wealth, and the Origins of Inequality

by

Angus Deaton

First published by Princeton University Press, 2013

レスリー・ハロルド・ディートンに捧げる

大脱出■目次

はじめに　7

序章　本書で語ること　14
映画『大脱走』　15　経済成長と格差の起原　17　所得だけでなく健康も　20　発展はどのようにして起こるのか？　22
なぜ格差が問題なのか？　24　ロードマップ　26　発展を測り、格差を測る　29　国民幸福度と国民所得　30

第1章　世界の幸福　37
健康と財産　38　世界の平均余命と所得　43　壊滅的な中断を経ながらも、前へ上へ　50　世界的貧困と世界的格差　55
人々は自分の暮らしをどう見ているのか？　60　精神の幸福　65

第Ⅰ部　生と死　71

第2章　有史以前から一九四五年まで　72
アメリカ合衆国に見る生と死の基本的概念　73　有史以前の生と死　86　啓蒙時代の生と死　94　一八〇〇年―一九四五年　100

第3章　熱帯地方における死からの脱出　115

第4章　現代世界の健康　140
高齢者も脱出できる　141　グローバル時代の健康　163　変わりゆく身体　170

第Ⅱ部　お金　181

第5章　アメリカの物質的幸福　182
アメリカの経済成長　184　アメリカにおける貧困　195　アメリカにおける所得の分配　203　労働の格差　206　政治と格差　212　収入と家族　217　アメリカの高所得者　219　何があったのか、そしてそれがなぜ重要なのか？　223

第6章　グローバル化と最大の脱出　235
世界を測定する　237　世界の成長　247　成長、健康、そして人口爆発　256　世界の貧困　264　世界の所得格差　275

第Ⅲ部　助け　283

第7章　取り残された者をどうやって助けるか　284

物質的援助と世界的貧困　285　援助についての事実　291　援助はどのくらい効果があるのか？　299　開発プロジェクトの有効性　308　援助と政治　313　医療援助は別なのか？　327　私たちは何をするべきか？　332

あとがき　これからの世界　346

原注　vi
索引　i

はじめに

『大脱走』は、第二次世界大戦の捕虜収容所から脱走する男たちの物語だ。本書における「大脱走」は人類による貧困と早すぎる死からの脱出の物語で、人類がどうやって暮らしを良くしてきたか、あとに続く者たちのためにどうやって道を切り開いてきたかを語っている。

私の父の人生も、そういうものだった。父レスリー・ハロルド・ディートンは一九一八年、イギリスのサウスヨークシャー州の炭田にあるサークロフトという貧しい炭鉱の村に生まれた。父の祖父母トマスとアリスが、新しい炭鉱でもっといい暮らしができるようになるかもしれないという希望のもとに農業をあきらめたのだった。二人の長男で私の祖父にあたるハロルドは第一次世界大戦で戦い、坑道に戻り、やがては現場監督にまでなった。父が子どものころは、サークロフトで教育を受けるのは難しいことだった。二つの世界大戦の合間に高校に行くことを許された子どもはほとんどいなかったからだ。少年時代の父は、炭鉱で雑用仕事をいくつか引き受けていた。父の願いもほかの少年たちと同様、いつの日か採掘現場で働くことだった。だが、その願いは叶わなかった。父は一九三九年に徴兵され、のちに敗北することになるイギリス海外派遣軍の一員としてフランスに派兵される。翌年の敗退後、今度はスコットランドに送られ、特殊部隊に入るための訓練を受けた。のちに私の母となる女性、リリー・ウッドと出会ったのはこのころだ。その後父は「運良く」結核をわずらい、免役されて療養所に送られる。「運良く」と言ったのは特殊部隊によるノルウェーへの奇襲攻撃が失敗に終わったからで、攻撃に参加していたら確実に死んでいただろう。父は一九四二年に復員し、スコットランド南部ガラシールズの町に住む大工の娘だったリリーと結婚した。

ヨークシャーでは高校教育が受けられなかったものの、父は夜間学校に通って鉱山業に必要な測量技術を学んでいた。そして労働力が不足していた一九四二年、その技術がものを言い、エディンバラにある土木技師の会社で雑用係として雇われる。父は自分も土木技師になろうと決意し、知識がほぼゼロのところから一〇年間必死で勉強してようやく資格を取得した。勉強は難しく、特に数学と物理学には苦労したようだ。父が通ったエディンバラの夜間学校は今はヘリオット・ワットという大学になっていて、最近父の試験結果を送ってくれた。たしかに、勉強には苦労したらしい。父はスコットランドのボーダーズ州で給水技師の職に就き、母の祖母が昔住んでいたという小屋を購入した。かつて作家のサー・ウォルター・スコットも時々訪問していたという小屋だ。子どもだった私にとって、すすと煤煙とみじめな天気のエディンバラから、緑あふれる森とマスが泳ぐ清流、そして一九五五年の夏には毎日のように太陽の光が降り注いでいた田舎の村への引越しは、それだけで十分大脱出だった。

その後、父は伝統にならい、息子が自分よりもいい人生を送れるようにしようと努力した。どうやったのかわからないが、私の学校の教師を説得して個人授業をさせ、私をエディンバラのとある名門パブリックスクール（要は私立学校だ）の奨学金試験に備えさせたのだ。その年、無償で進学できた二人の生徒のうち一人に、私はなることができた。ちなみにその学校の一年分の学費は、父の給料よりも高かった。私はその後数学を勉強するためにケンブリッジに進学し、やがて経済学の教授となって最初はイギリスで、次にアメリカのプリンストンで教えるようになった。私の妹はスコットランドの大学に進学し、教師になっている。一二人いるいとこたちの中でも大学まで行ったのは私たち兄妹だけで、もちろん、私たちより前の世代で大学に行けた子どもは一人もいなかった。父の二人の孫たちは、今はアメリカに住んでいる。私の娘はシカゴにある有名なファイナンシャルプランナーの会社でパートナーをやっているし、息子はニューヨークのこれも有名なヘッジファンドでパートナーになっている。二人ともプリンストン大学の多種多様で豊かな教育を受けた。私自身がケンブリッジで受けた無味乾燥で限られた大学教育からすればプリンストンは幅広く奥深い機会を提供してくれ、教育の質もずっと高い。息子も娘も、父には想像もつかなかった水準の生活を送っている。もっとも孫たちの暮らしぶりをしっかり目に焼きつけられるくらいは長生きして、それを喜んでいたが。ひ孫たちに至っては、ヨークシャーの炭田では突拍子もない夢物語でしかなかったような、豊かで多くの機会にめぐまれた世界に生きている。

父のサークロフトからの脱出は、本書の主題の一例だ。父は絶望的なまでの貧困家庭に生まれたわけではなかったとは言え、今の水準から見ればかなり貧しい生活を送っていた。だが最後には、比較的豊かな暮らしのうちに生涯を閉じている。ヨークシャー州の炭鉱集落についての統計はないのだが、一九一八年にイギリスで生まれた子ども一〇〇〇人につき一〇〇人以上が五歳の誕生日まで生きられなかったというデータがある。サークロフトの死亡リスクはもっと高かったことだろう。今、サハラ以南のアフリカに生まれた子どもたちが五歳以上まで生きる可能性は、一九一八年にイギリスで生まれた子どもたちよりも高い。父と祖父母たちは一九一八－一九年のスペイン風邪の世界的大流行を生き延びたが、祖父は坑道の中で暴走するトロッコに轢かれて早死にしている。母方の祖父も虫垂切除の手術を受けたあと、感染症で若くしてこの世を去った。だが父は「死の大将」と言われた結核に若いころかかったにもかかわらず、九〇代まで生きながらえた。父のひ孫たちは、一〇〇歳まで生きる可能性が十分にある。

現代の生活水準は一〇〇年前と比べてはるかに高くなり、子ども時代の死から多くの人々が逃れ、豊かな生活を経験できるくらい長生きするようになっている。父が生まれてほぼ一世紀経った今、五歳まで生きられないイギリス人の子どもは一〇〇〇人中たったの五人だ。わずかに残されたヨークシャーの炭田（サークロフト炭鉱は一九九一年に閉鎖された）ではこの数字がもう少し高いかもしれないが、それでも一九一八年の数字に比べればごくわずかだ。父にとってはあんなに大変だった教育を受ける機会は、今ではあたりまえに与えられる。私の世代でさえ、大学に進学するイギリス人の子どもは一〇人に一人もいなかった。だが今では大半の子どもが、何かしらの高等教育を受けている。

父の脱出と彼が子どもや孫たちのために作り上げた未来は、特殊な事例ではない。だが、世界共通と言うには程遠い。サークロフトで父と同じ時代に生まれた子どものうち、職業資格を取得した者はごくわずかだ。母の姉妹たちもその夫たちも、資格など持っていなかった。母の兄とその家族は複数の仕事をかけもちしてどうにか生活費を工面していたが、スコティッシュ・ボーダーズ州を走る鉄道が閉鎖されてそれすら厳しくなると、一九六〇年代にオーストラリアへ移住した。私の子どもたちは経済的に成功しているし生活も安定しているが、彼ら（と私たち）は並外れて幸運な部類に入る。高い教育を受け、経済的に成功した人々の子どもでも、多くが親と同水準の生活をするのに苦労しているのだ。私の友人たちの多くも、子どもの将来や孫の教育はいつも悩みの種だと言う。

これが、物語の別の一面だ。父とその家族は、平均的に寿命が延び、生活も豊かになりつつあった人々の中で長生きして豊かな生活を送っていた。だが誰もが父のようにやる気と熱意にあふれていたわけではないし、父ほど幸運だったわけでもない。父が誰よりも努力したのは事実だが、運も重要な要素だった。子どものうちに死なずにすんだという運、戦争のおかげで採掘現場で働かずにすんだという運、失敗する奇襲攻撃に向かう特殊部隊に入らなかったという運、結核で死ななかったという運、そして売り手市場の時代で簡単に仕事にありつけたという運。脱出した者のあとには取り残される者がいて、運は全員に平等に与えられるわけではない。機会は生まれるかもしれないが、その機会をつかむための備えや決意も全員が平等に持っているわけではない。つまり、進歩の物語はすなわち格差の物語でもあるということだ。アメリカの上げ潮の繁栄が平等に広まってなどいない現代では、特にその傾向が強い。とてつもなく成功している人々が少数いて、大半の人々は苦労している。世界全体を見ると、進歩の同じようなパターンが見えてくる。一部は逃げ延びたが、一部は悲惨な貧困と困窮、病気、そして死に囚われたままだ。

本書は、進歩と格差の間の終わりなきダンスについて記している。進歩がいかに格差を生むか、そして格差がいかに役立つこともあるかという話だ。格差はあとから来る者に道を示したり、追いつこうというやる気を起こさせたりするという点では役に立つ。だが役に立たない場合もあって、先に脱出した者が背後の逃げ道を塞いで自分の特権的地位を守ろうとする場合がそうだ。今までに幾度となく語られてきた物語ではあるが、本書では私なりの新しい形で語りたいと思う。

単純に考えると、貧困からの脱出は金銭的な問題だと思いがちだ。お金をたくさん持っていれば、明日は足りるかどうかがわからないとか、何か緊急事態が起こってお金が足りなくなり、家族丸ごと沈没してしまうかもしれないとかいう絶え間ない不安に襲われながら日々生活しなくてすむと思うだろう。お金は、たしかにこの物語の中心部分だ。だがお金と同じくらい、ひょっとするともっと重要なのかもしれないのが健康と、繁栄する機会を手に入れられるだけ長生きする確率の向上だ。子どもが死ぬかもしれないという恐怖がしばしば現実になったり、子どもを五人育て上げるために一〇人生まなければならなかったりという状況は身の毛もよだつような貧困がもたらすものであり、ただでさえお金のことを心配しなければならない人々の心配の種を増やしている。歴史を通して、そして現代の世界でも、子どもの病気と死、大人を何度も苦しめる反復性の高い病気、そして過酷な貧困は、手に手を取って同じ家族を何度も再訪する招かれざる客だ。

富の歴史について語る本は数多くあるし、格差の歴史について語る本も多い。健康について、そして健康と富がいかに密接な関係にあり、健康の格差が富の格差をいかに鏡のように反映しているかについて語る本もたくさん出ている。私はその両方について一冊で語りたいと思う。人口統計学や歴史学の専門家は、おそらくこの経済学者の侵入を許してくれるだろう。だが人類の幸福についての物語、あるいは何が生活に生きがいをもたらすのかについての物語は、重要な要素の一部分だけ見ていては十分に語れない。「大脱走」は、学問の領域を考慮してはくれないのだ。

私は、経済学者として生きてきた中で知識という恩恵をかなり受けてきた。私に一番大きな影響を与えたのは、おそらくリチャード・ストーンだろう。彼から学んだのは測定についてだ。測定がなければわかることはほとんどなく、正しく測定することがいかに重要かを教えてもらった。アマルティア・センからは生きがいについてどう考えるべきか、そして幸福を部分的にではなく、全体として研究することがどれだけ重要かを教わった。幸福の測定こそ、本書の核とも言える部分だ。

私の友人、同僚、学生たちも、本書の草稿の一部分や全文を読んでくれるという途方もない寛大さで私を支えてくれた。彼らの思慮深く洞察に満ちた意見のおかげで、本書ははるかに良くなったと思う。なかでも私の意見に反対していて、そのうえで批判や説得の時間を割いてくれ、さらに褒めるところがあれば褒めたり同意したりしてくれた人々には特に感謝している。トニー・アトキンソン、アダム・ディートン、ジーン・ドレーズ、ビル・イースタリー、ジェフ・ハマー、ジョン・ハモック、デイヴィッド・ジョンストン、スコット・コスティシャク、イリヤナ・クジエンコ、デイヴィッド・ラム、ブランコ・ミラノヴィッチ、フランコ・ペラッチ、トマス・ポッゲ、レアンドロ・プラドス・デ・ラス・エスコスラ、サム・プレストン、マックス・ローザー、サム・シュルホーファー゠ウォール、アレッサンドロ・タロッツィ、ニコラス・ヴァン・デ・ワル、そしてライフ・ウェナーには感謝している。プリンストン大学出版局の編集者セス・ディッチクは執筆を始める手助けをしてくれ、最後まで支援とすばらしい助言を与えてくれた。

プリンストン大学は、三〇年以上にわたって最上の学究環境を提供してくれている。アメリカ国立老化研究所と全米経済研究所は健康と幸福についての私の研究に出資してくれ、その研究結果は本書に大きな影響を与えた。世界銀行とは度々仕事をさせてもらっている。世銀は常に緊急で現実的な問題に直面しており、どの問題が重要でどれがそうでないかを教えてくれた。近年、私はギャラップのコンサルタントを務めている。ギャラップは幸福についての世界的調査の先駆者であり、そこで集められたデータの一部が、本書の序盤にいくつか使われている。ここに挙げたすべての関係者に、感謝したい。

最後の、そして最大の感謝は、アン・ケースに捧げる。本書の執筆直後に全文を一語もらさず読んでくれ、あとから何度も繰り返し読んでくれもした。全体を通して何度も改善できたのは彼女のおかげで、彼女のたゆまぬ励ましと支援がなければ、本書が世に出ることはなかっただろう。

序章　本書で語ること

今、世界は最高に暮らしやすい。豊かな人々の数が増え、極端に貧しい人々の数は減っている。寿命は長くなったし、親が子どもの四人に一人を喪うのがあたりまえという時代は終わった。それでもいまだに何百万人もが、極貧と早すぎる死の恐怖を経験している。この世は、ずいぶんと不公平だ。

格差はしばしば、発展の副産物として生まれる。誰もが同時に金持ちになれるわけではないし、清潔な水であれワクチンであれ心臓病を予防する新薬であれ、最新の救命手段を誰もがすぐに手に入れられるわけでもない。そして格差は、ひるがえって発展に影響をおよぼす。これには良い面もあって、インドの子どもたちが教育の力を知って、学校に通うようになるということもあるかもしれない。だが、勝ち組があとに続く者を邪魔しようとはしごを引き上げてしまったらどうなるだろう。新興成金の連中が金に物を言わせて政治家に圧力をかけ、自分たちには無用な公的教育や公的医療サービスを制限しようとするかもしれない。

本書は、物事がどんなふうに良くなったか、発展がなぜ、どうやって起こったか、そして発展と格差がその後どのように相互作用するようになったかについて語っている。

映画『大脱走』

第二次世界大戦の捕虜を描いた有名な映画『大脱走』は、ドイツ領内で撃墜された英国空軍所属の南アフリカ人、ロジャー・ブッシェル（映画ではロジャー・バートレットという名で、リチャード・アッテンボローが演じた）が何度も収容所を脱走しては捕まったという実話を元にしている。[1] 映画で描かれる三度目の脱走では、スタラグ・ルフトⅢ収容所から掘り進めたトンネルを通って二五〇人の捕虜がブッシェルとともに脱走した。厳しい監視の下で脱走がどのように計画されたか、「トム」「ディック」「ハリー」と命名された三本のトンネルを掘るために凝らされた工夫、民間人の衣服や偽造書類を作るために費やされた努力や技術がどのようなものだったかが、映画の中では語られている。その後捕虜は三人を除いて全員が捕まり、ブッシェルはヒトラーの直接の命令で処刑された。だがこの映画で注目するべきなのは、脱走そのものがほとんど成果を上げなかった点ではなく、人間が想像を絶するほど厳しい状況にあっても自由を求めるという、その飽くなき欲求だ。

本書で言う自由とは豊かに暮らす自由、生きがいのある人生を送るための活動をおこなう自由だ。自由の欠如とは貧困、欠乏、病気を意味する。人類の大半は長きにわたって自由の欠如に苦しめられ、今でも世界中であまりにも多くの人々が苦しみ続けている。本書ではこの牢獄からの度重なる脱走、それがなぜどのようにして起こったか、その後どうなったかという経緯を語りたいと思う。これは物質的発展と生理的発展、より裕福で健康になる人々、貧困からの脱出についての物語だ。

副題「格差の起原」は、脱走しなかった捕虜たちのことを思ってつけた。捕虜たちは皆、収容所にとどまることもできた。だが何人かが脱走し、何人かが死に、何人かが収容所に戻され、何人かは一度も脱走しなかった。これがほとんどの「大脱走」の本質だ。誰もが脱走に成功するわけではない。だからといって脱走が魅力的でなかったり称賛されなかったりするかというと、そんなことはまったくない。だが脱走の結末を思うときには映画の主人公たちのことだけではなく、スタラグ・ルフトⅢやほかの捕虜収容所に取り残された捕虜たちのことも考えなければならない。なぜか？　たしかに、映画では彼らには触れていない。逃げなかった捕虜たちは主役ではなく、本筋に関係ないからだ。『大居残り』などというタイトルでは、映画は作れない。

　それでも、私たちは彼らのことを考えなければならない。なんと言っても、ドイツの捕虜収容所にいた捕虜のうち、脱走した者よりも脱走しなかった者のほうがはるかに数は多いのだから。脱走があったために処罰を与えられたり特権が剥奪されたりしたのなら、逃げなかった者は脱走によって被害を受けたことになる。警備は当然、前よりもさらに厳しくなっただろう。捕虜仲間の脱走が、残った者にも脱走の意志を固めさせただろうか？　大脱走を果たした者が編み出した脱走術から学習し、彼らの失敗を繰り返さないように行動することもできただろう。それとも、脱走の難しさやほぼ失敗に終わった大脱走そのものの結末を見て、やる気がそがれただろうか？　あるいは脱走に成功した者たちに嫉妬し、自分の境遇を悲観して不幸で落ちこんだ気分になり、収容所生活がさらにつらいものになってしまったかもしれない。

　いい映画の例に漏れず、『大脱走』にもさまざまな解釈がある。脱走の成功と高揚感は、映画の終盤にはほぼ消え去ってしまう。ほとんどの脱走者にとって、自由は一時的なものにすぎなかったからだ。死と貧困からの人類の脱走が始まったのは二五〇〇年ほど前で、今現在も続いている。だが永遠に逃げ続けられると断言することはできないし、気候変動や政策の失敗、疫病や戦争など、多くの脅威によって逃げきれなくなる日が来るかもしれない。実際、向上しつつあった生活水準がまさにそうした脅威によって停滞してしまったことが、近代以前には何度もあった。脱走を成功させるのは可能だし、喜ぶべきではあるが、無邪気に勝ち誇れるような根拠は何もない。

経済成長と格差の起原

人類の発展に関するすばらしい成果の数々の陰には、非の打ちどころがなかったとされるものにでさえ、格差という遺物が隠れている。一八世紀から一九世紀にかけてイギリスで始まった産業革命は、何億もの人々を物質的貧困から救うに至る経済成長のきっかけとなった。だがこの産業革命には、歴史家たちが「大分岐」と呼ぶ側面がある。イギリスにやや遅れてヨーロッパ北西部と北米も著しい発展を遂げ、他の国々を引き離した。その結果欧米諸国とその他諸国の間に築かれた巨大な溝は、今日に至るまで埋められていない。[2] 今日の世界的格差は、実はその大半が近代の経済成長によって引き起こされたものだ。

産業革命以前の世界が常に後進的で悲惨なほど貧しかった、と思うのは間違いだ。コロンブスがアメリカ大陸に到達する何十年も前の中国はインド洋を探検する巨大船舶の大船団を派遣するほど豊かで、技術も進歩していた。鄭和《ていわ》という武将が指揮したその船団の船は、コロンブスが乗っていた船に比べれば空母のような大きさだった。[3] それよりさかのぼることさらに三〇〇年も前、中国の開封《かいほう》という都市はすでに煙立ちこめる百万人都市で、煙を吐き出す工場群は八〇〇年後のイギリスの産業都市ランカシャーにあってもおかしくないくらいの規模だった。印刷機で刷られる何百万冊もの書籍は、つましい暮らしを送る人々でも買えるくらい安い値段で売られていた。[4] だが、豊かな時代は中国でもほかの地域でも長く続くことはなく、ましてや右肩上がりの繁栄の始まりとなることもなかった。一一二七年、開封は満州の部族に攻め落とされる。この部族は皮肉なことに、戦争のために軽率にも手を結んだ相手だった。危険な相手と同盟を組むなら、報酬は出し惜しみしないほうがいい[5]。アジアの経済成長は、始まったと思ったら強欲な指導者や戦争、あるいはその両方によって中断されることの繰り返しだった[6]。二五〇〇年前ごろからようやく、世界の一部で長期的かつ持続的な経済成長が始まる。だがほかの地域ではそうはいかず、国家間に縮まることのない格差が生まれるに至った。経済成長こそ、世界的な所得格差の源だ。

産業革命と大分岐は、歴史の中でもまだ無害なほうの出来事だ。ある国の発展が別の国を犠牲にして成り立っていた事例は、枚挙にいとまがない。産業革命の発生に貢献した一六世紀から一七世紀にかけての「帝国の時代」は、混戦の中で一番うまく立ち回ったイングランドとオランダに大きな利益をもたらした。一七五〇年までには、ロンドンとアムステルダムの労働者たちはデリーや北京、バレンシア、フィレンツェなどの都市の労働者よりも多くの収入を得るようになっていた。イングランドの労働者たちに至っては砂糖や紅茶など、ちょっとした贅沢品にも手が出せたほどだった[7]。だがアジア、中南米、カリブ海の征服・略奪された国々の多くは侵略によって苦しめられただけでなく、その後何世紀にもわたって国民に貧困と格差を強いることになる経済的、政治的制度を抱えこむ羽目になった[8]。

現代のグローバル化もかつてのグローバル化も、拡大し続ける繁栄の陰に拡大し続ける格差を隠している。そう遠くない昔には貧しかった中国やインド、韓国、台湾といった国々が、グローバル化に乗じて急速な成長を遂げてきた。その速度は、現在の裕福な国々がかつて成長したときよりもはるかに速い。だがそうした国々はアフリカなどに多く残るもっと貧しい国々を置き去りにし、新たな格差を生んだ。脱出を果たす者もいれば、取り残される者もいる。グローバル化や新しい手法は裕福な国々の継続的成長を手助けしてきたが、その速度は急速な成長を遂げる貧困国はもとより、裕福な国自身がかつて成長してきたその速度よりもずっと遅くなっている。そして成長の速度が落ちるにつれ、ほとんどの国で国民間の格差が広がるようになった。運のいい一握りの人々が莫大な財産を築き、何世紀も前の偉大な王や皇帝たちでさえうらやむような贅沢な暮らしをしている。だが大多数の人々は物質的な豊かさがあまり得られないままで、アメリカを含む一部の国では、中間所得層の人々の暮らしは親の世代からほとんど良くなっていない。もちろん、もっと前の世代より暮らしはずっと良くなっている。まったく脱出できなかったというわけではない。ただ、自分の子どもや孫が年を取ったときに今の時代を振り返って「あのころは貧しかったなあ」と思うのではなく、「あのころは良かったなあ」と思うのではないかと心配する理由が多々あるのが、今の実情だ。

　格差が発展とは切っても切り離せないものだとすれば、平均的な発展だけ、あるいは成功した者の発展だけに目を向けるのは大きな間違いだ。産業革命は先進国で起こったものとして語られることが多く、世界のほかの国々は無視されてきた。まるでほかの国ではそのころ何も起こっていなかった、あるいは何か起こったことなど一度もないとでも言うように。これは人類の大半をないがしろにするだけでなく、先進国の発展の陰で被害をこうむったり、それでなくとも取り残されたりすることで意に反して産業革命に貢献をしてきた国々を無視する行為だ。新世界の「発見」を語るとき、それが旧世界に与えた影響だけ見るのではいけない。ひとつの国の内部でも、国民所得を含む国の平均成長率を見ただけでは、第二次世界大戦以後四半世紀のアメリカのように成長が広範囲で同じように起こっているのか、それとも最近の傾向として見られるように、ごく少数の非常に裕福な人々のところだけに集中しているのかどうかはわからない。

本書で語るのは物質的発展の物語だが、これは同時に、成長と格差の両方についての物語でもある。

所得だけでなく健康も

健康面での発展は、富の発展と同様にめざましい。この一〇〇年間で富裕国の平均余命は三〇年も延び、今も一〇年ごとに二、三年ずつ延び続けている。五歳の誕生日を迎える前に死んでいた子どもたちが今は老人になるまで生き、心臓疾患で死んでいた中年たちは孫が大きくなって大学に通う姿をその目で見ることができるようになった。人生を生きがいのあるものにする数多い要素の中でも、寿命が数年長くなるというのは間違いなく、もっとも大事な要素の一つだろう。

しかしここでもやはり、発展から格差が生まれてくる。喫煙が有害であるという知識は、過去五〇年の間に何百万人もの命を救ってきた。だが最初に禁煙したのは教育を受けた裕福なホワイトカラーたちで、それが富者と貧者との間に健康格差を生むことになった。細菌が病気を引き起こすという事実は一九〇〇年ごろには新しい発見で、その知識を生活に最初に役立てたのはやはりホワイトカラーや教育を受けた人々だった。ワクチンや抗生物質を使えば子どもが死ぬのを防げることを人類はかなり前から知っているが、ワクチンで予防できる病気で死ぬ子どもがいまだに年間約二〇〇万人もいる。裕福な人々がサンパウロやデリーにある世界最高水準の近代的な医療施設で治療を受けることができる一方で、ほんの数キロ離れた場所では貧しい子どもたちが栄養失調や簡単に予防できる病気で死んでいる。発展がなぜこれほどまでに不均等なのかという理由はさまざまだ。貧困層のほうが喫煙率が高い理由は、多くの貧しい子どもたちがワクチン接種を受けていない理由とは違う。それについては後々説明するとして、まず知っておいてもらいたいのは、物質的発展が生活水準に格差を生んできたように、医療の発展も健康に格差を生んできたという事実だ。

このような「健康格差」は、現代の世界におけるもっともひどい不公正の一つだ。新たな発明や新たな知識が登場すると、誰かが必ず先に利益を享受する。ほかの人々がしばらく待たされることで格差が生じるのは、ある程度理解できる。たとえば、喫煙が健康に与える害についての知識が新たな健康格差を生まないよう、その情報を伏せておいてくれればよかったのになどと思うのはばかげたことだ。とはいえ貧しい人々のほうが喫煙率は高いのは事実だし、今アフリカで死んでいる子どもたちは、フランスやアメリカならたとえ六〇年前であっても死ななかったはずだ。このような格差はなぜなくならないのか、そして私たちはどうすればいいのだろうか？

本書では、大きく二つの主題について語る。物質的な生活水準と、健康だ。良い人生にとって大事なのはその二つだけではないが、やはり重要なものではある。知識が専門化し、それぞれの専門分野が人類の幸福についてそれぞれに視野の狭い意見を唱える今の時代、経済学者は所得に注目し、公衆衛生の研究者は死亡率や疾病率に、人口統計学者は死と出生、人口にばかり注目している。こうした要素はすべて幸福に影響を与える要素だが、どれも幸福そのものではない。これはとてもわかりやすい事実なのに、ここから生じる問題はあまり明白ではない。健康と所得を併せて見れば、このような専門化によって生じがちな間違いを避けることができる。

私自身が属する経済学者という種族は、人間はお金を多く持っていればいるほど幸せだと考えている。その考え自体は、決して間違っているわけではない。だから、一握りの人々がたくさんのお金を得て、その他大勢がごくわずかしか得られないかまったく何も得られないにしても損はしないとすると、経済学者は通常、世界が前より良くなったと言う。たしかに、誰も傷つきさえしなければそのほうがましだという考えは、非常に魅力的だ。この考えは「パレート基準」と呼ばれている。だがこの考えは、幸福の定義が狭すぎたらまったく意味がない。人の暮らし向きが良くなったり悪くなったりするのは幸福という観点においてであって、物質的な生活水準においてだけではない。裕福になった人々が政治的に優先されたり、公衆衛生や公的教育制度を妨害したりして、その結果としてさほど裕福ではない人々が政治、医療、教育の面で損をしてしまったら、裕福ではない人々はたとえ所得が得られても「まし」とは言えない。社会や正義は、生活水準だけでは測れない。だが経済学者たちはしばしば幸福のほかの側面を無視し、所得だけについて不適切にパレートの議論を適用してしまう。

言うまでもなく、幸福の側面のどれか一つ、たとえば健康だけを見ることも間違っている。医療サービスを改善し、治療を必要とする者がちゃんと面倒を見てもらえるようにするのはいいことだが、コストにも目を向けずに医療の優先順位を設定することはできない。また、寿命だけで社会的発展を測ることもできない。寿命が長い国での暮らしは良いものかもしれないが、その国が全体主義的独裁政権の国だったらどうだろう？

幸福は格差に目を向けずに平均値だけで測ることはできないし、全体に目を向けずに一部分だけを見て測ることもできない。本書がもっと分厚くて私がもっと博識なら、自由や教育、自治、尊厳、社会参加能力などの側面についても書いていただろう。だが健康と所得について一冊の本の中で考えるだけでも、どちらか一方だけを見ることで犯されがちな間違いを避けることができる。

発展はどのようにして起こるのか？

私たちの祖先がもし今の世界を想像することができたなら、今私たちの持っている知識をきっと彼らも欲しがっただろう。それに、我が子の死に親が慣れるなどということはまずない。嘘だと思うなら、ダーウィンが最初の二人の子どもを喪ったときに経験した苦しみについてジャネット・ブラウンが書いた文章を読んでみるといい。[9] しかも、これは数ある例のうちほんの一つだ。脱出したいという欲求は常に存在する。だが、その欲求は必ずしも満たされるものではない。発展のカギは新たな知識、新たな発明、新たな手法だ。孤高の発明家がそれまでとはまったく違うものを思いつくこともあるかもしれないのだが多くの場合、新しい手法とは別の何かの副産物だ。たとえば、大衆が文字を読めるようになったのは、プロテスタントが自力で聖書を読む必要に迫られたからだと言う。そしてもっと多くの場合、ニーズに応じてイノベーションを生むのは社会的・経済的環境だ。帝国時代に成功を収めたイギリスでは賃金が高く、その高い賃金と豊富な石炭のおかげで、発明家や製造会社は産業革命に力を与える発明を続々と生み出した。[10] 自己改善を徹底的に追求した「英国啓蒙時代」が知識の苗床となり、そうした発明を生み出しやすい土壌を作っていく。[11] 一九世紀のコレラ大流行も、病気が細菌によって引き起こされるという学説に関する重要な発見につながるきっかけとなった。現代では、ＨＩＶ／エイズの流行をきっかけに潤沢な資金が医学研究につぎこまれるようになった。そしてその研究によってＨＩＶウイルスの存在が明らかになり、病を完全に治療するのはまだ無理にしても、感染した患者の余命を大幅に引き延ばすことのできる薬品が開発されている。しかし中には、そのようなひらめきが訪れなかったケースもある。ニーズや原動力だけでは魔法のような解決法はおろか、ごく普通の解決法も生まれなかったようなケースだ。その代表的な例がマラリアで、この病気は何万年にもわたって、ことによると人類の歴史が始まって以来ずっと、人間を苦しめてきた。にもかかわらず、予防や治療に関する根本的な解決法はいまだに生まれていない。必要は発明の母かもしれないが、確実な受胎が保証されるわけではないようだ。

格差は良くも悪くも、発明の過程にも影響を与える。たとえば、「貧しくない者がいるということは貧困はなくてもいいはずだ」という理由から、貧しい者の苦しみを軽減するために格差を縮める新たな方法が生まれることもある。そのいい例が、一九七〇年代にバングラデシュの難民キャンプで開発された経口補水療法だ。下痢に苦しむ何百万人もの子どもたちが、安価で簡単にできる治療法で脱水と死の危険から救われた。だが、逆の影響もある。権力者の中には、新たな発明や新たな手法によって大きな損失をこうむるかもしれない者がいる。経済学者たちは、イノベーションの時代を「創造的破壊」の波が威力を増すことだと考えた。新たな手法は古い手法を洗い流してしまい、古い秩序に依存していた人々の命や暮らしを破壊してしまう。現代のグローバル化は、そうやって多くの人々を傷つけてきた。海外からより安価な商品を輸入することは、安価な商品を作る新たな手法だと言える。すると、それらの商品を地元で作っていた人々が打撃を受けることになる。損をする人々や自分が傷つけられるのではと恐れる人々の中には政治的に力を持つ者がいて、新たな手法を法的に禁止したりその発展を阻害したりするかもしれない。中国の皇帝たちは商人の影響力が自分たちの権力にとって脅威になると考え、一四三〇年に航海を禁止した。つまり、鄭和の探検は始まりではなく終わりだったというわけだ。[12] オーストリアの皇帝フランツ・ヨーゼフ一世も、技術革命が自らの権力を脅かす可能性があると考え、鉄道を禁止した。[13]

なぜ格差が問題なのか？

格差は発展を加速する場合も、阻害する場合もある。だが、格差自体にどのような問題があるのだろうか？ この問いに対する答えはさまざまだ。哲学者で経済学者のアマルティア・センは、ある程度の平等を擁護する者の間でも、何をもって平等とするべきかについては意見が大幅に異なると語っている。[14] 経済学者や哲学者の中には、格差より重要な目的のためにはやむを得ないと言うのでもないかぎり、所得格差は不当だと主張する者がいる。たとえば、政府が全国民にまったく同じ収入を保証したとしよう。すると人々は働くのを怠けるようになって、多少の格差が許される世界の人々より生活が苦しくなってしまうかもしれない。また、成果の平等より機会の平等を重視する学者もいる。だがここでもやはり、機会の平等がどういうものかについてはいくつもの説がある。このほかに、公正さを比例の観点から見る者もいる。一人ひとりが受ける利益が、それぞれの貢献度に応じて決められるべきだという理論だ。[15] この理論によると、富める者から貧しい者へと所得を再分配して得られる平等は不公平だということになる。

本書で注目したいのは格差が何をもたらすか、格差が有益なのか有害なのか、そして議論の的となっている格差の定義が重要なのかどうかだ。ほとんどの人が豊かではない中にとても裕福な人々が少数いることで、社会は利益を享受できるのだろうか？ そうでないなら、一部の人々が他の人々より裕福になれるような規則や制度によって、社会は利益を得ることができるのだろうか？ あるいは、貧者が社会の仕組みに影響を与えにくいようにするなどして、富者がその他大勢に害を成すことがあるだろうか？ 健康格差は所得格差と同じようなものだろうか、それとも何か違いがあるのだろうか？ 格差とは必ず不当なものなのだろうか、それとも場合によっては、より大きな善のために必要なものなのだろうか？

ロードマップ

本書のねらいは、世界中の富と健康について説明することだ。基本的には現代に着目するが、現代に至るまでの道程も振り返る。第1章は導入としての概要だ。宇宙から見た世界のスナップ写真のようなもので、暮らしが楽な場所とそうでない場所を示す地図になっている。この章では貧困の削減と死亡率の軽減に大きな発展があった世界について語りつつ、生活水準や生存の可能性、幸福に大きな格差をもたらす格差社会についても語る。

第I部の三つの章は、健康についての章だ。歴史が今の私たちの健康をどのように形作ってきたか、現代の健康について理解するうえで人類が狩猟採集民として生きてきた数十万年がなぜ重要なのか、そして一八世紀に始まった死亡率の革命が、現代の医療の進歩に通じる流れをどのようにして決定づけてきたかを説明している。七〇〇〇年から一万年前に起こった農業への移行により、食料が大量に作れるようになった。だが同時に新たな病気がもたらされ、狩猟採集民の平等主義的な組織が階級社会に取って代わられると、新たな格差が生まれてくる。一八世紀のイングランドでは、グローバル化によって新たな薬品や治療法がもたらされ、多くの命が救われた。だが、救われた命の大半は、治療に払えるだけの金を持つ者だけだった。新たな手法が生まれてやがて全国民の死亡率が下がるようにはなったものの、一般市民を大きく引き離して生存率をまず伸ばしたのは貴族階級だった。一九世紀末には病気に対する病原菌理論が進歩して世間に認められ、さらなる爆発的な発展のお膳立てをすると同時に、またしても大きな溝をうがつことになった。豊かな国に生まれた者とそうでない者の生存率という溝だ。

本書では、取り残された世界の子どもたちの命を救おうとする戦いについても語る。これは主に第二次世界大戦以降の発展の物語で、一八世紀に開きだした溝を埋めようと始まったものだ。この物語には多くの成功談が含まれ、抗生物質や害虫駆除、ワクチン接種、清潔な水によって何百万人もの子どもの命が救われ、ときには（あり得ないと思うかもしれないが）毎年数年ずつ平均余命が延びることもあった。貧困国と富裕国との平均余命の差はこうして縮まったが、なくなったわけではない。一九五八年から一九六一年にかけて中国で人為的に引き起こされた壊滅的な食糧不足や、最近ではアフリカ諸国で蔓延したHIV／エイズによって、死亡率を引き下げてきた三〇年分の努力が水泡に帰してしまった。それらの惨事がなかったとしても、多くの問題が未解決のままだ。満足な定期健診制度もない国は多いし、「生まれる国を間違った」というだけで死んでいく子どもたちはいまだに大勢いる。それにインドを始めとする多くの国では、子どもの半数が深刻な栄養失調に苦しんでいる。

貧富間の寿命格差がもっと早く埋まらない（正当な）理由の一つは、富裕国でも死亡率が下がっているからだ。ただし貧困国と違うのは、恩恵を受けているのが子どもではなく大人だというところだろう。健康に関する物語の締めくくりには、富裕国における死亡率の減少について述べる。男女間の平均余命の差が縮まってきている理由と経緯、喫煙の果たした（大きな）役割、そして心臓病との闘いががんとの闘いよりもずっと成功している理由について見ていこう。一八世紀末のイギリスと同様に、ここでも発展と健康格差は対になっている。

第Ⅱ部の二つの章では、物質的生活水準について見ていく。まず手始めはアメリカ合衆国だ。アメリカはたしかに例外的で、所得格差の度合いなどでは極端な場合があるが、ここで働いている力はほかの富裕国でも働いている。第二次世界大戦後、経済成長はアメリカに新たな繁栄をもたらした。だが成長は〔二〇〇八－〇九年の〕大不況の前からすでに、十年ごとに速度をゆるめていた。戦後の成長によって特にアフリカ系アメリカ人や年配者の貧困率が大きく引き下げられ、格差の拡大はほとんど見られない。一九七〇年代初頭まで、アメリカはまさに近代の経済大国の見本そのものだった。それ以降は、成長よりも格差の拡大が主題になってくる。この格差は、分け前の上澄みをさらっていく少数派の所得が激増したために拡大したものだ。毎度のことだが、この格差にも良い側面がある。教育やイノベーション、創造性に対する見返りがかつてないほど大きくなっているのがその一例だ。だがアメリカは闇の面、金権政治から生まれる幸福に対する政治・経済的脅威の見本でもある。

また、本書では世界全体の生活水準にも目を向ける。ここで語られるのは人類の歴史の中で最大と言えるかもしれず、間違いなくもっとも速度の速かった脱出劇、一九八〇年以降の世界的貧困の削減についての物語だ。この脱出の大部分は世界最大の二カ国、中国とインドの活躍によるものだった。この二カ国で近代に起こった経済成長は、一〇億を超える人々の暮らしを劇的に変えてきた。この世界的貧困の減少は、一九六〇年代にほぼ全世界的に囁かれていた世界滅亡の予測に反している。予測によれば人口爆発によって世界は貧困と大惨事に陥り、破滅するはずだった。だが、世界は悲観主義者たちが予測したよりもずっとうまくやってきた。とはいえ、一〇億人ほどがいまだに極度の貧困状態に暮らしている。脱出した者は多くいたかもしれないが、取り残された者もまた多い。

第Ⅲ部には終章だけが入っている。物語を語るのは終わりにして、何が成されるべきか、さらには何が成されないべきかについて語る章だ。私たち（つまり、生まれる国を「間違えない」という幸運に恵まれた人々）には、世界の貧困や病気を削減するために努力する道徳的責任があると私は信じている。脱出を果たした者たち、あるいは少なくとも自分の先祖が経験した苦難からは脱出できた者たちは、まだ囚われている者たちを助けなければならない。この道徳上の義務は、たいていの政府が有する公的援助機関の努力、世界銀行や世界保健機関といった国際的組織、あるいは国内外で活動する何千もの非政府組織

読者カード

みすず書房の本をご愛読いただき，まことにありがとうございます．

お求めいただいた書籍タイトル

ご購入書店は

・新刊をご案内する「パブリッシャーズ・レビュー　みすず書房の本棚」（年 4 回 3 月・6 月・9 月・12 月刊，無料）をご希望の方にお送りいたします．

（希望する／希望しない）

★ご希望の方は下の「ご住所」欄も必ず記入してください．

・「みすず書房図書目録」最新版をご希望の方にお送りいたします．

（希望する／希望しない）

★ご希望の方は下の「ご住所」欄も必ず記入してください．

・新刊・イベントなどをご案内する「みすず書房ニュースレター」（Eメール配信・月 2 回）をご希望の方にお送りいたします．

（配信を希望する／希望しない）

★ご希望の方は下の「Eメール」欄も必ず記入してください．

・よろしければご関心のジャンルをお知らせください．
（哲学・思想／宗教／心理／社会科学／社会ノンフィクション／教育／歴史／文学／芸術／自然科学／医学）

（ふりがな） お名前　　　　　　　　　　様	〒
ご住所　　都・道・府・県　　　市・区・郡	
電話　（　　　　）	
Eメール	

ご記入いただいた個人情報は正当な目的のためにのみ使用いたします．

ありがとうございました．みすず書房ウェブサイト http://www.msz.co.jp では刊行書の詳細な書誌とともに，新刊，近刊，復刊，イベントなどさまざまなご案内を掲載しています．ご注文・問い合わせにもぜひご利用ください．

郵便はがき

料金受取人払郵便

本郷局承認

9196

差出有効期間
平成29年12月
1日まで

113-8790

505

東京都文京区
本郷5丁目32番21号

みすず書房営業部
行

通信欄

ご意見・ご感想などお寄せください．小社ウェブサイトでご紹介させていただく場合がございます．あらかじめご了承ください．

による海外援助で果たされていると思う人が多いのではないだろうか。こうした援助の中には、たしかに役立ったものもある。HIV／エイズや天然痘との闘いに対する援助などはすばらしいと思う。だが、海外援助の大半は薬になるよりも毒になることのほうが多い、と私は信じるようになった。私が思っているように海外援助が被援助国の成長の機会を阻害しているのだとしたら、「何かしなければ」というだけの理由で援助を続ける理由はない。何かするべきだとすれば、援助をやめるべきなのだ。

あとがきには、メインテーマに立ち返る最後の言葉を記している。映画の『大脱走』とは異なり、現実世界の大脱走がハッピーエンドを迎えられるかという問いを投げかけるのがこの章だ。

発展を測り、格差を測る

私は可能な場合には必ず自分の主張をデータで裏づけるようにしているし、必ずと言っていいほど図表を添える。定義や裏づけとなる証拠なしに、発展を理路整然と議論することはできない。データの収集なくして見識ある政府はあり得ない。国家は何千年も前から人口を数えてきた。ローマの人口調査によってマリアとヨセフがヨセフの生まれたベツレヘムの町へ移ったのは有名な話だ。アメリカ合衆国憲法では、一〇年ごとの国勢調査が定められている。国勢調査なしに公正な民主主義は実現しないということだ。さかのぼること一六三九年にも、現在のマサチューセッツ州に入植した開拓者たちは死亡者数と出生数を厳密に数えることを義務づけた。そのような重要な統計資料がなければ、公衆衛生政策も意味がない。

現代の貧困国が直面する健康に関する問題の中でも無視できない深刻な問題は、いったいどれだけの人数が死んでいるのかは言うまでもなく、何がその死をもたらしているのかについての満足な情報がないことだ。国際機関が作成し、公表している数字はいくらでもあるが、それを政策の基盤としたり、海外援助を検討したり評価をおこなったりするには不十分だという事実はあまり広く知られていない。何かしなければならないという強い思いはしばしば、何をしなければならないかを理解する必要性を上回ってしまう。そしてデータがなければ、行動を起こす者は誰でも成功したと主張することができる。本書では、私が挙げた数字の基準についても、その数字がどこから出たものでどれほど信頼性が高いか（あるいは低いか）を説明したいと思う。また、データが不足している部分に関しては、それが適切に対処されていないのがどれほど恥ずべきことかも論証してみよう。

数字がどのようにまとめられているのか、そして何を意味するのかを理解しないかぎり、問題がないところに問題があると思いこんでしまったり、緊急かつ対処可能なニーズを見落としたり、真の恐怖を見過ごす一方で幻想に怒りを覚えたり、根本的に間違っている政策を奨励してしまったりするかもしれない。

国民幸福度と国民所得

本書の大半は物質的幸福について語っていて、それは通常、所得、つまり国民が貯蓄や支出に回せるお金の総額で測られる。そのお金は必ず、買う物にかかる費用で調整しなければならない。その調整が済めば、お金は物質的幸福の基盤となる購買力の妥当な指標となり得る。とはいうものの、所得にばかり注目しすぎだと異論を唱える者も多い。良い暮らしはたしかに財力だけを意味するものではないのかもしれないが、議論はしばしばその先まで展開され、少なくとも基本的ニーズがいったん満たされてしまえば、人の暮らしを良くするうえでお金は何の役にも立たないという主張もある。

この主張の裏づけとなるデータのいくつかは、幸福感調査から取られている。それによれば、貧しい人々を除けば、お金で人々はほとんどあるいはまったく幸せになれないという。これが事実で、幸福感こそ幸福度を測る正しい方法だとすれば、私の主張のほとんどは意味を成さなくなる。なので、まずはお金と幸福感の関係を見るところから始めよう。そのついでに、本書の全編を通じて使用する図表の描き方も紹介しておく。

大半の調査は、人々の暮らし向きについて質問するものだ。たとえば、生活全般についてどの程度満足しているかといったことを調べるわけだ。こうして集められたデータはしばしば「幸福感」の測定に使われるが、幸福でない人々が暮らしはうまくいっていると思う例はいくつでも思い浮かぶし、逆もまたあり得る。これから見ていくが、実際、満足感と幸福感を混同するのは大きな間違いだ。前者は熟慮による人生についての総合的な判断である一方、後者は人生を経験するという行為の一部である感情や気分、感覚だからだ[16]。

ギャラップ社は、一一段ある「人生のはしご」を想像して人生を一〇段階で評価してもらうという調査を世界中でおこなっている。一番下の段、ゼロは「自分にとって最悪の人生」で、一〇は「自分にとって最高の人生」だ。回答者は「今現在、自分がはしごの何段目にいると思うか」を聞かれる。このデータを使ってある国がほかの国と比べてどの程度のところにいるかを見ることもできるし、高所得国の自己評価が実際に高いかどうかを知ることもできる。

次頁の図1は一人当たりの国民所得、より正確には一人当たりの国内総生産（GDP）に対する各国の平均人生満足度を示している。数値は二〇〇七‐〇九年の平均値だ。所得は、各国の物価水準を考慮して調整された米ドルで表示されている。これらの数字がどこから来たものか、そして付帯すべき少な

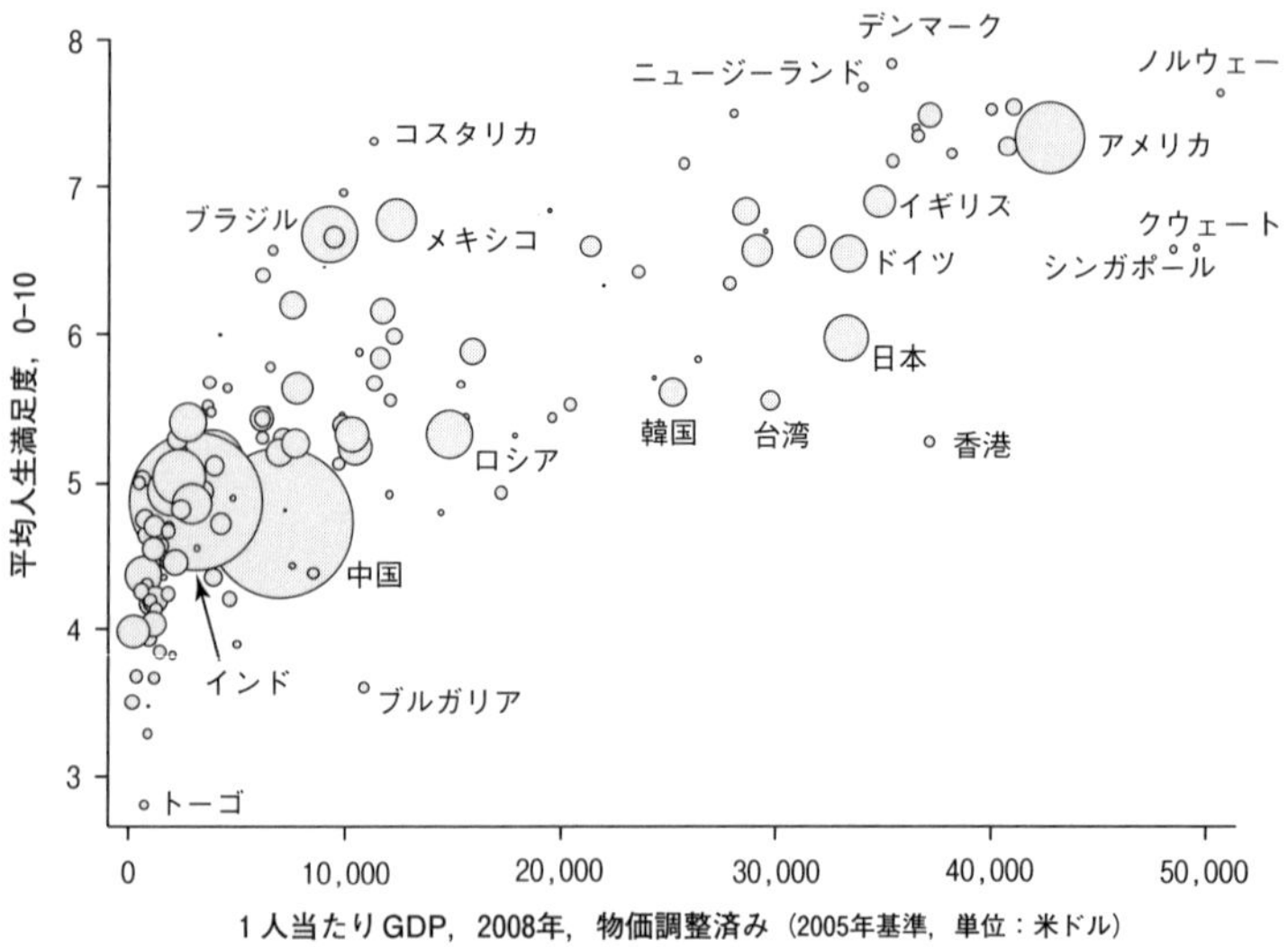

図1　人生満足度と1人当たりGDP

からぬ条件については、第6章で説明する。図に示された円は各国の人口に比例した大きさで、左側にある二つの大きな円は中国とインド、右上の大きな円はアメリカを示している。ほかにも、特に興味深いと思える国を記載してみた。

図の左側にある非常に貧しい国に住む人々が全般的に人生に大きな不満を抱えていることは、一目でわかる。彼らは所得が低いだけでなく、人生に対する評価も低い。世界の反対側ではアメリカなどの富裕国に住む人々が所得も高いし、人生も高く評価している。一番ひどいのは世界最貧国の一つであるトーゴで、ここに暮らす人々はどのような自由もほとんど与えられていない。その逆が豊かで自由な国、デンマークだ。スカンジナビア系の国はこうした比較ではたいがいアメリカよりも上にくるのだが、アメリカの平均人生満足度もまだまだ世界最高の部類だ。所得の原則には例外がいくつもあり、東アジア国家や旧共産主義国の人生満足度は低い傾向にある。ブルガリアがその極端な例だ。その一方で、中南米諸国の評価は比較的高い。たしかに、人生に対する評価の中で、所得だけが重要な要素ではないようだ。

貧困国が集まっている図の左下を見ると、人生満足度が国民所得に合わせてかなり急激に上がっていることがわかる。中国とインドを通り過ぎて左下から右上へ上がっていくと、所得にともなう人生満足度の上昇はややゆるやかになる。そしてブラジルとメキシコまでたどりつくと人生満足度評価は一〇段階中七に近く、一番右上の非常に裕福な国々の評価に一ポイントかそこら足りないだけだ。所得は、最富裕層よりも最貧困層にとって重要だということだ。この図を見て、一人当たりのGDPが年間一万ドル前後に到達すればそれ以上お金があっても人々の暮らしは改善されないと結論づけたくなるのも理解できる。実際、そう主張する者は多い。[17] だが、その主張は間違っている。

富裕国でもなぜ財産が重要かを説明するには、図1を少し違った形で描き直す必要がある。お金のことを考えるときはドル単位で考えるのが普通だが、実は割合（パーセンテージ）でも考えることができる。私が勤めるプリンストン大学で同僚同士が給料の話をするとき（そんなことはめったにないが）、たいていは給料が三パーセント上がったとか一パーセント上がったとかいう言い方をする。たしかに、学長は部下に対する満足度や不満度を示すのに、金額の増減よりも割合を使いそうだ。年収二〇万ドルを得ている者にとっての一パーセントの昇給は、年収五万ドルの者にとっての二パーセントの昇給よりも金額が多い。それでも後者のほうが去年より実績が良かったのだと実感するだろう（正しい感覚だ）。割合の変化はこのような計算をするときの基本単位となる。つまり、基本所得がいくらであっても、一〇パーセントは一〇パーセントだということだ。

図1のデータにもこれを当てはめることはできるが、国家間の差があまりにも大きいので割合ではな

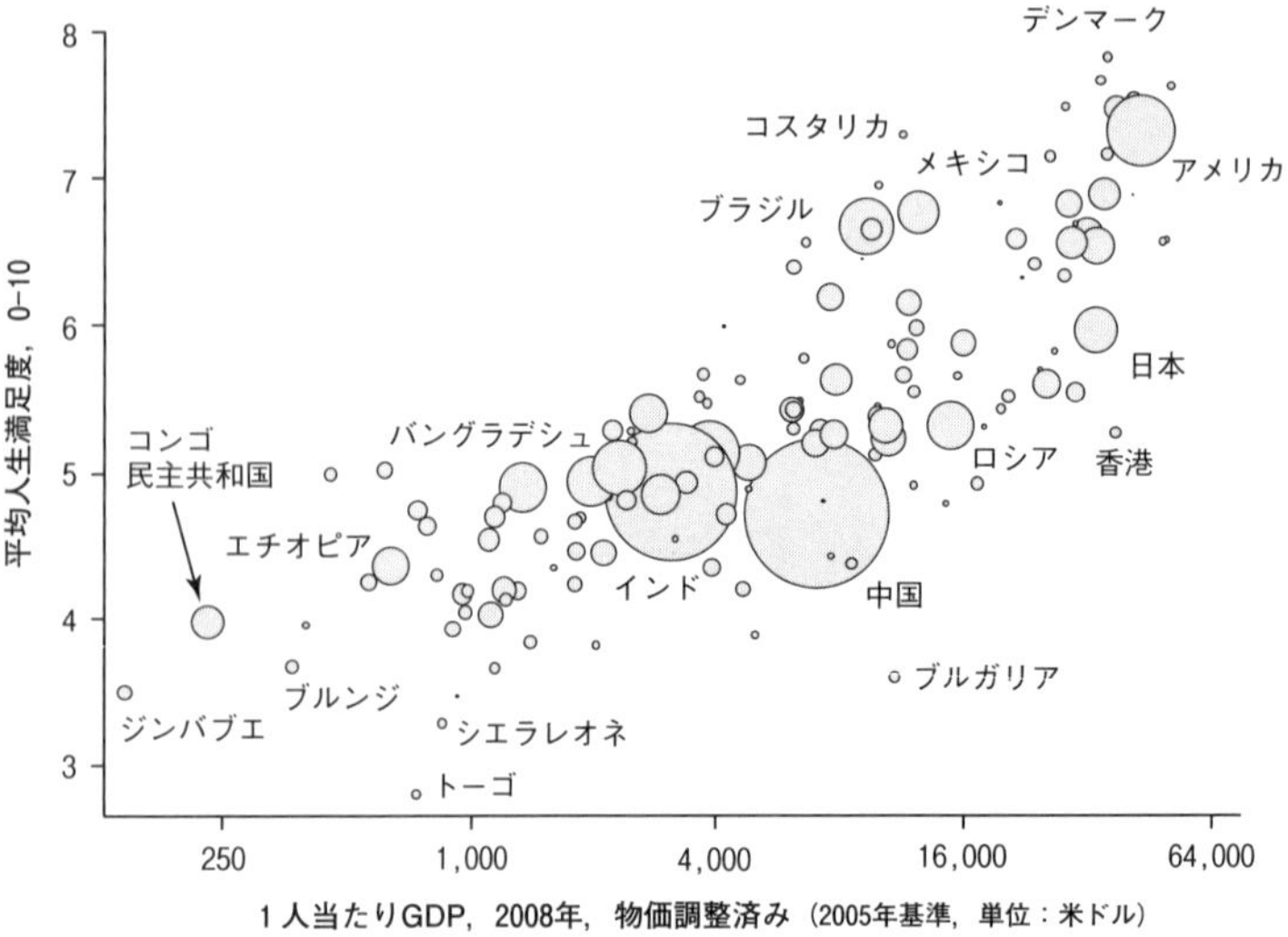

図2　人生満足度と1人当たりGDP（対数目盛表示）

く、所得が何回四倍されたかで考えるほうがわかりやすい。年間二五〇ドルを基準としてみよう。二五〇ドル以下の国はジンバブエとコンゴ民主共和国（DRC）だけだ。ウガンダ、タンザニア、ケニアなどの国は、基準の四倍である一〇〇〇ドル近い。中国とインドはタンザニアとケニアのさらに四倍で、基準の一六倍近くになる。メキシコとブラジルは中国とインドの四倍で、世界の最富裕国はそれよりさらに四倍の所得だ。つまり、最貧困国のなんと二五六倍も裕福ということになる（第6章で、これらの数字がおおよその目安にしかならない理由を説明する）。人生満足度を比較するのに所得をドル単位で見るかわりにこの四倍比較手法を使って、単位を基準の四倍、一六倍、六四倍、二五六倍で区切ることにする。図2がそのように処理したものだ。

図2には図1とまったく同じデータが使われているが、こちらの所得は今度は一、四、一六、

六四、二五六倍の目盛りに沿って作図されている。ただし所得との関連がわかりやすいよう、この五点にはもともとの金額である二五〇ドルから六万四〇〇〇ドルが示してある。横軸の目盛りを一つ右に移動すれば、所得は必ず四倍になる。もっとわかりやすく言うと、横軸の左右の距離が示しているのは図1のような所得の同じ金額ではなく、同じ割合だ。図2のような表示の仕方は「対数目盛」と言って、本書ではまた出てくる。

　変わったのは横軸のラベルだけだが、図2の中身は図1とまったく異なって見えるのがわかるだろうか。富裕国の平坦化がなくなり、国はおおむね一直線に並んでいる。これが意味するところは、所得において割合が同じように変化すれば、人生満足度も同じように変化するということだ。平均的に見て、一つの国から一人当たりの所得がその国より四倍高い別の国へと移ると、人生満足度評価は一〇段階評価でだいたい一ポイント上昇する。これは貧困国でも富裕国でも同じだ。そして、いちおう誤解を取り除くために述べておくが、例外はたしかにたくさんあるし、多くの国の人生満足度が国民所得から予想されるより高い、あるいは低いのも事実だ。富裕国が必ず貧困国より人生満足度が高いということはない。中国とインドがわかりやすい例だろう。だが平均すると、富裕国でも貧困国でも、所得が四倍になれば人生満足度評価が一ポイント上がるということが言える。

　正しいのは図1だろうか、図2だろうか？　どちらも正しい。年収五万ドルもらっている教授が二パーセントの昇給によって一〇〇〇ドル年収が上がった一方で、年収二〇万ドルの教授が一パーセントしか昇給を受けなかったのに二〇〇〇ドル年収が上がったのと同じだ。同じ割合での増加でも、インドからアメリカに移ったときのほうが、コンゴ民主共和国からインドに移ったときよりも金額の変化は大きいが、どちらも四倍変化している。図1が教えてくれるのは、同じ金額だけ増加した場合、それが人生満足度に与える影響は裕福な人よりも貧しい人のほうが大きいということだ。一方、図2が教えてくれるのは、同じ割合だけ増加すれば、人生の満足度は同じだけ増加するということだ。

人生満足度評価は、所得だけにとどまらない人生の重要な側面を捉えるものだ。これが、所得ばかりを重要視するべきではないという議論につながっている。健康や教育、社会参加など、幸福のほかの側面を考慮することが要点であればそれは結構なのだが、所得には何も意味がないとか、所得はメキシコより裕福な国に住む者にとっては人生に何の価値も付加しないと言うのであればちょっとまずい。すべてを無視して人生満足度だけに注目すべきだという議論をするのだとしたら、さらにまずい。人生満足度の測定は完璧には程遠い。調査対象者は必ずしも質問の意味をちゃんと理解していないし、どういう回答の仕方を期待されているのかもはっきりとはわかっていない。質問の仕方が国によって異なれば国別比較も不正確なものになってしまうかもしれない。ほとんどの国では「不満はない」や「そう悪くはない」くらいしか文句は出ないが、一部の国では人々が感情をもっと激しく表に出し、成功について話すことを遠慮しないという、文化的な違いもあるかもしれない。だからこそ、所得に注目することが深刻な誤解を招くわけではないことを示す図2が重要なのだと言える。裕福な国は人生満足度が高い。世界でもっとも裕福な国でもそれは同じだ。

次の章では幸福感と人生満足度の測定について語るが、この章の主な目的は現代の世界における幸福をもっと広く見ること——大脱出を果たした人々に目を向け、そして、それ以上に、いまだに待ち続けている人々にも目を向けることだ。

第１章　世界の幸福

人類史上最大の大脱出は、貧困と死からの脱出だ。何千年も前から、人は子どものころに死を免れるという幸運に恵まれても、その後何年も続く過酷な貧困に苦しんできた。啓蒙時代と産業革命、そして病気の細菌理論を基礎として生活水準は何倍も良くなり、寿命は倍以上になり、人々はかつてないほど充実した人生を送れるようになった。そしてこの変化は今も続いている。私の父親は、私のどちらの祖父よりも倍長く生きた。土木技師としての父の実質所得は炭鉱作業員だった祖父の何倍もあったし、私の受けた教育と大学教授としての収入は父の受けた教育と収入を大幅に上回る。死亡率は子どもについても大人についても、世界中で下がり続けている。だが脱出はまだ完了には程遠い。生活水準や教育、寿命などの面で、十億人もの人々が彼ら（あるいは私たち）の先祖と大して変わらない状況に今も苦しんでいる。大脱出は、祖父たちや曾祖父たちより豊かでより健康、より高身長、より丈夫、より良い教育を受けた今の私たちにとっては世界を大きく変える出来事だった。また、大脱出は別の、ややマイナスな意味合いでも世界をがらりと変えている。人口の大半が置き去りにされてしまったため、世界は三〇〇年前と比べると計り知れないほど不平等になっているのだ。

本書は、大脱出について語っている。それは大脱出が人類にもたらした利益、そしてそれがいかにして現代の不平等な世界を生み出したかについての物語だ。また、貧困に囚われたままの人々を助けるために私たちがすべきこと、あるいはすべきではないことについても語る。

本書で用いる「幸福」という言葉には、人にとって良いもの、良い人生を生み出すすべての要素が含まれている。所得や財産などの物質的幸福、健康と幸福感に代表される物理的・心理的幸福、教育、民主主義と法治による市民社会への参加などがその要素だ。本書の大半は、このうち健康と財産の二つに焦点を当てている。この章では、幸福感についても一言述べておく。

まずは、世界の幸福の概観から始めよう。今日の幸福がどのようなものか、そして過去三〇年から五〇年の間にそれがどう変わってきたかを見ていきたい。ここでは基本的事実だけを述べて、説明は最小限にとどめる。のちの章で個別の項目についてもっと詳細に説明し、なぜそうなったのか、今後どの方向へどのようにして向かうべきかを述べる。

健康と財産

健康は、幸福について語るうえではわかりやすい出発点だ。まずは生きていなければ、良い人生は送れないからだ。だが生きている間に不健康であったり障害を抱えていたりすると、何も問題がなければ幸せだったはずの人生を楽しむ可能性が厳しく制限されてしまう。そこで、まずは人生そのものから始めよう。

現在のアメリカで生まれる少女は、八〇年以上生きることが期待できる。少女が生きている間に死亡率がさらに減少していくという可能性が加味されていないため、この公式推定値は実際よりはかなり控え目だ。これまでの進歩の度合いを見れば、ここにきて死亡率の減少が突然止まるとは考えにくい。もちろん、未来の健康問題の改善度合いを予測するのは難しいが、現代の豊かなアメリカに生まれた白人の中流家庭の少女が一〇〇歳まで生きる可能性は五分五分だと言うのは合理的な推論だろう。[1]これは、彼女の曾祖母の時代から比べれば驚くべき変化だ。仮に曾祖母が一九一〇年生まれだとすると、そのころの平均余命は五四歳だった。一九一〇年にアメリカで生まれたすべての少女のうち、二〇パーセントが五歳の誕生日を迎える前に死亡し、一〇〇歳の誕生日を祝うことができたのは五〇〇〇人に二人しかいない。少女の祖母でさえ一九四〇年に生まれたとすれば平均余命は六六歳で、その年に生まれた少女一〇〇〇人のうち三八人は満一歳まで生きることができなかった。

だがこうした世代間の差は、現代の国家間の差と比べると些細なものだ。今の地球上には、一九一〇年のアメリカよりも健康状態が悪い国がいくつもある。シエラレオネ（あるいはアンゴラ、スワジランド、コンゴ民主共和国、アフガニスタン）で生まれた子どもの四分の一は五歳まで生きることができず、出生時平均余命は四〇年をわずかに上回る程度だ。女性は一般的に五人から七人の子どもを産むが、ほとんどの母親が少なくとも一人は子どもを喪う。これらの国では、生まれる子ども一〇〇〇人につき一人は母親が出産によって命を落とす。一〇人以上子どもを産む女性だと、このリスクは一〇倍にまで跳ね上がる。ひどい数字に思えるかもしれないが、これでも数十年前よりはだいぶましなのだ。何一つうまくいっていることがないように見える世界最悪の場所でも、死亡リスクは減少している。スワジランドのように特にひどい国では、子どもが五歳以上まで生きることができても、今度はＨＩＶ／エイズによって大幅に高められたリスクが待っている。普通は非常に低いはずの若年層の死亡リスクが、ＨＩＶ／エイズによって大幅に高められているのだ。だが、このような恐怖は熱帯諸国すべてに共通するものではなく、ましてやすべての貧困国に共通するわけでもない。新生児の生存可能性がアメリカと同程度かもっと良い国は多く、その中の少なくとも一カ国（シンガポール）は熱帯の国だ。二〇〇五年には世界人口の三分の一以上、世界の貧困層の半分近くを擁していた中国とインドでも、現在の新生児はインドで六四年、中国で七三年生きることが望める。

この章の後半では、先に述べたような数字がどこから取られたものかについて語る。その前に、国が貧しければ貧しいほど健康に関する統計がひどくなる傾向があるということを強調しておくべきだろう。子どもの死亡については良い数字もある。一歳になる前、あるいは五歳になる前に死ぬ子どもの割合だ。だが大人の死亡については、産婦死亡率や一五歳時余命なども含め、悲観的な数字ばかりだ。

健康とはただ生きていればいい、あるいは長く生きればいいという問題ではない。大事なのは、良好な健康状態で生きるということだ。良好な健康状態には多くの側面があり、人が生きているかどうかという単純な事実よりも測るのが難しい。だがここにも昔と比べての改善は見られるし、貧富の差も見られる。富裕国に住む人々は、貧困国に住む人々よりも苦痛や障害を経験する割合が低い。富裕国では障害が減っているし、知能指数は時代とともに上昇している。平均身長も、世界の大半の地域で高くなってきた。子どものころに十分な食事が取れなかったり病気をしたりした人は、理想的な環境であれば遺伝子が許す範囲で成長できたはずの身長まで到達することができない場合が多い。本来伸びるべき身長まで届かなければ、人生の早い時期には何か不運な出来事があって脳の発達が阻害され、長じて大人になってからはさまざまなチャンスが限られてくることになるかもしれない。欧米人は一般的にアフリカ人より背が高く、中国人やインド人よりもずっと高身長だ。成長した子は親よりも背が高いし、祖父母よりはさらに背が高い。このように、健康と所得の世界的改善と世界的格差の証拠は、人の身体にも見ることができる。

健康格差は、しばしば物質的生活水準や貧困の格差を反映する。アメリカ人は一九一〇年当時や一九四五年当時よりもずっと豊かになっており、現在平均余命がもっとも短い国の所得は、アメリカの所得の(信じられないくらい)ごくわずかな一部にしかならない。コンゴ民主共和国という実情とかけ離れた名前の国(略称DRC。一九六五年から一九九七年までモブツ・セセ・セコに統治されていた。旧称ザイール)では、一人当たり国民所得がアメリカの一人当たり国民所得の〇・七五パーセントにしか届かない。DRCでは、国民の半数以上が一日一ドル以下で暮らしている。シエラレオネやスワジランドの数字も似たようなものだ。もっとひどい場所では、紛争のために統計自体取られていない。アフガニスタンがその一例だ。

アメリカ国勢調査局によると、二〇〇九年にはアメリカの人口の一四パーセントが貧しかったという。だがアメリカの貧困線は非常に高く、一日一五ドル前後だ。アメリカで一日一ドル以下で暮らすことなど、想像するのも難しい(もっとも、住宅費や医療費、教育費を除けば一・二五ドルで生活することは可能だとする試算もある)[2]。だがこれが、世界でもっとも貧しい人々が暮らしている現状に近い数字なのだ。

寿命と貧困の関係はれっきとした事実ではあるが、正確とは言いがたい。それぞれ七三歳と六四歳という平均余命の中国とインドでは、大勢が一日一ドル以下で生活している。インドでは人口の四分の一、中国の地方では七分の一程度だ。そして中国経済がその全体規模では間もなくアメリカ経済を追い抜いてしまう現状にあっても、中国の一人当たり所得はアメリカのそれの二〇パーセント程度にしかならない。つまり、平均的に見ればアメリカ人一人の収入が中国人五人分の収入に相当するということだ。もっと貧しくても平均余命が長い国は、ほかにもある。バングラデシュとネパールがその例で、この二カ国の平均余命は六〇代半ばだ。ベトナムも所得の面ではたいしてましではないが、それでも二〇〇五年の平均余命は七四歳になる。

逆に、所得が高いのに平均余命があまり長くない富裕国もある。それが顕著なのがアメリカで、その平均余命は最富裕国の中でももっとも低い部類に入る。もう一つ特殊な例が赤道ギニアで、二〇〇五年の一人当たり国民所得は石油からの収益金で大きく膨れ上がったのだが、平均余命は五〇歳にも満たない。かつてはスペインの植民地だったアフリカ西部の国である赤道ギニアを支配しているのは、テオドロ・オビアン・ンゲマ・ムバソゴ大統領。アフリカ最悪の独裁者の称号をめぐる接戦の中でかなり上位につけており、石油の輸出から得られる国の収益の大半は大統領とその家族が握っている。

理想的な国家を形作るとすれば、長い平均余命、良好な健康、貧困の撲滅、民主主義、法の統治はぜひ取り入れたい要素だ。これらの要素が揃っていれば国民は快適な暮らしを送り、自分にとって重要な目標を追い求めることができる。だが、実際に聞いてみないことには国民一人ひとりが実際には何に一番関心があるのかを正確に知ることができないし、健康と所得をどのように相殺するかもわからないし、健康や所得がそもそもどの程度大事なのかもわからない。人はときに耐えがたく思える状況にも順応し、わずかな幸福感を得ることができる能力を備えている。高い死亡率と貧困が蔓延するような場所でも快適な暮らしを送り、言うなれば死の陰の谷〔聖書の詩篇二三篇に現れる、世にも恐ろしい場所のたとえ〕でも繁栄することができるかもしれないのだ。どこよりも厳しい環境に住む貧しい人が暮らしは快適だと答えるかもしれないし、何でも手に入る裕福な人が生活に大きな不満を抱えているかもしれない。

そのような場合でも、私たちは人が自分の人生をどう判断するかではなく、その人が快適な暮らしを送るために与えられた機会の多さで幸福を測ろうとするかもしれない。億万長者がどれだけ欲深かったりみじめだったりしても巨万の富を有しているという事実が変わらないのと同じで、貧しい者が高い順応性を持って幸せに暮らしていたとしても、貧しいという事実がなくなるわけではないからだ。アマルティア・センが「潜在能力《ケイパビリティ》」と呼ぶものに注目すると、人が自分の置かれた環境をどのように受け止めるか、あるいはどのように感じているかではなく、その環境を客観的に見た場合に見えてくる可能性という側面で貧困からの自由を検証することに目が向く。[3] だが、人生がうまくいっていると思うことそれ自体はいいことで、悲しいよりは楽しいほうがいいに決まっている。こうした感情は良い人生に貢献するもので、たとえ幸福度調査で特に高い優先順位をつけられていなくても、そのことについて対象者に尋ねるのは重要だ。これは、経済学者のリチャード・レイヤード[4]ら一部の功利主義者らが提案するものとは意見を異にする。彼らの主張は、重要なのは自己評価による幸福感だけであり、良い環境が良いと言えるのはそこから幸福感が生まれる場合に限るというものだ。悪い環境であっても、そこに暮らす人々が幸せを感じていればそれは悪いとは言えない、ということになる。とはいえ、前章の図１と図２で見たように、暮らしが不快で荒っぽく、寿命も短い国に住む人々はまったく満足しておらず、裕福で寿命の長い国に暮らす人々は一般的に自分の幸運を十分に認識している場合が多いのも事実だ。

世界の平均余命と所得

一般的なパターンを見ながらもより興味深い例外を拾い出すためには世界全体を見渡し、健康と富、幸福感のパターンを図に落とす必要がある。これをするのに一番便利なのが、一九七五年に人口統計学者サミュエル・プレストンが開発した方法だ。[5] プレストンの図を二〇一〇年まで更新して次頁の図１に描き直してみた。世界の平均余命と所得を示した図だ。

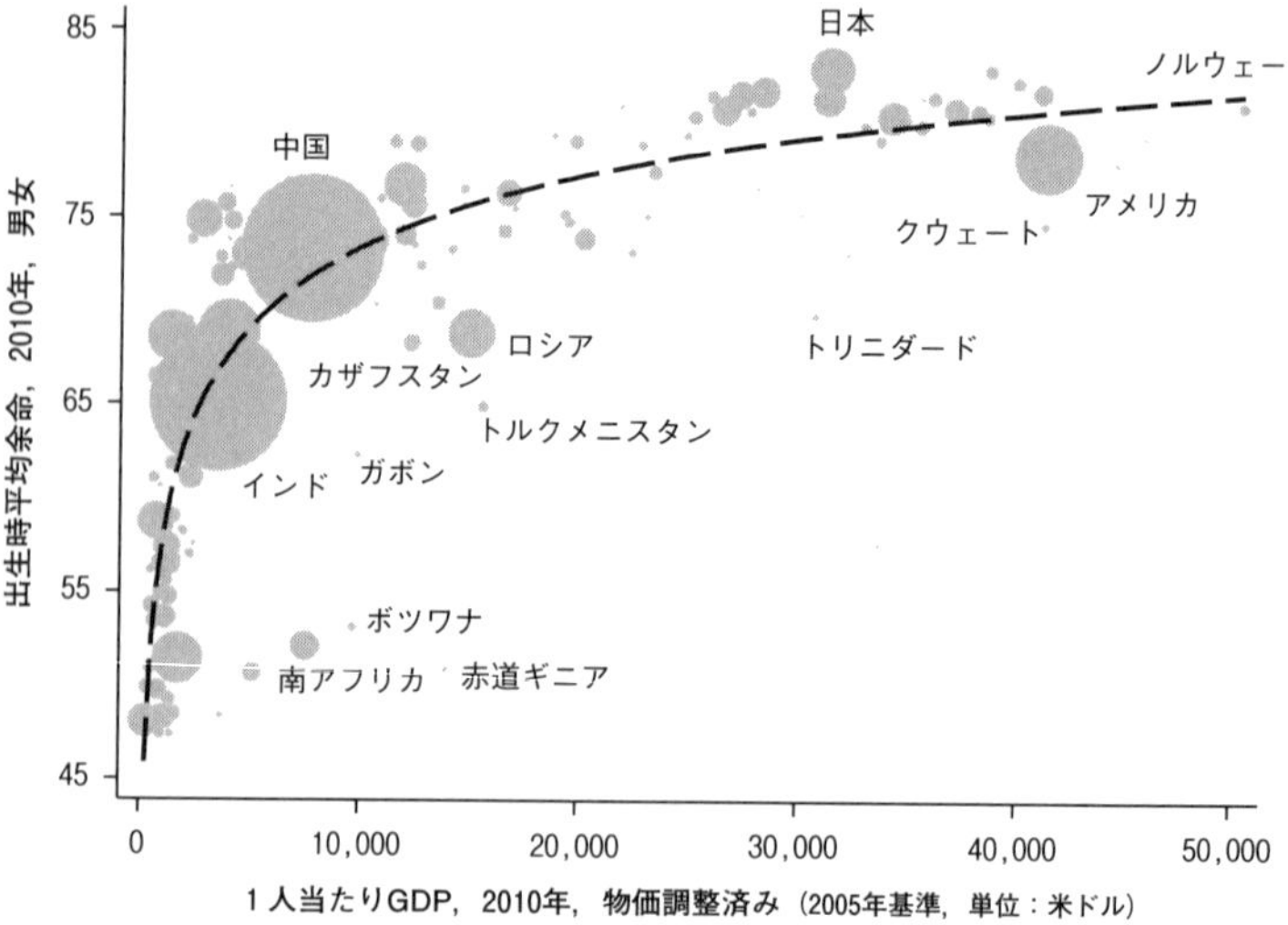

図1　平均余命と1人当たりGDP，2010年

横軸は各国の一人当たりGDPを示し、縦軸は男女を合わせた出生時平均余命を示している。それぞれの国が円で示されており、円の大きさは人口に比例する。中央に位置する大きな円は中国とインドで、右上にある比較的小さいがまだ大きいほうの円はアメリカだ。左下から右上まで引かれた曲線は平均余命と国民所得の一般的関係を示したもので、低所得国から急速に上昇して、裕福で長寿命な国のあたりでほぼ横ばいになっている。

一人当たりGDPはそれぞれの国が創出する平均所得で、ここでは共通の単位で測られている。その単位とは二〇〇五年の国際ドルで、少なくとも原理上は一ドルの価値がどの国でも同じになるように調整されている。つまり、ブラジルやタンザニアの一国際ドルは、アメリカで一ドルで買えるのと同じ物が買えるというわけだ。GDPには政府の税収、企業や銀行の収益、外国人の所得など、国民やその家族が直接受け取るわけではない所得も含まれる。通常、世帯で消費するために使える金額はこのGDPのほんの一部（とは言っても大きな一部）だ。GDPのほかの要素には、世帯に直接的に（政府による教育への支出など）あるいは間接的に（将来への投資など）利益をもたらすものもある。GDP、国内総生産は、GNP、国民総生産とは異なる。GNPには国内在住の国民が海外で得た所得が含まれているがGDPにはそれが入っていないし、GDPには国内で生産されたが外国人のものである所得が含まれるがGNPにはそれが入っていない。その違いは通常大きくはないが、国によっては非常に重要な場合がある。稼ぎ手の多くがベルギーやフランス、ドイツに住むルクセンブルクなどは、GNPがGDPよりもずっと低い国の一例だ。また、中国の小さな半島に位置し、世界最大のカジノを持つマカオも同様だ。これらの国や地域は図の右端を超えたその先に位置するのだが、二〇一〇年に世界最高規模のGDPを記録したこの二カ国は、同様にGDPが高かった石油長者国カタールやアラブ首長国連邦とともに図から除外されている。GNPのほうが国民所得を測るには適した測定方法だが、データが安定して入手できるのはGDPのほうなので、ここや本書の他の場所ではそちらを図に使用した。

このグラフの重要な特徴は中国の円の近く、曲線が横ばいになり始める「転換点」だ。この転換点は、疫学的推移を記している。この地点の左側にある国にとって感染症は死亡の大きな要因であり、死者の多くが子どもであるため、最貧国の死者の半数が五歳未満の子どもということになる。この地点を過ぎて富裕国へと移っていくと子どもの死亡は珍しいものとなり、死者のほとんどが高齢者になる。彼らは感染症ではなく慢性疾患で死ぬ場合が多く、中でも多いのが心臓疾患（もっと幅広く見れば、心臓まひを含む循環器疾患）とがんだ。慢性疾患は貧困国でも増えつつある死因の一つだが、富裕国では肺炎で死ぬ少数の高齢者を除き、感染症によって死ぬ人の数は少ない。この推移を説明する一つの言い方が、

「病気は幼児の腸と胸から出て行って、高齢者の動脈へと移っていく」というものだ。

平均余命と所得が正比例しているという事実は、世界における幸福について考えるうえで重要な要素だと言える。健康と富は幸福のもっとも重要な要素の二つであり、このグラフが示すのは、その二つが必ずではないにしても一般的には対になっているということだ。サハラ以南のアフリカに住む多くの人々のように物質的生活水準の観点から貧困に苦しむ人々は、健康の観点からも苦しんでいる場合が多い。こうした人々は寿命が短く、多くの子どもを喪うという悲惨な出来事を経験する。曲線の反対側、世界の富裕層へと目を向けると、子どもの死を経験する親はごくわずかで、高い水準の暮らしを最貧国の倍近い年数楽しむことができる。健康と所得を併せた観点で世界を見るとその境界は混ざり合っており、幸福のばらつきは健康と所得を別々に見た場合よりも広い。ここで一つ、おおざっぱだがたまには便利な（だが倫理的にはかんばしくない）裏技をお教えしよう。平均余命と所得を掛け合わせて、生涯所得を測定するのだ。これは幸福を測るには適していない測定方法だが（一年分の寿命が所得で評価されるため、裕福な人の一年の価値が貧しい人の一年の価値よりも高くなってしまう）、国家間の隔たりに与える影響をわかりやすく見せてくれる。たとえばコンゴ民主共和国では一人当たり国民所得はアメリカの一人当たり国民所得の〇・七五パーセント程度、平均余命はアメリカの三分の二未満と推定されている。つまりアメリカの平均生涯所得は、コンゴ民主共和国の平均生涯所得の二〇〇倍以上ということになる。

ただし、この数字は高い所得がより良好な健康をもたらす、あるいは貧困がいわゆる「貧困病」をもたらすことを証明するものではない。とはいえ、グラフでもそれを除外しているわけではなく、実際、所得は何らかの形で特定の状況では重要であるに違いない。この考え方については、のちほど詳しく見ていこう。健康状態を改善するためにもっと栄養を取らなければならない場合には国民がお金を必要とするし、安全な水や衛生状態の改善を確保しなければならない場合には政府がお金を必要とする。そのような場合には所得が重要となってくる。豊かな国では、お金ががんや心臓病に効いているのかどうかはもっとわかりにくい（もっとも、研究開発には当然お金がかかるが）。そのため、疫学的推移の地点を過ぎると、曲線が平坦化し始めることになる。また、人間の寿命には限界があるというのも一つの要因かもしれない（意外かもしれないが、この考えについては熱い議論が交わされている）。つまり日本や、あるいはアメリカ程度にでも平均余命が延びてくると、それをさらに延ばすのはどんどん難しくなるというわけだ。

世界のましなほうの国では、所得と平均余命には関連性がないという意見もある[6]。前章で紹介した平均余命とGDPのグラフでやったように、先ほどの図1のグラフを所得についての対数目盛で描き直すと参考になる。図1とまったく同じデータを使用した次頁の図2のグラフは、見た目の印象がかなり変わっているはずだ。途中までは、曲線の傾斜は図の右側も左側も同じになっている。上のほうでやや平坦化しているのは、主にアメリカの数字が良くないからだ。最富裕国では、因果関係のなさははっきりわかる。だが世界の大半の国では、所得の比例的増加は寿命の比例的増加と関連している。前章で見たように、人生満足度の比例的増加と関連しているのと同じことだ。もちろん富裕国のほうが所得がはるかに高いわけだから、富裕国の比例的増加は絶対金額にすると貧困国のそれよりもずっと大きい。だから図1では、同じ額だけ所得が増えても富裕国と貧困国では増える寿命の年数が異なるのだ。だが富裕国の中でも、所得が高ければその分寿命も長くなるという理屈はまだ働いている。ただし、図2が示すとおり、平均余命順に並べた国の順番は、所得順に並べた国の順番とまったく同じにはならない。

曲線を外れている国の物語も、曲線の上にある国の物語と同じくらい重要だ。所得水準からすればも

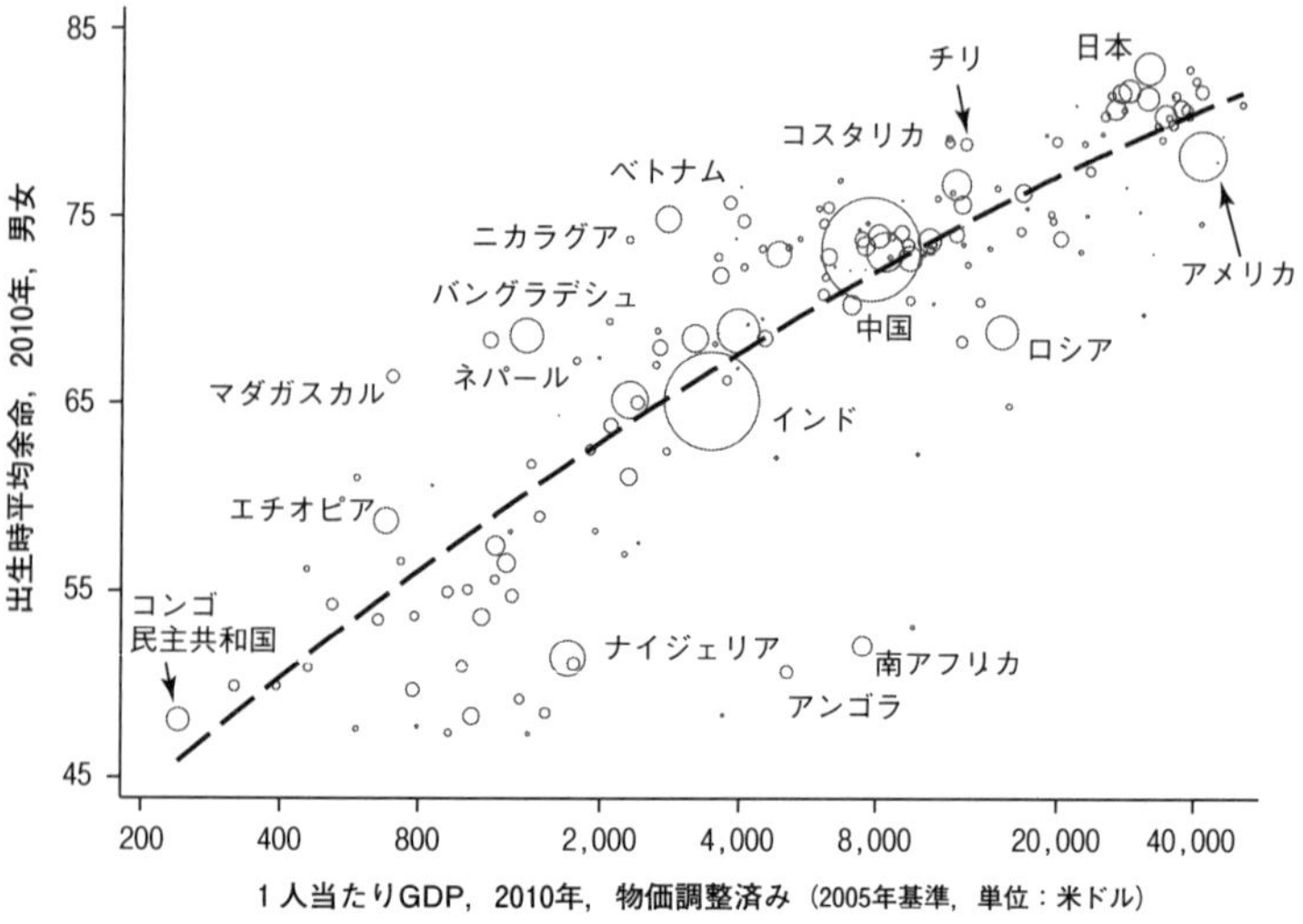

図2　平均余命と1人当たりGDP，2010年（対数目盛表示）

っとましでもいいはずの国の中には、戦争による影響を受けている国がある。ボツワナやスワジランド、それにここでは取り上げていないほかのアフリカ国家など、ＨＩＶ／エイズの蔓延に苦しんでいる国もある。そうした国の中には、第二次世界大戦以降延び続けていた平均余命がＨＩＶ／エイズのために一気に逆戻りしてしまったところもある。このグラフの中では、そうした国の平均余命は病気によって曲線から離され、下のほうへと引き下げられてしまっている。中でも特にひどい赤道ギニアについては先ほど触れた。だが極端な所得格差という同じ要素が、ＨＩＶ／エイズが出てくるずっと以前から南アフリカを今いる位置（曲線の下）に長年押しやってきた原因の一つでもある。アパルトヘイト撤廃後の今でも、南アフリカは大きな貧困国に囲まれた小さな富裕国と言ってもいいだろう。実際、図2でアメリカからナイジェリアまでをつなぐ線を引き、アメリカからナイジェリア寄りに一〇パーセント分移動すると（この一〇パーセントは南アフリカの白人の割合を示す）、南アフリカの実際の位置に近くなる。

ロシアも、貧しい大国の一つだ。共産主義の崩壊後、この国の平均余命は急速に短くなった。理由としては、政治的変化にともなう混沌と混乱が考えられる。特に男性の過剰なアルコール摂取も、ソ連崩壊後に増えた。政治体制が変わるずっと前から男性の死亡率が上がっていたにしても、ロシアで何があったのかについてはいまだに議論が続いている[7]。真実はどうあれ、ロシアを始めとする旧ソ連諸国は、健康と人生満足度の両方が所得のわりには低いことがわかる。また、これらの国々では、一つの経済体制から別の経済体制への移行によって所得の測定が困難になった。数字が実際よりも誇張されている可能性があるのだ。ロシアでの変化はある意味避けられないことで、長期的に見ればおそらく有益だったのだろうが、所得の減少と短寿命化という多大な犠牲をともなった。エイズの蔓延や中国の大飢饉など、戦後に起こったいくつかの大惨事には比べるべくもないが、ロシアも幸福の喪失におおいに苦しんだことは事実だ。

アメリカも、その高い所得のわりにはあまり良い位置につけていない。だがアメリカは医療費に費やす国民所得の割合がほかのどの国よりも多いので、所得と健康との間に密接な因果関係がないことを示す良い例だと言えるし、健康と医療費の支出との関係についても同じことが言える。チリやコスタリカはアメリカと同程度の平均余命を誇るが、一人当たり国民所得はアメリカの四分の一程度で、一人当たりの医療費支出は約一二パーセントにすぎない。アメリカの健康と保険医療の財政基盤については、第2章と第5章で触れる。

逆に、所得が低いわりには意外といい位置にいる国もある。対数目盛の図2を見ると、そのことが図

1よりもはっきりとわかるはずだ。ネパール、バングラデシュ、ベトナム、中国、コスタリカ、チリ、日本は、国際標準曲線に比べると平均余命が高い国々だ。この中でもっとも貧しい国は乳児（一歳未満）と幼児（五歳未満）の死亡率を驚くほど低く抑えており、逆にもっとも豊かな国、特に日本は、中年から高齢者にかけての死亡率が驚くほど低い。これらの例外についてはのちほどもっと詳しく触れるが、ここでの要点は、曲線によって運命が定められるわけではないということだ。貧しい国であっても限られた資源の中で予測以上に寿命を延ばすことができるし、豊かな国の寿命が短くなる場合もある。低い所得でも良好な健康状態を保証する方法はあるし、大金を無駄に消費する方法もあるというわけだ。戦争、疫病、極端な格差は所得の程度にかかわらず健康状態を悪化させ得る要因だが、少なくとも最初の二つは富裕国よりも貧困国のほうが発生率は高いだろう。

壊滅的な中断を経ながらも、前へ上へ

図1と2は、二〇一〇年の世界を切り取ったものだ。だが、平均余命と所得を関連づける曲線は固定されてはいない。図3のグラフは、先ほどと同じデータに加えて二つの曲線を配している。片方の曲線は二〇一〇年、もう一方は一九六〇年を表す曲線だ。一九六〇年の国は薄墨にして、二〇一〇年の国と区別した。円の大きさはやはり人口に比例しているが、それぞれの年ごとに国同士を比較しているので、ある国の一九六〇年の円と二〇一〇年の円を比べても、その国の人口の推移を示しているわけではない。

色の濃い円のほとんどが、薄墨の円よりも上かつ右にあるのがわかるだろうか。一九六〇年以来ほぼすべての国が以前より豊かになり、国民の寿命も延びている。これが、第二次世界大戦以後の世界の幸福について、もっとも重要な事実かもしれない。時代は良くなり、幸福のうち健康と所得の両方が改善

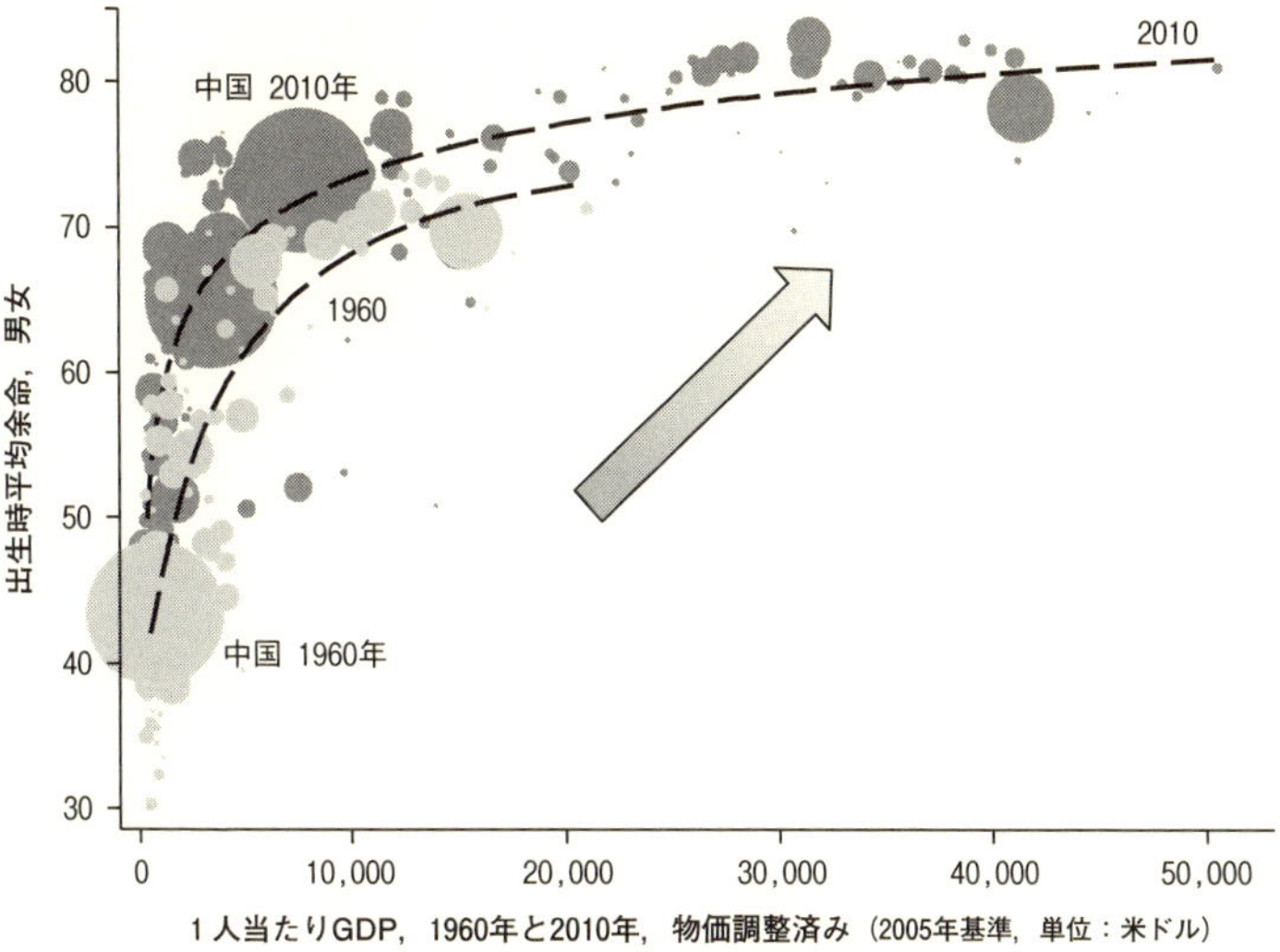

図3　長い人生，豊かな人生

したということだ。経済学者で歴史家のロバート・フォーゲルはもっと長い期間を対象として、彼が呼ぶところの「飢えと早すぎる死からの脱出」について著している[8]。第二次世界大戦以後、大脱出は世界中で急速に起こってきた。脱出できなかった国もいくつかあるし、多くはまだ途中までしか到達していないが、成功については注目し、喜んでもいいだろう。何百万もの人々が病気と物質的貧困の世界からの脱出を果たしたのだ。アマルティア・センは自由としての発展について書いており[9]、図3は一九六〇年よりも二〇一〇年のほうが世界は自由だということを示している。この図に（情報が十分ではないが）一九三〇年や一九〇〇年の数値も入れたとすると、自由の拡大は二五〇年ほど前から連綿と続いてきたことが見て取れるはずだ。その動きはこの半世紀の間に勢いを増しながら、そしてより多くの国を巻きこみながら続いている。

だが、世界的発展の陰には大惨事もあった。

人類史上最悪の出来事の一つが、中国で一九五八年から一九六一年に行われた「大躍進政策」だ。産業化と食料調達に関する見当違いの政策によって約三五〇〇万人が餓死し、おそらくは四〇〇〇万ほどの新たな命が生まれないままに終わってしまった。この期間の天候は特に異常なものではなかった。飢饉は、完全に人為的だったのだ。

毛沢東率いる首脳陣は、ロシアやイギリスの生産量を短期間で追い越せば共産主義のほうが優れていることが証明でき、共産主義世界における毛沢東の指導力を確立できると躍起になっていた。急速に産業化が進む都市の食料需要に応えるため、そして食料の輸出によって外貨を獲得するために、無謀な農業生産目標が立てられた。中国共産党が維持していた全体主義体制のもとで農村部は競い合うように生産量を水増し報告し、それによって最初から達成不可能だった食料調達ノルマがさらに増量され、人々が食べる分が何も残らなくなってしまった。同時に、党はすべての私有地を共同生活地にするという命令を地方に出し、私有地を没収しただけでなく個人所有の調理器具までを取り上げ、共同の台所で食事することを義務化して混乱を引き起こした。農業生産量が間違いなく爆発的に増えるはずだと確信していた党は農民の労働力を割いて公的事業や地方の製鉄所で働かせたが、そうした事業のほとんどはまったく成果を上げなかった。移動や通信に対する厳しい制限のために正しい情報が広まらず、政府に異論を唱える者の処罰は明確だった。一九五〇年からの一年間だけで、七五万人もが処刑されたのだ（これでも革命当初は、共産党は国民に広く支持されていた）。

やがて実情を知らされた（それでも実際の規模は知らなかったと思われるが）毛沢東はなんとさらなる増産を命じ、報告に来た部下たちを「右傾」として粛清した。そして農民が密かに食料を溜めこんでいると非難したのだ。そうでもしなければ大躍進政策の間違いを認めることになり、毛自身の指導者としての地位も危うくなる。それを防ぐためには、何千万もの国民の命を犠牲にすることもいとわなかった。首脳陣が最初に大規模な飢饉のひどさについて知らされた時点で毛沢東が方針を変えていれば、飢饉は三年ではなく一年で終わったはずだ。政府の貯蔵庫には、国民の餓死を防げるだけの十分な穀物があったのだから[10]。

複数の報告によれば、一九五八年には五〇歳に近かった中国の平均余命は、一九六〇年には三〇歳未満にまで落ちこんでいた。そして五年後、毛沢東が殺戮をやめた途端、五五歳近くまで上昇したと言う[11]。大躍進政策の期間中に生まれた子どもの三分の一近くが、政策の終焉まで生き延びることができなかった。一般に政策の利点を特定するのは難しいこともあるし、その政策で何かが変わると信じることさえ難しい場合もある。だが、大躍進政策に見られるように、悪政の壊滅的影響はあまりにも明白だ。戦争や疫病がなくとも、全体主義的政治体制の悪政によって何千万人もの国民が死に追いやられた。もちろん、何百万人もの死をともなわない悪政はいくらでもある。中国の場合に問題だったのは全体主義体制のせいで政策を転換するのに時間がかかりすぎたことと、毛沢東に方針を変換させるような仕組みが存在しなかったことだ。現在の中国の政治体制も、毛沢東が作り上げたものとそう変わりはない。違うのは、情報量だ。国による情報規制はあるものの、現代で同じような飢饉が起こったら、中国指導部と世界中の人々がすぐに気づかないわけはないだろう。ただし、世界の人々が当時は差し出せなかった救いの手を今なら差し伸べられるかどうかについては、まったくわからないが。

HIV／エイズの蔓延も、もう一つの大惨事だ。これまでにも見てきたように、HIV／エイズはサハラ以南の多くのアフリカ諸国で死亡率を引き上げ、平均余命を大幅に引き下げてきた。その中で南アフリカの占める位置を見るとわかりやすい。図1と図2では、南アフリカは曲線のずっと下に位置している。ＨＩＶ／エイズが死亡率に影響を与え始めるずっと前の一九六〇年にさかのぼっても、南アフリカはやはり同じような位置にある。これは病気のせいではなく、このころは白人と黒人の間に極端な格差が存在していたからだ。この曲線を動画にしてその変化を一〇年ごとに観察すれば、アパルトヘイト政策が崩壊して人種間の健康格差が縮まるにつれて南アフリカが上に向かって移動し、曲線にだんだん近づいていく様子がわかるはずだ。少なくとも一九九〇年まではそうだった。だがその後、エイズによる死者の数が増えるにつれて南アフリカは元の位置へと転がり落ち、図1の場所に戻ってしまう。

この数年間で、抗レトロウイルス薬がアフリカにおける人命の損失を食い止めるようになってきた。病気の蔓延自体、この脱出が一時的なものにすぎないと思い出させる要因の一つであり、感染症の大規模な流行――現代のＨＩＶ／エイズ、一九世紀のコレラ、そして中世の黒死病――が過去の遺物ではないことを思い知らされる。科学者も一般大衆も、ＨＩＶ／エイズのように動物からヒトへと領域を超えてきた「新興」感染症による現代の脅威には特に多大な関心を寄せている。「人畜共通」と呼ばれるこれらの感染症はほかにもたくさんあり、劇的かつ急速に死をもたらすものもある。ただし、この致死性ゆえに、それらの感染症は大規模な蔓延には至らない。感染者をすぐに死なせてしまったら、ウイルスも増えることができないからだ。そういう意味では、簡単には感染せず、ゆっくりと死をもたらすＨＩＶ／エイズのほうが大きな脅威であると言える。そしてこの病気が世界中に広がったという事実は、このような病気が将来は取るに足らないものになると信じたがる気持ちに水を差すものだ。

さて、大惨事から離れると、図3では各国が以前よりも豊かで健康になっていることがわかるだけでなく、平均余命と所得を関連づける曲線自体も時間の経過とともに上昇していることがわかる。二〇一〇年の曲線は一九六〇年の曲線より上にあり、時代をさかのぼれば一九六〇年の曲線が一九三〇年の曲線よりも、一九三〇年の曲線が一九〇〇年の曲線よりも上にあるのが見て取れるだろう。この上昇傾向に気づいたのはサミュエル・プレストンで、彼は所得以外の何か系統的な要因が働いているはずだと結論づけた。これといったパターンが見られない流行病や国の医療政策などの要素と併せて所得が一番重要な要素だとしたら、国は曲線の上あるいは下（基本的には上）に向かって移動するはずだ。だが、たしかに曲線を上へと移動したものの、起きたのはそれだけではなかった。所得に変化がなくとも、平均余命は時間の経過とともに延びていった。しかもそれが世界中で、所得の高低にかかわらず起こっていたのだ。プレストンはこの上昇傾向が科学や医療の知識の増加のため、あるいは、既存の科学や医療に関する知識が実生活に活かされるようになったためだと考えた。曲線に沿った移動は健康水準の改善によるものであり、曲線自体の移動は新たな実用的知識によるものだと考えたのだ。[12] 幸福の増加に対する所得と知識の影響度の違いは、本書の全編を通じて頭に置いておきたい。知識こそカギであり、所得もたしかに幸福の要素として重要ではあるし、幸福のほかの要素を実現するために必要なものではあるが、幸福の最大要因ではないというのが私の意見だ。

世界的貧困と世界的格差

物質的生活水準は、世界中のほとんどの国で改善しつつある。それでも、成長と世界的貧困の削減とを自動的に結びつける理論は存在しない。一九八〇年代から一九九〇年代初頭のアフリカのように世界の最貧国がまったく成長していないということかもしれないし、成長が見られる国でも、その国ですでに富裕層だった人口だけが利益を享受しているということかもしれない。グローバル化と経済成長は富裕層にしか利益をもたらしていないと信じる者はこの二つのうちどちらか、あるいは両方を主張する場合が多い。たしかに、これまで見てきたように、物質的生活水準の平均値には国によって想像を絶するほどの格差があり、国の中での貧富の差も同じくらい大きい。このような格差は経済全体が成長するにつれて拡大しているのだろうか？　利益は全員が享受できているのだろうか、それとも大脱出を果たした富裕層だけが利益をかっさらって、不運な大多数を置き去りにしているのだろうか？

この疑問に答える一つの方法は、当初は貧しかった国が当初から豊かだった国よりも早く成長しているかどうかを見ることだ。格差が縮まるとすれば、必ずそうなるはずだからだ。知識や技術が一つの国から別の国へと簡単に伝えられるとして、科学と実践的知識の進歩によって経済成長が実現しているのだとすれば、各国の生活水準はお互いに近づくはずだ。

まずは図4を見てみよう。ここに示された点は、どちらかというとランダムに散らばっているように見える。この点の一つ一つは国を表し、縦軸は国民一人当たり平均成長率を、横軸は一人当たりの期初のGDPを示している。色の濃い点は一九六〇年を始点として、一九六〇年から二〇一〇年までの成長を示す。一方、色の薄い点は一九七〇年を始点として、一九七〇年から二〇一〇年までの成長を示す。点の配置に法則が見られないということは、貧困国が富裕国より早く成長することはなく、したがって追いつくこともなく、国家間の格差は削減されなかったということになる。同様に、富裕国も貧困国より早く成長したわけではないことがわかる。全体として、国家間の格差はあまり変わっていない。ほぼすべての国がプラス成長しており、ゼロ成長を示す点線の上に位置している。過去半世紀には、世界中で多くの成長が見られてきた。一九六〇年よりも二〇一〇年のほうが一人当たり国民所得が低かった国は四カ国、一九七〇年よりも二〇一〇年のほうが低かった国は一四カ国しかない。毎度のことだが、最底辺の国（戦争中の国など）はデータが存在しないため、あるいは過去のデータが得られなかったために

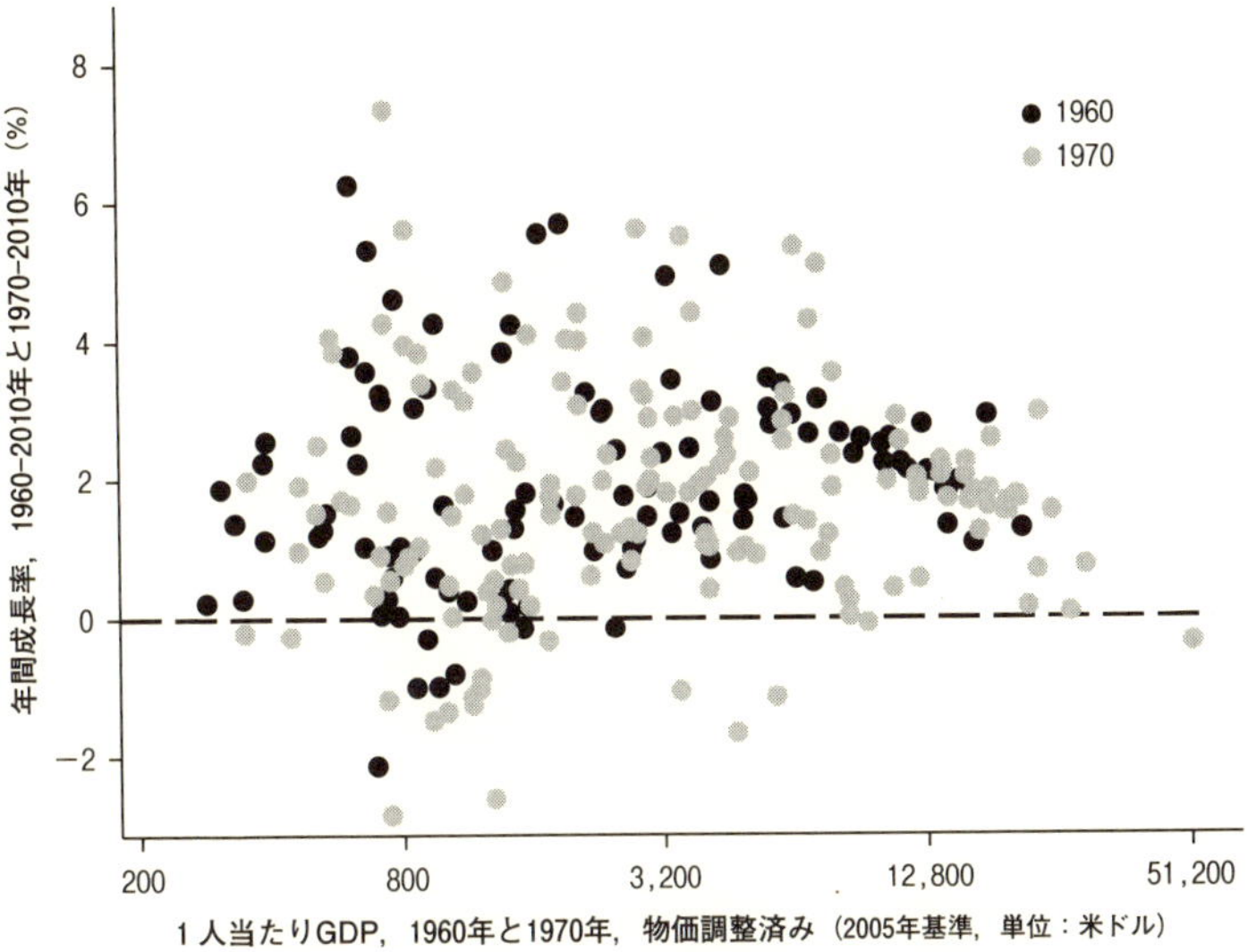

図4　国別成長率

図から除外されている（図4の最底辺国はコンゴ民主共和国とリベリアで、どちらも戦災の被害国だ）。

このまったく同じデータを、もっとポジティブに見る方法もある。次頁の図5は、経済学者スタンリー・フィッシャーが最初に考案した手法で描かれている。データは図4とまったく同じだが、それぞれの国を示す円の大きさが開始年の人口に比例するようになっている[13]。このように見ると、視覚的には貧しい国ほど早く成長しているかのような強い反比例を思わせる印象を受ける。だが、貧困国が急速に成長を遂げたわけではないことはわかっているのだ！　この印象の違いは、規模の大きな国ほど点が大きく描かれているために起こる。世界最大の二カ国、中国とインドはこの半世紀の間、かなり急速な成長を遂げてきた。そしてどちらの国にも膨大な数の国民がいるため、その成長によって世界の所得分

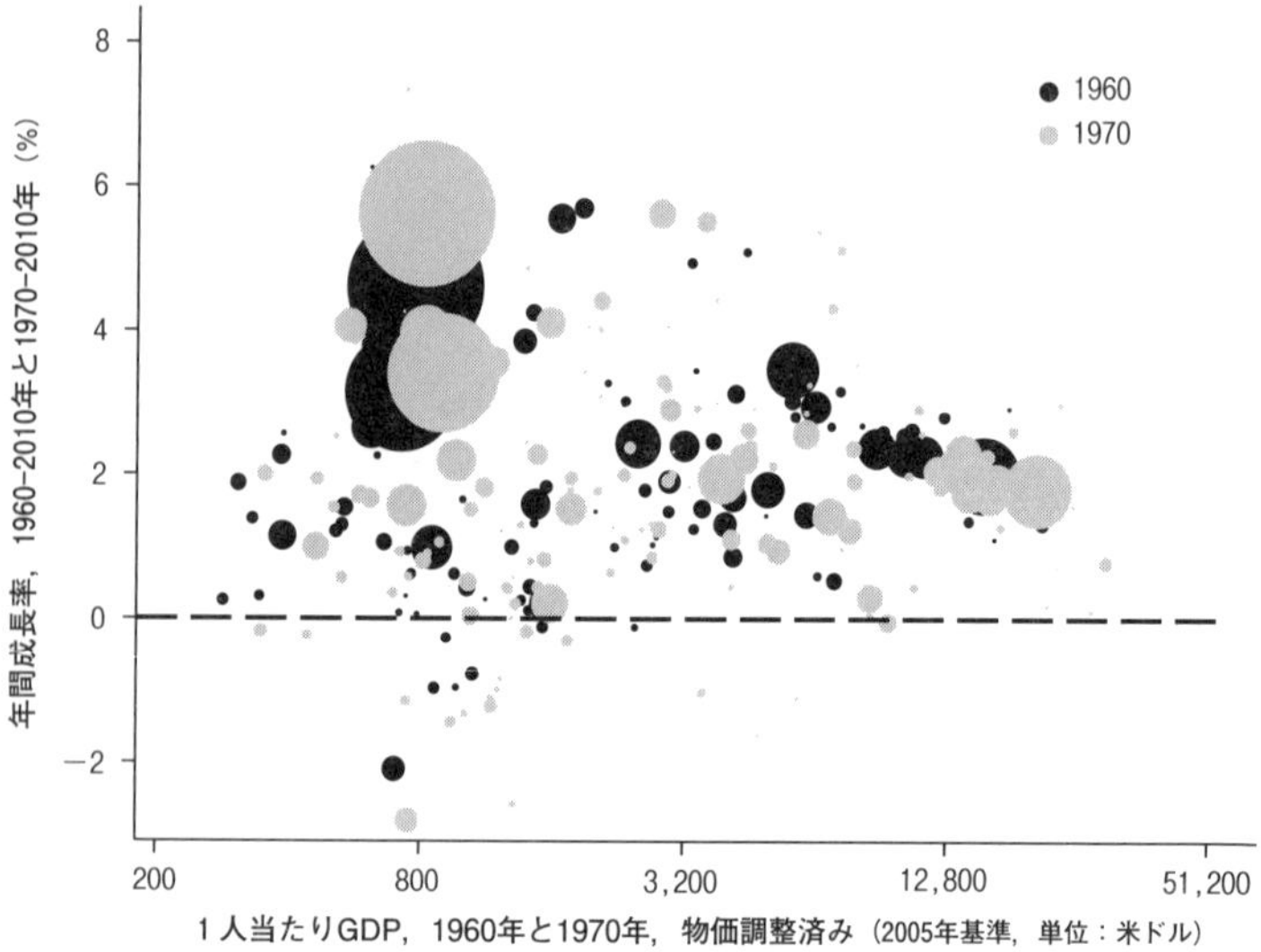

図5　人口別加重済み国別成長率

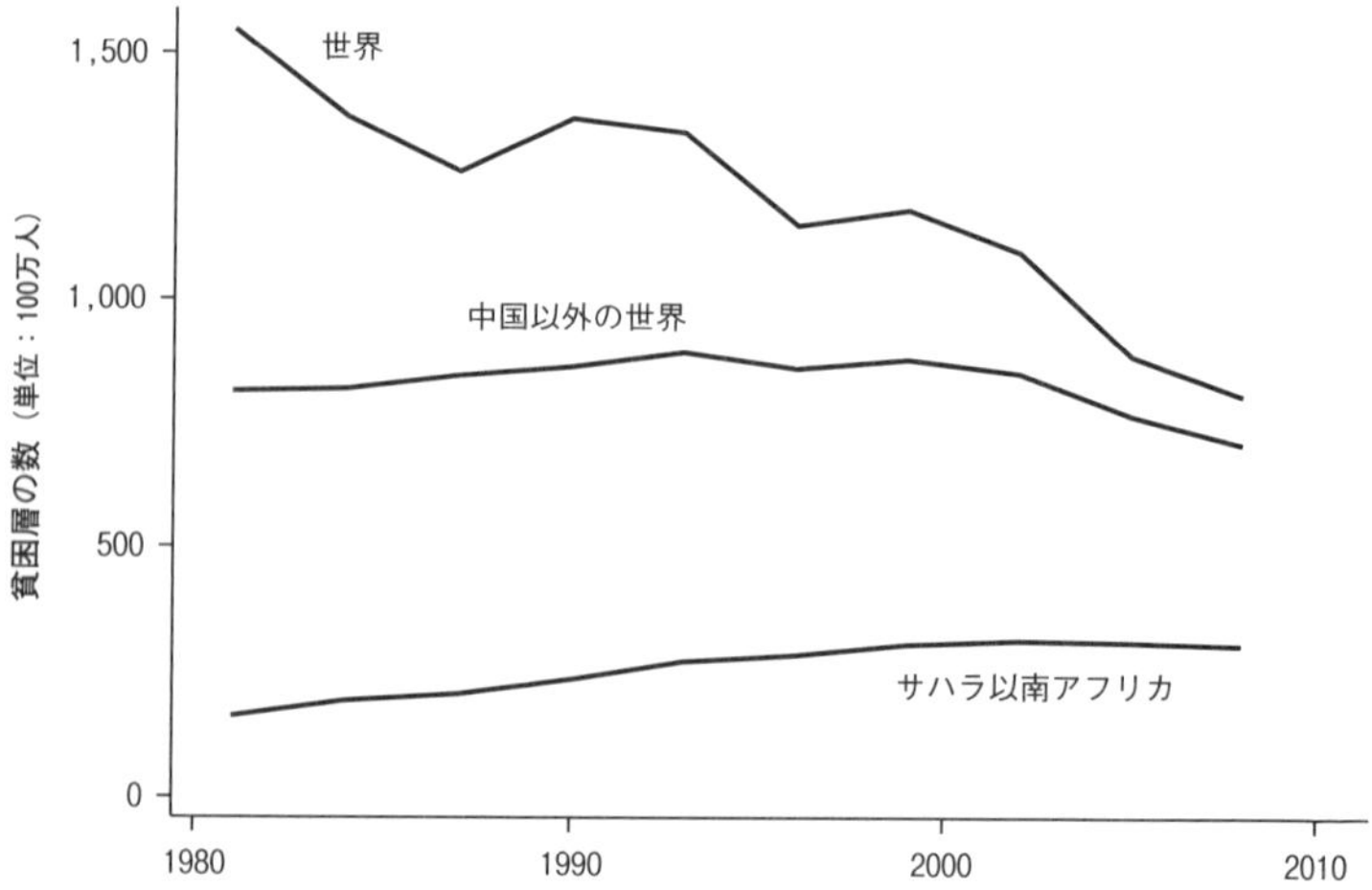

図6　世界的貧困の減少

配図の最底辺にいた二〇億以上の人々の平均年収が現在の平均値付近にまで引き上げられた。それぞれの国の国民一人ひとりが国全体の平均所得額を手にしていたとしたら、たとえ国家間で生活水準の平均値が近づいたわけではなくとも、図5は世界中の人々の生活水準が平均化していることを示すはずだ。もちろん、一つの国の中で全国民が同じ所得など、あり得ない話だ。国家間の所得格差だけでなく、第6章で詳しく見るように、すべてではないにしても多くの国で国内の所得格差も深刻化しているのだ。国内の所得格差を考慮に入れると、世界中の人々の所得格差がどのようになっているかがかなり見えにくくなる。ただし、格差が縮まりつつあることは立証できる。

中国とインドの急成長によって世界中の何億もの人々が大脱出を果たしただけでなく、世界は前よりも少し平等になった。国ではなく国民に目を向けるなら、図5の楽観的なグラフのほうが、悲観的な図4のグラフよりも正確だということになる。

世界的貧困の問題も、中国とインドで起こっていることに少なからず影響を受けている。世界銀行は、一人当たり一日一ドル足らずの収入がない世帯に暮らす人が世界中に何人いるか、定期的に統計をとっている。その二〇〇八年までの最新の数字を図6に示した。[14] 貧困国の総人口が約二〇億人増えているのにもかかわらず、世界中の一日一ドルの貧困層の合計人数は一九八一年から二〇〇八年の間に七・五億人減少している。この結果、一日一ドル以下で生活する人口の割合は、四〇パーセントから一四パーセントまで減少した。貧困率は世界のほかの地域でも下がってはいるものの、貧困層の絶対数の減少の大部分は中国の急成長によるものだ。つまり、少なくとも一〇年前までは、中国人以外の貧困層の絶対数は増えていたはずだ（第6章で詳しく見るが、インドの統計には実際には増えてきているはずの国民の資産が含まれておらず、貧困削減率が過小評価されてしまっているという議論もある）。サハラ以南のアフリカについて世界銀行は、二〇〇八年には人口の三七パーセントが一日一ドル以下で生活しており、ピークだった一九九三年の四九パーセントからは減少したと計算している。近年のアフリカ経済は、底辺からにもかかわらず大きな成長を遂げてきた。ここでもやはり、アフリカの数字は慎重に取り扱わなければならないが、なるほど、世界の貧困にも全般的な進歩が見られたというわけだ。世界中すべての場所でというわけにはいかないし、常にというわけにもいかないが、四半世紀にわたる世界的成長は世界の貧困を減少させるうえで大きな役割を果たしてきたのだ。

人々は自分の暮らしをどう見ているのか？

快適な暮らしを送るには健康と富だけでは不十分で、発展がもたらす貧困からの脱出にはより良い教育と社会への参加能力も欠かせない。本書では健康と所得に焦点を当てているが、全体像も実は同じようなものだ。近年、大きな発展は見られてきたが、やるべきことはまだたくさんある。日常的に学校に通う子どもの数は増えているし、識字率も上がってきた。独裁者は多く、何億人もがいまだに社会参加を（場合によっては非常に厳しく）制限されているが、半世紀前に比べれば世界の政治的自由度はずっと大きい。少なくともこうした状況で許される範囲での機会が増えているという意味では、世界の大部分で暮らしは良くなってきている。[15] だが、人々が必ずしもこれらの尺度で自分の暮らしを見るとはかぎらない。実際にその状況を経験している人々ではなく、開発の専門家や学識者たちが高く評価しているだけかもしれないのだ。あるいは、人々はこちらのリストに含まれていないものに価値を見出しているかもしれない。だからこそ、暮らしがどうなのかについて彼ら自身がどう思っているのかを聞いてみることに大きな意味があるというわけだ。

この質問をする一つの方法が、前章の図1と図2で見たような自己報告式の幸福度調査だ。最近では経済学者、心理学者、哲学者たちがこの調査に興味を示しており、多くの国家統計局がこうしたデータを定期的に収集する方向に動いている[16]。このような調査は一般的には漠然と「幸福度調査」のように呼ばれているが、魅力的な要素が数多くある。幸福度調査の対象者たちが直接回答していること、実際に達成された成果を測れること、幸福にとって重要だが私たちが知らなかった要素、あるいは知っているが測定できないような要素も加味される可能性があることなどだ。

とはいえ、経済学者も哲学者も含めて多くの書き手が、自己報告式の幸福度調査の妥当性と有用性に対して懐疑的だ。質問に答えるときに回答者がどんなことを考えているかがわからないし、国や人が違えば同じ質問でも解釈が異なってくるかもしれない。ちゃんとした訳語が存在する場合でも、質問を正確に翻訳するのは難しい。たとえば「幸せ」という言葉一つ取ってみても、アメリカ人は「happy」という言葉を惜しみなく頻繁に使うが、フランス人は「heureux」という言葉をそれほど頻繁には使わないし、東アジア人はそもそも自分が幸せだということを大っぴらに言いたがらない傾向がある[17]。アメリカでは幸せの追求はアメリカ独立宣言に列挙された侵されざるべき権利の一つだが、私が育ったカルヴァン派スコットランド人の村では、そのような幸せを追求する者はとても軟弱な人間に見られていただろう。

さらに懸念すべきなのが、「慣れ」だ。絶望的な環境に暮らす人々は自分の人生がそれ以上良くなりようがないと思うようになり、今の自分が幸せだと回答することもある。または、贅沢な暮らしをしている人がその暮らしに慣れてしまい、ちょっとした贅沢が欠けても不満を感じるかもしれない[18]。充実した幸せな人生は、時には苦痛と喪失をともなう場合もある。哲学者のマーサ・ヌスバウムによれば、

「幸福な戦士」は苦痛と死の危険を予期して戦いに挑むが、それでも充実した良い人生を送っていると感じるのだそうだ。[19] ここで言いたいのは人々が自分の人生についてどう語るかを無視するべきだということではなく、ただそこに潜む問題に敏感でいて、疑念を捨てずにいるべきだということだ。

人が常に現状に満足するように順応するとすれば、平均的な回答は国が違ってもさほど変わらないはずだ。世界の裕福な国の大半はずっと前から裕福だったし、貧しい国の大半はずっと前から貧しかった。人々がその環境に慣れる時間はたっぷりあったわけだ。だが前章で紹介した数字は、必ずしも実態がそうではないことを示している。

デンマーク（こうした調査では常にトップにくる国だ）の人生満足度評価は〇から一〇の一〇段階中七・九七で、フィンランドが七・六七、ノルウェーが七・六三、スウェーデンが七・五一と、他の北欧諸国が後に続いている。アメリカはわずかに後れを取って七・二八だ。長年独裁政権下にあるトーゴは二・八一、長年内紛に苦しんできたシエラレオネは三・〇〇、やはり長年独裁政権下にあるジンバブエは三・一七。ブルンジが三・五六、ベナンが三・六七、そしてアフガニスタンが三・七二と不幸ランキングで次につけている。この評価に対する哲学的疑念はもっともだが、貧困を評価して人々が繁栄する国とそうでない国とを区別するという話になると、人生満足度調査は所得や健康、政治的自由度の評価とかなり密接に関連してくる。欧米やヨーロッパ周辺国などの裕福で発展した民主主義国家はサハラ以南のアフリカやアジア、中南米の最貧国よりも暮らしやすい場所だし、所得や寿命を調べたときと同様、暮らしはどうかという直接の質問に対しても同じ結果が得られるのだ。

所得と健康の関係について見たように、人生満足度調査に対する回答を一九六〇年までさかのぼり、過去半世紀にわたって見てみると参考になる。だがギャラップ社の世論調査が始まったのは二〇〇六年からだし、いくつかの国では過去からのあまりまとまっていないデータがありはするもののそうしたデータの信頼性は不確かで、回答者がどのように選ばれたかもわからない。そのため、現時点では過去半世紀における世界の成長が人生満足度の改善につながったかどうか、はっきりとは言いきれない。

それでも、富裕国の国民が全体的に貧困国の国民よりも自分の暮らしを高く評価しがちだという事実を踏まえると、人の人生に対する自己評価にとって成長は良いものだという推論が導かれる。一方にデンマークとアメリカ、もう一方にシエラレオネやトーゴ、ジンバブエを置いて比べたときのもっともわかりやすい違いは、一方が裕福で一方が貧しいというものだ。この違いは、過去二五〇年に裕福な国が成長してきた間に貧しい国がまったく成長してこなかった結果でもある。これまでに見てきたとおり、そこには平均余命の大きな違いも含まれるが、平均余命もこの半世紀の間には経済成長とともに延び続けてきた。したがって、二〇〇八年の中国、ドイツ、日本あるいはアメリカの平均人生満足度は、一九六〇年の平均人生満足度より高くなければおかしい。だが、この一見議論の余地がないように思える問題は、いつまでも議論され続けている。

一九七四年、自己報告式の幸福度調査の先駆者である経済学者で歴史家のリチャード・イースタリンは、自己報告調査によれば日本人は自国の経済成長によって暮らしが良くなったとは感じていないと主張し、その後の調査では同じ結果がアメリカを含む複数の国で見られたと報告した[20]。イースタリンの主張は当時も今も、経済成長によって人生が良くなるわけではないというものだ。成長そのものに価値がないと主張している点で、彼は経済学者の中では変わり者と言えるだろう（基本的には経済成長とともに向上してきた健康やその他の恩恵について――必ずしも経済成長が原因の恩恵とは言えないまでも――イースタリンは触れていない）。彼の姿勢は多くの心理学者や宗教指導者、その他幸福の唯物主義的基盤を否定する者の共感を呼んだ。ただし、もっとも恵まれない人々にはあまり共感されなかったかもしれないが。経済学者ベッツィー・スティーヴンソンとジャスティン・ウォルファーズはこの主張に異論を唱え、ちゃんとした比較可能なデータを見れば、富裕国と貧困国における人生満足度の違いから予想されるのとまったく同じ形で、特定の国の中での経済成長が人生満足度を改善させていると主張した[21]。

国の人生満足度に対する経済成長の影響は、富裕国と貧困国の差による影響よりもずっとわかりにくい。五〇年におよぶ経済成長が国にもたらした影響は、何百年にもおよぶ成長率の違いが生んだ国家間の差に比べればごくわずかだ。ある国が半世紀の間二パーセントの成長率を安定的に維持するとしたら(これがおおむね図4の平均値だ)、その国の一人当たり国民所得は五〇年後には二・七倍になっているはずだ。これは大きな増加ではあるが、今のインドとタイの差と同じくらいでしかない。これらの国が人生満足度と所得を関連づける線上に厳密には載っていないことを考慮すると、こうした経済成長が起こる間に、些少でわかりにくく、ひねくれているとさえ言える人生満足度の向上が同時に起こっていたとしても意外ではない。実際、前章の図1に示したように、二〇〇八年には一人当たり国民所得がインドの倍だった中国では、人生満足度はずっと低かった。

所得を見たかぎりで予想されるよりは実際の健康状態が良かったり悪かったりする国があるように、所得を見るかぎりあまり幸せには思えないような国の国民が、自分の人生をどちらかというと高く評価することもある。スカンジナビア系諸国が幸福度の優等生だということはすでに見てきたとおりだが、これらの国々は非常に裕福な国でもあるのに、国民所得から予想されるほど人生満足度はあまり高くない。もう一つ頻繁に見られるのが、中南米諸国の人生満足度が高いという傾向だ。一方、中国や香港、日本、韓国を含む東アジア諸国の評価は比較的低い。こうした大陸レベルの違いが純粋に幸福度の客観的な要素の違いなのか、国民的気質の違い、あるいは一〇段階評価の質問に対する答え方の文化的違いからくるものなのかどうかはわからない。ロシアや旧ソ連諸国、ほかにも共産圏に所属していた東欧諸国の幸福度がひときわ低いことも、頻繁に見られる調査結果の一つだ。東欧や旧ソ連諸国で暮らしにとりわけ不満を抱えているのは、年長者だ。[22] 若者世代は前の世代が手に入れられなかった機会を手に入れており、旅をしたり海外へ留学したり、世界経済の中で才能を発揮する場を見つけたりすることができるようになっている。一方、彼らの祖父の世代は自分たちが知っていた世界、自分たちの人生に意味を与えていた世界の崩壊を目の当たりにし、場合によっては年金や医療制度の崩壊も経験した。

精神の幸福

人生満足度評価は幸福感を測るものだと説明されることが多いが、一〇段階評価の質問のように、幸福感について直接尋ねる質問がない場合もある。今では、「今の暮らしはどうか」と尋ねる人生満足度評価が経験のさまざまな側面に光を当て得ること、感覚や経験した感情などについて質問すると異なる結果になることが実証されている。暮らしがおおむねうまくいっていると思う場合でも、不幸せだったり心配事があったり、ストレスを感じることはあるのだ。なるほど、悲しみや苦痛、ストレスは、良い人生を築くうえでは欠かせない経験の一部なのかもしれない。軍隊の新兵訓練、経済学部や医学部の大学院での研究、親の死などを乗り越えることは決して快適な経験ではないが、人生に欠かすことのできない一部分には違いない。若者がデートに行けばときには悲惨な結果に終わる場合もあるが、それもまた感情学習には必要な経験だ。感情体験などはそれ自体が今の幸福に大きく貢献している。とは言っても喜びのほうが悲しみよりも気持ちのいいものだし、ストレスや心配、怒りは将来何かしらの見返りが

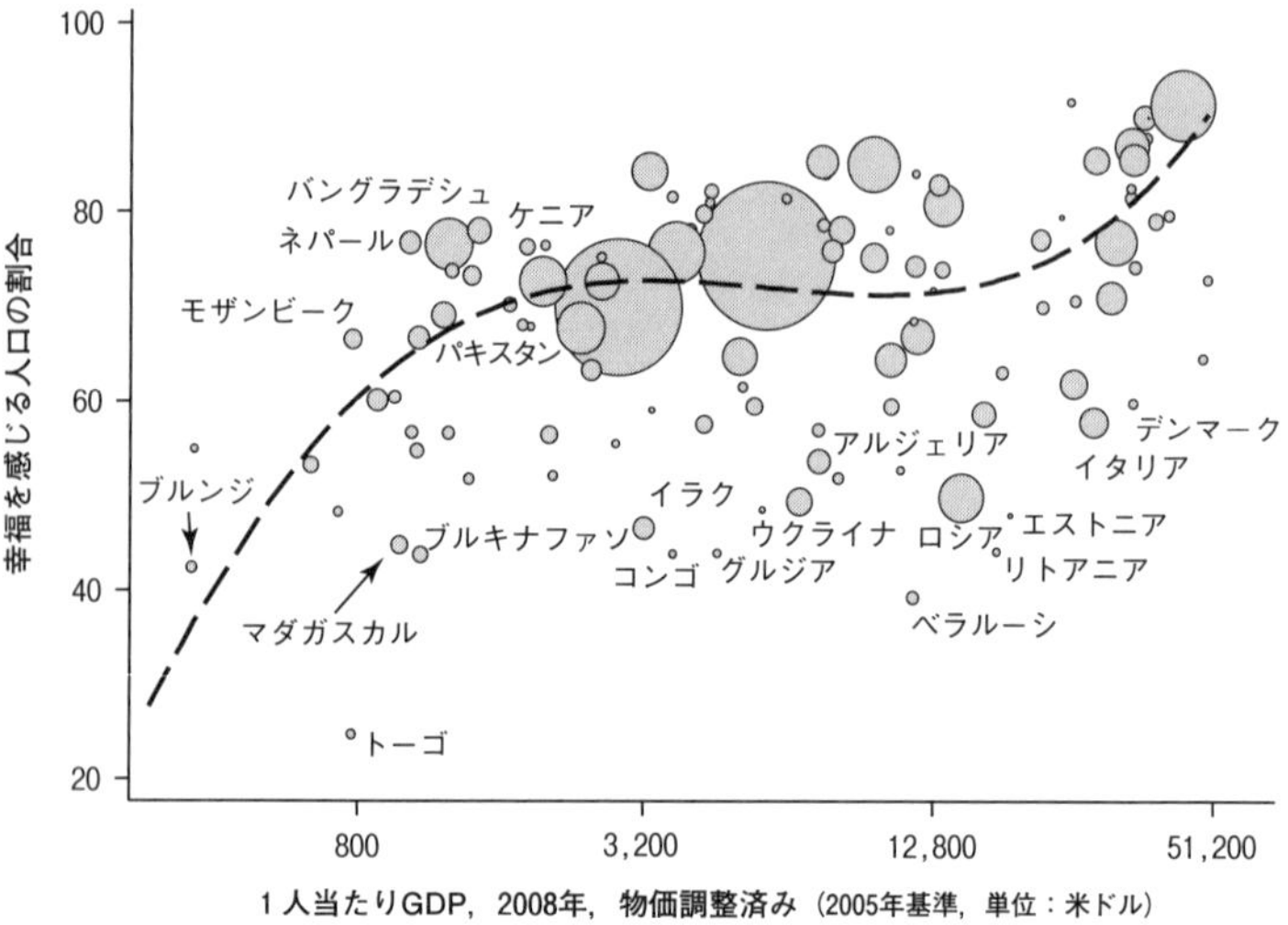

図7　世界の幸福度

あるとしても、経験しているその瞬間は幸福感を減少させるものではある。

人々に自分の人生について評価してくれるよう頼むことができるのと同じように、感情体験について尋ねることも可能だ。ギャラップの世論調査は人生満足度調査のほかにも、調査の前日に経験した感情や感覚について質問している。心配やストレス、悲しみ、絶望、幸福、怒り、苦痛を感じたかどうかを尋ねるのだ。これらの質問に対する回答の全国平均は、実は人生満足度に対する回答の全国平均とはかなり異なっている。

図7は、幸福感の世界分布図だ。国民所得に対して調査前日の大部分で幸せを感じていたと答えた人口の割合を示した。この分布図は、人生満足度の分布図とはかなり異なる。もっとも顕著な違いは、国民所得との関係がずっと弱いということだ。ブルキナファソ、ブルンジ、マダガスカル、トーゴなどの最貧国の一部では幸せを感じる度合いがかなり少ないのはたしかだが、もっとも貧し

い国々を除けば、幸福感に系統だった貧富の差は見られない。人生はかなりうまくいっていると感じている国民が多いデンマークでも、前日に幸せを感じた割合はさほど高くない。イタリアも同様だが、逆にバングラデシュやケニア、ネパール、パキスタンの人々は、デンマーク人やイタリア人よりもずっと幸せを感じている。

所得と幸福感との結びつきの薄さはアメリカにも見られる。貧困はみじめさのもとだが、たとえ多く財産を持つ者がより良い暮らしをしていると回答していても、ある地点（年間約七万ドル）を過ぎると、それ以上収入が増えても幸福感の改善にはつながらない[23]。幸福にとって財産が意味を成すのは、ある地点までとでしかないということだ。幸福感が人生をより良くするポジティブなものである場合にかぎり、これは有益な情報だ。だが、幸福感は幸福全般を測る尺度としてはあまり適していない。世界中には、健康状態が悪くて物も満足にない貧困状態でも、人々が幸せを見つけている国はたくさんある。人生満足度評価のほうが、幸福全般を測るには向いているのだ。デンマークとイタリアがいい例だろう。

幸福度分布図を見ると、幸せでいることが国民としての義務のように思われているアメリカが、アイルランドとニュージーランドに次ぐ第三位であることがわかる。ロシアやその旧従属国は世界でもっとも不幸せな部類に入る。だが、世界のほとんどの人が幸せを感じている。世界中の回答者のうち四分の三近くが、前日の大半を幸せに過ごしたと答えているのだ。

感情体験のほかの尺度はここでもまた、違うイメージを提供してくれる。二〇〇八年には、世界の人口の一九パーセントが調査の前日に怒りを感じていた。三〇パーセントがストレスを、三〇パーセントが心配を覚えていて、二三パーセントが苦痛を感じている。貧しい国ほど苦痛は多かったが、どの所得水準でも感情の度合いはさまざまだった。心配とストレスと怒りの全国平均は国民所得とまったく関係ない。とはいえ、これもやはり国によって大きくばらつきがある。たとえば、フィリピン人の四分の三が大きなストレスを感じており、次いで香港、レバノン、シリアときて、アメリカでは四四パーセントが調査前日の大半でストレスを感じていたと答えている。国民所得は、こうしたマイナスの感情を解消するうえであまり役には立ってくれないようだ。

人生満足度と幸福感（またはその他の感情）が描く世界は、それぞれまったく異なる。どちらが正しいのだろう？　幸福度に関する研究の大半は、これらの測定によって幸福全般の統一された尺度が生み出されることを期待している。その前提に立った場合のみ、「どちらが正しい」というこの問いは意味を成す。だが、それは幸福についての正しい考え方ではない。幸せでいるのはいいことで、心配したり怒ったりするのは良くないことだし、人生がうまくいっていると思うのは良いことだ。だがこれらの感情は同じものではなく、すべては所得や体と心の健康など、幸福のほかの側面と調和している。幸福を測る基準となる魔法の質問は存在しない。仮に人がそれぞれ「快楽メーター」を持っていて、それで逐一幸せを測定することができたとしても、その快楽メーターの数値が人生の良さを測るのに有益だと推定する根拠は何もない。人の幸福にはさまざまな側面があり、それぞれに関連してはいるがそれぞれに異なる。世界の幸福を測るのであれば、その多様さを認識して公正に評価しなければならない。

歴史家のキース・トマスはイングランドで人々が個人的充足感を求める方法がいかに変化したか、そして一八世紀までにはいかに富の追求が幸せへの合理的で倫理的な道と見られるようになっていたかについて書いている[24]。富の追求が個人にとって立派な活動であるだけでなく、社会全体に利益をもたらしたという長年にわたって進化し続けてきた考えを結晶化させたのが、アダム・スミスの『国富論』だ。「見えざる手」というスミスのたとえは、いまや資本主義の仕組みに対する認識の一部となっている。

だが、トマスが言うように、スミスは富の個人的恩恵に対して懐疑的だった。たしかに、スミスは著書『道徳感情論』の中で、富は「人類の勤労意欲をかきたて、常に働かせ続ける」有益なものであるにしても、それによって得られる幸福は実は欺瞞なのだと語っている。スミスはまた、格差のおよぶ範囲にも懐疑的で、富者は他者を「自らの空虚で飽くなき要求を満足させるためだけに雇用する」ことによって「生活必需品」のおおよそ平等な分配をもたらしたと主張している。富者に関しては、その多大なる財産が「冬の嵐を避けられなくとも、夏の夕立ちは避けさせてくれるが、同時に、病と危険、死に対する不安と恐怖と悲しみを常に等しく、場合によっては以前よりも多く、もたらすものである」と述べている[25]。

スミスがこれを書いたのは「大分岐」がまさに始まろうとしているころ、そして伝染病が貧者も富者も等しく恐怖に陥れていた時代だった。次の章で見るように、イギリスの貴族階級も一般市民も平均余命は変わらなかった。先ほど見たとおり、貧困層のほうが人生にずっと不満を抱えてはいるものの、現代でも生活の感情的側面は貧困層と富裕層でさほど変わらない。裕福だからと言って不安や恐怖、悲しみから逃れられるわけではないし、日々の生活の嬉しさや楽しさを経験することが必須なわけでもない。だが、世界はこの二五〇年間で変化してきた。「生活必需品」が世界中で平等に分配されているかどうかさえ、その証拠を合理的に解釈することはできないし、スミスの時代のイギリスがそうであった可能性も低い。そして現代の富裕層は、病気と死の危険に対する強力な防護策を講じている。世界全体が豊かになり、特にこの六〇年の間により多くの知識を得るにつれ、その防護策はいっそう多くの人々を対象とするようになってきた。

第二次世界大戦以降、所得と健康は世界中のほぼ全域で改善してきた。一九五〇年と比べて今のほうが乳幼児死亡率が高い国は一つとしてない[26]。経済成長は何百万人もの人々、特に中国とインドの人々をすさまじい貧困から救い出してきた。だがそこにはおそろしい失敗もあった。中国の大飢饉、ＨＩＶ／エイズの蔓延、旧ソ連での短寿命化、いくつもの戦争や大虐殺、飢饉などの悲劇は、病気と戦争、そして悪政の呪いがまだ過去の遺物にはなっていないことを私たちに思い知らせる。たしかに、そうではないと思いこむのは性急にほかならない。映画と同様、『大脱走』がもたらしたのは恒久的な自由ではなく、私たち人間を取り巻く悪と闇、そして混乱からの一時的な救済にすぎないのかもしれない。

第I部　生と死

第2章　有史以前から一九四五年まで

世界は、これまでにないと言っていいほど健康的になっている。人間の寿命は延び、身長は高くなり、体力も上がり、子どもが病気になったり死んだりする確率は下がってきた。より健康であるということはそれだけで人生をより良くするもので、生きているうちにもっといろんなことができるようになるし、もっと効果的に働き、もっと稼ぎ、もっと勉強に時間をかけ、家族や友人ともっと楽しく有意義な時間を過ごせるようになる。ただ、健康は気温のような一つだけの要素ではない。視力は抜群にいいがスタミナがないとか、何年も長生きするが深刻なうつ病が何度も再発したり偏頭痛持ちだったりするとかいう人もいるだろう。一つの問題がどれほど重大なのかは、その問題を抱える当人が何をしたいかによって決まる。たとえば私はボールを投げるのがへたなので高校では時々恥をかいたものだが、大学教授になったらそんなことは問題にならない。健康にはさまざまな側面があり、たった一つの便利な数値に凝縮することは難しい。とはいえ、健康には一つだけ測定しやすく、しかも何より重要な要素がある。生きているか死んでいるかという単純な事実だ。個人にとっては、この事実を知ってもたいして役には立たない。医者に行ったら当然、「そうですね、生きてはいるようですね」以外の診断をしてもらいたいからだ。だが生死の判断は、集団の健康を考えるうえでは貴重な事実となる。ここで言う集団とは全人口の場合もあるし、男女、黒人と白人、子どもと老人などの下位集団のことも指す。

生死に関してよく目にする測定値が、新生児が何年生きられるかというものだ。これは出生時平均余命、または単に平均余命とも呼ばれる。人生が生きる価値のあるものだとすれば、生きる年数は長いほうがいい。そして、通常（といっても必ずとは言いきれないが）、長生きする人が多い集団は、健康な人生を送る人が多い集団でもある。第1章では、世界中でどれほど平均余命にばらつきがあるかを見てきた。富裕国では平均余命が長く、全体的に時代を経るに従って延びてきたこともわかっている。この章では平均余命の「なぜ」と「どうして」、そして世界が今の状態に至った理由をもっと詳しく見ていこう。本書は健康の歴史についての本ではないし、平均余命の歴史についての本でもない[1]。だが過去から学ぶべきことは多いし、過去を理解しようと努力しなければ、より良い未来を迎えられる確率を高めることもできない。

現状がどうなっているのかを知るため、そしてこの章を理解するために必要な考え方をいくつか紹介するため、まずはここ一世紀ほどのアメリカの死亡率と平均余命から見ていこう。そしてそこから（かなり）さかのぼって黎明期の暮らしがどうだったかを見て、次に一九四五年あたりまで早送りする。第二次世界大戦の終わりがいい休憩地点だろう。一九四五年以降はデータがもっとしっかりしているし、話の流れも変わるからだ。

アメリカ合衆国に見る生と死の基本的概念

アメリカ合衆国の平均余命は一九〇〇年の四七・三年から、二〇〇六年には七七・九年にまで延びている。図1に示したのは男女別の数字だ。女性は一般的に男性よりも長生きするもので、二〇世紀の間は実際そのとおりだった。男女ともに寿命は大きく延び、男性は二八・八年、女性は三一・九年増加した。この延び率は二〇世紀前半のほうが速かったが、今でもまだ続いている。ここ二五年で男性の寿命は五年ごとに一年延びているし、女性の寿命も一〇年に一年延びている。図からまずわかることは、本書で紹介する事柄の大半と同様に物事が良くなっている、しかも大幅に改善しているということだ。一〇〇年ちょっとの間に寿命が三〇年も延びるというのは並外れた成果で、まさに「大脱出」だと言える。その大きな事実を踏まえたうえで、図から読み取れる特徴がほかにもあることに気づいてほしい。男女の間にはなぜこれだけの差があるのだろう。生きられるであろう年数だけでなく、平均余命の延び率がどうしてこれほど違うのだろう？　最初の半世紀が、第二次世界大戦以降とこんなに違って見えるのはなぜだろう？

図を見てすぐにわかる特徴が、第一次世界大戦直後のインフルエンザの大流行による平均余命の急激な下落だ。一九一八年の平均余命は一九一七年の平均余命より一一・八年も短く、一九一九年になるとまた一五・六年延びている。病気の流行直後から、平均余命は本来の傾向に戻っていることがわかる。世界全体を見てみると、この流行では五〇〇〇万人もが死亡し、そのうち五〇万人がアメリカでの死者だった。だが平均余命の定義の仕方は、新生児の生存率に病気の流行が与える影響を誇張しがちだ。今ならこのときのインフルエンザの大流行が一年しか続かなかったことはわかっているから、新生児が最初の一年を乗りきれれば、病気の流行に命がおびやかされることはもうなかったと断定できる。だが人口統計学者が一九一八年の平均余命を計算するとき、彼らはなぜか病気が永遠に続くものと仮定し、一九一九年になると病気の流行など存在しなかったかのように考える。生存率を評価するにはずいぶん変

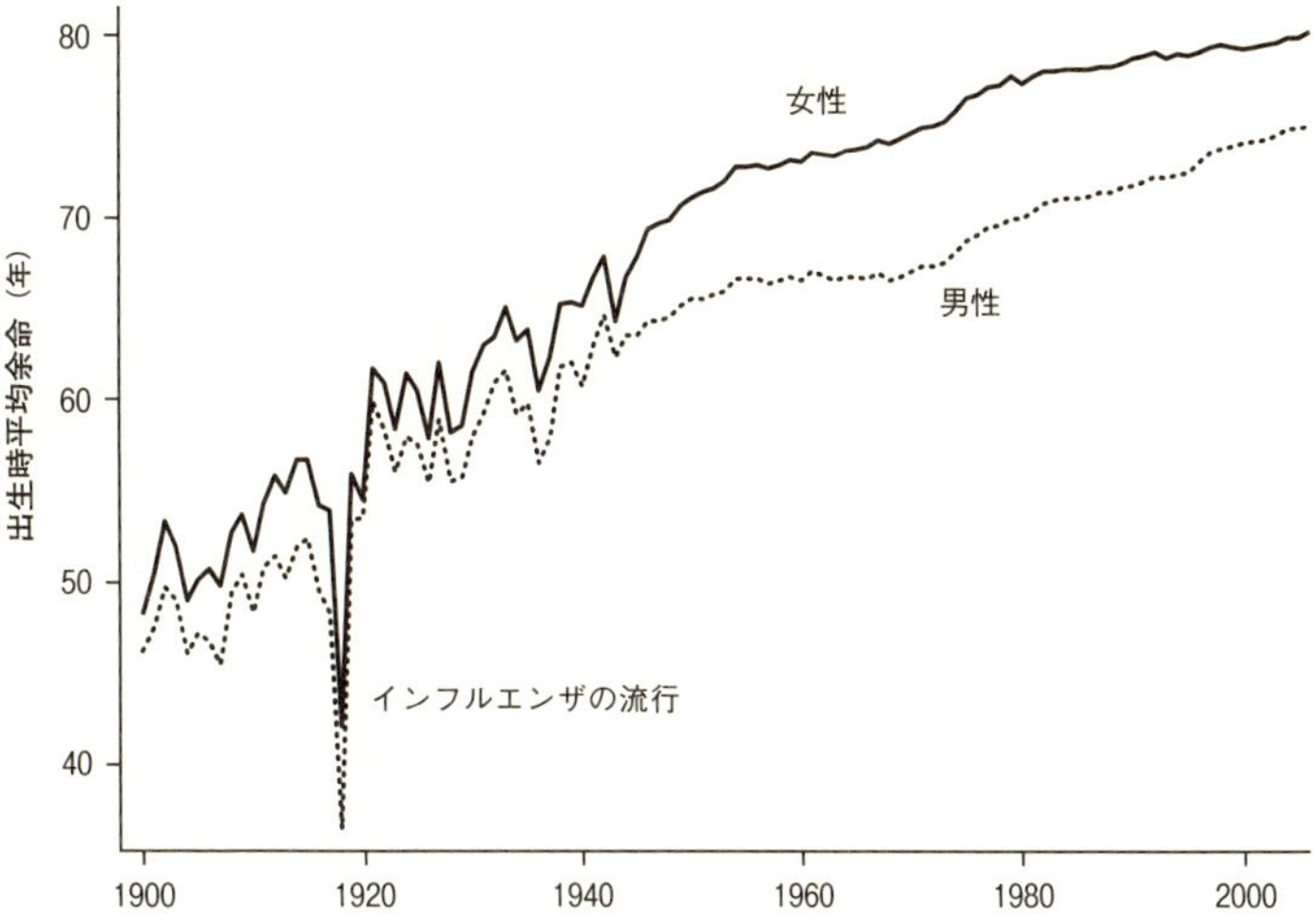

図１　アメリカの男女別平均余命

わった方法に思えるかもしれないが、これ以上うまくやる方法をみつけるのは実はかなり難しい。

いま新生児を見せられてその子がどれくらい生きるかを計算してほしいと言われたら、必要なのは、その後の年月でその子が死亡するリスクがどれくらいあるかという情報だ。だがそんなことはわからない。人口統計学者はこの問題に対処するため、出生時にどのようなリスクがあったかという情報をもとに、毎年の死亡リスクが出生時とまったく同じだったと仮定して生存率を計算する。一九一八－一九年のインフルエンザの大流行の場合、各年齢の死亡リスクは一九一八年にいきなり急上昇している。するとその年の出生時平均余命を計算するときは、新生児が同じ病気の流行というリスクに毎年さらされるという前提になる。病気の流行が本当に永遠に続くか、少なくともその新生児が生きている間ずっと続くとでも言うのなら理解できる。だが、流行がほんの一、二年しか続かない場合、平均余命の急激な減少はその子の人生におよぶ本当のリスクを誇張することになってしまう。これよりもうまくやる方法はあるが、あくまであとになって、その子と同じ年に生まれた子どもが全員死ぬまで（つまり、一〇〇年以上）待たなければならない。もう一つの方法が予測するというものだが、予測はそれ自体がとても難しい。たとえば、来年はインフルエンザが大流行するだろうと予測できた者は、一九一七年には誰もいなかったはずだ。

標準的な平均余命の測定方法（調査対象が全員死ぬまで待ったり、予測をしたりしない方法）は「期間」測定と呼ばれ、その期間の死亡リスクが永遠に固定されているという前提のもとに計算される。これはインフルエンザ大流行のような場合にも問題になるが、現在の平均余命を考えるうえでも問題になる測定方法だ。図1を見て未来のことを考えると、平均余命は延び続け、死亡率は下がり続けるのではないかと思わざるを得ない。そうなると、現在の平均余命（アメリカで生まれた女の子であれば八〇歳強）では、今日生まれた新生児の平均余命を少なく見積もってしまっている可能性が高い。平均余命がこのまま延び続ければ、その新生児は一〇〇歳まで生きてもおかしくないはずだからだ。

インフルエンザの大流行は、図1のグラフが一九五〇年以降よりも一九五〇年以前でずっとばらついている理由のほんの一つにすぎない。あの悲劇に並ぶほどの出来事はなかったものの、人口の平均余命に影響を与える程度の小さな病気の波はいくつもあったからだ。今なら心配するほどでもないような感染症が、一九〇〇年のアメリカではまだ恐ろしい病気だった。ちなみにそのころ死因の上位にきていたのは重大性の順にインフルエンザ、結核、下痢だ。結核は一九二三年までは死因の上位三位に入っていて、一九五三年まででも上位一〇位以内を維持していた。肺炎や下痢性疾患、はしかを含む感染症は、多くの子どもに早すぎる死をもたらしたものだ。二〇世紀初頭、こうした感染症による子どもの死亡は今よりも比較的重要性が高かった。今では亡くなる人の大半が高齢者で、それも感染症ではなく、がんや心臓病などの慢性疾患で亡くなっている。この変化は第1章で現代の富裕国と貧困国を比較したときに見たものと同じ疫学的変遷であり、時を経て現代の富裕国で起こってきたことでもある。

死亡者が子どもから老人へと移っていく「死の高齢化」によって、平均余命は年ごとの死亡率の増減の影響を受けにくくなってきた。また、感染症が減ったため、年ごとの死亡率自体も昔ほど激しく増減することはなくなっている。子どもの命を救ったほうが、高齢者の命を救うよりも平均余命に与える影響は大きいということだ。死ぬはずだった新生児が生き延びると、その先何年も生きる可能性がある。だが七〇歳の老人が命にかかわる危険から救い出されたとしても、その先に生きられる年数は限られている。これも、平均余命の延び率が近年落ちてきた理由の一つだ。小児死亡率がとても低いため、高齢の成人グループにしか死亡率の延びしろがない。だが高齢者の死亡率が下がっても、平均余命は大きく延びようがないのだ。

平均余命が晩年の死亡率よりも若年期の死亡率のほうに影響を受けやすいからといって、成人の命よりも子どもの命を助けるほうが重要だとか有意義だとかいうことにはならない。それは倫理的な判断で、いろいろな要素に左右される話だ。一方では、子どもを救えばその後何年も生きるかもしれない。だがもう一方で、新生児が死んでも成人のようにすでに築きあげたいくつもの仕事や関心事、人間関係、友情などが終わってしまうことはない。この考え方に沿って経済学者ヴィクター・フュックスは、人生の価値は葬式に来る人の数で測れるかもしれないと述べている。本当に真面目にそう提案しているわけではないだろうが、それでも老人ばかり、あるいは子どもばかりに比重を置くという考え方をうまく捉えている。だがこうした問題は、平均余命のような健康に関する特定の指標を機械的に選べば解決できるというものではない。平均余命というのは便利な指標で、集団の健康について重要な情報の大半を捉えることができる。だが幸福を測定する指標として平均余命を選び、それを社会の目標の一つとして設定すると、小児死亡率にかなり比重を置いた倫理的判断を持ちこむことになってしまう。そのような判断は考えなしに適当に取り入れるのではなく、明確な根拠をもって擁護するのでなくてはいけない。

平均余命を指標に選ぶこと自体、ときには完全に誤解のもとになってしまうこともある。図1を見ると、平均余命は二〇世紀の後半よりも前半のほうがずっと急激に延びている。これは乳幼児死亡率が一九〇〇年に高かったためで、二〇世紀末になるとぐっと重要性を増す中年から高齢者の死亡率低下よりも、若年層での死亡率の低下のほうが平均余命に与える影響は大きいからだ。集団の健康を評価するのに最適の指標として、あるいは単に社会の進歩全般を測る指標として平均余命を見れば、アメリカは一九五〇年以降よりも一九五〇年以前のほうが良かったと思うかもしれない。その説を擁護するのは簡単だが、平均余命に着目すると、高齢者の死亡率よりも若年者の死亡率のほうを重視することになる。それは当然のように受け入れるのではなく、議論するべき倫理的選択だ。貧困国の死亡率低下（特に小児）を富裕国の死亡率低下（特に高齢者）と比較した場合にも、この問題は出てくる。平均余命を指標にして見ると、貧困国は健康と福利厚生の面では富裕国に追いついているのがわかる。だがそれは健康についての事実でもなければ死亡率全般についての事実ですらなく、仮定にすぎない。つまり、平均余命が健康と社会の発展を測る一番の指標だという、単なる仮定だ。この問題については、第4章でまた触れよう。

図1が示しているのは、アメリカの男女間の平均余命の差が（女性のほうが常に高いということはさておき）過去と現在とでは違っているということだ。寿命の差は二〇世紀初頭には二年か三年で、一九七〇年代後半までは時々思い出したように広がっていき、二一世紀の最初の数年でまた縮まって五年程度に

なった。男女間の死亡率の違いについては、十分に理解が進んでいるとは到底言えない。世界中どこでも、そして人生のどの段階でも、男性より女性のほうが死亡リスクは低い。男性は、生まれる前からすでに女性より高いリスクにさらされているほどだ。もちろん妊産婦死亡率だけは男性には該当しないから例外だが、二〇世紀のアメリカでその妊産婦死亡率が低下したことこそ、女性の平均余命が男性の平均余命よりも早く延びた理由の一つでもある。

もっと重要な理由がある。喫煙習慣の変化だ。喫煙は心臓疾患（比較的早い）と肺がん（罹患から死亡まで三〇年ほどかかる）を通じて死をもたらす。一九五〇年代から一九六〇年代に男性の平均余命の延び方が鈍くなったのは、喫煙率が早い時期から上がったためだ。男性が喫煙するようになったのは女性よりずっと先だった。女性の喫煙が社会的にはかなり長い間認められていなかったからだが、その不平等が女性の健康にどれだけの効果をもたらしたことか！　だが、男性のほうが禁煙するのも早いというデータもある。女性の平均余命の延びが遅くなり始めるのはグラフの右端で、男性の平均余命の延びが遅くなり始めてから二〇年か三〇年はあとだ。近年では、アメリカ人女性の喫煙率も急激に下がっていて、女性の肺がん率も、男性のそれが何年も前に下がり始めたのと同様に下がってきている。二〇世紀後半の富裕国では、死亡率と平均余命のもっとも重要な決定因子の一つが喫煙だ。

男女間の死亡率の差だけがアメリカの各集団間で見られる唯一の不平等などでは、もちろんない。二〇〇六年には、アフリカ系アメリカ人男性の出生時平均余命は白人男性の平均余命より六年も少なかった。女性の差も同様だったがやや開きが少なく、四・一年だった。そして男女間の違いと同様、この人種間の違いもずっと一定だったわけではない。疾病対策予防センターでは二〇世紀初頭、当時「非白人」と呼ばれていたカテゴリー（アフリカ系アメリカ人よりも幅広い）と白人との平均余命の開きは、一五年以上だったと推定している。

不平等なのは平均余命だけではない。アメリカでは、黒人と白人との間にはほかにも不平等がある。収入、財産、教育、そして二〇世紀の大部分は選挙権や参政権でさえも。不平等の傾向がこれほど多くの側面で一貫しているということは、幸福についての不平等が死亡率や収入などを含むほかのどの側面よりもはるかに大きいということを意味している。アメリカの黒人と白人との間の不平等に関する研究はすべからく、健康だけや財産だけでなく全体像を一括して見るべきだ。民族や人種間の死亡率の差の原因はまだ十分にはわかっていないが、医療の提供が不公平であることは当然重要な原因の一つだろう。平均余命と小児死亡率の格差の減少は一世紀にわたって人種差全般が少なくなってきたために起こっていて、一つの不平等が減ると別の不平等も減る傾向があるからだ。そうした差が単純に説明できない例がアメリカのヒスパニック系住民の死亡率で、二〇〇六年の平均余命は非ヒスパニック系白人の平均余命よりも二年半長かった。アメリカにおける早死にからの大脱出は男女問わず、人種・民族も問わず成功している。だがそれぞれの集団はそれぞれに異なる地点からスタートしていて、その脱走の速度も異なっていた。したがって格差のパターンも時代の中で変化してきたというわけだ。

アメリカはほかのどの国よりも医療にかける費用が多く、倍近い額をかけているのだが、だからといってアメリカ人が世界で一番長寿というわけではない。イギリス人とアメリカ人の平均余命は、一九五〇年代までは非常に似通っていた。その後二〇年間はイギリス人が優勢で、一九八〇年代にいったん後退したが、一九九〇年代後半と新世紀の幕開けに再び勢いを取り戻す。一九九一年には半年にも満たなかった平均余命の差は、二〇〇六年までには一年半まで広がった。アメリカとスウェーデンとの差はさらに大きく、スウェーデン人が三年勝っている。スウェーデン人との差が広がったのはここ数年のことだが、記録をたどれるかぎり、優勢であることはずっと変わっていない。第4章で富裕国間での平均余命の差に目を向けて、その原因を探ってみたいと思う。アメリカ国内の集団間での差と同じく、国ごとにも脱出の歴史には違いがある。これから見ていけばわかるが、こうした違いは富裕国と貧困国との差に比べると目立たなくなってしまう。

平均余命についてもっと深く理解するためには、もっと深く掘り下げて年齢別の死亡率を見る必要がある。次頁の図2は、特定の国と時代で年齢によって死亡率がどれほど異なるかを示している。示されているのは一七五一年のスウェーデン（この国のデータはほかのどの国よりも昔までさかのぼれる）、一九三三年と二〇〇〇年のアメリカ、そして同じく二〇〇〇年のオランダだ[2]（二〇〇〇年のスウェーデンのグラフはオランダのグラフとかなり近いが、若年層と高齢層でやや低い）。これらのグラフは、各年齢層の死亡率を八〇歳まで示している。ちなみに八〇歳以上の人口はかなり少なく、グラフに示せないくらいだ。死亡率は、その年齢層の生存者一〇〇〇人当たりの死者数で示している。つまり、たとえば一番上の曲線を見ると、一七五一年のスウェーデンでは一〇〇〇人の新生児のうち一六〇人以上が一歳の誕生日を迎えることができず、三〇歳のグループでは一〇〇〇人のうち一〇人が三一歳まで生きられなかったことがわかる。ここでも対数目盛が便利なのでこの図では縦軸に使っていて、〇・五から二への（四倍の）動きが一〇から四〇への（四倍の）動きと同じ大きさになっている。グラフで一番低い死亡率は現代の一〇歳グループで、一七五一年のスウェーデンにおける新生児の死亡率の一〇〇〇分の一にしか満たない。一九三三年のアメリカの一〇歳グループと比べても、たった一〇分の一だ。

死亡率曲線は特徴のある形をしていて、ナイキのあの「スウッシュ」を思わせる。低年齢では高く、そこから急激に落ちて一〇代前半で最下点に到達し、その後年齢が上がるのに合わせて上昇の一途をた

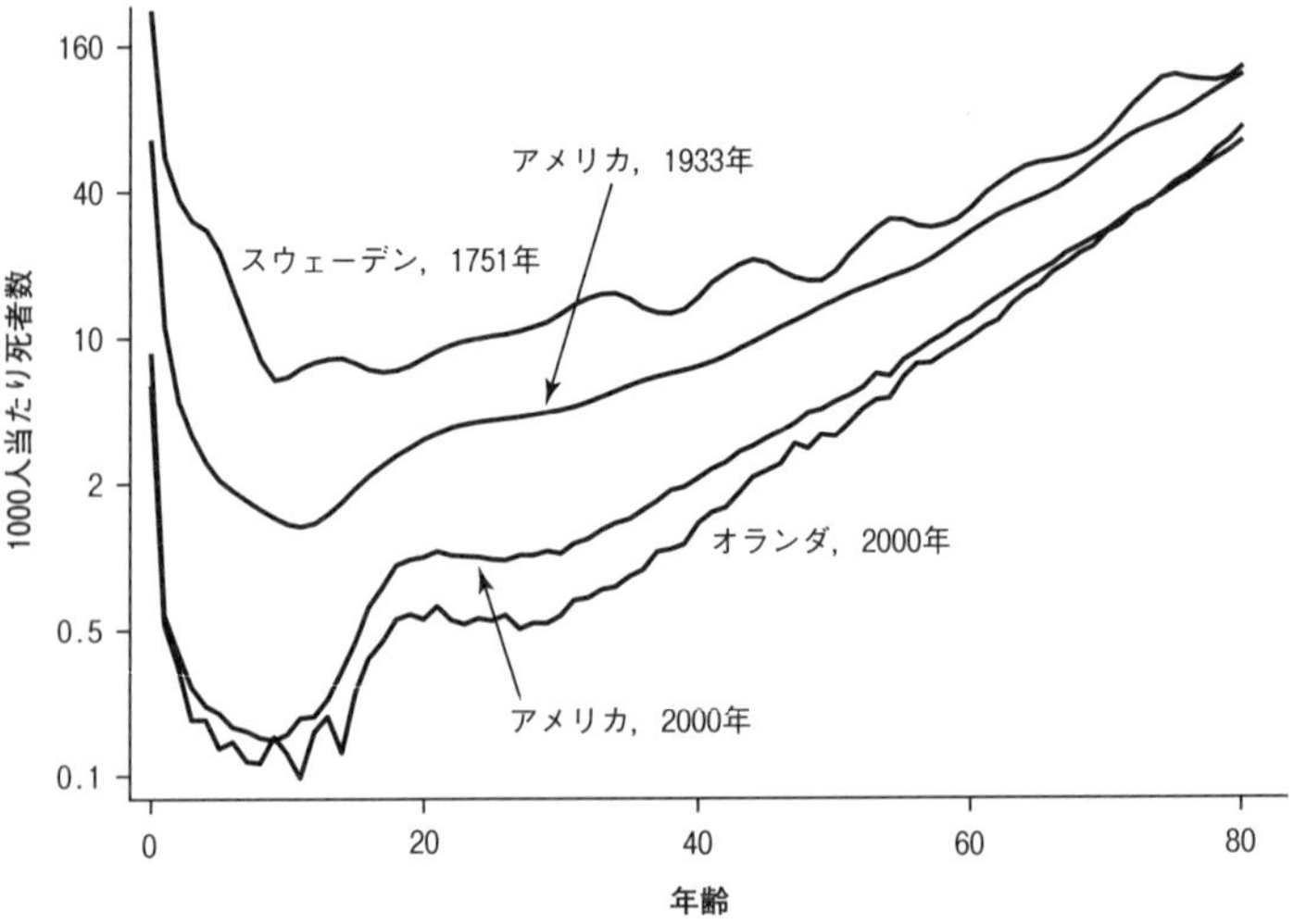

図2　年齢別死亡率，主要国の特定期間

どっていく。死亡リスクが一番高いのは人生の最初のころ、そして高齢になってからも再び訪れる。それをまざまざと見せつけられたのは、ある産科医院を訪れて洗面所を覗いたときだった。壁に貼られた注意書きには、しっかりと手を洗うようにと書いてあった。なぜなら、「人生の最初の数日が一番致命的だからです」。その下には、こう落書きされていた。「人生の最後の数日ほど致命的じゃないけどね」。このジョークは、基本的には医療関係者の「致命的《クリティカル》」という言葉の使い方をからかったものだが、人間の死亡リスクが一番高いのは生まれてすぐか晩年のどちらかだという事実をうまいこと言い表してもいる。

　幼少時と老年期のどちらがより危険かは、時代を経るにつれて変わってきた。近代の死亡率低下が始まるよりもずっと昔の一七五一年のスウェーデンでは、八〇歳よりも新生児のほうがリスクが高かった。一歳未満で死亡する確率が一パーセント以下となった今の時代では、八〇歳のほうが六倍もリスクが高い。一八世紀とそれ以前の数千年間、多くの人々が子どものまま亡くなっていた。一七五一年のスウェーデンでは、生まれた子どもの約三分の一が五歳の誕生日を迎える前にこの世を去っている。だが現代のスウェーデンやほかの富裕国では、ほぼ全員が高齢になるまで生きている。なんと、今のスウェーデンの乳幼児死亡率は、一〇〇〇人当たり三人程度にしかならないのだ。

若年層と高齢者層の死亡率の比率が変わってきたという事実は、大勢の子どもが死ぬ国では、その国の平均余命まで実際に生きる国民はほとんどいないということを意味する。平均というとなんとなく一種の「代表的数字」というか典型的数字のように思ってしまいがちだが、生きた年数の平均値のおかしな点は、その数値が不正確だということだ。一八世紀末のスウェーデンでは、平均余命は三〇代前半から半ばだった。そう言われると、あまり長生きする人はおらず、ほとんどの子どもたちが祖父母の顔を見ることができなかったという誤った認識を持ちかねない。だが、実際はそうではない。幼少期の危険を乗り越えれば、老人になるまで生きる確率はかなり高かったのだ。今ほど長生きはできなかったにしても、孫の顔を見られる可能性は十分にあった。極端な例を挙げてみよう。生まれた子どもの半分が死に、半分が五〇歳まで生きるとする。この集団の出生時平均余命は二五年だが、実際に二五歳で死ぬ者は一人もおらず、一歳時の平均余命は四九年になる。出生時の平均余命より二四年も長くなってしまうのだ！　ここまで極端ではない例は、一九世紀半ばのイングランドで実際にあった。このころの一五歳時平均余命（「成人」平均余命と呼ばれることもある）も出生時平均余命より高くなっていて、これについてはあとでまた触れる。全体的には、死亡率の「スウッシュ」曲線を念頭に置いておくことが、生存率の変化を理解するだけでなく、富裕国と貧困国との差を理解するうえでもカギとなる。

図2の死亡率「スウッシュ」曲線は時間の経過とともに着実に延びていっており、あとの時代の「ス

ウッシュ」は常に前の時代の線よりも低い位置にある。一八世紀のアメリカやオランダについてのデータはないのだが、スウェーデンのデータとおおむね似ていただろうということは推測できる。一九三三年の人生と二〇〇〇年の人生はずっとリスクが低く、それより前の時代に比べると、特に若年層での死亡率がかなり下がっている。だが高齢者も例外ではなく、一九三三年から二〇〇〇年の間にはかなり死亡率を下げていた。二〇〇〇年のオランダとアメリカを比較すると、またしてもアメリカがほかの富裕国と比べて成績が悪いことがわかる。二〇〇〇年のアメリカの死亡率は、七三歳までの全年齢でオランダの死亡率よりも高い。アメリカとオランダの間のこのパターンは、アメリカとほかの富裕国との比較にも見てとれる。一方、アメリカでしっかりと長生きした人々の死亡率は驚くほど低い。これはおそらく、アメリカの医療制度が命を救うためにありとあらゆる手段を講じようと決意を固めているからだろう。たとえ、あと何年も生きられない命だとしても。

図の下のほうにある二つの曲線、二〇〇〇年のアメリカとオランダの曲線は、二〇歳ごろに死亡率が一時的に急上昇している。一五歳から三四歳の間の主な死因は病気ではなく（エイズが蔓延していた時代と、抗レトロウイルス薬発見前の短い期間は除く）、事故や殺人、自殺だ。昔の死亡率曲線と比べると、若者、特に男性のこうした危険でときには死に至ることもある行為は、七〇年前よりも今のほうが顕著だということがわかる。しかも、一八世紀のスウェーデンではこの傾向はいっさい見られない。

この図の数字はどこから来ているのだろうか？　死亡率について、どうやって調べたのだろう？　経済協力開発機構（OECD）に加盟している現在の富裕国については、すべての出生と死亡は政府が記録している。新生児には出生証明書が出されるし、死者には医師や病院が死亡証明書を出し、性別、年齢、そして当然、死因を記録する。これは「人口動態登録制度」と言って、ここでの「動態」は出生と死亡を指している。生死の記録が正確に取れるようにするためには、人口動態登録制度は完璧でなくてはならない。つまり、すべての出生と死亡が漏れなく記録されなければならないということだ。死亡率を知るためには、年齢、性別、人種ごとの人口も記録しなければ死者の割合が算出できない。こういった情報は、ほとんどの国がだいたい一〇年おきに実施している定期的な国勢調査で得られる（国勢調査というのはなぜかいつも、〇か一で終わる年に実施されるようだ）。

スウェーデンは、完璧な人口動態登録制度を確立した最初の国の一つだ。そのおかげで、スウェーデンの死亡率は一八世紀までさかのぼることができる。ロンドンが「死亡統計表」を集め始めたのは一七世紀で、ヨーロッパの教区簿冊〔教区の教会でおこなわれた洗礼、結婚、埋葬を記録したもの〕の歴史はそれよりさらにさかのぼる。マサチューセッツ州の清教徒《ピューリタン》はそういった登録は教会ではなく州政府の仕事だと考え、マサチューセッツ州では一六三九年までに人口動態登録制度が確立された。だが、アメリカのすべての州がこの制度を完璧に備えたのは一九三三年になってからで、それ自体が政府の能力を示す重要な指標とも言える。出生と死亡に関する包括的なデータがなければ社会は市民についてのもっとも基本的な情報を知ることができず、今ではあたりまえに思われている政府の役割の多くも実施不可能だ。一八世紀のスウェーデン人とマサチューセッツの清教徒は、善き政府に対して先見の明を持っていた先駆者だった。

図1に示した一九三三年以前のアメリカの平均余命に関するデータは、登録制度があった州だけに限られている。完璧な人口動態登録制度がなかった国や、しっかりとした国勢調査のデータがない国（今でも、このどちらかを継続的に実施できるだけの能力を持つ政府が存在しない国のほうが世界にはおそらく多い）については、人口統計学者たちが空白を埋めるために裏技や近似値を駆使している。乳幼児死亡率は今も多くの国で高いが、母親への聞き取り調査によって何人子どもが生まれ、何人が生き延びたかを調べ

て得た情報だ。米国国際開発庁は「人口保健調査」という貴重な調査に資金を提供しており、人口動態登録制度が存在しないか、あっても事実上機能していない（親が子どもの出生登録をせず、子どもでも大人でも死ぬと現地の風習に従って埋葬や火葬されてしまい、国のデータベースに情報が伝えられない）多くの貧困国でこのデータを収集している。

成人の死亡に関しては、多くの国で情報に相当な差がある。国によってはいちばんましな概算値でも当て推量に毛が生えた程度にすぎず、そうした場合、図2に見られるような死亡率の完璧な「スウッシュ」曲線を描くことは不可能だ。平均余命は小児死亡率に大きく影響されるために多少は推測しやすいが、成人の死亡率があまり一般的でなかったり、ＨＩＶ／エイズが蔓延したときのように大きく変動したりするような国では、平均余命の推測はとても慎重におこなう必要がある。こうした理由から、最貧国と富裕国の健康事情は別々に見たほうがいい。これについては第3章と第4章で見ていこう。

有史以前の生と死

現代の死亡率のパターンはどのようにして決まったのだろう？　二〇世紀の大幅な平均余命の延びは何によって引き起こされたのだろう？　昔の暮らしはどうだったのだろう？　それがどうして良くなったのだろう？　そして、いまだに若年死の魔の手から逃れられずにいる世界の人口の大多数が健康状態を改善するためには、過去からどのような教訓を学び取ればいいのだろう？

人類が誕生してからの九五パーセントくらいの期間、年数にすると何十万年もの間、人々は狩猟と採集で暮らしを立ててきた。狩猟採集者たちのほとんどが姿を消し、残っている者の大半が砂漠や北極などの極地に暮らしている現代では、そのような生き方が私たちの健康に多少なりとも影響を与えていたと考えるのは難しいかもしれない。だが、たとえ莫大な時間が費やされたというだけの理由にしても、今の人類を形成したのが狩猟採集民であることは間違いない。人類は狩猟採集民として進化し、心も体も狩猟採集がうまくできるように順応してきた。近代の環境で農耕民族や都市生活者として暮らすようになったのは「ほんの」数千年前からで、この体がもともとどういう環境に合わせてできたものかを知れば、今の健康について理解する一助になるはずだ。

何十万年も前のご先祖様がどのように暮らしてどのように死んだかを過去に戻って見ることはできないが、考古学的記録から多くの情報が得られる。そのうちの一つが骨の調査（古病理学）で、栄養状態や病気、死因について驚くほどたくさんのことがわかる。古病理学は骨格の一部からだけでも死亡時の年齢を推測することができるので、平均余命についてもある程度知ることが可能だ。考古学者たちは過去二〇〇年程の実際の狩猟採集民を調査してきたが、中でも最高のデータは、医学的データも含め、現存する狩猟採集民から得られたものだ（近代社会との接触については適切なデータの調整がおこなわれている）。この二種類の情報源が、有意義なデータを大量に提供してくれている。[3]

まず手をつけやすいのは、食習慣だろう。運動もだ。狩猟採集民は早足で長い距離を歩くことが多かった。獲物を追いかけ、一日一五キロメートルから二〇キロメートル歩くこともあったようだ。食事は主に果実と野菜だったが、これは動物よりも手に入れやすかったためだ。のちに登場する栽培された野菜に比べると野生の植物は繊維質が多いので、狩猟採集民は大量の食物繊維を摂取していたことになる。肉は貴重な栄養源だったが、手に入らないことが多かった。とはいえ、大型の野生動物が多く生息する地域や時代に暮らしていた幸運な人々も中にはいた。野生動物の肉は、今の私たちが食べている家畜の肉よりもずっと脂肪分が少ない。人々は多種多様な植物や野菜を口にしていた。現代の農村部の人々が食べているよりも多いくらいだ。だから微量栄養素が不足するということはめったになく、微量栄養素不足で起こる貧血などの病気にかかることもほとんどなかった。作業は共同でおこなわれ、家族や友人などと一緒にやるのが一般的。食料を手に入れるためには助け合うものだった。なんだか、毎年の健康診断で私が医者に言われることとよく似ている。もっと運動しなさい、動物性脂肪はあまり摂ってはいけません、もっと果物や野菜を食べて、食物繊維を多く摂って。パソコンの前で一人ぼっちで過ごすのではなく、友だちと楽しむ時間を増やしなさい。

狩猟採集民が近代の健康法について知っていたはずもないが、彼らの行動は少なくともある程度は、健康を維持する役に立っていた。出産率は現代の最貧国の平均に比べると低く、標準的な女性が産む子どもの数は四人程度。次の子どもを産むまでの間隔は長く、授乳期間も長かった。低い出産率には子どもの間引きもかかわっていたかもしれないが、妊娠の機会を減らす授乳期間の長さも一因だったに違いない。また、女性も男性と同様によく体を動かしていたというのもあるかもしれない。排泄物による食料や飲料水の汚染、上品な言い方だと「糞口感染」と呼ばれる感染経路は病気を人から人へと素早く運び、のちの時代には何百万という人を死なせることになる。この糞口感染は人口密度が低い場所では当然危険性が低く、狩猟採集民の多くは蓄積された排泄物が手に負えないくらいの脅威になるほど長い期間、一カ所にとどまることがなかった。それでも、生まれた子どもの二〇パーセント程度は一歳の誕生日を迎える前に死亡している。これは現代の水準に照らせば高いが、一八－一九世紀当時の現富裕国（当時は貧困国）の水準とはそう変わらず、場合によってはましなこともある。二〇－二一世紀の多くの貧困国の水準と比べても同様なのは、言うまでもないだろう。

狩猟採集民が正確にどのように組織されていたかは、彼らが暮らしていた場所やその環境によって異なる。狩猟採集民の集団《バンド》は三〇人から五〇人程度で構成され、その多くが親族で、全員がお互いのことをよく知っている規模だった。一つのバンドがほかのバンドとつながりを持ち、何百人、場合によっては何千人という幅広いネットワークで交流していた可能性もある。資源はバンド内できわめて平等に分配されており、リーダーや王、首長、司祭のような、人より多く資源を取ったり人に指図したりするような人物はいなかった。ある記録によれば、そのような地位を築こうとした者は馬鹿にされ、あまりにしつこいようなら殺されたのだそうだ。(4) 均等分配が重要だった理由の一つが、ほとんどの集団が食料を貯蔵することができなかった、あるいはしなかったからだと考えられる。だから一人の狩猟者とその友人たちが毛むくじゃらのマンモス（や体重一トンもあるようなトカゲや二〇〇キロもあるような飛べない鳥）を見事仕留めたとしても、そのときは腹がはちきれるまで食べられるかもしれないが、マンモスやトカゲ、鳥が見つからないときのために残りを長期間保存しておく方法がなかった。それなら、そのマンモスを全員で分けて、別の誰かが大きな獲物を仕留めたときには、先月マンモスを仕留めた狩猟者も分け前をもらえるという仕組みのほうがいい。何十万年もの間、分け合うことが上手だった個人や集団のほうがそうではない個人や集団よりも生き延びる確率は高く、やがて生まれつき分け合うことを信条とする人種が出てくるようになる。今の私たちが公平性について深い懸念を覚えたり、公平性の基準が破られたりしたときに怒りを感じるのも、有史以前の狩猟者が貯蔵という選択肢を持たなかったことからきているのかもしれない。ある程度の貯蔵が可能だった地域（赤道付近ではなく、もっと北部の地域）では、社会はより不平等だったとする証拠まで見つかっている。

狩猟採集社会は指導者なしに回っていた平等主義社会だったが、それがエデンの園から追放される前の楽園のようだったと思うのは間違いだ。ほかの集団との遭遇は暴力をともなうことが多く、場合によっては継続的な武力衝突に発展することもあり、多くの男たちが戦死した。指導者がいなかったために法と秩序の効果的な制度が存在せず、女をめぐって男たちが争う、口論から争いに発展するなどの集団内の暴力行為でさえも野放しだった。これも、成人の死亡率が高かった要因の一つだ。狩猟採集民は感染症にはあまりかからなかったが、マラリアなどの一部の感染症は、人類の歴史の中でずっと存在していたと思われる。小さな集団は天然痘や結核、はしかなど、快復すれば（限定的な場合はあるにしても）免疫ができるような感染症には抵抗力があったが、野生動物や土などがもともとの宿主である人畜共通感染症や多種多様な寄生虫には弱かった。狩猟採集民の出生時平均余命は、生活環境によって二〇年から三〇年。現代の水準から見れば短いが欧米の過去の水準からそう遠くはないし、今も貧しい国では、平均余命がそれくらいだった時代を覚えている者もいまだにいる。

食料の手に入れやすさは場所ごと、時代ごとに大きく異なったので、集団間に格差が生じ、時間の経過にともなって集団の豊かさや寿命も違ってきただろう。アメリカ西部のバッファローやオーストラリアの飛べない鳥など、仕留めやすい大型動物が豊富にいた場所からは、豊かな時代があったことを示唆する骨が見つかっている。こうした場所や時代には、狩猟採集民は人類学者マーシャル・サーリンズが「始原のあふれる社会」[5]と呼んだ集団を形成していた。大型野生動物は、豊かでバランスの取れた食事を可能にした。そうした動物の脂肪含有量は人工的に餌を与えられて運動もほとんどしない現代の家畜に比べると一〇パーセント程度にしかならず、殺すのにほとんど手間もかからなかったので、このような集団に属していた人々は物質面での生活水準が高く、余暇もたくさんあった。だが大型動物の大半が狩りつくされて絶滅すると、このエデンの園（と呼んでもいいのならば）は失われてしまい、人々は植物や木の実、小さくて捕まえにくいげっ歯類の動物などに食生活を切り替えることを余儀なくされた。有史以前のこの食生活の悪化によって生活水準も引き下げられ、子どものころから食べるものがあまりなかったこの時代の人々の骨は、幸運だった先祖の骨よりも短くなっている。

栄養状態、余暇、死亡率など、狩猟採集民の幸福の歴史は、本書の全体的なテーマにとって重要な意味を持つ。人類の幸福が時代の流れとともに着実に改善してきたとか、人類の発展が世界共通だったなどと思いこんではいけない。人類はその歴史のほとんどを狩猟採集民として生きてきた。その中で食料が乏しくなって仕事が大変になり、長い時間を要するようになると、暮らしは良くなるどころかどんどん悪化していった。しかも、狩猟採集から農業へと移行すると、事態はもっと悪くなる。今では私たちは良い生活に慣れているが（ここで「私たち」というのは現在の裕福な世界に暮らす恵まれた人々だ）、楽で長い人生を生きることができるというのは、いまだに世界の全人口には与えられていない、ごく最近の贈り物だ。ここで主な出典としている『健康と文明の人類史』の著者である人類学者のマーク・ネイサン・コーエンによれば、「一九世紀と二〇世紀のまぎれもない成功は、私たちが通常想定しているよりもずっと短く、おそらくはもっと脆弱なものであった」そうだ。[6]

この遠い昔の時代からは、ほかにも学べることがある。格差がすべての人間社会に共通する特徴ではなかったということだ。長い歴史の大半、格差は存在しなかった。少なくとも、一緒に生活してお互いのことをよく知っていたグループに格差はなかった。格差というものは、実は文明がもたらした「贈り物」の一つだ。ここでもコーエンの言葉を引用すると、「文明の可能性を生み出す過程そのものが、同時に、その可能性はすべての市民に平等な利益をもたらすわけではないことを確約している」[7]。有史以前の発展は近代の発展と同様、均等に分配されることはまずなかった。より良い世界（農業社会が本当により良い社会だったとして）は、かなり不平等な世界だ。

農業の発明〔新石器革命〕が始まったのは「ほんの」一万年ほど前の話で、その前の狩猟採集時代に比べれば実に短い期間だ。「革命」というと、人は何か良い方向に物事が動く変革的な出来事を思い浮かべがちだ。産業革命と細菌理論の革命がいい例だろう。だが、農業が果たして富と健康のさらなる高みへとつながる進歩だったかどうかは、はっきりとしていない。完新世〔約一万年前から現在までのもっとも新しい時代〕の始めに人口増と気温の上昇に押されて動物や食用に適した植物が絶え、もはや続けられなくなった古い時代の生き方からの、むしろ逆行なのではないだろうか？　大型動物から小型動物と植物や木の実へ移行していった過去の〔食料の〕「多極化」革命と同様、農業への転換も、かつて経済学者エスター・ボズラップが主張したように、食料の入手が難しくなったことへの順応として見たほうがひょっとすると正確なのかもしれない[8]。農業は逆境の中で一番いい選択だったのかもしれないし、狩猟採集と引き換えに農民としての定住型の暮らしを受け入れたほうが、ますます見つけにくく、ますます小さくなっていく野生の木の実を食べるよりはずっとましだったのかもしれない。だが、それをより幸福な暮らしへとつながる長期的傾向の一環として見るべきではない。野生動物を捕らえることができ、あまり働かず、狩りを心から楽しんでいた狩猟採集民が、単調で重労働な農業、あるいは『共産党宣言』で「農村生活の無知蒙昧」と呼ばれた暮らしに進んで切り替えたとは考えにくい。イアン・モリスは、サーリンズの主張をこのようにまとめている。「見返りが労働と格差、そして戦争だとしたら、なぜ人々は狩猟採集から農業に乗り換えてしまったのだろう？[9]」

　定住型の農業生活により、食料は穀物倉や家畜の形で貯蔵できるようになった。農業は財産の所有を可能にし、それによって暮らしはさらに効率化され、司祭や指導者、街や都市、コミュニティ内に格差を生んでいく。定住地が大きくなり、動物が家畜化されたことで結核や天然痘、はしか、破傷風など、新たな感染症が発生した。新石器革命によって平均余命は延びたどころか、むしろ短くなったかもしれない。子どもたちはまだ多くが死んでおり、その原因は栄養失調、寄生虫、新たな病気など。大規模な定住型のコミュニティでは衛生状態の管理が難しく、糞口感染が予防しきれないという理由もあった。定住型の農村では食料の多様性も限られ、栽培化された作物は多くの場合、野生の原種よりも栄養が少なかった。貯蔵された食料は傷む場合も多く、これもまた病気の原因となる。コミュニティ間の貿易によって食事の単調さは避けられたが、同時に新たな病気が持ちこまれる危険も生まれた。かつては交流のなかった文明から持ちこまれた「新たな」病気に、人々は免疫がなかった。このため死亡率は大幅に上がり、コミュニティ全体、あるいは文明全体が衰退する原因にまでなったところもある。[10]

農業の定着から何千年も、平均余命が継続的に延びたことを示す証拠は見つかっていない。成人の死亡率が多少減って、小児死亡率が上がった可能性はある。小児死亡率が非常に高かったとすれば、生き残った者はかなり丈夫な体をしていただろう。農村の女性は狩猟採集をしていた祖先よりも多く子どもを産み、死ぬ子どもも多かったものの、農業への転換によって人口は増加していった。いい時代、すなわちイノベーションによって生産性が向上していく時代には、一人当たりの収入が増えたり平均余命が延びたりするよりもむしろ、土地の生産力が上がるために出生率が向上し、人口が増加していく。飢饉や疫病などが起こる悪い時代には、食料が行き渡らなければ、人口は減る。このマルサス主義的な均衡は何千年も続いた。実際、狩猟採集時代の終盤にかけて個人の幸福が減少していったその傾向は、農業のために人々が定住するようになってからもずっと後まで続いたと思われる。多少の中断はあったにせよ、二五〇〇年ほど前まではずっと続いていたのではないだろうか。

発展というと、収入の増加と寿命の延びという側面で考えることに私たちは慣れすぎている。そしてそのために、単に人口が増えたから幸福度も増えたのだという事実を見過ごしてしまいがちだ。たとえば、収益逓減の法則に従って人の数が多くなればなるほど一人の分け前が減るというのであれば、一人当たりの幸福が最大なのは人口がたった一人の世界だ。だが、そんな世界が幸せな世界とはとても思えない。この問題については、哲学者たちが長年にわたって議論を続けている。哲学者で経済学者のジョン・ブルームは、生きがいのある暮らしを可能にする最低限の水準に到達すれば、その水準に達した人の数が多ければ多いほど世界はいい場所になると主張した。(11) 世界はより多い幸福の総量を支えているからだ。これが事実で、かつ、ほとんどの人が生きがいのある暮らしを送れているとすれば（かなりざっくりとした条件であることは認めざるを得ないが）、農業の発明から一八世紀まで続く長いマルサス時代は、たとえ生活水準や死亡率に改善がいっさい見られなかったとしても、発展の時代とみなすべきだということになる。

啓蒙時代の生と死

さて、数千年早送りして、死亡率に関する十分なデータが集まりだす時代を見てみよう。イギリスの歴史人口統計学者アンソニー・リグリーらは、出生《ハッチ》や結婚《マッチ》、死亡《ディスパッチ》を記録した教区簿冊をもとに、イギリスの平均余命の歴史を再構築した。(12) こうした教区の記録は人口動態登録制度ほど正確ではない。調査したのは抽出された教区だけだし、一つの教区から別の教区へと移った人はどうするのかという問題もあるし、生まれてすぐに死んだ新生児はそもそも登録されていないかもしれないし、そうやって早く死んだ子どもの名前を親が次の子にそのままつけることもあったからだ。それでも、一七五〇年以前のどの国よりもはるかに充実した記録であることには違いない。図3に示した線は、一六世紀半ばから一九

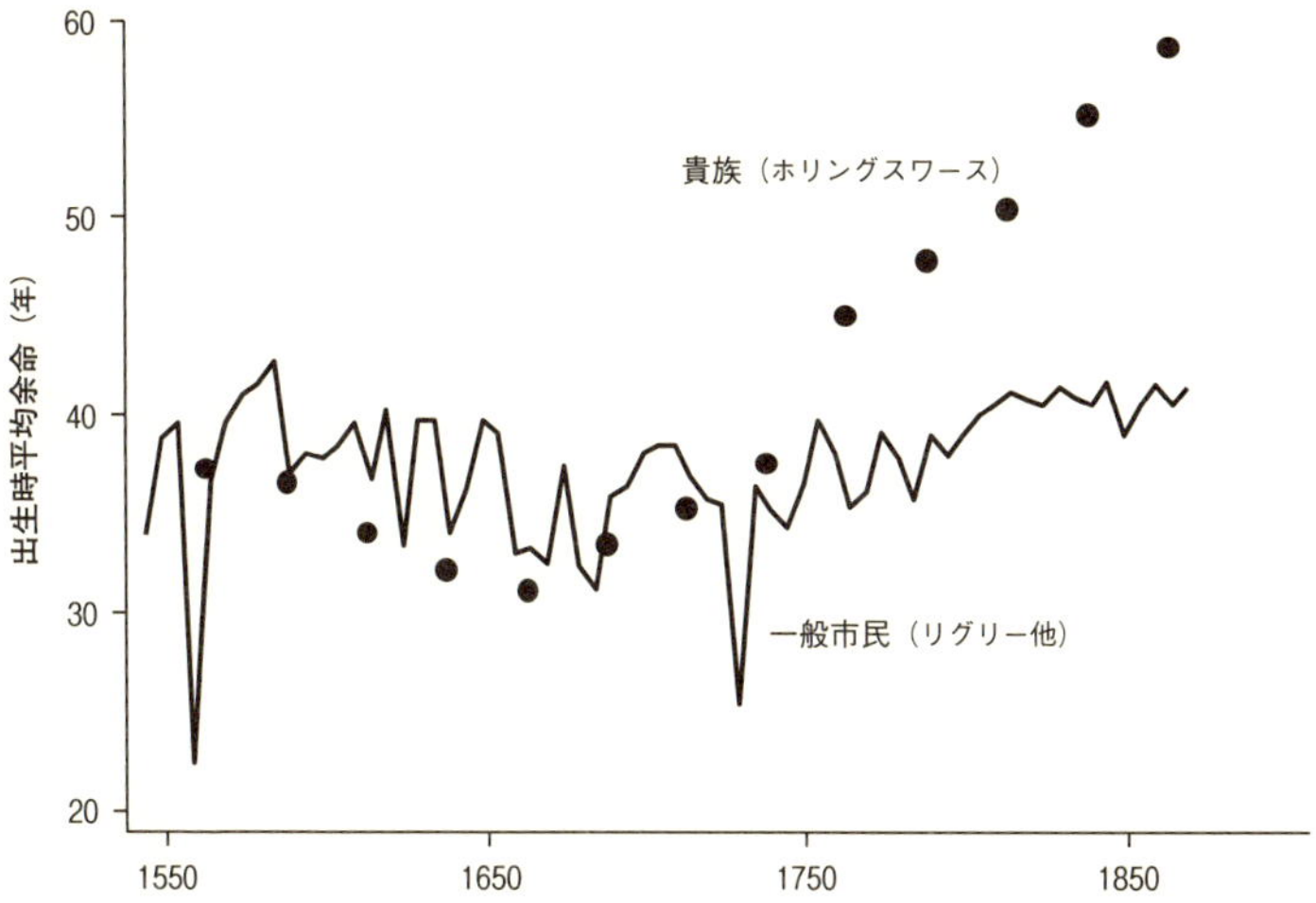

図3　イギリスの一般市民および貴族の平均余命（出典 Bernard Harris, 2004, "Public health, nutrition, and the decline of mortality: The McKeown thesis revisited," Social History of Medicine 17(3): 379–407.)

世紀半ばにかけてのイングランドの一般市民の平均余命推定値だ。天然痘、腺ペスト、「粟粒《ぞくりゅう》熱（インフルエンザか、今はもう存在しない別のウイルスによるものと思われる）」などの疫病による急激な増減がところどころに見られるものの、推計がおこなわれた三〇〇年の間に、これといった傾向は見てとれない。

図の中の点は、この三〇〇年の間のイギリスの貴族階級の平均余命を一〇年ごとに示したものだ。このデータは歴史人口統計学者T・H・ホリングスワースが一九六〇年代にまとめたもので、イギリスの貴族名鑑に記載されていた、例によって詳細な出生と死亡の記録をもとにしている。[13] 貴族と一般市民を同じグラフに重ねて表示するというアイデアは社会史学者バーナード・ハリスのもので、このすばらしく役に立つ図を初めて描いたのも彼だ。[14] 一五五〇年から一七五〇年ごろまで、公爵とその家族の平均余命は一般市民の平均余命と近いか、むしろ低い場合もあった。これは意外に思えるかもしれない。裕福で階級の高い人々は、貧しくて地位の低い人々よりも健康状態が良い場合が多いはずだからだ。この現象は健康「勾配」と呼ばれ、古代ローマにまでさかのぼって見られる現象だ。ここでまず気づくべきなのは、この健康の「勾配」が普遍的なものではなく、少なくとも二世紀にわたって、イギリスでは見られなかったということだ。

イギリスの貴族階級のほうが一般市民よりもたくさん食べていたことは、疑いようがない。ハンプトン・コート宮殿にいたヘンリー八世の廷臣たちは一六世紀だというのに一日四五〇〇から五〇〇〇カロリーも摂取していたし、国王自身もやがて太りすぎて、介助なしには動けないほどにまでなっていた。それはヘンリー八世だけに限った話ではなく、ヨーロッパのほかの宮廷ではこれよりもっとたくさん食べていた人々もいる。[15] だが、多く食べたからといって(少なくとも貴族たちが食べていたような食事を多く食べることで)ペストや天然痘の原因となるバクテリアやウイルスが防げたわけではなく、粗末な衛生状態で子どもが死ぬのも防げなかった。そこで、貴族と比較したうえで言えるのは、一五五〇年から一七五〇年にかけてのイングランドで平均余命の限界を定めていたのは栄養不足ではなく、病気だったということだ。もちろん、病気と栄養不足は密接に関係していて、たとえば病気のときには消化力が落ちたりする。だが貴族階級が常に高い栄養状態を保っていたからといって、貴族の子どもが当時の感染症にかからなかったのかと言うとそうではない。

一七五〇年以降、貴族階級の平均余命は一般市民を大きく引き離し、一八五〇年までには二〇年近く開いていた。一七七〇年ごろをすぎると、全人口の平均余命がある程度上向き始める。この図だけを見ると、その動きは一五五〇年以降のほかの増減と似ているように見える。だが一八五〇年以降に人口全体の平均余命が継続的に延び始め、今日現在まで続いているということがわかっている今だからこそ、この時の変化が転換点だったと言える。イングランドおよびウェールズの出生時平均余命は一八五〇年の四〇年から一九〇〇年には四五年にまで延び、一九五〇年には七〇年近くになっていた。貴族階級は一八世紀後半に健康勾配を築いただけでなく、のちに全人口におとずれる平均余命の延びもかなり前倒しで始めていたことになる。

この差がなぜ開いたのか、はっきりとした理由はわからないが、正解に近いと思われる推測はいくつもある。このころは英国啓蒙時代だった。歴史学者ロイ・ポーターが簡潔にまとめたところによれば、人々が「どうすれば生き延びられる?」と自問するのをやめ、「どうすれば幸せになれる?」と自問し始めた時代だ[16]。前者の問いは一〇〇年にわたって騒乱ばかりを引き起こし、内戦の原因にまでなった。だが後者の問いによって人々は、教会に忠誠を誓って徳を積んで「社会における自らの立場にふさわしい務めを果たす」よりも、自己充足感を求めるようになっていった[17]。幸せは、それまであたりまえとされてきた王家や教会への忠誠といった常識に理性をもって異議を唱えること、そして財産と健康の両面で暮らしを良くする方法を見つけることで追求するものになった。イマヌエル・カントは啓蒙時代を以下の標語で定義している。「あえて賢くあれ!　自分自身の悟性を用いる勇気を持て」。啓蒙時代、人々は一般に認められた教義に反抗する危険を冒し、新しい技術や手法を進んで試したがった。そうやって人々が自らの知識を役立てるようになった分野の一つが薬や病気対策で、新たな治療法が次々と試されていく。グローバル化黎明期のこの時代、こうしたイノベーションの多くは外国からもたらされるものだった。新薬や新しい治療法は入手が困難で高価な場合が多かったので、最初のころは手を出せる者も限られていた。

天然痘の予防接種、または人痘接種法は、こうしたイノベーションの中でももっとも重要なものの一つだ。[18] 天然痘は、一八世紀のヨーロッパでは最大の死因だった。この病気を誰かが常に発症しているくらい規模の大きな都市では、ほぼ全員が子どものころに天然痘に感染し、そのときに生き延びれば免疫ができ、死ぬまで二度とかからずにすんだ。小さな町や村の人々は何年もこの病気にかからずに過ごすこともあったが、免疫がないので、大流行が発生すると多くの子どもや大人が命を落とした。一七五〇年のスウェーデンでは、全死者数の一五パーセントが天然痘によって死亡している。一七四〇年のロンドンでは、一〇〇〇人の赤ん坊が洗礼を受ける間に一四〇人（そのほとんどが子ども）が天然痘によって埋葬されていた。

人痘接種法はワクチン接種とは異なる。ワクチン接種は一七九九年になってようやくエドワード・ジェンナーが開発した手法で、その後は急速に世界各地でおこなわれるようになり、死亡率を大幅に引き下げる要因の一つになったとされている。人痘接種法は古い手法で、中国やインドで千年以上もおこなわれ、アフリカでも長い歴史がある。天然痘を発症した患者の膿疱《のうほう》から膿を取り出し、被接種者の腕に傷をつけて直接塗りこむという方法だ。アフリカとアジアでは、患者の乾燥したかさぶたを被接種者の鼻の穴に吹きこむという方法が取られた。被接種者は軽度の天然痘を発症するが、その後は免疫ができる。米国立衛生研究所の医学史課によれば、実際に天然痘に感染した患者では三〇パーセントが死亡したのに対し、人痘接種を受けた者のうち、死亡したのは一・二パーセントにとどまると言う。[19] この手法については長年意見が分かれていて、接種を受けた人間が周りに天然痘をまき散らしていた可能性があり、中には大規模な流行に発展したものもあるはずだと言う。この手法を推薦する者は、今では誰もいないだろう。

イギリスに人痘接種法を導入したのはメアリー・ウォートリー・モンタギュー夫人だ。トルコ大使夫人時代にコンスタンティノープルでこの手法が実施されるのを見て、イギリスの最上流社会での採用を強く主張した。感心した王家の人々が一七二一年に接種を受けたが、まずは投獄された犯罪者や捨て子にモルモット代わりに接種させ、その後天然痘に接触させて発症しないことを確認してからだった。こうして、人痘接種法は貴族階級で広く普及していく。歴史学者ピーター・ラッツェルが、人痘接種法が非常に高価な手法として始まってからの七五年間におよぶ経緯を記録している。最初のうち、接種のために数週間は隔離が必要で、莫大な費用も払わなければならなかった。それがやがて、一般の人々も接種が受けられる大々的な接種運動へと発展していく。地方自治体は接種を受けさせるために貧民にお金を払うことまでした。埋葬より接種のほうが安く上がったからだ。一八〇〇年には、ロンドンで洗礼を受ける人数に対する天然痘による埋葬者数の比率は、半分にまで減っていた。

　アメリカでは、人痘接種法は奴隷船に乗って中央航路を渡ってきた。ボストンの全人口が一七六〇年までに接種を受け、ジョージ・ワシントンも大陸軍の兵士に接種を受けさせている。ボストンでの天然痘の流行は一六〇〇年代後半と、その後人痘接種法が初めて試された一七二一年に人口の一〇パーセント以上の命を奪ったが、一七五〇年以降は天然痘による死者は比較的少ない。

　一八世紀末には、また別の健康医療関連のイノベーションが起こった。これについては医学歴史家シーラ・ライアン・ヨハンソンが詳しく調べている。[20] キナ皮（キニーネ）がマラリアの治療薬として初めてペルーからイギリスに紹介され、「聖なる木（ユソウボク）」がカリブ海から持ってこられて梅毒の治療薬として使われ（水銀よりも効くが、当然もっと高価でもあった）、トコンが赤痢の治療薬としてブラジルから持ちこまれた。専業の助産師（男性）が富裕階級の間で初めて採用されたが、これはフランスから輸入されたイノベーションだった。また、このころは公衆衛生活動が初めておこなわれた時代でもあり

（たとえば「ジンの飲みすぎ注意」など）、診療所が初めて造られ、都市改善が始まった時代でもあった。私の故郷、スコットランドのエディンバラでは、一七六五年に新市街の建設が始まっている。旧市街は取り壊されなかったが、中央にあって汚染のひどかった北湖《ノース・ロッホ》は埋め立てられ、新しくて広い、環境の良い街が旧市街の北側に造られた。一七七一年に旧市街で生まれたサー・ウォルター・スコットは幼少時に一一人の兄弟のうち六人を喪っており、彼自身も子どものころにポリオに感染している。それでも、彼の家族は貧困家庭とは言えない。彼の母親は医学部の教授で、父親は弁護士だったのだ。

こうしたイノベーションが死亡率に与えた影響を定量化する方法はないし、もっとも大きな影響を与えたと思われる人痘接種法でさえ賛否両論の手法だ。とはいえ、科学的知識が深まり、試行錯誤を人々が積極的に受け入れるようになったことで生まれたこれらのイノベーションが、一七世紀末の貴族階級や王家の健康改善の一因だったと言っても差し支えはないだろう。当初、これらのイノベーションは高額でまだあまり広く受け入れられていなかったため、裕福で十分な情報が得られる人々の間でしか利用されていなかった。健康格差はここから始まる。だがこうした格差が意味していたのは、知識が広く普及し、薬や手法が安価になり、大勢を対象に実施できるさらなるイノベーションが生まれるにつれて全体的な改善も間もなく訪れるということだった。一七九九年以降の天然痘の予防接種や、都市を清潔にしようという衛生学者たちの活動がその例だ。一九世紀末の細菌理論の普及や一九六〇年代の喫煙による健康への悪影響の知識など、新たな知識が全体に利益をもたらす前に健康格差を生んだ例についてはこれから先でも見ていく。

一八〇〇年―一九四五年――栄養、成長、衛生

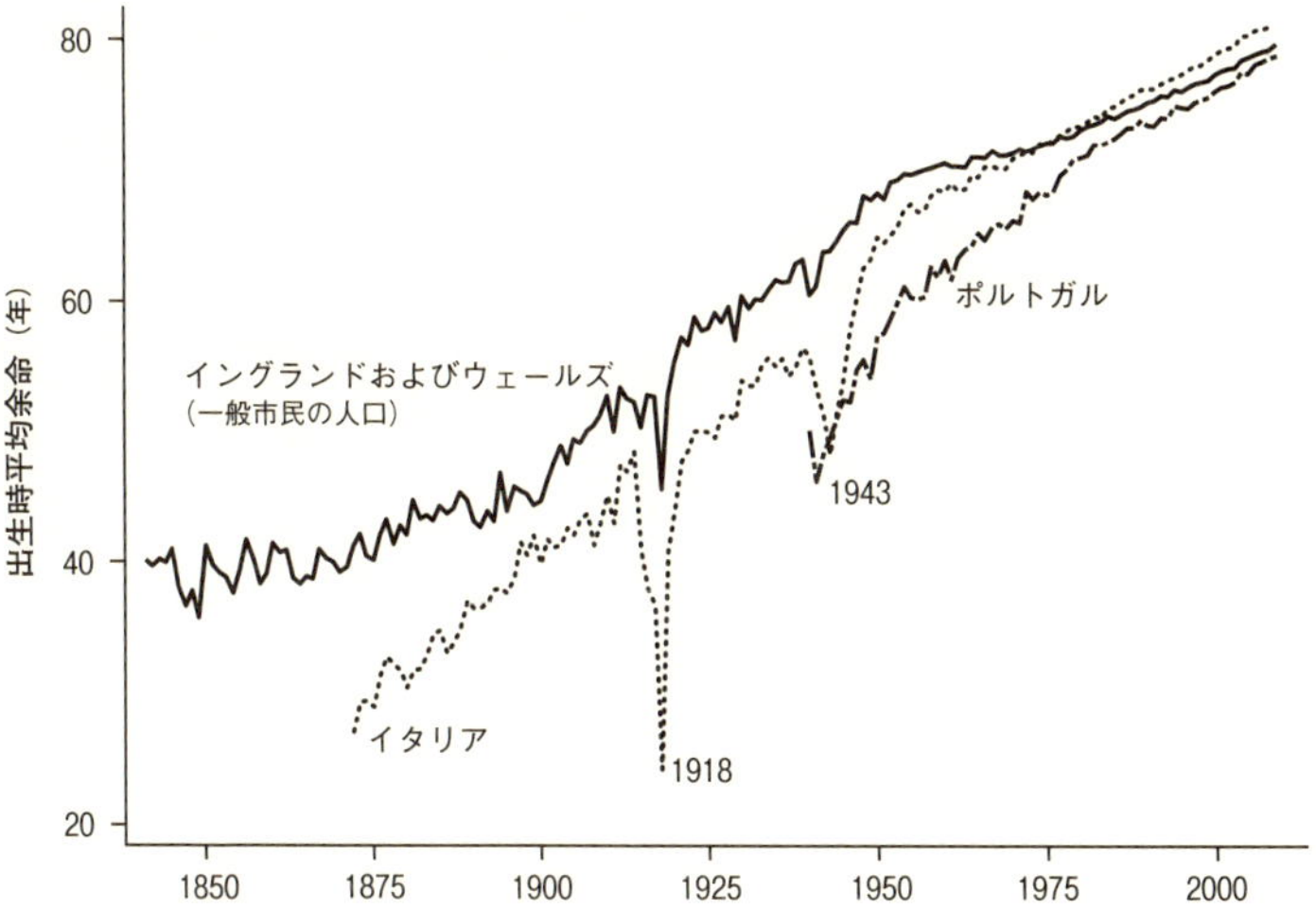

図４　1850年以降の平均余命：イングランドおよびウェールズ，イタリア，ポルトガル

一八世紀の平均余命の改善率があまり目立たず、その配分も不公平だったとしても、一九世紀末と二〇世紀初頭の膨大かつ全般的な改善は見落としようがなかった。図４は、イングランドおよびウェールズ、イタリア、そしてポルトガルの平均余命の延び率を示したグラフだ。データはイギリスがもっとも古く、次がイタリアで一八七五年ごろ、ポルトガルは新しくて一九四〇年からしかない。北欧諸国についてはもっと古いデータがあるし、フランス、ベルギー、オランダについてもあるが、このグラフではイングランドと区別するのが難しくなってしまうので省いた。死亡率との闘いに真っ先に挑んだ国のデータがもっとも古く、充実しているのは一目瞭然だ。

ここではイギリスに焦点を当てているが、この図はイノベーションがどのように広がっていったかも示していて、それについては今後何度も触れる。一八五〇年以降のイギリスの経験は、やや出遅れたほかの国々（この図ではイタリアとポルトガル）にも広がり、当初は平均余命の差がかなり大きかった（イタリアとイングランドで一八七五年には一〇年、ポルトガルとイングランドでも一九四〇年には同じくらいだった）。それがやがて縮まっていき、二〇世紀末にはイタリアがイングランドを追い抜き、ポルトガルもすぐ後ろまで迫っていることがわかる。一八世紀末のイングランドの貴族と一般市民でも見られたように、イングランドとその後間もなくして北欧と北西ヨーロッパの国々、アメリカ、カナダで起こったことは、南および東ヨーロッパと世界のほかの国々を平均余命で大きく引き離すことになった。やがて、発展が広まってより一般化するにつれて、その差は縮まっていく。均等ではないし、すべての場所というわけにはいかず、完全でもないが、やがては世界全体に広まっていったのだ。より良い世界は、格差のある世界を生む。困難からの脱出は、不平等を生む。

では、イングランドで起こったこととはなんだろう？　何が平均余命を一世紀半の間に四〇年から倍増させて、八〇年近くまで延ばしたのだろう？　何千年にもおよぶ安定した、あるいは低下する平均余命の長い歴史を見ると、これが人類の歴史の中でも特に劇的で急激な、良い変化だということは間違いない。生まれた子どもがほぼ全員成人するまで生きられるだけでなく、青年が能力を身につけ、情熱をはぐくみ、生きがいを持てるようになる。幸福のために必要な可能性と能力を大きく伸ばせるようになるのだ。だが、意外かもしれないが、平均余命の延びによる最大の利益がなんなのかについてはいまだに十分わかっておらず、二〇世紀後半になるまではろくに研究もされてこなかった。

まず目をつけるべきなのは出生時の平均余命ではなく、一五歳時の平均余命だ。これは成人平均余命とも言われ、一五歳の子どもがそこから先何年生きると推測されるかという数値によって定義される。この数値は出生時平均余命と同じ方法で算出されるが、〇歳ではなく一五歳から計算する。図5に示し

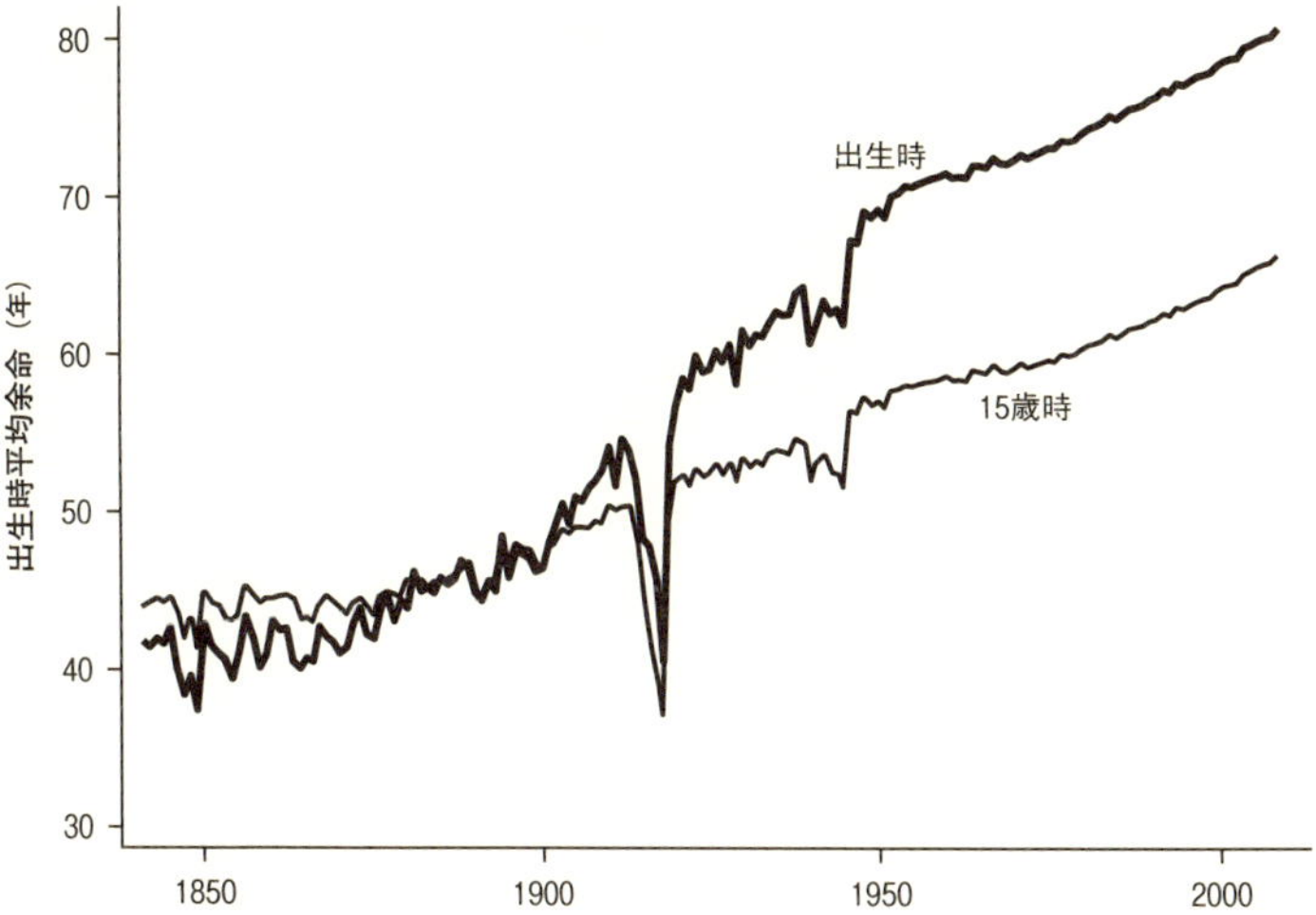

図5　出生時および15歳時の平均余命：イングランドおよびウェールズ，総人口

たのは図4と同じ出生時平均余命（ただし、兵士を含む総人口に切り替えているので、第一次世界大戦の死亡率が一九一八年の急落をさらに大きくしている）、そして一五歳時点での平均余命だ。一五歳になったとき、一八五〇年の人々はあと四五年生きられると推測される一方、一世紀経った一九五〇年の人々は五七年生きられると推測されている。

図5で一番注目するべきなのは、一九〇〇年ごろまで、イギリスの成人平均余命は実は出生時平均余命よりも高かったということだ。もう人生の最初の一五年を終えたのに、彼らティーンエイジャーたちは生まれたときよりももっと長く生きられるということになる。乳幼児のころには死亡リスクが非常に高いので、その時期を生き抜くとその後の平均余命がぐっと延びるのだ。二〇世紀末までには、子どものうちに死ぬ可能性はかなり低くなっている（少なくとも富裕国では）。このため成人平均余命と出生時平均余命との差が広がり、今では丸一五年近い。つまり、一五歳までに死ぬ

子どもがほとんどいないということになる。この傾向はデータが入手できたほかの国でも同様だが、出生時平均余命が成人平均余命を追い抜く時期は国によって異なる。スカンジナビアでは最大一〇年早く、ベルギー、フランス、イタリアでは一〇年から二〇年遅い。

一八五〇年から一九五〇年の間に平均余命を延ばした要因がなんであれ、子どもが死ぬ確率の低下がとりわけ強い影響力を発揮している。成人の死亡率を引き下げた要因や成人と子どもの両方に影響を与えた要因も重要ではあるが、その効果はさほど目立つものではない。

小児死亡率の低下は、抗生物質やサルファ剤、結核に効くストレプトマイシンなどの新薬を含む治療法とはあまり関係がないはずだ。その理由は、死亡率の低下がそれらの新治療法が適用されるようになるよりずっと前から始まっていたためであり、また、そうした新薬の導入によって対象となる疾病を原因とする死者の数が大きく変わったわけではなかったからだ。社会医学の創始者、イングランド人のトマス・マキューンは数々の疾病について、効果的な治療法が導入される前から死亡率が低下し始めており、治療法の導入後も同じ割合で低下し続けていたことを示す有名な図をいくつも描いている。[21] 自身も医師だったマキューンは薬はたいして役に立たないと結論づけ（医者の地位が高ければ高いほど、その医者は役に立たないとまで言っている）[22]、健康改善の根幹は経済と社会の発展、とくに栄養状態と生活環境の改善にあると主張した。マキューンは自分の専門技術が人々の健康改善にほとんど役立っていないと感じるようになった数多くの医師の先駆けで、健康状態の悪化の根本原因であるとして貧困や欠乏などの、より一般的な社会悪に目を向けた人物だ。マキューンはより良い食事やより良い住居など、物質的な生活環境を徐々に改善することのほうが、医療や公衆衛生などよりもずっと重要だと考えた。マキューンの考え方は現代の状況に合わせて更新され、健康は主に医学的発見や治療によって決定づけられるものだとする者と、暮らしの背景にある社会的環境に目を向ける者との間で、今も激しい議論が交わされている。

初期の死亡率が低下した要因の一つが栄養だったことは、明白だ。一八世紀と一九世紀初頭のイギリスの人々は子どもが十分に育つために必要な量のカロリーを摂取していなかったし、成人も健康な体の機能を維持し、生産的で有益な労働をおこなうために必要な量のカロリーを摂取していなかった。誰もが皆痩せ細って背も低く、それ以前（あるいは以降）のどの時代のイギリス人よりも背が低かったかもしれない。長い歴史の中で、人間の体はカロリー不足を補うために太らないようにしたり背が伸びすぎないようにしたりしてきた。身長が低くなるのは特に幼少時に食べるものが十分にないことの結果でもあるが、体が小さければ基礎代謝も低くてすみ、体の大きな人間よりも少ない食料で活動することができるためでもある。身長一八〇センチ、体重九〇キロの労働者が一八世紀のイギリスで生き延びられる確率は、宇宙服なしで月に行くのと同じくらい低かっただろう。現代のような体格の人々に行き渡るだけの食料が、当時はなかったからだ。一八世紀の小さな労働者たちは、栄養学的袋小路にがっちりとはまってしまっていた。力がないからあまり稼ぐことができず、仕事にありつけなければ食べ物を買うお金が手に入らないため、食事を満足にとれないという悪循環だ。

農業革命が始まると、この袋小路が開き始める。国民一人当たりの収入が増加するようになり、歴史上初めて、栄養状態が安定的に改善し続ける可能性が生まれた。栄養状態の改善により人々はより大きく、より強く育ち、生産性が上がり、収入の改善と健康状態の改善にプラスの相乗効果をもたらして双方が互いを高め合っていく。子どもが成長に必要な栄養素を与えられないと、脳も十分に発達することができない可能性がある。そうなると体が大きくて健康な人々のほうが賢かったかもしれず、そうした人々が経済成長を押し上げて好循環を加速化させていった。背が高く、体の大きい人のほうが長生きし、栄養状態の良い子どもは死ぬ確率が低く、病気への抵抗力も強かった。これはノーベル賞受賞者の経済学者、ロバート・フォーゲルが同僚らとともに長い年月をかけて確立した理論だ。[23]

栄養状態が改善し、人々がより大きく、より強く、より健康になったことは疑問の余地がない。だが食事だけに注目するのでは、小児死亡率の低下を完全には説明できない。そのような考え方では直接的に病気を抑制することの重要性を軽視することになるし、市場経済が自発的に果たした役割を重視しすぎ、病気の抑制の陰にあった総合的かつ政治的努力に目が向かなくなってしまう。経済学者で歴史学者のリチャード・イースタリンは、経済成長の始まりと健康状態の改善とを並べて見るとタイミングがずれていることがわかるという、説得力のある意見を述べている。[24] 北西ヨーロッパ全域における小児死亡率は、国によって異なる時期に始まった経済成長を要因とするにはあまりにも均一に改善している。あとで触れるが、これと同じことが、二〇世紀に世界中で同時に心臓病が改善し始めた現象にも見られる。それに、食事そのものがそれほど重要なら、一七五〇年以前の数百年の間、たっぷりと食料があったイギリスの貴族階級が一般市民よりも必ずしも良い状態ではなかったことの理由が説明できない。人口統計学者マッシモ・リヴィ＝バッチが同様の事例を複数のヨーロッパ諸国で記録しており、修道会の丸々と太った修道僧たちがバラエティに富んだ食事をふんだんに食べていたにもかかわらず、ほかの人々と同じ死亡率だったことなどを例として挙げている。[25] 食事は一部の病気を防ぐのには効果があるかもしれないが、万病に効くわけではない。ウイルス性よりは細菌性の病気に効果があるという説もあるが、その説自体正しいのかどうか、まだはっきりとしていない。

小児死亡率の低下とそれによる平均余命の大幅な延びに大きく貢献したのは、公衆衛生による病気の抑制だ。当初、これは衛生状態の改善と飲料水を清潔に保つ活動という形で実施された。やがて科学が実践に追いつき、病気の細菌理論が理解されるようになる。そしてもっと範囲を絞った、科学的根拠のある方法が徐々に実施されるようになっていった。こうした方法の中には幅広い病気に対する定期的なワクチン接種や、細菌理論に基づく公衆衛生や個人衛生の習慣改善が含まれる。公衆衛生の改善には公的機関による対応が必要で、そのためには政治的な訴えかけと同意が欠かせなかった。これは経済活動だけでは実現できなかった変化だが、実質所得が増えたことで高額な衛生関連事業がまかなえるようになったことも事実だ。個人レベルでは、特に子どもの下痢、呼吸器系、その他の感染症が抑制されるようになったことで栄養状態が改善され、身長や体力、生産性の向上につながった。食事は重要だが、もっと重要なのが栄養素の摂取量で、病気で失われた栄養素（下痢の場合は直接失われるし、熱や感染症に体が抵抗するうえでも栄養素は失われる）を考慮したうえで実際に体に取りこまれる栄養素の量が肝心だ。衛生状態の改善とその後の細菌理論に基づいて生み出された対処法が、一八五〇年以降の一〇〇年間で北西ヨーロッパとイギリス関連諸国の平均余命を改善させた主な要因だった。これらの要因は二〇世紀初頭には南および東ヨーロッパに広まり、やがて第二次世界大戦後に世界中に広まっていった。この発展については、次の章で詳しく述べる[26]。

イギリスの産業革命は、地方からマンチェスターのような新しい都市に何百万もの人々を運んで来た。そうした新しい都市では製造業に就いた人々が新たな暮らしを築いていたが、狭い空間にそれほど大勢の人が生活することで生じる健康被害への対処法はまったくと言っていいほどなかった。地方でなら、排泄物の処理などを公的機関が管理しなくても比較的安全に暮らせる。だが都市ではそうはいかない。新都市では、交通手段の馬や牛乳を得るための牛、生ごみ処分と食料用の豚といった家畜が飼い主のすぐ近くで飼われていた。また、工場から出る危険な廃棄物、革なめしや食肉処理などから出る廃棄物もあり、飲料水は人間の排泄物を含む多くのゴミで汚染されていた。産業革命時代のマンチェスターよりも、古代ローマのほうが公衆トイレが多かったくらいだ[27]。飲料水に用いられる水源に排泄物が廃棄されるようになると、新石器革命以降問題になっていた糞口感染が工業規模にまで増幅されてしまった。都市部の平均余命は、地方の平均余命をはるかに下回る水準にまで落ちていく（一部の貧困国では今でもこの状態が見られる）。不健康な大都市への移住はまさしく、一九世紀初頭に一般市民の平均余命がなかなか延びず、一八五〇年以降まで停滞し続けた理由の一つに違いない。やがて、異臭を放つ危険な都市、「闇のサタンの工場」〔ウィリアム・ブレイク作詞の聖歌「エルサレム」の一節〕に人々が立ち上がり、苦しむ人々が単に悲惨な状況を訴えるだけにとどまらない行動を起こすようになる。そして、地方当局や公衆衛生担当者が公衆衛生の改善に乗り出した。

　公衆衛生活動には、指針となる新しい科学がなかった。実際、衛生学上の病気理論は「腐敗論」または「瘴気論」と呼ばれ、嫌な臭いがするものは体に良くないという理論なのだが、これが実は間違いで、一四世紀に黒死病と闘って（そのほとんどが失敗して）いたころのイタリアで公衆衛生当局が信じていたことと大差ない。とはいうものの、この理論にも、徹底的にやれば効果が出るくらいの真実は含まれている。排泄物が適切に処理され、都市を流れる水が臭わなくなれば、人が病気になる可能性はたしかに少なくなるからだ。だがこの理論は衛生ばかりを重視して、給水については十分に注意を向けていなかった。ある時期には、ロンドンの保健機関が地下室に溜まった汚水をテムズ川に流していたほどだ。つまり、コレラ菌を給水システムにそのまま戻していたというわけだ。数年後、一八五四年にロンドンでコレラが大流行したときには、ロンドンの上水道に供給する水をテムズ川から取っていた水道会社二社のうち一社が下水道の放出場所より下流から水を吸い上げていたため、コレラ菌が患者から患者へとリサイクルされ続ける結果になった。その直前に、もう一社の水道会社は給水場所をもっと水がきれいな上流へと移していた。そのために当時ロンドンで医師をしていたジョン・スノウがコレラによる死者を地図上に示して最初の水道会社と関連づけ、コレラが汚染された飲料水によって拡散したことを証明できたのだ[28]。これは公衆衛生における初の「自然実験」の一つで、歴史上もっとも重要な実験の一つだと私は思っている。だがスノウは、この実験が決定的だとは到底言えない、と認識していた。たとえば、片方の水道会社が富裕層の顧客だけに水を供給していたのかもしれず、その顧客は別の理由で病気を免れていたのかもしれない。そのため、スノウは自分が得た結果の原因となり得るほかの要素を排除しようと大変な苦労をした[29]。

スノウの調査結果と、のちのドイツのロベルト・コッホとフランスのルイ・パスツールの研究とが病気の細菌理論の構築に役立ったのだが、瘴気論をかたくなに信じる人々からの抵抗はかなり強かった。一つ大きな障害となったのが病気にさらされた人々の一部がなぜ発症しなかったかという点で、因果関係を理解するうえで深刻な問題だった[30]。一八八三年にコレラ菌の分離に成功したコッホは四つの「原則」を提示して、その菌が本当に病気の原因であると確実に断定するためには、その四つの原則すべてが満たされなければならないとした。そのうち一つが、その微生物を健康な人間の体に入れれば、病気が発症するというものだ。この理論の欠陥が派手に実証されたのは、一八九二年のことだった。細菌理論を信じないことで有名だった瘴気論者のマックス・フォン・ペッテンコーファー（当時七四歳）が、公衆の面前でフラスコ一杯のコレラ菌を飲み干してみせたのだ。このコレラ菌はコッホがわざわざエジプトから送り届けたものだったのだが、フォン・ペッテンコーファーはごくわずかな後遺症だけですんでいる。彼がなぜ生き延びたのかは不明だ。胃の酸性度は事前中和してあったので原因ではない。だが多くの病原体は最適な環境でしか働かず、フォン・ペッテンコーファーはこれに類する理論を主張していた。つまり、微生物はまず土壌中で腐敗して瘴気に変わらなければならないというのだ。この理論は、一八九二年にハンブルクで起こったコレラの大流行によって、残念ながら間違っていることが証明された。ハンブルクと同じエルベ川から水を引いていた隣のアルトナの街は水を濾過していたが、ハンブルクではしていなかった。このため、アルトナはコレラの蔓延を免れている。フォン・ペッテンコーファーがコレラ菌を飲んでみせたのはハンブルクの疫病のあとの話で、これは彼なりの最後の反抗だったのかもしれない。一九〇一年、ペッテンコーファーは拳銃自殺をしている。(31)

細菌理論の発見、普及と受け入れが、イギリスや世界中の小児死亡率の改善のカギだった。この事例は、のちにまた見ることになる多くのテーマを説明してくれるものでもある。人類の幸福度の改善に大きな可能性を秘めた新しいもの、この場合は何もしなければ死んでいたはずの子どもを救える知識が生まれたのだ。細菌が病気を引き起こすものであり、コレラの場合にはバクテリアが汚染された水を通じて拡散したという基本的な知識は無料で、世界中の誰でもが自由に手に入れることができた。にもかかわらず、その理論をもとに構築された方策は即座には受け入れられなかった。理由の一つは、先ほども見たように、誰もがこの理論を信じたわけではなかったからだ。そして人々が信じたとしても、障害はまだいくつもあった。知識は無料だったかもしれないが、それを受け入れることは無料ではなかったのだ。安全な水の供給源を造るのは下水処理場を造るよりも安く上がるが、それでも費用がかなりかかるのは事実で、工学の知識が必要だし、水が本当に汚染されていないことを確認するためのモニタリングも必要だ。汚水は飲料水の供給源を汚染しないように処理しなければならない。個人や会社を監視するのは難しいし、抵抗を受ける場合が多い。それに、国家の能力と有能な官僚が欠かせない。イギリスとアメリカでさえ、飲料水の糞便汚染は二〇世紀に入ってかなり経つまでずっと問題だった。細菌理論を安全な飲料水と衛生へと転換するには時間がかかり、費用と国家の能力の両方が必要になる。その二つは一〇〇年前には必ずしも簡単に手に入るものではなかったし、世界には今でも手に入らない場所がいくらでもある。

例によって、ここでも政治という重要な問題が出てくる。歴史学者サイモン・スレーターは、産業革命時代の大都市では新鮮な水が広く入手可能だったが、工場が動力源として使うためであって、市民が飲むためではなかったと述べている。[32] よくあることだが、物事の新しいやり方によって得られる恩恵は、平等に分配されたとは到底言えなかった。そして税金を払う側でもある工場主たちは、自分のお金を労働者が飲む清潔な水のために使うことには、関心すら覚えなかった。スレーターの論文は、労働者や追い立てられた地主たちが新たに政党を立ち上げ、清潔な水のためのインフラ整備を訴えて成功した経緯についても語っている。この訴えは、改革法によって労働者に公民権が与えられて初めて成功したのだった。政治的均衡が変わると工場主たちも流れに便乗し、それぞれの都市は自分たちがいかに健康にい都市かを競い合って宣伝するようになった（私が教鞭をとっているプリンストン大学でもそのころ同じようなことをしていて、海抜四二メートルの高さにある大学が、近隣のマラリアにかかりやすい湿地よりも学習に適した健康な環境だと宣伝していた）。健康が公共事業や医療の提供、教育などを通じた集団行動によって実現されるものである場合、政治も役割を果たさなければならない。この場合、ある不平等の（部分的な）排除、つまり労働者に投票権がないという問題の解決が、労働者に安全な飲料水が供給されないという別の不平等の解決へとつながった。

アイデアの普及と実践的導入には、時間がかかる。人々が暮らしを変えなければならない場合が多いからだ。裕福な世界に暮らす人はほぼ全員が学校で細菌の重要性について学び、手洗いや消毒、食べ物や排泄物の適切な処理で感染が防げることを知っている。だが、今はあたりまえのこの事実は一九世紀末までは知られておらず、新たな知識を最大限に活用できるほど大衆や個人の行動が変わるまでには何年もかかった。[33]人口統計学者サミュエル・プレストンとマイケル・ヘインズは、世紀が変わるころのニューヨーク市の民族別乳幼児死亡率に、大きな開きがあったことを報告している。たとえば、宗教上の規律が健康を推進するような内容のユダヤ教徒は、そういった制約のないフランス系カナダ人よりもずっと健康状態が良かったなどだ。[34]だが病気の細菌理論が理解されるまでは、医師の子も一般市民の子と同じ死亡率だった。細菌理論が普及してからは、医師の子のほうが死ぬ確率はずっと減っている。アメリカのホテルでは、客がチェックアウトしたあとに毎回ベッドシーツを替えたりしていなかった。エリス島では医師が移住希望者にトラコーマ（感染性の眼病）がないかを調べていたが、その際に使っていたボタン掛けのような器具は一回一回消毒していなかった。移民局の担当者は、トラコーマを国境で食い止めるのではなく、広めていたのだ。[35]もっと最近の例はインドで見られる。インドでは難産があると、伝統的な助産師である「ダイ」が呼ばれる。あるアメリカ人産婦人科医がそうした「ダイ」の仕事を視察していてその逆子直しの技に感銘を受け、これほどの技術があればアメリカでいくらでも稼げるだろうと語った。だが、この腕利きのベテランは一人の妊婦を診たあと、次の妊婦に触れる前にいっさい手を洗っていなかった。[36]

細菌理論のような科学的進歩はたった一つの発見ではなく、いくつもの関連し合う発見の集合体であり、先行する進歩がどの程度かで成否が決まる。細菌は顕微鏡がなければ見ることができず、一七世紀にアントニ・ファン・レーウェンフックが顕微鏡を発明して微生物を見られるようにはなっていたものの、この顕微鏡で見られるのはかなりゆがんだ画像だった。一八二〇年代になると、ジョセフ・ジャクソン・リスターが色消し顕微鏡を開発する。これは複数のレンズを組み合わせ、ゆがみ、つまり「色収差」を取り除くもので、これで初期の顕微鏡はほぼ用無しになってしまった。細菌理論そのものは病気の原因となる何種類もの微生物の特定につながり、炭素菌、結核菌が発見されたほか、コレラ菌もドイツにあるコッホの実験室で発見された。コッホは当時まだ新しかった微生物学の創始者の一人で、彼の教え子たちが巣立って腸チフスやジフテリア、破傷風、腺ペストなど、数多くの病気の原因となる微生物を特定していく。それに続く発見の波では、パリのルイ・パスツールが、牛乳を腐らせるのは微生物の働きだということを証明し、それを防ぐために牛乳を「低温殺菌」する方法を考案した。パスツールはこのほかにも、弱毒化された伝染性の微生物を使ってさまざまなワクチンを作り出す方法も考案している（パスツールは、現代のイギリス人の生活には欠かせない日常的な食料品「マーマイト」を発明した人物でもある。マーマイトは、第6章でまた登場する）。細菌理論はまた、ジョセフ・リスター（ジョセフ・ジャクソン・リスターの息子）が手術時の消毒方法を編み出すきっかけにもなった。これと麻酔の発明により、近代の手術が実現したと言える。スノウ、コッホ、そしてパスツールの偉業は細菌理論を確立しただけでなく、それを公益のためにどうやって実践していくかも教えてくれた。

科学の進歩は人類の幸福を向上させる主な要因であり、細菌理論はそのごく一例にすぎない。だが、細菌理論が時間をかけて受け入れられた経緯を見てもわかるように、新発見や新たな技術は、受け入れられて社会を変えなければ意味がない。それに、科学の進歩が天からの贈り物のように突然どこからともなく湧いてくると思うのも間違いだ。イギリスの田舎では問題にならなかったような病気で人々が死ぬようになると、産業革命とそれにともなう都市化は科学の進歩の必要性を生んだだけでなく、科学の研究を可能にする環境も生み出した。工業的規模の糞口感染は、一世代のコレラ患者の排泄物を次の世代の体に入れることでつながっていった。これを目にした誰かが、その因果関係を解明するヒントを得たのだ。もちろん、この過程が避けられない道だなどということはない。解決策に対する需要が必ずしも解決策の供給につながるというわけではないからだ。だが必要性、恐怖、そしてときには欲も、発見と発明の大きな推進力となる。科学は周囲の社会的・経済的環境に応じて発展する。そして環境のほうも、科学と知識に依存している。細菌理論で中心的な役割を果たす微生物でさえ、原始状態のままで発見されるのを待っているわけではない。その増殖と進化、そして病原性は、感染する人間とともに進化していく。産業革命による環境の変化は何百万人もの人々の生活環境を変えたが、その人々に取りつく微生物も変えていき、感染の仕方も変え、そして細菌理論が発展していけるような環境を創り出していったのだった。

第３章　熱帯地方における死からの脱出

裕福な国で生まれるという幸運に恵まれなかった世界の大半の人々が感染症との闘いを始めたのは、一九四五年に入ってからようやくだった。だが、それまでと同じような遅々とした歩みで歴史が繰り返されたわけではない。一八五〇年には、細菌理論はまだ確立されていなかった。しかし一九五〇年にはもう一般常識になっていたので、先進諸国で一〇〇年かけておこなわれてきた改善の少なくとも一部は、そのほかの国々ではもっと迅速におこなわれた。現在のインドの一人当たり国民所得は、イギリスが一八六〇年にはもう到達していた額と同程度だ。にもかかわらず平均余命は一九四五年当時のスコットランドの平均余命よりも現在のインドのほうが高いという事実は、知識の持つ力が歴史の近道を可能にすることを証明している。貧困国における乳児死亡率の減少はまちまちではあったものの急速に起こり、死ぬはずだった何百万人もの子どもたちが生き延びられるようになって、一九五〇年には二五億人だった人口が二〇一一年には七〇億人まで増えるほどの「人口爆発」につながった。この人口爆発は、近年は収まりつつある。第二次世界大戦後から、貧困国の平均余命は富裕国の平均余命に近づいてきた。だが一九九〇年代にアフリカでＨＩＶ／エイズが蔓延するようになると、もっとも感染者の多かった国々で、戦後の平均余命の改善がふりだしに戻されてしまう。平均余命の格差は富裕国が貧困国を引き離し始めた一八五〇年からずっと広がっていたのだが、一九五〇年以降に貧困国が追いつき始めるといったん縮まり、この新しい病気の到来で再び広がったのだった。

今も、生まれる子どもの大半が命を落とす国は多い。子どもの一〇パーセントが五歳を迎える前に死ぬ国が三〇カ国以上もあるくらいだ。この子どもたちはＨＩＶ／エイズのような「新しい」病気や、治療法のない珍しい熱帯病などで死んでいるわけではない。一七世紀から一八世紀にかけてヨーロッパの子どもたちを死なせていたのと同じ消化器系や呼吸器系の感染症、それにマラリアなど、ずっと前から治療法がわかっている病気で死んでいるのだ。この子どもたちはたまたまその国に生まれたから死んでいるのであって、もしイギリスやカナダ、フランス、日本に生まれていれば死ななかったはずだ。

このような不平等が続いているのはなぜだろう？　エチオピアやマリ、ネパールで生まれることにこれほど危険がともない、アイスランドや日本、シンガポールで生まれることが安全なのはなぜだろう？　インドのように死亡率が劇的に低下した国でさえ、大多数の子どもが栄養失調のままだ。彼らはその年齢の子どもにしては痩せていて小さいし、彼らの親も地球上でもっとも背が低い成人の部類に入る。一八世紀のイングランドで見られた低身長の成人よりも低いかもしれない。インドが世界でもっとも急成長する国となった今でも、新石器革命の究極の結果として生まれた極貧状態に、多くのインド人が囚われたままなのはなぜだろう？

第二次世界大戦後、国際連合が世界の開発途上地域と呼んでいる国々では、多くの乳幼児が死に続けていた。一九五〇年代初頭でも、五歳の誕生日を迎える前に死ぬ子どもの数が全体の五分の一を超えるという国が一〇〇以上あったほどだ。それらの国々にはサハラ以南のアフリカ、南アジア、そして東南アジアのすべてが含まれる。一九六〇年、世界銀行は四一カ国で小児死亡率（五歳までに死亡）が二〇パーセントを超えており、中には四〇パーセントに迫る国もあったと推定している。一九五〇年代と一九六〇年代、世界の大半の国の死亡率は、一〇〇年か二〇〇年前のイギリスと大差ないくらいだった。だが、変化は確実に近づいてきていた。

平均余命のもっとも急激な延びがやってきたのは、戦後すぐのことだった。人口統計学者デヴィッドソン・グワトキンによれば一九五〇年ごろ、ジャマイカやマレーシア、モーリシャス、スリランカなどの国では一〇年以上にわたって、毎年一年以上平均余命が延び続けていた。[1] モーリシャスの平均余命は一九四二－四六年の三三・〇年から一九五一－五三年には五一・一年に、スリランカでは一九四六年からの七年間で一四年も平均余命が延びている。もちろん、不死身への全力疾走がいつまでも続くわけはない。この延びは単に乳幼児死亡率がたった一度、大きな規模で減少したから起こっただけだ。乳幼児死亡率が下がった理由の一つは戦時中に初めて使えるようになったペニシリン、もう一つの理由はもう少しさかのぼってサルファ剤の導入、そしておそらくもっとも大きな理由が、「ベクターコントロール（媒介害虫駆除）」と呼ばれるものだろう。これは病気を媒介する害虫、特に蚊、その中でもマラリアを媒介するハマダラカを駆除するための化学薬品による対処法だ。マラリアとの闘いの進歩はハマダラカが抵抗力をつけるようになったとき、そしてきわめて効果的な害虫駆除剤だったＤＤＴが環境への悪影響（主に富裕国の農業で使われすぎたことによる悪影響）のために世界中で使用中止となったときに停滞することになる。マラリアに対する効果が一時的なものにすぎなかったとは言え、その成果は大きく、その後に予防キャンペーンなど別の視点からのマラリア対抗策が進んだことで、遅れは十分に取り戻せた。

国連の中で子どもの健康と幸福に関する活動をおこなっているＵＮＩＣＥＦは、世界の子どもたちを対象とした活動で一九六五年にノーベル平和賞を受賞している。第二次世界大戦直後、ＵＮＩＣＥＦはヨーロッパの子どもたちに結核のワクチン接種をおこない、一九五〇年代には世界中で結核、イチゴ腫〔かゆみのある腫瘤をともなう感染症〕、ハンセン病、マラリア、トラコーマに対する大々的なキャンペーンをおこなった。また、清潔な飲料水や衛生環境向上プロジェクトにも出資している。一九七四年には世界保健機構（ＷＨＯ）の拡大予防接種計画（ＥＰＩ）が始動し、ジフテリア、百日咳、破傷風（この三つの病気はいずれも三種混合ワクチンで予防できる）、はしか、ポリオ、結核の予防接種を促進した。最近ではＥＰＩの活動を再活性化しようと、「ワクチンと予防接種のための世界同盟（ＧＡＶＩ）」が二〇〇〇年に結成された。予防接種の進歩は近年、やや速度が落ちている。これはおそらく、もっとも接種しやすく、かつ接種の意志がある人口への接種が完了してしまったからだろう。もう一つ、死亡率低下のペースを維持する一助となった重大なイノベーションがある。一九七三年にバングラデシュとインドの難民キャンプでコレラが大流行した時期に、経口補水療法（ＯＲＴ）の有効性が実証されたことだ。ＯＲＴは水に塩とブドウ糖を溶かした溶液だが、経口摂取することで、多くの子どもを死に至らしめる下痢が引き起こす脱水を防ぐことができた。この治療は一回当たり数セントしかかからず、医学雑誌『ランセット』で「今世紀もっとも重要な医学的進歩となり得る」[2]と絶賛されている。ＯＲＴは、切迫した必要性と科学知識をもとにした試行錯誤が命を救うめざましいイノベーションにつながることもあると教えてくれるいい例だ。

　こうした医学的・技術的進歩は、現地の対応力が低かったような地域でも実施された。外国から来た専門家やそうした専門家の指示を受けた業者が防虫剤を散布して蚊を退治することもできたし、予防接種キャンペーンではジュネーヴのＷＨＯが指揮を執り、まるで軍事作戦のような短期決戦で現地の救急医療従事者に注射を打たせることもあった。ワクチンは当時から安価で、ＵＮＩＣＥＦやＷＨＯがかなり安くまとめて購入していた。こうした保健キャンペーンは「垂直的保健プログラム」と呼ばれ、何百万もの命を効果的に救っている。ほかの垂直型取り組みとしては世界銀行とカーター・センター〔カーター米元大統領が紛争解決と疫病撲滅のために設立した非営利組織〕、WHO、そしてアメリカの製薬会社メルクが共同で始めたオンコセルカ症（河川失明症）撲滅キャンペーンや、まだ完了に至らず、現在も続いているポリオ撲滅運動などが挙げられる。

医療と公衆衛生の進歩だけがすべてではない。より良い教育と所得の向上も役に立った。第二次世界大戦以降の経済成長率は過去の水準からみるとかなり高く、教育の質は世界中とまではいかなくとも多くの国で良くなっている。女性も昔よりは教育を受けやすくなってきた。私自身がデータ収集に携わったインドのラジャスタンでは、聞き取りをおこなった成人女性のほとんどが読むことも書くこともできなかった。だが、制服を着た少女たち（現地では英語で「クロコダイル」と呼ばれていた）が列を作って学校へ向かう光景は度々目にした。学校に入るインド地方部の女の子の割合は一九八六年から一九九六年の間に四三パーセントから六二パーセントに増えている。なかにはひどい学校もあるものの、まったく教育を受けていない母親よりは、質の低い教育でも受けておいたほうがより良い、安全な母親になれるはずだ。教育を受けた母親を持つ子どものほうが、その後の人生と結果が良くなることは、インドやほかの国々でおこなわれた数多くの調査で証明されている。そのほかにも、教育を受けた女性は産む子どもの数が少なく、そのぶん一人の子どもにもっと多くの時間と資源を割くことができる。出産の数が少ないというのは母体にとっても良いことで、妊娠や出産時の健康リスクを低減し、女性自身が人生の中でさまざまな機会を手にできるようになる。

教育の改善は、現在の低所得国で健康を増進する唯一かつもっとも重要な要因なのかもしれない。

経済成長は各世帯により多くの財産を持たせるようになり、それによって親は子どもにもっと良い食事を与えられるようになった。地方自治体や政府にも資金が多く入り、水道や衛生、害虫駆除などの対策がもっとしっかりとできるようになる。二〇〇一年のインドでは、ほとんどの地域で六〇パーセント以上の家庭が水道を使っていた。だが二〇年前には、そのような地域はほとんどなかった。水道水だからといって必ずしも安全ではないが、昔ながらの方法で入手した水よりはずっと安全だ。

一九七五年、死亡率の世界一鋭い観察者である人口統計学者サミュエル・プレストンによれば、一九三〇年代から一九六〇年代に平均余命が延びた原因のうち家庭の生活水準向上が寄与したのは四分の一にも満たず、大半は媒介害虫駆除や新薬、予防接種などの新しい手法によるのだそうだ。(3) プレストンの計算は彼がデータを入手できたごく限られた国々を対象としており、そのうちのいくつかは一九四五年にはもはや貧困国ではなかった。彼の結論は、第1章の図3のようなグラフから導き出したものだ。プレストンは平均余命と所得の関係を示す曲線が固定され、かつ、国が経済成長した場合に、どの程度平均余命が延びるかを計算した（健康に対して収入がどの程度貢献するか）。さらに、曲線自体が上に移動することでどれほどの利益が得られるかも計算した（生活水準の向上なしに、新たな手法だけがどの程度健康に貢献できるか）。

のちの研究者たちはイノベーションと所得の貢献度を分けて見ているが、その割合が常に同じであると考える理由はどこにもない。これはプレストン自身が強調していることでもある。抗生物質や媒介害虫駆除、予防接種などの新しい重大な方法は、一様に出現するわけでも、予想通りに出現するわけでもなく、一つの方法が勢いを失ったときに次の方法が袖で出番を待っているという保証はない。大きな論点は常にここにある。つまり、片方に所得、他方に治療法とイノベーションがあった場合（すなわち市場対公衆衛生）、教育は両方の有効性を高めるのかどうか、という論点だ。貧困国の病気が本当に「貧者の病気」で、貧困さえ撲滅できればその病気も消え失せるというのであれば、直接的な病気への介入よりも経済成長のほうが重要なのかもしれない。経済成長は「二度祝福される」ことになる。つまり、物質的な生活水準を向上させるうえに、健康までおまけに増進するという意味だ。プレストンの考察が今も通用するとしたら（これについてはこの章のもう少しあとで触れる）、所得という魔法だけでは不十分で、健康はやはり直接的な介入によって対処しなければならないということだ。一八五〇年から一九五〇年のヨーロッパと北米で死亡率が減少した主な原因は健康への新たな対処法によって病気を減らせたためで、経済成長が果たした役割は大きいものの、あくまで二次的であるとした第2章の結論と、プレストンの考察とが類似していることに注目してほしい。

　功績がどちらにあったにせよ、死亡率低下の範囲が広がったことは疑いのない事実だ。国連の報告によれば、一九五〇－六五年と一九五五－七〇年の間の一五年で世界の「開発途上地域」の平均余命は四二年から五三年と、一〇年以上も延びたと言う。二〇〇五－一〇年までには、これがさらにもう一三年延びて六六年になっている。改善は「先進地域」で続いたものの、その速度はずっと遅かった。世界の主要地域の進捗を示した次頁の図1を見てほしい。上の線は北欧で、チャンネル諸島、デンマーク、エストニア、フィンランド、アイスランド、アイルランド、ラトヴィア、リトアニア、ノルウェー、スウェーデン、イギリスから成る。これらの国々をまとめると、平均余命は六九年から始まり、二一世紀初頭までに一〇年延びている。どうしてこうなったかは、次の章で見ていこう。ほかの地域である東アジア（日本を含む）、中南米、東南アジア、南アジア、そしてサハラ以南のアフリカでも平均余命は一〇年以上延びたので、北欧との差は縮まっている。一番延び率が低かったサハラ以南のアフリカでさえ、一九五〇年代初頭の三一・九年から二〇〇五－一〇年には二六・五年まで北欧との差を縮めていた。

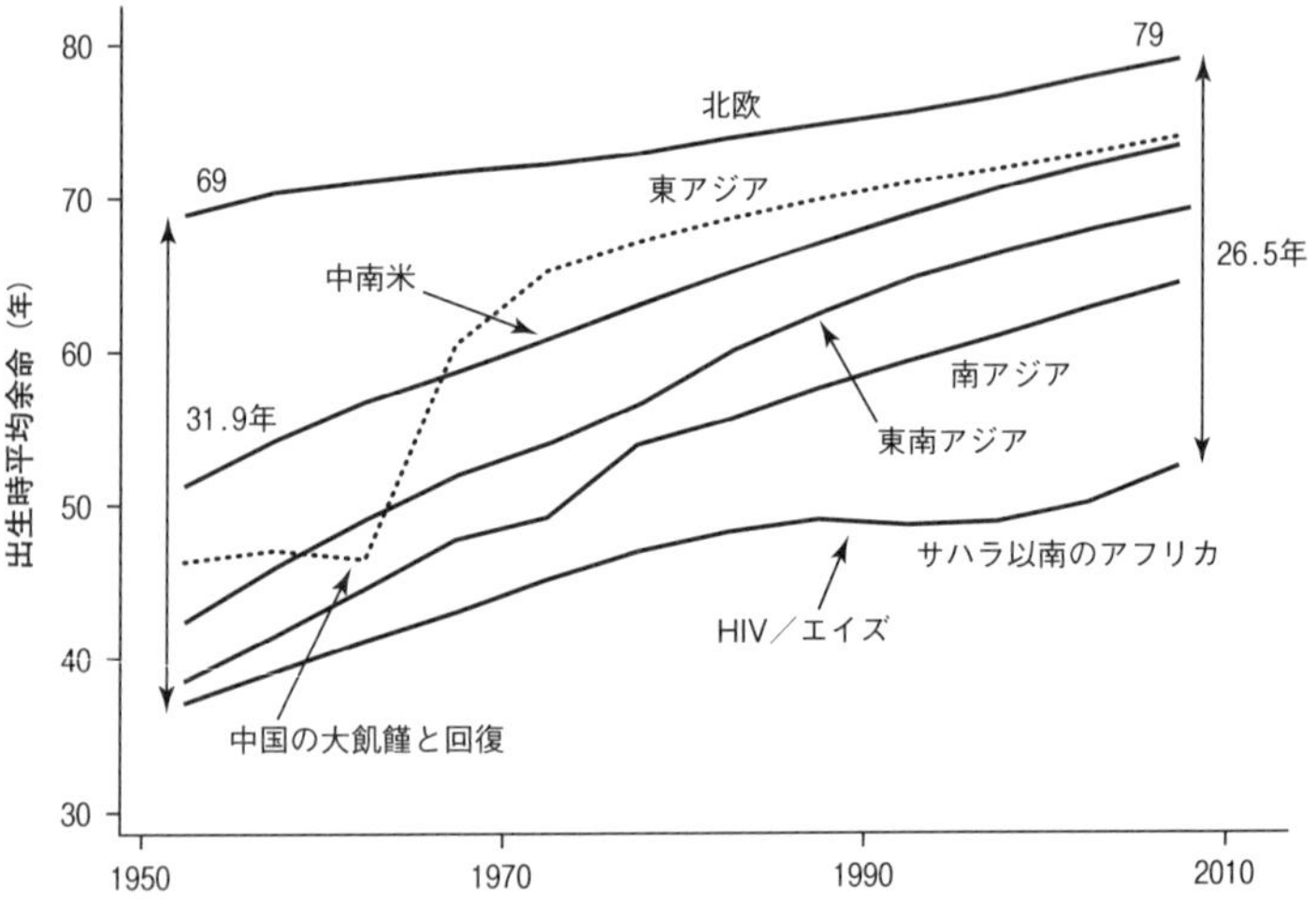

図１　1950年以降の平均余命，地域別

成すべきことが一番多く残っているのはアフリカと、多少程度は低いにせよ南アジア（と言ってもその北端はアフガニスタンにまでおよぶ）だ。ＨＩＶ／エイズの蔓延が始まる前でさえサハラ以南のアフリカにおける平均余命の延び率は世界のどこよりも遅く、そこへＨＩＶ／エイズが襲ったためにさらに停滞するようになったことが図からはっきりと見てとれる。近年になって抗レトロウイルス治療が導入され、人々の行動様式が変化したこともあって、アフリカの平均余命は再び延び始めたと国連は推測している。それでも、影響がもっとも深刻だった地域では、戦後の進歩のほとんどがふりだしに戻されてしまった。アフリカでもっとも良く統治され、経済的にも成功しているボツワナの平均余命は四八年から六四年まで延びていたのが、二〇〇〇－〇五年には四九年に逆戻りしている。一方、アフリカで最も政治がひどく、経済的にも破綻していたジンバブエの平均余命は、一九五〇－五五年よりも二〇〇五－一〇年のほうが低い。疫病の大流行は何百万もの命を奪う。WHOによれば、HIV／エイズは二〇一一年末までに三四〇〇万人を死に至らしめている。疫病による大量死は一九一八－一九年のインフルエンザの大流行で終わったわけではもちろんなかったし、今後新たな病気が大流行することなどないと気をゆるめてはいられない。

エイズの蔓延がどうやって始まったのかは誰にも正確にはわからないが、一九五八－六一年の中国の飢饉についてはその限りではない。この要因については第1章で述べたし、図1でもその影響ははっきりと示されている。このあとすぐに見ていくが、一党支配の中国なら、民主主義国家では強い抵抗に遭うかもしれない法案を採択して公衆衛生を促進することができたはずだ。だが、政策がどうしようもないほど間違っていた場合、たとえ待っている結末が大惨事だったとしても、それを止める術は何もない。民主主義は欠如しているが効果的な政策実施が可能である中国と、報道の自由もある民主国家ではあるが政策の実施が非効率なインドとは比較されることが多い。だがインドは、イギリスの統治時代には何度も襲った飢饉を、独立以来一度も経験していない。

ＨＩＶ／エイズと中国の大飢饉による大きな後退にもかかわらず、図1は世界の大半の地域で半世紀前よりも現在のほうが生存率は良いことを示している。だが現在の状況はどれほど良いのか（あるいは悪いのか）、そしてほかに何をすればいいのだろう？　現在の死亡率を理解しやすくする方法がある。世界中の死因を見ることだ。経済発展の状況が異なる国で人々が何によって死んでいるのかを見て、それらの死因の中で知識があれば防げるものはないかと考えてみる。マスコミが視聴者を怖がらせようと大げさに報道するニュースに度々出てくる異国の治療不能の「熱帯」病が死因なのであれば、新しい治療法や新薬が必要だ。逆にもし富裕国ではもうとっくに見られなくなった古くからあるおなじみの病気で人々が死んでいるのだとすれば、予防法がわかっている原因でなぜ人々が死ななければならないのかと自問するべきだろう。これから見ていけばわかるように、より良く新しい治療法はもちろん必要だ。だが一番大きな問題は、簡単に予防できるはずの病気で死ぬ子どもたちが世界中にあまりにも多いということだ。

表1は、WHOのデータをもとに二〇〇八年の世界の死亡率を示したものだ。ここに記された数字の多くは概算であり、細かいところまで正確なわけではないが、概観としては十分信頼できる。二列目は世界全体の死者、三列目は低所得国、四列目は高所得国の死者を示している。所得別に世界を分けたのは世界銀行のデータによるもので、その区分は四つ。低所得、低中所得、高中所得、そして高所得だ。ここでは最富裕国と最貧国とで死亡率にどれだけの格差があるかを見るため、一番上と一番下のグループだけを示している。どういった国が含まれるかをだいたい把握できるよう述べておくと、三五の低所得国のうち二七カ国がアフリカの国だ。ほかの八カ国はアフガニスタン、バングラデシュ、カンボジア、ハイチ、ミャンマー（ビルマ）、ネパール、北朝鮮、そしてタジキスタン。インドはもう低所得国には分類されていない。高所得国に入っているのは七〇カ国で、そのほとんどがヨーロッパと北米、オーストララシア〔オーストラリア、ニュージーランド、ニューギニアおよびその近くの南太平洋の島々を指す〕、日本、そしていくつかの小さな産油国と一握りの島国だ。

表の上部は子どもと高齢者を区別し、さらに感染症ではない二つの主な死因、がんと心血管疾患による死者の割合も示している。心血管疾患による死亡には心臓や血管の病気による死亡が含まれるので、脳卒中や心臓発作もここに入る。二列目は世界全体、三列目と四列目は低所得国と高所得国を区別して記した。表の下部はおおよその死者数を百万人単位で記し、低所得国の主な死因に着目している。

表の一番上には、各年齢層の人口比率を括弧で示した。表の一番下にあるのは各地域の総人口だ。世

表1　2008年の世界の死亡率，最貧国と最富裕国

	世界	低所得国	高所得国
死者の割合（人口の割合）			
年齢0-4歳	14.6(9)	35.0(15)	0.9(6)
60歳以上	55.5(11)	27.0(6)	83.8(21)
ガン	13.3	5.1	26.5
心臓疾患	30.5	15.8	36.5
死者数（単位　100万人）			
呼吸器感染症	3.53	1.07	0.35
周産期死亡	1.78	0.73	0.02
下痢性疾患	2.60	0.80	0.04
HIV／エイズ	2.46	0.76	0.02
結核	1.34	0.40	0.01
マラリア	0.82	0.48	0.00
小児期の疾患	0.45	0.12	0.00
栄養失調	0.42	0.17	0.02
産婦死亡	0.36	0.16	0.00
全死因	56.89	9.07	9.29
全人口	6,737	826	1,077

出典：世界保健機構，世界健康統計データベース，ダウンロード日2013年2月3日
注：心臓疾患には心臓まひも含む．呼吸器感染症は主に下気道感染症（「下気道」とは声帯より下を指し，肺炎，気管支炎，インフルエンザを含むが，これは上気道に影響をおよぼすこともある）．周産期死亡とは出産時，あるいは出産直後の子どもの死亡であり，未熟児や低体重の死亡，出生時の死亡，そして出産直後の感染症による死亡を含む．小児期の疾患は百日咳，ジフテリア，ポリオ，はしか，破傷風を指す．栄養失調による死亡のおよそ3分の2がたんぱく質あるいはエネルギーの欠乏によるもので，3分の1は貧血によるものだった．

界の人口の大半が，この表には示されていない中所得国に暮らしていることに注目してほしい。もう一つ注目すべき事実が，表の上のほうに記されているのだが，低所得国の死亡時の年齢が高所得国よりもずっと若いということだ。貧しい国では子どもをたくさん産む。そして人口が増えつつある国では各世代が前の世代よりも多く，若くなる。富裕国の一部では戦後のベビーブーム世代が高齢にさしかかりつつあり，六〇歳以上の年齢層を厚くしている。低所得国では〇－四歳の年齢層は六〇歳以上の倍以上いるが，高所得国では高齢者の数は子どもの三倍以上になる。貧困国と富裕国でリスクが同じだったとしても，前者では子どもの死亡が多く，後者では高齢者の死亡が多

くなるはずだ。

世界全体を見ると、すべての死者のうち一五パーセントを乳幼児が占める一方で、五〇パーセント以上を六〇歳以上が占めている。だがこの傾向は貧困国と富裕国、どちらにも当てはまらない。貧困国では死者数の三分の一以上が五歳未満の子どもで、高齢者の死者数は三分の一に満たない。富裕国では子どもの死者数はきわめて少なく、死者の八〇パーセントが六〇歳以上の高齢者で、新生児の大多数が老人になるまで生きられる。こうした違いの一部は、富裕国における高齢者の割合が高いことによる。だがそれだけが理由ではない。低所得国で子どもの数に対する子どもの死亡率が非常に高いことも大きな要因だ。貧富間の差は疫学的推移から来ている。それに従って、国が発展するにつれて死自体が「年をとる」のだ。子どもの死から高齢者の死への転換は、感染症から慢性疾患への死因の転換にもよるものだ。がん、脳卒中、心臓疾患で死ぬ人の割合は、低所得国と高所得国とでは三倍も違う。一般的に、高齢者は慢性疾患で、子どもは感染症で死ぬものだ。

貧困国の主な死因の大半は、今では豊かになった国々でかつて子どもたちを死に至らしめていたのと同じ病気だ。下気道感染症、下痢性疾患、結核、そしてWHOが「小児期の疾患」と呼ぶ百日咳、ジフテリア、ポリオ、はしか、破傷風。この四種類の疾患がいまだに毎年八〇〇万近くの人々の死因となっている。このほかの主な死因はマラリアとHIV／エイズ（これらの病気の治療法はいまだに完璧には程遠い）、出産時あるいはその前後の死亡（周産期死亡）、出産に関連した妊産婦の死亡、そして栄養失調。栄養失調は二つの主な死因に分類され、一つはたんぱく質またはエネルギー欠乏（食べるものが十分にない）で、もう一つが貧血だ（鉄分が十分に摂取できない食習慣が主な原因で、菜食主義が関係する場合が多い）。富裕国で毎年三五万人の高齢者の死因となっている肺炎を除けば、前述の疾患が原因で死ぬ人は富裕国にはほとんどいない。公衆衛生対策によって子どもが下痢性疾患や肺炎、結核で死ぬリスクが大幅に軽減されたからだ。マラリアは富裕国では死亡リスクにはならない（第二次世界大戦後しばらくは一部の国でリスクではあったが）。貧困国では、マラリアが子どもの死因となる場合が多い。抗レトロウイルス薬や性行動の変化により、HIV／エイズの死者数は大幅に減ってきた。子どもの予防接種がほぼ世界中で普及したことで「小児期の疾患」に含まれる病気はかなり減り、産前産後のケアによって周産期と妊産婦の死亡率はかなり低く抑えられるようになった。富裕国では食べるものがなくて死ぬ人はほとんどいないし、貧血もないわけではないが、鉄分などの必須微量栄養素が欠乏している人の数はきわめて少ない。

さて、ここで問題だ。富裕国に生まれていれば死ななかった子どもたちが、なぜ貧困国では死ななければならないのか？　富裕国では無料で手に入れられる有効な知識が、貧困国で失われる何百万もの命を救えないのはなぜか？　一番有力な原因は、貧困だ。私が選んだ低所得と高所得という分類自体、収入が重要な要因であることを示唆している。歴史的背景から見ても、下痢性疾患や呼吸器疾患、結核、栄養失調は「貧者の病気」とみなされる一方、がんや心臓疾患、脳卒中は「金持ちの病気」とみなされる。一八世紀と一九世紀にも見られたように、所得はたしかに大きな役割を果たしている。裕福な人々は食べたいだけの食料を手に入れることができるだろうし、経済成長は媒介害虫駆除や衛生・飲料水対策、診療所や病院に必要な資金をもたらしてくれる。だとしても、貧困と所得だけでは要因としてはまったく不完全で、所得にばかり注目していると、誰が何をするべきかについての判断を誤ってしまう。

例によって、中国とインドの事例からは多くを学ぶことができる。世界銀行はもうこの二カ国を低所得国とはみなさず、インドを低中所得国、中国を高中所得国に分類している。いずれも近年急速に成長

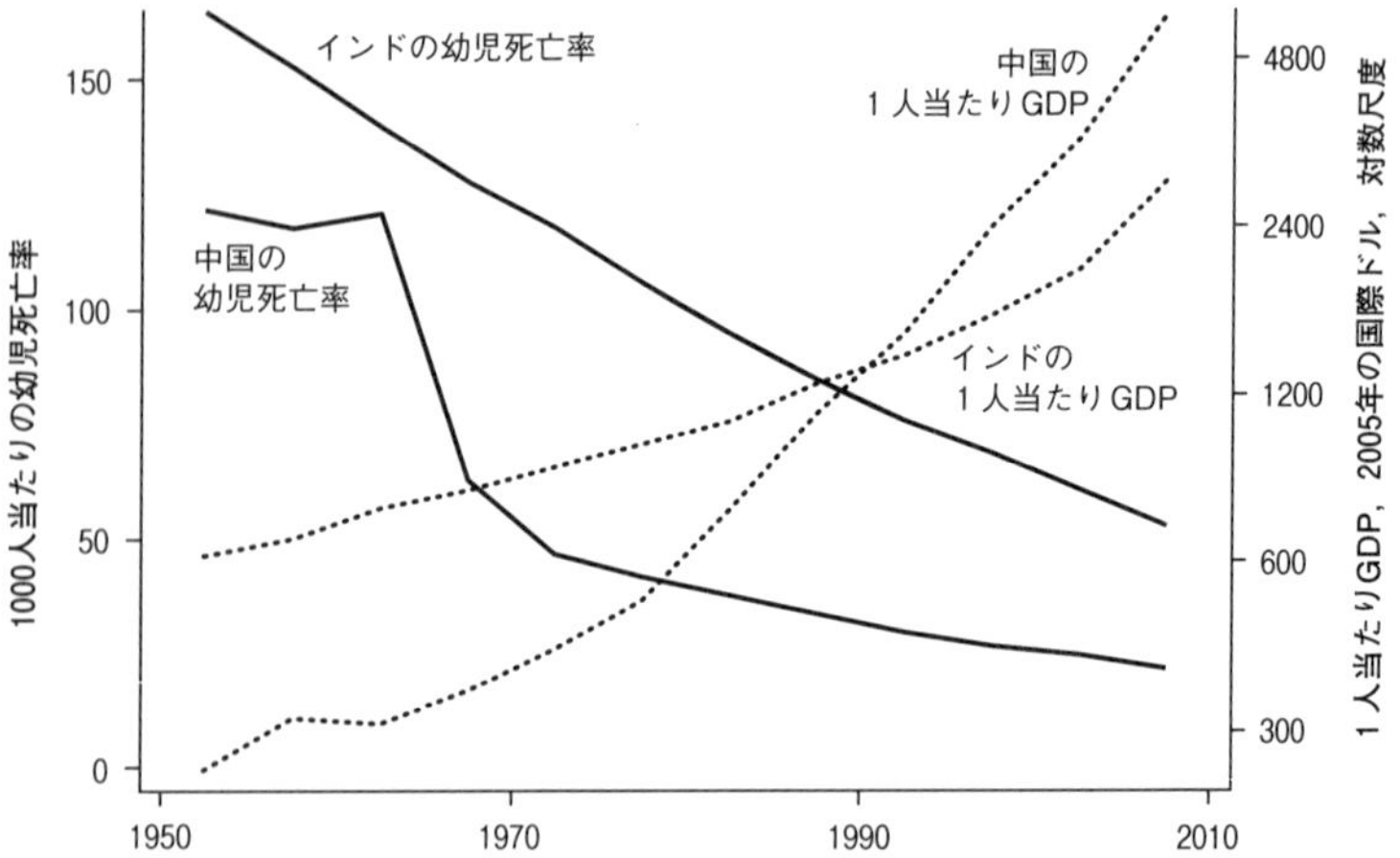

図2　中国とインドにおける幼児死亡率と経済成長

を遂げてきたが、一九五〇年代には世界でもっとも貧しい部類に含まれていた国だ。世界の人口の三分の一以上がこの二つの国のどちらかに住んでいるのだから、ここで何があったのかを理解するのはどの尺度から見ても重要だろう。図2は過去五〇年間の中国とインドにおける経済成長と幼児死亡率を示したものだ。国民所得、より正確に言うなら一人当たりの国民総生産を右の縦軸に示した。ここでも対数尺度を使っているので、一定の成長率は直線で示されることになる。実際、いずれの国においても成長は時代とともに加速していて、特に中国の成長がめざましい。インドでも、芳しくない経済成長が四〇年間続いたあとは一九九〇年以降に加速し、九〇年代末の成長が一番顕著だった。両国とも経済改革を実施し、成長率を上昇させたとして高い評価を受けている。中国は一九七〇年以降に農産物の価格が引き上げられたために農家が生産量を増やしてより多くの作物を売る動機づけになったこと、インドでは一九九〇年以降に「許認可統治《ライセンス・ラジ》」による古い規則や規制が撤廃されたことが主な要因だった。

中国とインドが裕福になるにつれ、幼児死亡率は下がっていく。この傾向は小児死亡率（〇－四歳の年齢層）と非常に近いので、ここでは示していない。中国では飢饉によって死亡率の減少が停滞し、この間に生まれた子どもの三分の一までが死亡した（図には五年間の平均値を示しているので、飢饉の影響は実際よりも小さく見える）。だが飢饉の時期を除けば幼児死亡率は一九七〇年代ごろまで急速に減少していき、その後の減少率はずっとゆるやかになっている。貧困が幼児の直接の死因で、幼児死亡率の減少が経済成長によって促進されるなら、これとは逆のことが起こっているはずだ。だが、中国で起こったことには説明がつく。政府が成長に注力しようと決めたとき、資源はほかのすべてから引き上げられて金儲けだけにつぎこまれた。公衆衛生も保健も例外にはならなかった。蚊の駆除を担当していた人々も農業に転換させられ、成長への全力疾走に参加することとなる。当初、共産党は公衆衛生に高い関心を寄せていた。「すべての害虫を駆除しよう」というのは、一九五〇年代から一九六〇年代にかけて中国で働いていたあるイギリス人医師の報告書につけられた印象深い題名だ。[4] だがその関心は、改革後には失われてしまった。だからといって改革が悪かったというわけではない。改革後の経済成長は何百万もの人々を貧困から脱出させ、より良い生活を送れるようにした。この出来事が示しているのは、経済成長が幸福の中の健康という要素を自動的に改善するわけではないということだ。中国では、重要なのは政策だった。政府は事実上、幸福の一つの要素を別の要素と引き換えにすることを選んだのだ。

インドでは、例によって変化はもう少し遅く、それほどめざましくもなかった。成長は中国より遅く、改革後の改善もそれほど目立ってはいない。インドの一人当たり国民所得はかつては中国よりも高かったのだが、二〇〇〇年代前半には中国の半分以下にまで落ちている（第Ⅱ部で見ていくが、この比較には不確定要素がかなり多い）。だがインドの幼児死亡率の低下は経済成長率にはまったく関係なく、驚くほど安定している。一九五〇年代初頭には生まれた子ども一〇〇〇人のうち一六五人が死んでいたのが、二〇〇五－一〇年には五三人にまで減っている。この絶対的な減少は、中国の一二二人から二二人への減少よりも絶対数で言えば大きい。中国よりもインドで生まれるほうが死亡リスクが高いことはまだ事実だが、経済成長の度合いが大きく違うにもかかわらず、インドの健康状態は中国と比べてそれほど劣っているわけではない。しかも、インドの成功は中国の一人っ子政策のような政府の強制と選択の自由の剝奪なしに達成されている。まさに、経済学者ジーン・ドレーズとアマルティア・センが述べたように、南インド地域はいまや中国よりもずっとうまくやっているのだ⑸。

中国とインドは「たった」二つの国だから、ここで起こっていることがほかの国でも起こるとはかぎらない。アフリカや、今の中国とインドよりもずっと貧しい国でも、やはり経済成長が健康増進のカギなのかもしれない。だが、急速な成長を遂げる国ほど乳幼児死亡率が早く減少することを示す証拠はほとんどない。図3は、幼児死亡率の減少の速度と、経済成長の速度との間にどれほど関係性がないかを示している。経済成長をカギとする説にも公平にチャンスを与えるために、ここでは長期的な変化だけに目を向けた。一年や二年の急成長では、子どもの健康にかかわる改善をもたらすことはたいしてできないかもしれないからだ。たとえば、商品輸出価格の急騰は政府や一部の人々に大金をもたらすかもしれないが、国民全体の繁栄にはあまり影響を与えないだろう。しかし、成長が数十年続いたとすれば、その影響は必ず見えてくるはずだ——本当に影響があればだが。入手できるデータが限られているため網羅的ではないが、図には一五年間以上、平均して四二年間の経済成長と死亡率の減少を示している。早いものでは開始年は一九五〇年、終了年は二〇〇五年すぎだ。縦軸は幼児死亡率の年間減少率を示しているので、これは高ければ高いほどいい。幼児死亡率が一〇〇〇人当たりの死亡数で測られるため、

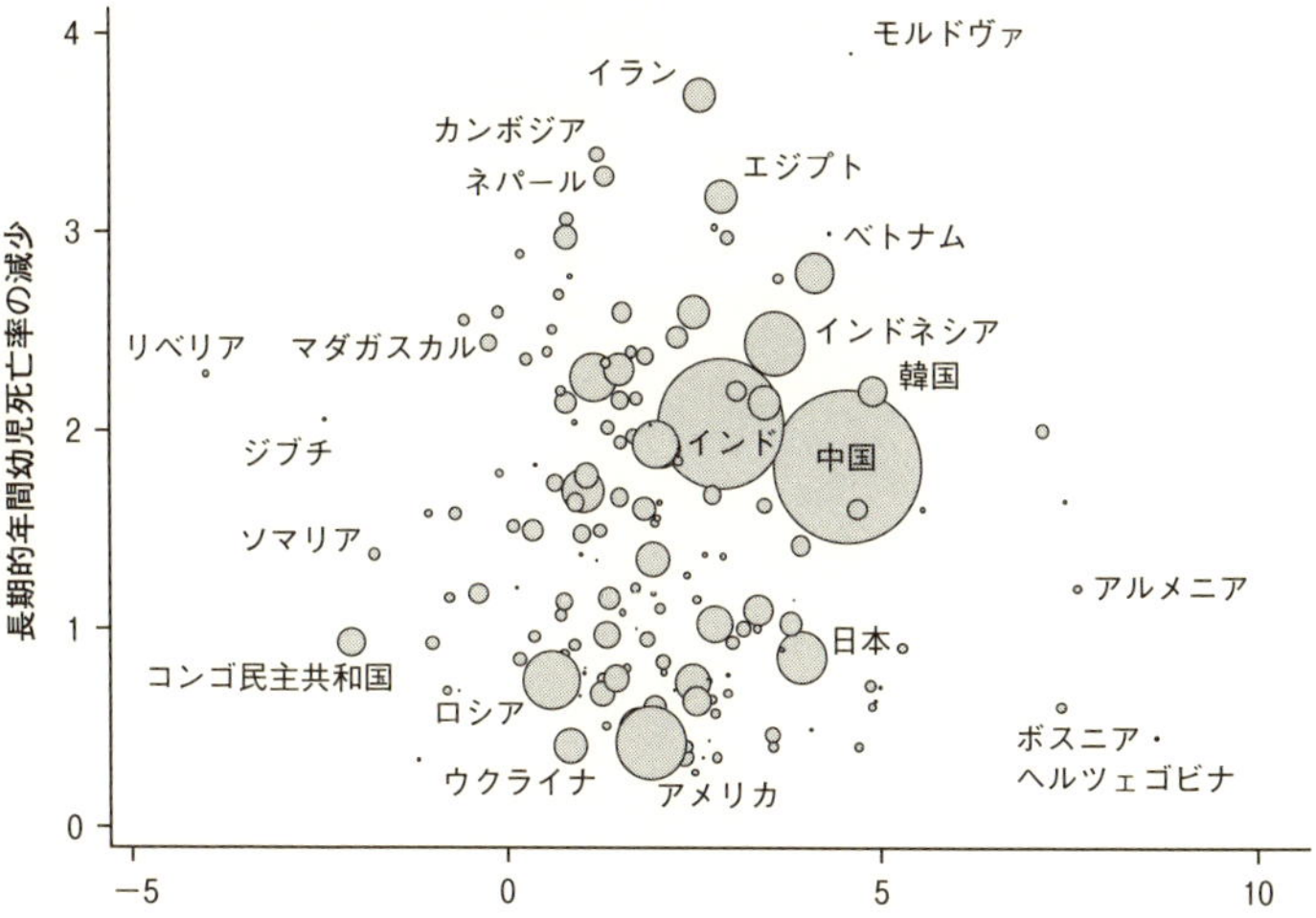

図３　1950年以降の世界の幼児死亡率と経済成長

たとえばインドの二という数字はデータが入手できた五五年の間に幼児死亡率が五五の二倍、つまり生まれた子ども一〇〇〇人当たりの死者数が一一〇人減ったということになる。図には富裕国も含めているが、これらの国はすでに幼児死亡率が低いため、同じ期間内の減少率は低い。これらの国は中央近くの下のほうに固まっているので、図に含めなかったとしてもパターンにたいした影響は与えない。

この図を見るとプラスの関係があるような印象を受けるが、それは私がいつものやり方で、人口に比例した大きさの円を示したからだ。この場合、人口の多い中国とインド、インドネシアが比較的早い成長を見せ、死亡率も平均よりも早く減少している。だが、経済成長が死亡率を引き下げるという考えを検証するのに、人口の規模を考慮に入れるべきではない。ここで知りたいのは、「成長の早い国は幼児死亡率の減少率も早いのか？」ということだ。この観点から見ると、それぞれの国が個別の実験だからひとつひとつの実験を異なるやり方で扱わなければならないという理屈はない。この観点から図を見直し、それぞれの国を同じ重みで見てみると、関係性はまったくない。少なくとも歴史的な記録では、早く成長する国の幼児死亡率が早く減少するということはなかった。この図はいくつもの例を示してくれる。一九六〇年から二〇〇九年までに経済が実際には縮小したハイチでは幼児死亡率がかなり減少していて、その速度は中国やインドよりもずっと早い。経済が縮小した一六カ国については死亡率の年間平均減少率が年一・五で、図に示された一七七カ国すべての減少率よりもわずかに良い。経済成長がまったくなかったとしても、幼児死亡率が下がるのは十分可能だということだ。

経済成長と命を救うこととの間にまったく因果関係がないというのは、驚きの事実だ。過去の記録から、疾病管理などのその他の要素が重要であることはわかってはいたが、それはそれとしても、お金の力がまったく役に立っていないとはにわかには信じがたい。たしかに、図3が誤解を招くような形になっているのではないかと疑うべき理由はある。幼児死亡率の減少による経済成長率への影響が無視されているからだ。死ぬはずだった子どもたちが生き延びれば人口は増え、国民一人当たりの所得が減るかもしれない。少なくとも、命を救うイノベーションがなければ成長していたはずの速度よりも遅くなることは考えられる。新たに命が救われた子どもたちはゆくゆくは生産的な成人へと成長するはずだから、人口が多くなると必然的に貧しくなるなどと推測する根拠や証拠はどこにもない。しかし仮にそうだとしても、小児死亡率が低下してしばらくは救われた命はまだ子どもであり、彼らが経済活動に貢献できるようになるのはまだ先なので、小児死亡率の低下は国民一人当たりの所得を一定期間にわたって減らしてしまうかもしれない。こうした影響は一人当たり国民所得の上昇が小児死亡率に与えるあらゆる影響と正反対に働き、場合によっては影響を打ち消してしまうことも考えられる。その結果が、図3のような相関関係の欠如なのかもしれない。

だが、証拠はこの議論を裏づけてはいない。乳児死亡率がもっとも急速に低下している国が、人口がもっとも急速に増えている国と同じだというのは事実だ。乳児死亡率がすでに低かった富裕国では乳児死亡率が低下する速度は遅く、同時に人口の増加率も低かった。貧困国では乳児死亡率の低下がずっと早く、人口が増える速度もずっと早かった。だが貧困国の間、すなわちアフリカ、アジア、中南米の間では、乳児死亡率の減少と人口の増加率との間にはまったく関係がない。これは、ほかの要素が重要だったからか、四〇年の間に出生率が調整されてきたからかのどちらかが理由だ。図3を見ればわかるように、経済成長と死亡率の減少との間には関係がなく、それは貧困国でも同じだ。この関係のなさは人口増に対する死亡率減少の隠れた影響によっては説明できない。

貧困国でこれほど多くの子どもたちが死ぬ原因が貧困ではないのなら、そして経済成長が自動的に子どもの死ぬ数を減らせないのだとしたら、現在の医学的・科学的知識があれば大半は防げるはずの死が防げていないのはなぜだろう？

役に立つのは、表1に並ぶ死因を見直して、それぞれにどう対処すべきかを考えてみることだ。異なる死因には異なる対処法があるからだ。結核、マラリア、下痢、下気道感染症については、環境を変える必要がある。もっといい害虫駆除方法、もっと清潔な水、もっといい公衆衛生が必要で、これらすべてには中央政府または地方自治体が主導する包括的な対策が欠かせない。「医師と患者の医療制度」とでも呼ぶべきものでは、こうした問題には対処できない。医療が悪影響を軽減することもあるとはいえ、これは個人の医療ではなくて国民全体の健康の問題だ。より良い生活水準も当然一助とはなるだろうが、データを見ればわかるとおり、それだけでは十分ではない。

小児期の疾患、周産期および母体の問題、そして飢えによる死亡は、どれも産前産後に十分なケアさえすれば防げるはずだ。出産の前と後に母親に指導をし、緊急事態や問題が発生した際に利用できる医療施設を整備し、子どもの予防接種が適切におこなわれているかを確認する診療所や看護師を配備し、子どもがちゃんと成長しているかどうかを見て親に助言を与えられるようにすればいい。貧困国の子どもは離乳後が特にリスクが高い。比較的栄養豊富で安全な完全食と言える母乳から、栄養が少なくて代わり映えのしない、安全ではないかもしれない食事に切り替わるタイミングだからだ。知識のある母親は自分でいろいろできるだろうが、この危険な時期を母子が乗りきれるよう、医師や看護師、診療所が力を貸すこともできる。このため、こうした死因に対しては、医師と患者の医療制度が重要になってくる。だが多くの国が医療制度にはほとんど費用をかけておらず、サハラ以南のアフリカで一般的な一人当たり一〇〇ドルという金額では、公共医療サービスにできることは限られている。しかも、この金額には公共支出だけではなく民間支出も含まれるのだ。たとえば、世界銀行は二〇一〇年について、ザンビアは二〇〇五年物価調整後の国際ドルで一人当たり九〇ドル、セネガルが一〇八ドル、ナイジェリアが一二四ドル、モザンビークはたったの四九ドルしか使っていないと算出している。一方、イギリスの支出は三四七〇ドル、アメリカは八三六二ドルだ。

貧困国の政府は、自国民がこれほど悪い健康状態に苦しんでいるのに、なぜ医療にこれだけしか費用をかけないのだろう？　政府がその役目を果たしていないのなら、国民はなぜ民間医療に頼らないのだろう？　そして、世界の健康の一部の側面を改善するためにきわめて重要な海外援助はどうなっているのだろう？

残念ながら、政府は必ずしも国民の健康や幸福を改善するために行動するとはかぎらない。民主主義国家であっても、政治家や政府は自分の目的を追求するための大きな裁量を持っている。さらに、健康を改善するために何が成されるべきかについては、たとえそれが必要だという点については合意があったとしても、内容に関して政治的意見の激しい食い違いが出ることもしばしばだ。しかも世界の多くの国は民主主義国家ではないし、もっと広く見れば、国民の利益に基づいて行動するように規律付けられていない政府も多い。環境（収益が上がるのだと国民に説得する必要など）や、効果的な法的制約によって拘束されていない政府が多いのだ。これは独裁国家や軍事国家で特に見られる傾向で、圧制的な政府が軍隊や秘密警察を使って国民を管理している場合にも起こり得る。場合によっては、政府が鉱物や石油に代表される天然資源の輸出で大きな利益を上げているかもしれない。そうすると、国民から徴税する必要がない。「笛吹きに金を払う者だけが曲を決められる」ということわざもあるように、政府は潤沢な資金を使って利権政治を維持し、国民の健康や幸福には関心を示さない制度を確立することもできる。極端な場合、特にアフリカでよく見られる事例だが、海外援助が膨大だったために、これと同じ結果を生んでしまうこともある。政府に資金が送られるのだが、それを正しい方向に使わせる意欲を削いでしまうのだ。世界のすばらしい善意をもってしても、援助国がこの問題を食い止めることは難しい。これについては、最後の章でもっと語らせてもらう。

政府ばかりが悪いとはかぎらない。地域によっては、人々が自分で健康を改善できることを知らないように見えたり（そういう場合は教育が役に立つ）、政府が健康を改善させる手段を持っていることを知らなかったりするかもしれない。ギャラップ社の世界世論調査では、アフリカの人々に、政府がどの問題に注力すべきかという質問を定期的にしている。健康問題は回答の上位には入っておらず、貧困削減や雇用の促進などに関連する回答のずっと下にしか出てこない。雇用創出に注力する政府は、たとえその仕事が無用なもので公務員を増やすだけだったとしても、国民の望みを叶えているのかもしれない。私たちが調査したラジャスタンのウダイプル地区では、人々は自分たちがとても貧しいということを自覚している。そして予防可能なありとあらゆる病気に苦しんでいるにもかかわらず（経済学者で活動家のジーン・ドレーズはこれを「病気のオンパレード」と呼んでいた）、彼らは自分たちに健康上の問題はないと考えていた。自分よりも裕福な人がたくさんいることはすぐにわかっても、自分より他人のほうが健康かどうか、他人の子どものほうが死ぬリスクが低いかどうかはわかりにくい。そうした要素は財産や住居、消費財のような目に見える形にはなっていないからだ。

アフリカでは、人類と微生物がともに進化してきた。そのどちらもがまだ繁栄しているという事実は、アフリカの歴史の中で病気が常に人類とともに歩んできたことを示している。もっと広く見れば、第2章で見たように、病気と早すぎる死からの脱出が成し遂げられたのは世界のどこを見てもつい最近のことで、多くの人々はまだそのような脱出が可能であることすら認識していないし、より健康になることが自由への近道かもしれないということも理解していない。ギャラップの定期的な世界世論調査では、自分の健康状態に満足している人々の割合が貧困国でも富裕国でも同じくらいだということがわかる。実際の健康状態には大きな差があるにもかかわらず、だ。世界には、支出額が少なくてあまり成果を上げていなくても、国民が自国の保健や医療制度に多大な信頼を寄せている国が多い。逆に、アメリカの医療への支出額は相当なものなのに、アメリカ人は自国の医療制度にあまり信頼を置いていない。ある調査によれば、アメリカはこの自国の医療制度に対する信頼度ランキングが一二〇カ国中八八位で、キューバやインド、ベトナムよりも低く、シエラレオネより三つしか上ではなかった[6]。

多くの国の政府が自国の医療制度に対して恥じ入るべき問題が、看護師や医師などの医療従事者がしばしば職場にいないことだ。ラジャスタンでは、無作為に訪問した小規模診療所のうち、開いていたのは半数程度しかなかった。大きな診療所は開いてこそいたが、医療従事者の多くが不在だった。世界銀行が、常習的欠勤についての調査を実施している。その結果、もちろんすべての国が当てはまるわけではないが、多くの国では医療の現場でも教育の現場でも、常習的欠勤が問題になっていることが発覚した。[7] なかには、そうした従業員が十分な給料をもらっていない場合もある。まるで、政府は給料を払うふりをして、従業員は仕事に行くふりをする、という暗黙の契約があるかのようだ。だが、給与の低さばかりが理由ではない。医療制度に人々が大きな期待を抱けないような状況では、常習的欠勤が日常化しやすい。ラジャスタンでは、特定の看護師がもう何週間も出勤していないことを周りの人々に認めさせるのさえ難しかった。多くの人々にとって、公共の制度に期待するのはこの程度だということだ。だが、どこもかしこもそんな状況というわけではない。インドのケララ州は草の根の政治活動が活発なことで有名で、ある診療所が開業されなかったことに対して、激しい抗議活動がおこなわれた。ケララでは常習的欠勤が問題になることはめったになく、住民は診療所がちゃんと務めを果たすものと思っている。ラジャスタンの人々の意識をケララの人々の意識に少しでも近づける方法がわかれば、問題の大部分は解決できるはずだ。

貧困国では、民間の医師の商売が繁盛することが多い。彼らの仕事が、国の提供する（あるいはしない）医療の不足を補っている。だが民間には民間の問題がある。特に問題なのが、訓練を受けた医師でなければ、自分が病気になったときに何をすればいいかがわからないということだ。医療に対価を払うというのは、空腹になったときに食べ物を買うのとはわけがちがう。どちらかというと、車を修理工場に持っていくのに近い。より多くの知識を持っているのはサービスを提供している側の人々で、彼らには彼らなりのインセンティヴや利害がある。民間では、より多くのサービスやより高い利益を上げるサービスを提供すれば、サービスの提供者はそのぶん儲かる。また、実際に必要かどうかよりも、顧客が必要だと思いこんでいるものを提供したがる傾向がある。インドでは、個人開業医が患者の求めるままに抗生物質を処方するのが常態化している。抗生物質は多くの場合注射で投与され、患者は満足し、一時的には快復して帰っていく。点滴も人気で、インドでは医療提供者が大々的に宣伝している。アメリカで全身スキャン検査やPSA検査（前立腺がんの血液検査）がひっきりなしに薦められるのと一緒だ。インドでは、公共の診療所や病院の医師が患者の要求に応じて抗生物質の投与や点滴をおこなうことはない。それはいいのだが、患者が本当に必要としているかもしれない検査をおこなう時間もなく、それはそれで問題だ。そうなると、民間の医者がいいのか公共の医者がいいのかは運次第ということになってしまう。だが、少なくとも短期的には、民間の医者に行ったほうがちゃんと診てもらったような気がするだろう。

こうしたことはすべて、公共の医療制度が十分信頼できる、または民間の医療制度がきちんと管理されていればいい話だ。だが問題なのは、多くの国ではどちらもちゃんとできていないということだろう。たしかに、世界でもっとも裕福な国々でさえ、医療サービスの提供と管理は政府が直面する中でももっとも難しく、異論が多く、政治色の強い業務だ。ラジャスタンで聞き取りをおこなった人々が通う民間の「医師」の大半は、実際には医師免許を持っておらず、ニセ医者の類だった。ラジャスタンでは、「ベンガル医者」という蔑称で呼ばれている部類だ。中には、高校さえ卒業していない「医師」までいた。民間と公共、両方の医療制度が破綻しているという問題の背景には、政府の能力不足という問題がある。政府は自ら医療サービスを提供することもできなければ、効果的で安全な民間の医療制度を提供するために必要な規制や認可、監督をおこなうこともできていないのだ。

費用も問題の一部で、インド（とアフリカの多くの国）では現状よりももっと多くの費用をかけなければより良い医療制度が提供できないというのもおそらく事実だろう。だが、もっと高額な制度ができたとしても、それで状況がましになるとはかぎらないというのは容易に想像できる。常習的に欠勤する医師が、もっと高い給料をもらって仕事をさぼるだけだ。国民が教育を受け、政府が能力を身につけて、効果的な行政機構、教育を受けた官僚組織、統計制度、それに明確かつ強制力を持った法的枠組みが確立できなければ、国が適切な医療制度を提供することは困難であり、不可能でさえある。

第4章　現代世界の健康

第二次世界大戦以降、富裕国の人々がずっと享受してきた健康面での利益を、貧困国の人々も受けられるようになってきた。病気の細菌理論は感染症という重荷を大幅に軽減してくれたが、科学とそれに基づく政策がその発祥の地から世界中に広がるまでには一世紀以上かかっている。これが話のすべてだとしたら、遅れて政策を取り入れた人々もいずれは先駆者に追いつき、一八世紀に生まれた格差が徐々になくなっていくというのが世界の健康の歴史だったはずだ。だが病気からの脱出は先駆けの国々でもまだ続いており、早々と平均余命を延ばしてもう乳幼児が死ぬことなど珍しくなったような国でも、寿命は延び続けている。今度は、中年と高齢者の死亡率が下がる番になったのだ。

この章では、さらなる脱出がどのようにして起こったか、そして富裕国の寿命の未来に何が待っているかを見ていきたい。また、世界がますますつながっていき、富裕国だ貧困国だと議論する意味がどんどんなくなっていく今、健康にどのような影響があるのかも考えてみよう。交通とコミュニケーションはますます早く安くなり、一つの国で生まれた健康上のイノベーションはほぼ即時に世界中の健康に影響を与えることができる。細菌理論が広まるまでには一〇〇年かかったが、現代の新発見はもっと早く伝わるのだ。だが新しい治療法と同様、新しい病気も世界の高速道路に乗って移動する。グローバル化のこの時代、世界の寿命格差は縮まり続けている。しかし、寿命だけが健康の重要な側面ではない。そして世界の健康格差が減っているかどうかは、かなりわかりにくい。だからと言って、健康格差という問題を歴史のゴミ箱に人知れず放りこまれるのを待っている遺物のように扱うべきでは、もちろんない。健康とは単なる生き死にだけの問題ではなく、人が生きている間どれだけ健康でいられるかという問題だ。「生者」の健康を測る一つの指標は、身長だ。これは平均余命にプラスにもマイナスにも作用する要素だが、特に子どもの栄養失調と病気に敏感な指標である。この章では、世界中の人々のほとんど（全員ではない）の身長が高くなっていることを見ていく。だが、その歩みは遅い。今のペースでは、インド人男性が今のイギリス人男性の身長に到達するまでに二〇〇年はかかるだろう。しかも、残念なのはそれだけではない。インド人女性がイギリス人女性の身長に追いつくまでには、五〇〇年近くかかるのだ。

高齢者も脱出できる――富裕国における生と死

富裕国でも、細菌理論による健康増進は一九四五年時点ではまだ完了には程遠かった。その年のスコットランドの幼児死亡率は、今のインドと同じくらい高かった。だが第二次世界大戦後、先進国での寿命の延びは主に中高年の死亡率低下に依存するようになり、乳幼児の死亡率低下による影響は小さくなっていく。現在、主な死因はもはや結核や下痢、呼吸器感染症ではなく、心臓病、脳卒中、がんだ。それでも平均余命はまだ延び続けていて（一九五〇年以前より遅いペースではあるが）、清潔な水やワクチン接種の徹底ではなく、医療の進歩と生活様式の変化によって促進されている。

一九五〇年までに世界の富裕国は子どもの感染症からの脱出をほぼすませてしまい、二〇〇〇年には事実上完了していた。本書を執筆している二〇一三年時点で、富裕国で生まれる新生児の約九五パーセントは五〇歳の誕生日を迎えられると思っていい。このため、今後の寿命のさらなる延びは、中高年層での変化に左右される。だがこの層でも、この五〇年間にはかなりの進歩が見られた。

図1は、世界の一四の富裕国で五〇歳時平均余命にどんな変化があったかを示している。五〇歳時平均余命は、五〇歳の誕生日を迎えた人があと何年生きられそうかを示した数字だ。つまり五〇歳時平均余命が二五年なら、七五歳まで生きそうだということになる。出生時平均余命と同様、この数値は死亡率が変わらないという前提で計算される。図には男女を合わせた平均を示した。例によって長生きなのは女性のほうだが、ここで目を向けたいのは性別間の違いではなく、全員の進捗度合いだ。一九五〇年時点でも、図に示した一四カ国の五〇歳は全員、聖書の「詩篇」に記された七〇歳よりも数年長生きする計算になっている。この当時、一四カ国中最下位だった日本でさえそうだった。一九五〇年には国ごとにかなり差があり、ノルウェーは二七・〇年、フィンランドは二二・八年で、日本は二二・六年となっている。一九五〇年代から一九六〇年代にかけての進歩は、国ごとに異なっていた。だが一九七〇年代以降、寿命の延びる速度は上がっていく。また、国ごとの進捗も足並みが揃うようになっていった。何が寿命を延ばしていたにせよ、世界中で同じように作用していたことがわかる。一九七〇年から一九九〇年の間に、これらの国々の五〇歳時平均余命は三年近く延びた。その進歩は一九九〇年以降まで続いたが、このころになると国ごとにまた差が出始めてくる。たとえば日本は大幅に寿命を延ばしているが、アメリカやデンマークの延び率は落ちている、といった具合だ。

この図で主に伝えたいのは、一九五〇年以降、世界中の中高年の死亡率が大幅に減ったということだ。

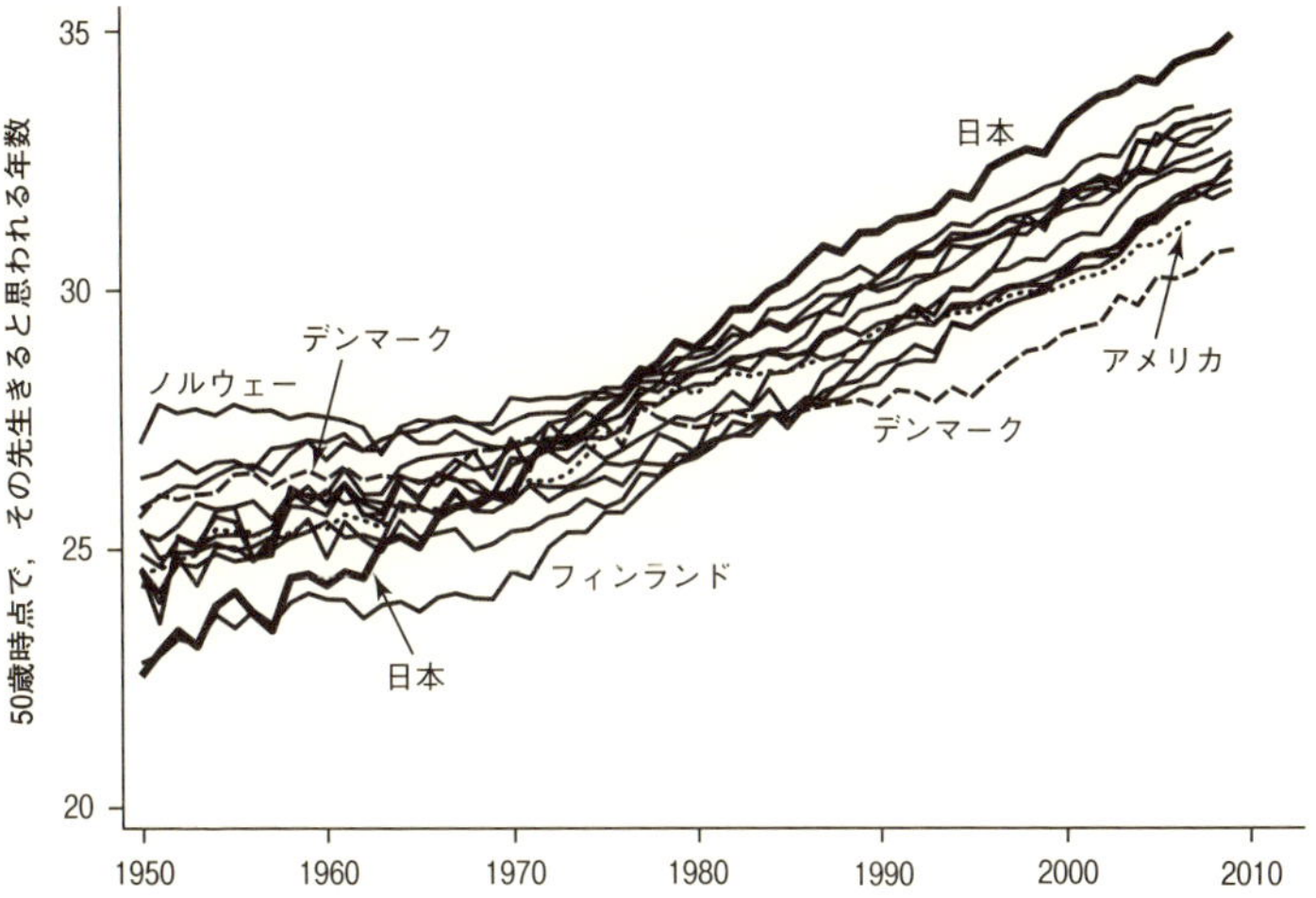

図1　富裕国の50歳時平均余命（男女合算）

第2章で見たとおり、このようなことは一九五〇年以前にはまったくなかった。そのころは改善のほとんどが子ども世代で起こっていて、高い年齢層で平均余命の延びることがあまりなかったのだ。次に伝えたいのは、一部の国がほかの国よりも優秀だということだ。一九五〇年には最下位だった日本は、今はトップに立っている。当時トップグループだったデンマークが今は最下位になっていて、中間程度からスタートしたアメリカが最下位から二番目に位置している。

なぜこうなったのだろう？　理由の一つは、病気の種類やその治療法にとどまらないものだ。人は長生きしたがり、個人の資源にせよ政府の資源にせよ、多大な資源を費やして死を免れようと努力している。子どもの大半が成人する前に死んでいたころは、子どもの死亡率を下げることが親や社会全体の最優先事項だった。だが寿命が延びるにつれて「次の」病気が最優先の対応事項となり、「次の」病気というのはだいたいにおいて、「前の」病気よりも高齢者に強い影響をおよぼす新しい死因である場合が多かった。迷宮の中で最初の敵を倒したら次の優先順位はその奥に隠れている敵で、その存在は最初の敵を倒す方法を見つけたあとで重要視されるようになるというわけだ。

小児死亡率と感染症が一九六〇年代と一九七〇年代におおむね対処されると、次に控える敵は中年世代を襲っていた心臓病、脳卒中、がんなどの慢性疾患だった。ここで「慢性」と言っているのは一定期間、通常三カ月以上続く病気のことで、多くの感染症など、急速に命を奪う「急性」疾患と区別される（「非伝染性」と「伝染性」のほうが正確かもしれない）。

これから見ていくが、いま挙げた三つの慢性疾患、とりわけ心臓疾患と脳卒中については、かなりの進歩があった。この進歩の少なくとも一部は、病気の対策に多額の費用をかけることのできる人々がいたから実現したことだ。治療に費用をかけるのももちろんだが、それよりも、病気の基本的な仕組みを知るための研究開発に多額の費用が費やされたことのほうが重要だった。そのおかげで、より良い治療法が開発されたからだ。がんと心血管疾患が昔ほど深刻な病気ではなくなっていくにつれ（そうなるという希望は十分に持てる）、今度はアルツハイマー病のような疾患の対策が緊急に求められるようになるだろう。アルツハイマーは一九五〇年には今ほど重要視されていなかったし、アルツハイマー病をわずらうほど長生きする人が非常に少なかった一八五〇年にはなおのことだった。一九世紀にそうだったように、新しい病気が出てくると新しい治療法に対する需要が生まれ、その治療法を見つける新しいチャンスも生まれる。死そのものが高齢化している現代、対処が難しいのは高齢者がかかる病気だ。

喫煙は、高所得国における近年の死亡率の傾向を理解するカギの一つだ。[1] パターンはどこでも同じというわけではないが、喫煙の習慣は二〇世紀前半には世界中に広がっていた。そしてその後、すべてではないが多くの国で減少していく。当初、女性は男性よりもずっと喫煙率が低かった。このため女性の間で喫煙の習慣が広まったのは男性より遅く、いま喫煙率が下がっている国では、男性より喫煙をやめる時期も遅い。喫煙はわかりやすい快楽という形の利益をもたらし、貧富を問わず楽しめる、安価で社交性をともなう愉しみだった。多くの貧しい人々にとっては、忙しくてつらいことが多い日々の暮らしから一時的に逃れられる、簡単に手に入る安価な手段でもあった。だが、喫煙は同時に、病気と死ももたらした。肺がんによる死者に非喫煙者が非常に少ないため、肺がんは喫煙にもっとも強く関連づけられる。もっとも、喫煙者が必ず肺がんになるというわけではない。肺がんによる死亡者数は一般的に、喫煙傾向の三〇年ほどあとをついてくる。つまり、喫煙による死亡は生活習慣が変わったあともずっと続くということだ。だがタバコは肺がんよりも心血管疾患で人を死に至らしめる可能性のほうが高く、ほかにも呼吸器疾患などの不愉快な結果ももたらす。この中でも特に重要なのが慢性閉塞性肺疾患というもので、気管支炎と肺気腫の両方がここに含まれる。呼吸が困難になり、重大な死因となる病気だ。

アメリカでは、一九六四年に公衆衛生局長官が『喫煙の健康影響報告書』（男性限定！）を発表したことが生活習慣を変える大きな転機になったとよく言われる。それまではタバコを吸っていたが報告が出た直後に禁煙したか、少なくともやめると決意したと語る年配のアメリカ人男性は多い。その一番いい例がルーサー・テリー博士、公衆衛生局長官その人の禁煙だろう。世間の注目をできるだけ集めないようにと、この報告の発表はワシントンD・Cで土曜日の朝に予定された。その会場に向かうテリー博士は、リムジンの中でタバコをふかしていた。博士をひどくいらだたせたのが、側近の一人の警告だった。博士自身が喫煙するのかどうかと真っ先に聞かれますよ、と言われたのだ（「余計なお世話だった」と博士は語っている）。実際、会見で最初に出た質問はそれで、博士は間髪を入れずに「いいや」と答えた。「いつおやめになりました？」という質問が続くと、その答えは……「二〇分前だ」。その後の数年間で、何百万人ものアメリカ国民が長官をみならうことになる。タバコの売上は一九六〇年代初頭がピークで、成人一人当たり一日一一本だった。人口のおよそ四〇パーセントが喫煙し、一日一箱以上吸っていたころの話だ。

公衆衛生局長官の報告がすべてを変えたというのは、当然疑わしい。それまでも、喫煙の健康被害に関する報告は発表されていた。実際、私の母は一九四五年にエディンバラの主治医に、妊娠中はタバコをやめるよう言い渡されている。そのおかげで、私がいま本書を書けているというわけだ。アメリカでも、一九六四年の喫煙のピークがたまたま報告の発表と同時期だったというだけだ。男性の喫煙率はそのずっと前からもう下がり始めていた。だが女性の喫煙率がしばらく上がり続けていたので、その二つの数字の合算がたまたま一九六四年にピークを迎えたのだった。

喫煙の悪影響に関する知識は今でこそ、少なくとも富裕国では常識になっている。だから世界中で喫煙率が下がっているはずだと思うだろう。だが国によって、そして男女間でも、喫煙率の大きな違いはまだ見られる。所得やタバコの現地単価は国によって異なるし、健康被害警告の扱い方や公共の場での喫煙についても、国によって対応はまちまちだ。こうした要素のどれも、男女間の喫煙習慣の違いを十分に説明してはくれない。一部の国では、女性がタバコを吸うことは社会的に恥ずべき行為だった。一九五〇年代のスコットランドでは、路上でタバコを吸っている女性は（少なくとも私の母親に言わせれば）娼婦みたいだと後ろ指を指されたものだ。そして、タバコを吸う権利は男女平等を訴える活動と関連づけられるようにもなっていく。アメリカでも、イギリスやアイルランド、オーストラリアと同様、女性の喫煙は男性に追いつくか場合によっては男性の喫煙率を超えるようにもなったが、今では男女どちらでも喫煙率は下がっている。日本では、男性の喫煙率は桁外れに高かった（一九五〇年代には八〇パーセント近かった）が、それも今は減少に転じている。日本人女性は、昔からそもそもほとんどタバコを吸わない。ヨーロッパ大陸でも喫煙は全般的に減少傾向にあるが、特に女性については例外も多い。公衆衛生局長官の報告が「外国の」言葉に翻訳されなかったのだろうという冗談もあるくらいだ。[2]

喫煙習慣の広まりとつい一〇〇年ほど前の病気の細菌理論の広まりには、類似点がある。タバコは人々の暮らしとは切っても切り離せない一部分だ（だった）し、重要な快楽の源だ（だった）。タバコが体に悪いという知識によってタバコを吸う人は少なくなるかもしれないが、それに対抗するマイナス要因もある。その筆頭が、喫煙はやめるのが難しい習慣だということだ。細菌理論の知識は日々の家事や衛生習慣に取り入れる必要のあるもので、これもまた、生活習慣を変えるのが難しかったり、変える際に何かを犠牲にしなければならなかったりした。どちらの場合にも、男女の役割《ジェンダー・ロール》が大きな意味を持っていた。病原菌の拡散を防ぐうえで重要となる家事や育児は主に女性の仕事で、多くの家庭では女性が家庭の「細菌警察」の役割を果たした。[3] タバコの場合、喫煙は最初は女性に対する抑圧、そしてのちには女性の解放と関連づけて考えられた。また、現在はタバコが悪魔のように言われ、「疫病」といった言葉でしばしば語られてはいるものの、タバコはコレラ菌や天然痘ウイルスとは似ていないことは覚えておく必要がある。たしかに喫煙は健康に有害だが、メリットもある。それは腺ペストや、ついでに言えば乳がんなどにはない特徴だ。健康よりも喫煙で得られる快楽のほうを選ぶ人がいたところで、頭がおかしいとは言われないだろう。アメリカの多くの地方自治体が、喫煙を選んだ圧倒的に貧しい人々から（タバコ税の形で）多額の税金を徴収している。その税金は主に、裕福な人々の財産税を軽減するために使われているのが現状だ。社会全般の健康のためとはいえ、富める者の利益のために貧しい者に課税す

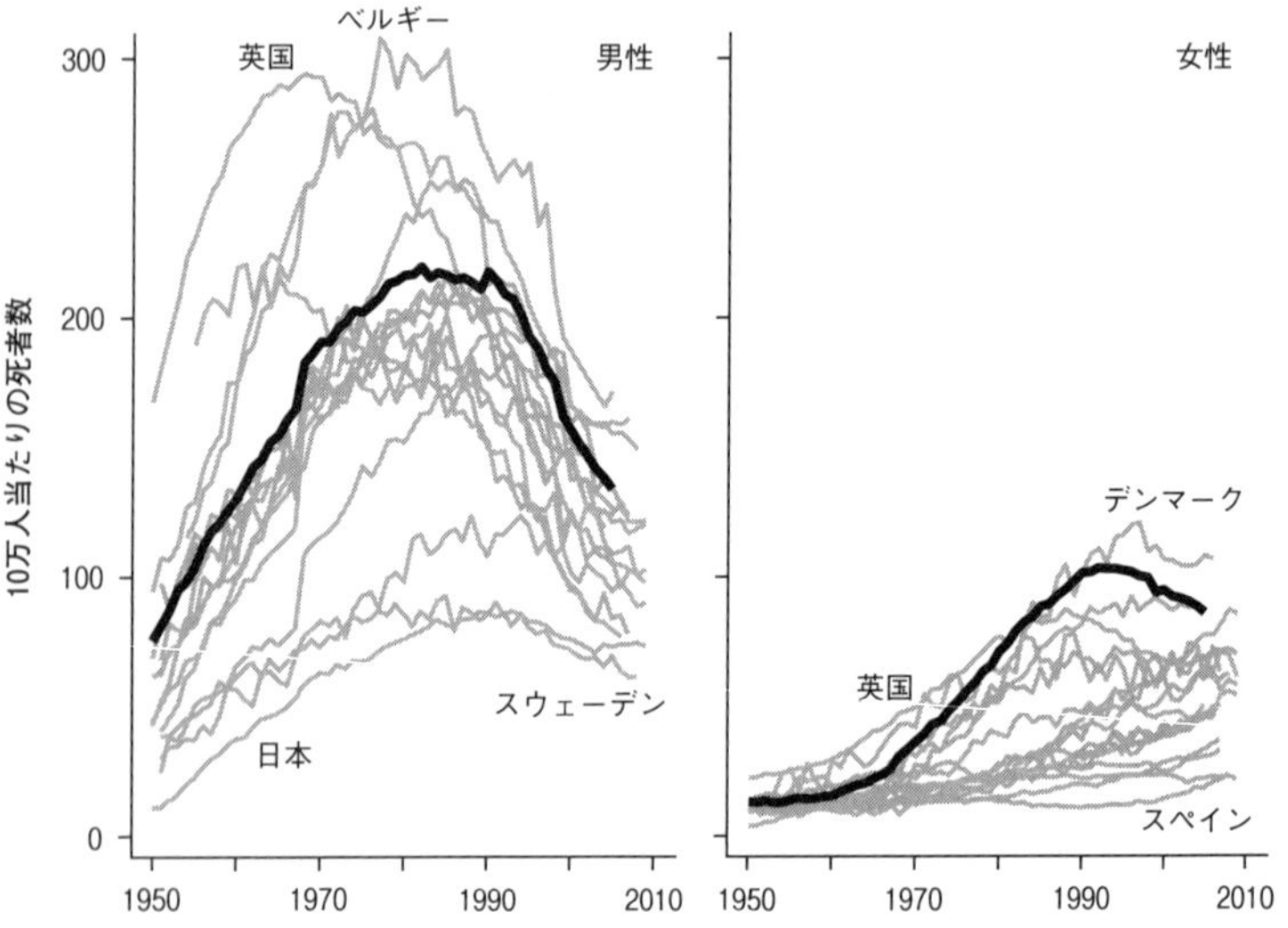

図2　肺がんによる死者数（太線はアメリカ）

るこの行為が正当化されるなど、到底理解しがたい。

喫煙率の増加と減少は肺がんによる死者の増加と減少に反映されていることが、図2を見るとわかる。[4] グラフは一九五〇年代以降のオーストラリア、カナダ、ニュージーランド、アメリカおよび北西ヨーロッパ諸国、日本における、五〇 - 六九歳の肺がんによる死亡率を表したものだ。アメリカはどちらのグラフでも太線で示されている。男性のグラフでは、一九九〇年ごろをピークとする死亡率の急増が見られる。これは喫煙率のピークの二、三〇年ほどあとで、その後は減少に転じる。右側にあるのは喫煙を始めるのがずっと遅かった女性のグラフで、減少はごく一部の国に限られ、グラフはワニが口を開いてギザギザの歯を見せているかのようだ。女性の喫煙率の急上昇はまだ続いているが、アメリカを含む一部の国では肺がんによる死亡率が減り始めている。女性が男性ほどタバコを吸うことはなかったので、死亡率も低いというわけだ。これも先立つ喫煙率のグラフに呼応する形をしていて、喫煙する女性の多い国では死亡率が高くなっている。最後に注目したいのが、肺がんは重大な死因ではあるものの、人口の四〇パーセントという喫煙経験者のうち、実際に肺がんで死亡した（あるいは死亡する）のはごくわずかにすぎない、ということだ。アメリカの肺がんによる年間平均死亡率は、ひどいときでも一〇万人中二〇〇人強で、一パーセントのたった五分の一にしかならない。

喫煙者は非喫煙者よりも肺がんで死ぬ確率が二〇倍も高いが、喫煙者の圧倒的大多数は肺がん以外の理由で死んでいる。メモリアル・スローン＝ケタリングがんセンターは、がんのリスクを試算できるオンラインの計算機を作った。[5]これで計算すると、たとえば五〇歳男性が三〇年間毎日タバコを一箱吸っていたとしたら、今やめた場合に肺がんになる可能性は一パーセント、やめなかったとしても二パーセントだ。この情報に喫煙者諸君が安心しすぎる前に言っておくが、肺がんは喫煙による唯一のリスクでもなければ一番発生率の高い病気でもないことを覚えておいていただきたい。

近年、男性の平均余命に比べて女性の平均余命の延び率が遅いのは、喫煙が大きな理由だ。この傾向はアメリカだけでなく、女性の喫煙が早い時期から始まっていたイギリス、デンマーク、オランダなどでも見られる。アメリカ人女性は、一九六〇－七〇年代にウーマンリブと喫煙を関連づけたタバコ会社の戦略にかなりの代償を払っていることになる。アメリカにおける喫煙習慣の普及こそ、アメリカの五〇歳時平均余命がフランスや日本といったほかの富裕国と比べてあまり延びていない理由だ。最近の試算では、喫煙習慣が根づかなければアメリカの五〇歳時平均余命は今より二・五年も長かったはずだという。[6]

肺がんの減少よりもずっと重要なのが、心血管疾患による死者数の減少だ。心血管疾患は心臓と血管

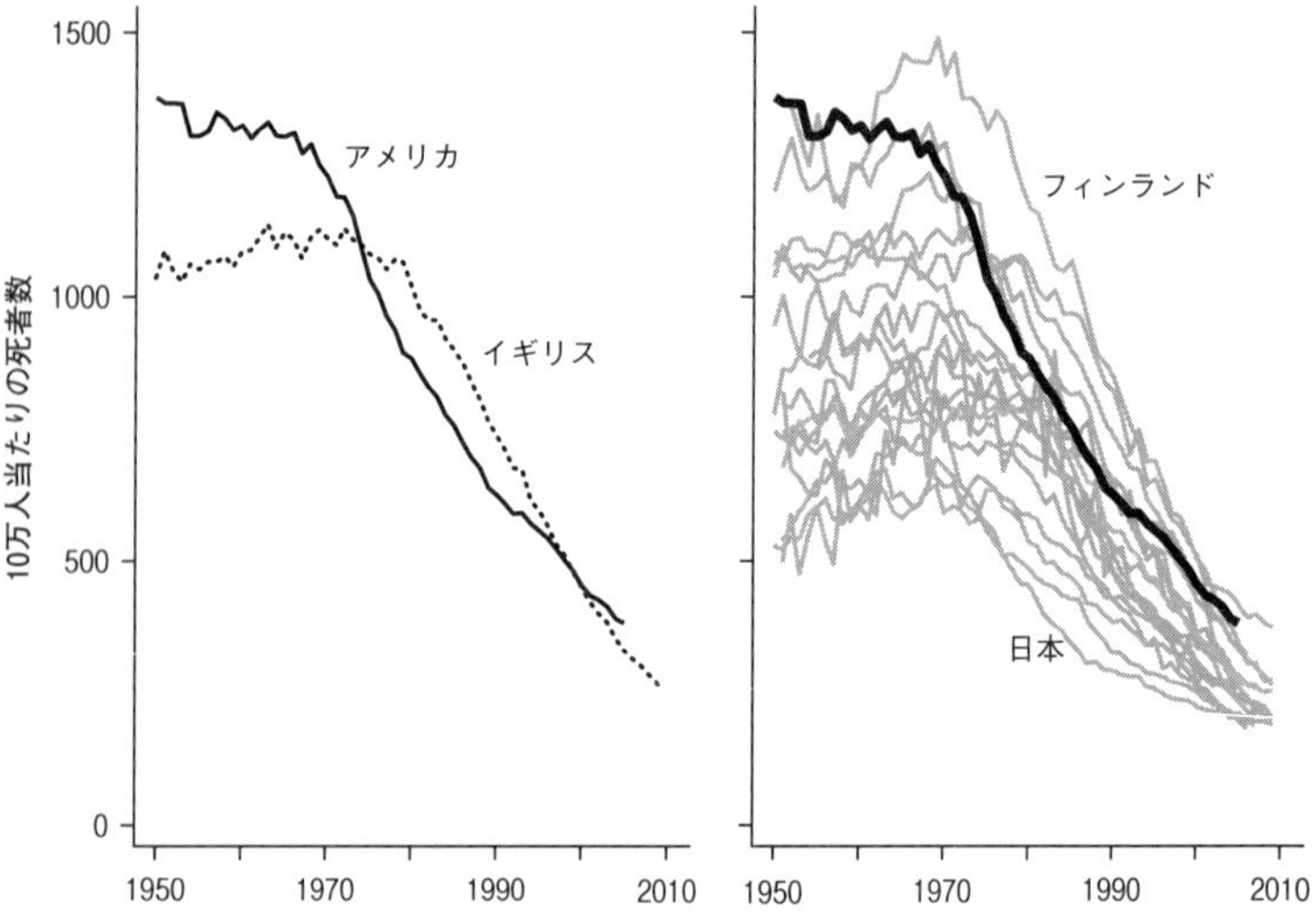

図3　心血管疾患による死亡率（右の図の太線はアメリカ）

に関する病気全般を指し、脳卒中、アテローム性動脈硬化症（動脈を詰まらせる粥腫の隆起の蓄積）、虚血性心疾患、心臓発作、うっ血性心不全、狭心症を含む。この疾患は男性の喫煙率の減少でも軽減されたが、医療の大幅な進歩も貢献している。ただ、肺がんについてはまだ同様の軽減は見られない。

図3は、一九五〇年以降の五五－六五歳の中高年男性における、心血管疾患による死亡率を示している。左側の図には、アメリカとイギリスしか示していない。右側の図には、図2に示したのと同じ富裕国の死亡率を示した。死亡率は非常に高く、肺がんによる死亡率の約五倍にもなる。一九五〇年代には中高年の一－一・五パーセントが毎年死亡していた。心血管疾患は当時も今も、高所得国の主な死因であり続けている。一九五〇年代から六〇年代、心血管疾患による死亡率はイギリスよりもアメリカのほうが高かった。ただしイギリスでは少しずつ上昇し、アメリカでは少しずつ

減少している。ほかの富裕国と比べてみても、アメリカはリスクが一番高い。数字は国ごとにばらばらで、アイスランドとオランダがグラフの下のほうに位置している。一九七〇年ごろまでは国によって傾向は異なり、これといった一定の方向性は見られなかった。喫煙はたしかに心血管疾患の原因の一つではあるが、実際に心血管疾患の原因がなんであるかは、国ごとに異なっていたということだ。

だが、一九七〇年を境にすべてが変わった。アメリカを筆頭に、心血管疾患による死亡率が下がり始めたのだ。国によって時期は違い、たとえばイギリスではアメリカより七、八年遅かったが、心血管疾患による死亡率は世界中で同時期に下がり始めた。かつては心血管疾患による死亡率がどこよりも高く、一九七〇年の年間死亡率が一・五パーセントもあったフィンランドでさえ急速に低下し、二一世紀初頭には死亡率が半分から三分の二程度下がるとともに、国の死亡率に収束が見られるようになった。一九五〇年代に見られたばらつきはほとんどなくなっている。

何があったのだろう？　禁煙も理由の一つではあるが、これまで見てきたように、生活習慣は今でも国によって大きく異なる。それに生活習慣の変化がこんなに早く、世界中の国々で一斉に起こるとは考えにくい。健康に関する世界的な権威（世界保健機構がその役割を果たしているとは到底言いがたい）がある日突然、加盟国に一斉に変わるよう命じたわけでもないだろう。世界保健機構よりも可能性があるのは医療革新で、しかも安くて効果が高く、一つの国から別の国へと急速に広まっていけたようなものだ。

心血管疾患に関しては、ある重要なイノベーションがあった。利尿薬だ。これは尿を増やす効果から「水薬」とも呼ばれる安価な薬で、効果的な降圧剤でもある。つまり心臓病の主なリスク要因である高い血圧を下げる作用があるということだ。ミネソタの総合病院メイヨー・クリニックによれば、「利尿剤は……体から塩分（ナトリウム）と水を排出する効果があります。腎臓が尿により多くのナトリウムを排出できるよう助ける薬です。ナトリウムは排出される際、血液から水分を奪います。すると血管を流れる液体の量が減るので、動脈の壁にかかる圧力が減るという仕組みです」[7]。全米復員軍人援護局がおこなったある重要な無作為化対照試験の結果が一九七〇年に公表され[8]、それ以降アメリカでは医療が急速に変化していった。

アメリカの医療制度の特徴の一つが、イノベーションが非常に素早く導入される傾向があるということだ。これには降圧剤のような良いものだけではなく、効果が疑わしいものも数多く含まれる。イギリスには政府が管理する資金の限られた国民医療サービスがあって、医療革新の導入はもっと遅いし、慎重だ。今は国立医療技術評価機構という組織ができ（NICE《ナイス》という素敵な頭文字がついている）、新製品や新たな手法を試験して推薦する仕組みがある。このため、安くて効果的な降圧剤でさえ、普及するまでにはしばらく時間がかかった。図3の右側を見ると、ほかの地域でも同様のことがあったのがわかる。アメリカが先頭に立ち、ほかの国々が政治制度や医療制度によって異なるものの、それに追随する形だ。

利尿剤は最初に出てきた降圧剤の一つで、その後さまざまな降圧剤が続いた。ACE阻害薬、カルシウムチャンネル拮抗薬、β《ベータ》遮断薬、アンジオテンシン拮抗薬などがそうだ。医師は今では、それぞれの患者に最適な特徴を持つ薬を選ぶことができる。コレステロール降下薬であるスタチンも死亡率の減少に貢献しており、降圧剤と同様の影響があったとする意見もある[9]。こうした予防対策はそもそも病気になる確率を減らそうという目的でおこなわれるものだが、治療のほうにもイノベーションはあった。重要な、しかも安価な治療法のひとつは、心臓発作の患者をすぐさま病院へ運んでアスピリンを投与するというものだ。心臓疾患の治療にはほかにもバイパス手術などのハイテクな技術革新がある。こちらは当然安くはないが、死亡率の減少に貢献していると言える。ある臨床試験では、「小児用」アスピリンを毎日服用した中高年の平均死亡率が減少したが、その後この治療法で救われる患者はたしかにいるものの、ごく少数の死者も出すことがわかった。平均と個人との間に激しい矛盾が生じるいい例だ。とはいえ、治療と予防におけるイノベーションは合わせると何百万人もの命を救ってきたわけで、主な死因による死亡率を大幅に引き下げた。そのままでは死んでいたかもしれない何百万人もの中年男性が生きて働き続け、稼ぎ続け、愛し続けられるようになったし、孫の顔を見て一緒に過ごす可能性も格段に上がったのだ。

では、女性はどうだろう？　肺がんの場合と同様、心血管疾患による死亡率も女性のほうがずっと低く、一般的には男性の半分程度だ。だがこの死亡率もやはり下がっていて、国によっては半減している。世界的な傾向も肺がんの場合と同様で、心血管疾患による女性の死亡率は、一九五〇年代のそれよりも現在のほうが、国ごとのばらつきはずっと少ない。そもそものリスクが低かったとはいえ、心臓病で死ぬリスクが減るという恩恵を女性も男性と同様に受けていることになる。男性と同様、女性にとっても心血管疾患は主要な死因だ。乳がんは（当然）女性固有の重大な脅威として見られているが、乳がんで死ぬ女性よりも心臓疾患で死ぬ女性のほうが、数は圧倒的に多い。

心血管疾患の予防と治療に貢献したイノベーションは、異例と言える。比較的裕福な国の間に格差を生むことがなく、むしろその逆だったからだ。心臓病による死亡率は半世紀前よりも今のほうが国ごとに類似しているので、一〇〇年前の病気の細菌理論のときに見られたような世界の健康格差を、減少に寄与した重要なイノベーションは生み出さなかったことがわかる。重要なイノベーションが安価で模倣しやすかったため、ほかの国でも自国の医療制度にすぐ取り入れられたからかもしれない。だが安さだけが国内の普及を実現させたわけではないようで、心血管疾患に対する進歩は異なる所得と教育水準のグループ間で健康格差を広げた可能性がある。個人の行動に依存する治療の一部、たとえば病院で定期的に検査をおこない、血圧やコレステロール値を測るといった行為をより早く取り入れたのは、より良い教育を受けてより良い暮らしをし、すでに健康だった人々だった。[10]

がんは、心臓病に次ぐ主な死因だ。肺がんの次に重要な病気は乳がん（ほぼ女性に限定される）、前立腺がん（男性に限定される）、そして大腸がん（男女どちらもかかる）だ。少なくとも一九九〇年代まではこれらのがんの治療法には大きな進歩が見られず、死亡率もあまり下がらなかった。アメリカでは数十億ドルをかけたがんとの闘いが繰り広げられていたにもかかわらず死亡率はほぼ変わらないままで、もっとも権威ある医学的評価では、闘いに負けそうだ、少なくとも勝ってはいないという結論が出されていた。[11] 本書を通じて、私は命を救う新たな知識の発見と新たな手法の発明が必要に迫られて生まれるものだということを強調してきた。だが需要があるからと言って必ず供給が生まれるとはかぎらないし、何十億ドルもの予算をかけようが、病気との闘いを宣言しようが、病気が治せるようになるわけではない。がんの治療法が見つけられなかったのがその証拠だ。

だが、進歩はついに見られるようになり、三種類のがんすべての死亡率が下がり始めた。[12] この低下はしばらく前から続いていたのかもしれないが、皮肉なことにと言うべきか、心血管疾患による死亡率の低下の陰に隠れていたようだ。迷宮の中で最初の敵を倒したら次の敵が出てくるわけで、次の敵は前のやつほど強くはなかったとしてもこちらの仲間をさらに殺してしまう。心臓病から救われた人が今度はがん患者候補となり、いくつかの危険因子（肥満はおそらくその一つだ）が共通していれば、心血管疾患の予防に成功することでがんによる死亡率が上がることになる。だが、そうならなかったということは、がん対策が進歩している証拠と言えるかもしれない。しかし近年のがんによる死亡率の低下は、成功のもっと直接的な証拠を示してくれる。三種類すべてのがんの検査（マンモグラフィ、PSAテスト、大腸内視鏡検査）の功績が言及されることは多いが、その役割は、特にマンモグラフィとPSAテストに関しては、それほど大きくはない。たとえば、マンモグラフィの普及にともなって早期診断が大幅に増えたが、それにともなって見られるはずの後期診断の減少はいっさいなかった。この三〇年間の乳がん検査によって、まったく自覚症状がなかった一〇〇万人以上の女性にがんが見つかっている。[13] 乳がんに関して言えばタモキシフェンの投与など、治療技術の向上のほうが功績は大きいはずだ。がん専門医で歴史家のシッダールタ・ムカジーががんに関する著書『病の皇帝「がん」に挑む』に書いていることだが、外科治療と化学治療が事実上の試行錯誤を何世代も繰り返してきた結果、個々のがんの成り立ちに対する科学的な理解は徐々に深まり、新しく、より効果的な治療法という形で実を結びつつある。[14]

心血管疾患に効果のある新しい治療法の多くとは対照的に、がんに効果がある新しい化学・外科治療法は高額である場合が多い。その値段の高さが、ほかの国に広まる速度を制限してしまう。検査自体はそれほど高額ではないが、その後の心理的・経済的影響は大きくなる可能性がある。その最たる例が、がん検査によってがんそのものではなく、高血圧や高コレステロール、場合によっては遺伝的素因など、がんの危険因子が見つかるというものだ。そうした危険因子に対して降圧剤やスタチン、極端な場合は、乳がんの遺伝的リスクに対処した女性の乳房切除のような予防的手術治療を施せば、治療を受けたごく少数の命は救えるが、同時に、疾病を発症することがない大勢の健康な人にも治療を施すことになる。[15] 検査が有効でも、教育を受けて情報を持った人々のほうが先に検査を取り入れれば、格差が生まれる。とはいえ、検査がいずれもっと効果的になっていくだろうという希望はあるし、過剰な検査はもっと制御され、薬や治療法も広く普及するにつれてもっと安くなるはずだ。それなら、がんが心血管疾患のような科学と医学のサクセスストーリーになる可能性は十分ある。不健康という牢獄の鉄格子が一本取り除かれ、人々がもうあと何年か豊かな暮らしを送れるようになる日が来るだろう。

死亡率に影響を与える要素はほかにもたくさんあるが、そのほとんどはこれまでに本書の中で触れたものほどわかりやすくなかったり、物議をかもすようなものであったりする。その一つが我らが旧友、食事の質と量だろう。より良い栄養状態は、今よりも飢えが一般的だった一九世紀の死亡率を引き下げる要素としては納得できた。だが今は飢えではなく、飽食の時代だ。それはそうとしても、現代の高齢者の死亡率が低下しつつある理由の一つが、彼らが生まれて子ども時代をすごした七〇年前よりも今のほうが栄養状態が良いからだという可能性はある。一九七〇年代に心血管疾患による死亡率が一番高かったフィンランドは、一九七〇年代当時に五五歳だった人々が生まれた第一次世界大戦のころは世界でもっとも貧しい国の一つだった。

食事要素説に関する証拠がもう一つある。人口統計学者ガブリエル・ドブルハマーとジェイムズ・ヴォーペルによる驚くべき発見だ[16]。この二人は、北半球での五〇歳時平均余命は、四月に生まれた人よりも一〇月に生まれた人のほうが半年長いことを発見した。このパターンは南半球では逆転するが、北で生まれてのちに南へ移住した者は北半球のパターンに当てはまる。考えられる理由は、今は裕福な国であっても緑色葉物野菜や鶏肉、卵が安く手に入れられたのは春だけだったので、秋に生まれる胎児に与えられる栄養が豊富だったということだ。当然、時代が流れて季節ごとの食料供給の落差が昔ほど激しくなくなるにつれて、このパターンの差もなくなっていった。

死亡率の低下は大きな恩恵だ。人は皆、長生きしたいと思うものだからだ。だが、それだけが健康状態改善の要素ではない。人は長生きするだけでなく、より豊かで健康な暮らしを送りたいと思っている。

つまり、死亡率ばかりに注目して罹患率を無視してはいけないということだ。身体的・精神的に障害のある人、慢性的な苦痛やうつに悩む人は、有意義な人生を送る潜在能力《ケイパビリティ》が低くなる。この要素についても重要な改善はあった。その一つが試行錯誤の結果として考案された関節置換術、特に股関節の置換術で、苦痛と不自由に終わるはずだった人生を楽なものにしてくれる、いまや一般的な手術だ[17]。股関節置換術は、困難で苦痛に満ちた不自由な人生を本来の機能がほぼ完全に取り戻せる人生へと転換させる、「魔法」の手術の一つだ。同様に、近代の白内障の手術も、視力を回復させるだけでなく、場合によっては前より良くすることもできる。こうした技術は、本来なら失われていたはずのさまざまな体の機能を取り戻してくれる。鎮痛薬は昔よりもずっと良いものになっていて、イブプロフェン（一九八四年以降普及）はアスピリンが効かない場合でも痛みをやわらげてくれるし、もっと重い症状でも患者が自分で調整して鎮痛薬を服用できるよう、医療従事者も知識を深めている。うつ病に効く新薬は、多くの人々の暮らしを改善してきた。医療従事者が近くにいるかどうかも大事だ。仮に何も治療ができなかったとしても、自分や愛する者の健康に不安を抱く人々を安心させることくらいはできるだろう。それさえできなかったとしても、悩みの種となる不安を取り除く手助けはできるはずだ。

医師による看護や治療にはお金がかかる。患者本人であれ、保険会社であれ、国であれ、誰かが費用を払っているのだ。アメリカは医療に飛び抜けて高い金額を使っており、その額は現在、国民所得の約一八パーセントになっている。だが際限なく高額になり続ける、多くの場合は効果がある新しい技術に予算を使うという問題に直面しているのは、アメリカだけではない。費用を節約するため、国が医療に制限を設ける場合もある。有名なのが一九七〇年代のイギリスで、国民医療サービスが腎臓透析に厳しい制限をかけたケースだ。透析によって恩恵が受けられるくらい若い患者にだけ利用を許し、五〇代をすぎて「ちょっと老いぼれ」、治療を受ける価値がないとみなした人々を排除したのだ。[18] 一時期、イギリスには股関節や膝の置換術にも長い順番待ちのリストがあった。このような場合、医療サービスの提供が不十分であることで罹患率と死亡率が上がってしまう。腎臓透析や関節置換術の利用について、現在のイギリスにはそれほど厳しい制限はない。だがイギリス政府は、新薬や治療の導入を制限しようとする努力はやめていないようだ。医療革新の検証をおこない、それにどの程度の効果があってどのくらいの金銭的価値があるのかを記した詳細な報告を出すNICEでそのことは確認済みだ。こうした機関は製薬業界や医療機器メーカーから強い反発を受けている。ある不利な決定を受けて少なくとも一社の製薬会社がイギリスから撤退すると脅しをかけたのだが、当時首相だったトニー・ブレアは一歩も引かなかった。[19]

医療サービスがどのくらいだと過剰になるのか、ある程度の制限が必要なのかについて、経済学者と医者の間では意見が分かれている。薬の計り知れない成功を指摘する者は、罹患率と死亡率の削減に相応の価値をつけるとすれば（これは医者が絶対にやりたがらないことで、やるにしても不正確かつ賛否両論の手法だが）、医療サービスは減らすどころかもっと増やすべきで、それはアメリカであっても例外ではないと言う。今の倍の費用をかけて死亡率と罹患率が倍減らせれば、それでも元は取れるというのが彼らの主張だ。このような計算の中には、死亡率の低下がすべて医療サービスによるものだとしているものがあるが、それは間違っている。喫煙率の低下などの大きな影響を無視しているからだ。だがもっと合理的な理由によって、費用を削るのではなくもっと使うべきだと主張する人々がいる。彼らはこう言う。人々がより裕福になる中で、より長く、より豊かに暮らすために使う以上にいいお金の使い方などあるだろうか？　ヨーロッパよりもアメリカのほうが医療費がかかるというなら、それはアメリカのほうが医療サービスが贅沢な内容になっているからだ。病院では個室や準個室が多いし、診断検査や検査の待ち時間も少ない。アメリカ人は全般的にヨーロッパ人よりも裕福で、そうしたサービスに使えるお金があるのだから当然だ、と言うのだ。

それに対する反論は、医療サービスが多大な恩恵をもたらしたのは事実だと認めつつも、制度の中の無駄に焦点を当てている。こちら側の意見の擁護者はその無駄が支出の度合いに影響を与えること、そしてNICEのような承認機関がないため、導入される新手法が有益かどうかにかかわらず承認されてしまい、支出を加速化させることを指摘している。医療費の大半が無駄だと主張する重要証人がダートマス・アトラスで、これはアメリカの高齢者向け医療サービス「メディケア」の支出を文書化している組織だ。ここが作成している地図《アトラス》は、地域によって医療費の支出に顕著な差があることを示している。その差は医療の必要性にも、より良い結果にも関連性がない。それどころか、支出と結果の良し悪しには逆相関がある。[20] 考えられる理由は、一部の医師や病院がほかよりも積極的に検査や治療をおこなっており、その余分な出費によって得られる効果がわずかであったりまったくなかったり、場合によっては患者に害を成すことすらある、というものだ。これが事実なら、医療費の支出は健康を損ねることなく大幅に引き下げられる。

医療サービスの品質が高く、健康を維持・増進する助けになるという前提であれば、それは幸福の重要な要素になる。だが医療サービスは高額なため、医療サービスへの支出と幸福のほかの要素との間で取捨選択がおこなわれてしまう。もしアメリカ人が今の二倍の額を医療サービスにかけるとすれば、ほかのすべての支出を四分の一ずつ削らなければならない。逆に、ダートマスの提言に基づいて高額で価値の低いプログラムを削減し、医療費への支出をたとえば半分に減らしたとしたら、ほかのすべての支出が一〇パーセント近く増やせることになる。こうした取捨選択は日常生活の中で毎日のように経験するもので、たとえば本や電子機器にお金を使いすぎて夏休みの予算が残り少なくなってしまったことなど、普段はあまり気にしたりしない。では、なぜ医療サービスだけが特別なのだろう?

　問題は、人々が本や夏休みにいくら使うかを決めるのと同じようには、医療サービスにいくら使うかを実際には決めていないということだ。むしろ、医療サービスにどれだけ使っているのか、そのために何をあきらめているのかすらも気づいていない可能性がある。アメリカでは、高齢者向け医療サービスの大半はメディケアを通じて政府によって支払われており、非高齢者の大半（五九パーセント）は雇用主に医療費を負担してもらっている。そして、自分は医療費をまったく負担せず、雇用主が全部払ってくれていると思いこんでいる場合が多い。だが多くの調査によって明らかになったのが、医療費は最終的に雇用主が利益を減らす形で支払うのではなく、従業員が給料を減らす形で支払っているということだった[21]。その結果、平均給与とそれに依存する家計所得は、医療費がこれほど早く増加していなければ到達できていたはずの延び率よりもずっと低い位置にある。だが人々はそういう見方をせず、自分たちの所得の伸びが遅いのが上がり続ける医療費のせいだとも考えない。そして、医療費の本当の問題を見落としてしまうのだ。

　同様の問題はヨーロッパのように、あるいはアメリカでも高齢者の医療費を負担するメディケアのように、政府が医療サービスを提供する場合に発生する。処方薬の自己負担分軽減など、医療サービスをもっと増やしてほしいと政府に要望するとき、国民はその代わりに何が犠牲になるかを考えない傾向がある。アメリカの医療経済学の第一人者ヴィクター・フュックスは、ある高齢女性の例を紹介している。この女性が受け取っている年金は、孫の結婚式に出たり新しく生まれた孫の顔を見たりするために飛行機のチケットを買うだけの余裕もないくらいの額だ。それなのに、彼女は緊急でもなければ必ずしも効果があるわけでもないかもしれない高額な手術を、メディケアの全額負担で受けることができる。[22] こうした取捨選択はなんらかの民主的議論を経て政治的に決めるべきことだが、この選択は賛否両論があって難しく、情報が不十分なことが多いプロセスだ。また、少なくとも一部の国では、医療サービスの提供者に大きく影響を受けやすいプロセスでもある。サービスの提供者は過剰提供に強い関心を抱いていて、支出額が多くなれば多くなるほどその関心はより強く、財源はより多くなるからだ。

所得と健康は幸福のもっとも重要な要素のうちの二つで、本書が主に取り上げている二つの項目である。二つを分けて別々に考えることはできないし、医者と患者が健康増進を訴えるそばで経済学者が経済成長を訴え、それぞれがお互いを無視することもあってはならない。医療サービスが今のように高額だが効果的である場合、取捨選択が求められる。フュックスの言葉を借りれば、幸福は全体的な視野で見る必要がある。そのための意見を総合的に集めることができる何かしらのプロセスがなければならず、イギリスのNICEのような機関がまず間違いなく必要だ。このほか、制限なく増え続ける医療費によっておびやかされるほかの幸福の要素について、一般市民がもっと広く深く理解することも重要となる。

では、未来はどうなるだろう？　平均余命は高所得国で延び続けるのだろうか？　人口統計学者で社会学者のジェイ・オルシャンスキーに代表される悲観的な意見は、平均余命を延ばすのが年々難しくなってきているというものだ。これはすでに見え始めていることでもある。まだまだ長く生きられる子どもの命を救うことは平均余命に劇的な効果をもたらしたが、ほぼすべての子どもたちが救われた今、高齢者を救っても、少なくとも平均余命にはほとんど変化をもたらすことができない。第2章の図1は、一九五〇年以降のアメリカ人の平均余命の延び率が明らかに減少していることを示している。そして、たとえイノベーションが続いたとしても救われる命の大半は高齢者なのだから、平均余命も将来的には一九五〇年以降と同じように減少するはずだ、というのが悲観的な意見の根拠だ。仮にアメリカでがんが撲滅されたとしても、平均余命はせいぜい四、五年しか延びない。悲観主義者たちはこのほかにも、富裕国の大半で肥満率が上がっているため、未来の死亡率は高くなる可能性があると指摘している。その可能性はあるかもしれないが、今のところそれを証明する証拠はほとんど出てきていない。逆に、コレステロールや高血圧を抑える薬の開発など、心血管疾患のより効果的な治療法が登場したため、研究が始まった当初よりも今のほうが肥満による健康リスクは低い[23]。

一方で、人口統計学者ジム・オーペンとジェイムズ・ヴォーペルが二〇〇二年に発表した驚くべき図がある。これは一八四〇年から毎年、世界でもっとも高い女性の平均余命を計算した図で、各年の最大平均余命の測定値と言ってもいいものだが、これが一六〇年間ずっと、一定の割合で上がり続けているのだ[24]。世界最高の平均余命は、四年経つごとに一年増えている。オーペンとヴォーペルは、長く続いてきたこの進歩のスピードが今後続かないとする理由はないと主張する。彼らの図には、最大平均余命の過去の推定値も数多く記されているが、どれも実際に起こった出来事のせいで無意味になってしまった。過去の知識人の多くが寿命の延び率は減少するか止まるはずだと予測したが、皆間違っていた。平均余命が延び続けるという楽観的な意見を支持する事実はほかにもあって、その一つが、人は寿命より早く死ぬのを嫌がるということだ。物質的に豊かになって支出できる所得が多くなると人は死という結末を避けたがり、所得のもっと多くの割合を、生き続けるために費やしてもかまわないと思うようになる。過去の成功を見るかぎり、未来にも同じ成功がないとは言いきれない。

個人的には、楽観的な意見のほうが説得力があるように思う。啓蒙時代に民衆が権力に反抗し、自分たちの暮らしを良くするために理論の力を使うようになって以来、人々はその方法を身につけてきた。死の力にも同様に勝利し続けるであろうことを疑う余地はほぼない。とはいうものの、これまでと同じ割合で未来の平均余命が延び続けると思うのはあまりに楽観的にすぎるだろう。乳幼児死亡率の低下は平均余命を急速に延ばすが、そこの延びしろは少なくとも富裕国ではほとんどなくなってしまった。最高平均余命が四年ごとに一年延びていた一六〇年の間は子どもの命を救うことがその延びに大きく貢献していたわけで、これから先も同じように、というわけにはいかない。ここでもまた、成功の指標として平均余命に注目しすぎてはいけない理由がちゃんとある。高齢者のがんやその他の病気を撲滅すれば、たしかに何百万人もの苦しみが取り除かれ、暮らしが改善される。だがそれが平均余命に多少なりとも影響を与えると思うのは、かなり的を外している。

グローバル時代の健康

これまでは、富裕国（この章）と貧困国（第3章）をまったく別々の世界のようにして見てきた。ここからは両者を一緒に見て、お互いがどのように影響を与え合っているのかを考えていこう。ここ半世紀ほどで、世界の統合は過去に例を見ないほど進んできた。よく「グローバル化」と言われるのはこのプロセスだ。歴史上初めてのグローバル化というわけではないが、今起こっているグローバル化は間違いなく過去最大の規模だろう。交通・輸送はいつの時代よりも早くて安いし、情報はなお速くかけめぐっている。グローバル化はいろいろな面で健康に影響を与えてきた。直接的には病気の拡散、情報の拡散、治療方法の拡散を通じて、そして間接的には、経済力、とりわけ貿易の増加と高まる経済成長を通じてだ。

過去には、グローバル化の時代がいくつもあった。それは戦争、征服、帝国の勢力拡大を通じて、ときには新たな交易路の開拓などを通じて、新たな商品や新たな富をもたらすこともあった。病気はしばしばそこに便乗して広まっていき、世界を再形成するほどの結末をもたらした。農耕生活が始まって以来ずっと、西洋、南アジア、東アジアで「あたかもそれぞれ異なる惑星かのように」隔離されていた病気の供給源が西暦二〇〇年ごろの貿易の増加によって一気につながった様子を、歴史家のイアン・モリスが説明している。中国やローマ帝国東端では、伝染病が壊滅的な規模で蔓延した。[25] もっと有名な例としては、一四九二年以降の「コロンブス交換」が挙げられる。[26] 歴史的な伝染病の蔓延は、新たな交易路や新たな征服によって始まったものだった。紀元前四三〇年にアテナイで起こった疫病も貿易が原因だと言われているし、一三四七年に腺ペストをヨーロッパに連れてきたのも貿易船にもぐりこんだネズミだった。一九世紀のコレラの蔓延はイギリスのインドでの経済活動によってアジアから病原菌が運ばれてきたためだと考えられており、その後のヨーロッパから北米への拡散は、新たに敷かれた鉄道のせいで加速した。感染者は自分が罹患したことに気づく前に次の街へと移動することができたため、コレラが線路に沿って広がる結果となったのだ。今では、このころ一つの街から隣の街へと移動するのにかかっていたのと同じ時間で、半球のこちら側からあちら側へと旅することも可能になった。

だが、グローバル化は病気の敵にも道を開いている。北半球で開発された思想と習慣である病気の細菌理論についてはすでに見たとおりで、一九四五年以降に世界中へと急速に広まった。高血圧を薬で抑えるという知識が世界中に広まったのは一九七〇年以降で、図3に示した死亡率の同時期の減少につながった。喫煙ががんの原因になるという事実は、各国が独自に発見する必要もなく広まった。HIV／

エイズの発生源については論争が続いているが、この病気が一つの大陸から別の大陸へと急速に拡散したことに関しては議論の余地がない。ＨＩＶウイルスの発見、その感染方法の推論、そして不治の病を慢性的な病気にまで軽減した化学療法の開発といった病気に対する科学の変化は、歴史的に見れば驚異的な速さで起こってきた――もっとも、それまでの間に死んでいった何百万もの人々にとっては遅すぎたわけだが。現在のＨＩＶ／エイズに対する理解はまだ不完全ではあるが、科学の力を下支えしてきた。しかもこれは富裕国だけに限られた話ではなく、感染率がもっとも高いアフリカ諸国でも新たな感染者数はここ数年減ってきており、平均余命が再び延び始めている。

心血管疾患とがんに対する成功は広がりつつある。それも富裕国から富裕国だけでなく、世界中の国々にだ。感染症による死亡率が低下するにつれ、今度は非伝染性の病気が重要度を増してきた。生き延びた子どもたちが成人し、それらの病気にかかるほど長く生きられるようになったからだ。アフリカを除く世界の各地では、いまや非伝染性の病気が主な死因となっている。降圧剤などの安価で効果的な予防薬はかつてワクチンが普及したのと同じような勢いで普及してもいいはずだろう。だがここでまたしても登場するのが、医師の介在を基本とした医療サービスを構築して管理・運営する能力が一部の政府に欠けているという問題だ。がんの治療や関節置換術などの高額な治療法も普及しつつあるが、やはり一部の貧困国では今も、富裕層や人脈のある患者しか受けられない。

富裕国から貧困国への健康面での貢献は、必ずしも厚意からくるわけではない。医療の研究者は経済学者と違って、グローバル化をマイナス要因と捉えることが多い。喫煙は深く懸念されているので、富裕国の大半ではもはや歓迎されなくなったタバコを売る会社は、タバコを規制する能力も関心もない政府が支配する貧困国に逃げ場所を見つけている。新薬を一時的にせよとても高額なものにする特許制度に対しては大々的な抗議の声が上がっているが、特許そのものが問題なのかどうかはあやしいところだ。ここでも問題となるのは普及にあたっての地元政府の能力だが、そもそも、WHOが「必須医療品」に指定した薬のほとんどは特許期限が切れている。それでも、もっと多くの薬がもっと安くなれば、その必須医療品のリストはもっと長くなるかもしれない。小さい貧困国は、大きな富裕国と二国間貿易協定を交渉する際に不利な立場に置かれることが多い。後者のほうが有能な弁護士やロビイストを大勢擁していて、なかには製薬会社側から送りこまれた、貧困国の健康増進になど関心を持っていないロビイストもいるからだ。先進国の薬は間違いなく、貧困国内の健康格差を広げてきた。デリーやヨハネスブルグ、メキシコシティ、サンパウロなどの都市では、先進国から持ちこまれた最先端の医療施設が、権力と富を持つ国民に医療を提供している。しかも、一七世紀のヨーロッパのほうがずっとましだったくらいひどい健康状態で暮らす人々の目の前で。

一九五〇年以降の世界の健康、そしてその格差はどう変わってきたのだろう？　第3章の図1では、平均余命の地域ごとの格差が縮まったことがわかった。つまり平均余命が一番低かった地域が、一番高かった地域の平均余命に近づいたということだ。今度は、国を地域別ではなく、集団として見てみよう。図4は一般的な国で平均余命がどう変化しているか、もっとも悪い国ともっとも良い国がどうか、そして平均余命の格差が広がっているのか狭まっているのかを示している。ちょっとパイプオルガンの管のようにも見えるグラフだが、これは「箱髭図」と呼ばれるものだ。縦軸は平均余命で、管（または箱）の部分は国の平均余命の集合体を示している。このグラフを見てまずわかるのは、世界中で寿命が延びるにつれ、管が左下（一九五〇－五四年）から右上（二〇〇五－〇九年）へと上昇していっていることだ。灰色の箱にはそれぞれすべての国の半分ずつが入っていて、中に引かれた線は平均余命の側面から見た

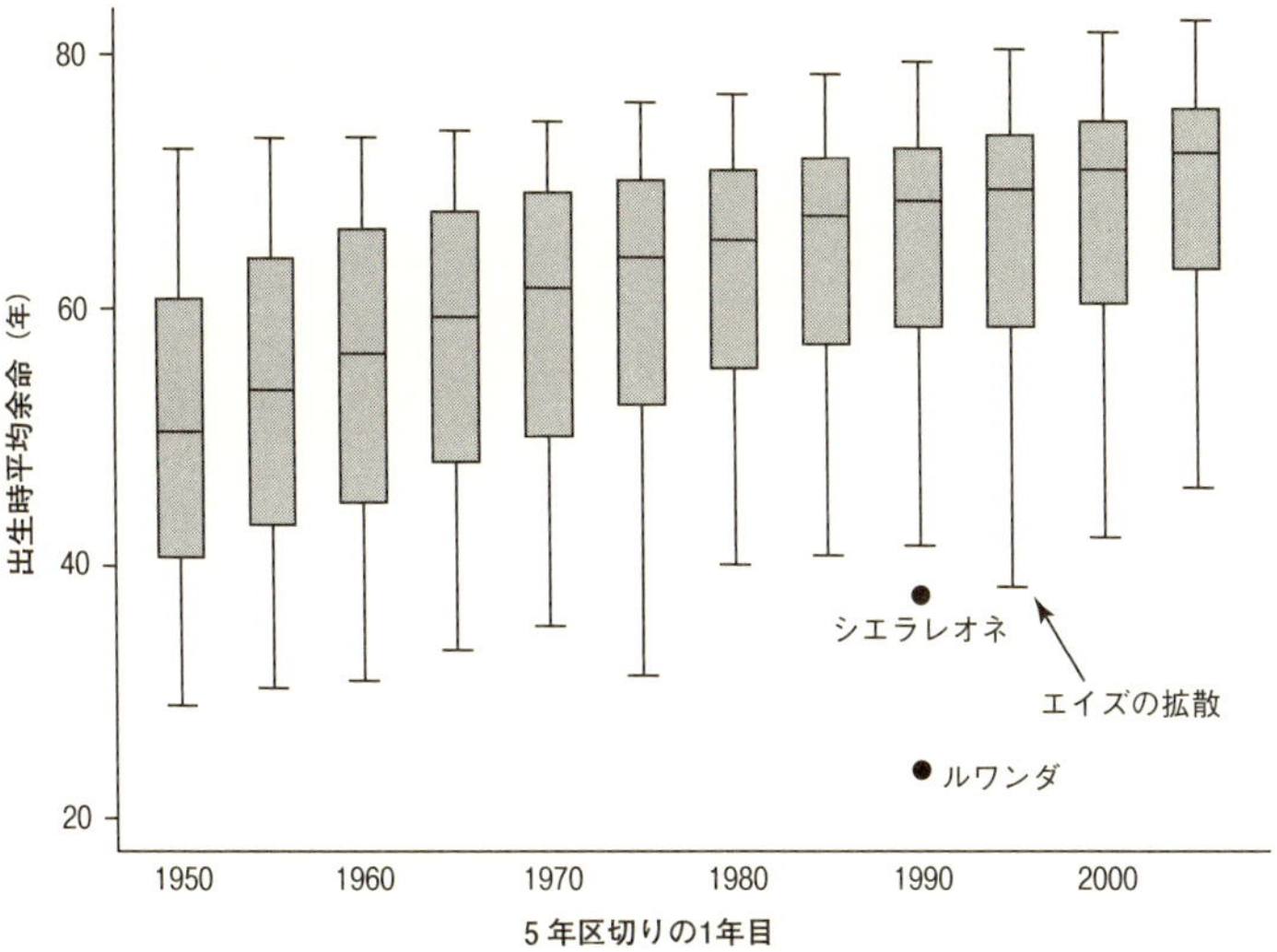

図4　平均余命の世界の分布図

中間の国の位置になる。横に引かれたこの線は時代の移り変わりとともに上昇していて、つまりは中間の国の平均余命が延びているということになる。もっとも、その伸び率は五〇年前と比べるとやや遅い。その理由はやはり、子どもの命を救うことで得られた平均余命が大きく延びた時代から、高齢者の命を救っているためになかなか平均余命が延びない時代へと移ったためだ。管の上下からT字の線が出ているが、これが「髭」の部分で、寿命が極端なものを除くすべての国を網羅するためのものだ。この図ではそういう意味で極端な国は二カ国しか示されておらず、いずれも一九九〇年から一九九五年の間に内戦の真っ最中だったルワンダとシエラレオネだ。合計一九二の国が各時期に含まれているが、特に初期のデータに関しては、一部推測によるものがある。

　図を見ると、管が時代を経るごとに小さくなっていることがわかる。つまり、両端にいた国が集団の中央に寄ってきているということだ。国ごとの平均余命の分散は狭まっており、世界的な健康の分布が少しずつ平等に近づいてきている。二五〇年前に始まった世界の爆発的な健康格差が、逆転し始めたのだ。狭まり方は完全に一律ではなく、一九九五－二〇〇〇年にはアフリカでエイズによる死者が増えたことで幅が広がり、その後再び狭まり始めている。管の中に引かれた線は徐々に上のほうへと移動して、上の髭に近づいている。これは、平均国の平均余命と日本のような上位国の平均余命も、時代とともに近づいているという意味だ。真ん中、正確に言うなら中央値（七二・二年）と最高値（八二・七年の日本）との間の差は、今ではわずか一〇・五年だ。だが格差が狭まっていく中でも、多くの国々がずっと後ろに置き去りにされている。一九九〇年代初頭のルワンダとシエラレオネのおぞましい出来事を無視したとしても、中央値から最低値までの差は二二年から二六年まで広がってしまった。

ここで再び、平均余命が国ごとの健康格差について考えるうえで果たして適した指標なのかどうかを考えてみよう。この章では、貧困国の子どもたちと富裕国の中高年の命を救うことで平均余命が延びてきた経緯を見てきた。富裕国と貧困国とを比較する際に平均余命の伸び率を用いるときは、貧困国のほうが重視される。六〇歳を救うよりは、子どもを救ったほうが平均余命への影響が大きいからだ。そしてこれこそまさしく、平均余命の格差が縮まってきた主な理由だ。だが、子どもを救うほうが年配の人を救うよりも本当にいいのかどうかははっきりせず、それはこの格差を測るうえで織りこまれる判断になる。この点については、両方の見方から議論ができる。まだ生まれて間もなく、この世と関係を築いていない子どもなら将来何年も生きることができるのだから子どもを救うほうがいいという意見、そして、たとえあと何年も生きられないとしてもこの世と深い関係を構築した大人のほうを救うべきだという意見のふたつだ。いずれにせよ、格差を見る際に平均余命を指標にすればこの難題を正しく解くことができると言いきれる根拠はない。命の重さを変えることで格差は大きくなるかもしれないし、小さくなるかもしれない。あるいは、逆転する可能性もあるかもしれないのだ。

世界の平均余命の格差が縮まったからと言って、世界がもっといい場所になったということにはならない。平均余命だけでは私たちが気にかけている健康のすべての側面を捉えることはできないし、死亡率のことさえしっかりと捉えられないからだ。たしかに、今の世界では貧困国の小児死亡率が下がっているし、富裕国の中高年の死亡率も下がっている。この傾向のおかげで世界がより平等になっているかどうかは、それぞれの死亡率の減少を私たちがどれだけ気にしているかによって異なってくる、議論の余地のある問題だ。

哲学的な議論はこれだけでは終わらない。生まれる子どもの数が減ったのは、乳幼児死亡率が下がったためでもある。一九五〇年のアフリカでは、女性一人当たりの出生数は六・六人だった。だが二〇〇〇年にはこの数は五・一人に減っていて、国連によれば現在の数は四・四人だと言う。アジアと中南米では出生数の減少はさらに大きく、女性一人当たり六人だったのが今はたったの二人だ。出生率は死亡率が下がったあとですぐ低下したわけではなく、そのために人口爆発が起こった。だがやがて親は子どもがそんなにたくさんは死なないことに気づき、何人も子どもを作るのをやめるようになる。産む数を減らしても、生き延びて成人するまでに成長する子どもは大勢産んでいたときと同じか、もっと多いくらいだった。この変化の一つの見方は、昔は生まれてすぐに死んでいた赤ん坊が、今はそもそも生まれてこないということだ。この変化の受益者は誰だろう？　その答えは、やはり私たちが命にどの程度の重さを与えるかによって異なる。これこそ、哲学者たちを長年悩ませ続けてきた質問だ。はっきりしているのは、母親がかなりの恩恵を受けるということだろう。同じ数の子どもを育てるのに昔ほど頻繁に妊娠しなくてもよくなり、我が子を喪う苦悩から夫ともども解放される。この負担が軽減されたことで女性は苦痛の源が取り除かれただけでなく、教育や家庭外での仕事、社会へのもっと重要な役割での貢献など、出産以外の方面でも充実した人生を送れるようになった。

変わりゆく身体

一九五〇年以降の世界の健康に関しては、祝福すべきことが山ほどある。死からの「大脱出」はほとんどの地域で見事に成し遂げられたし、平等に近づいたところもあった。だがここで最後に紹介したいのはあまり楽しくない要素、栄養失調からの「大脱出」が見事でもなければ平等でもないという問題に焦点を当てた研究だ。栄養失調について知る一つのいい指標が、身長の変化だろう。

身長は、それだけでは幸福の指標にはならない。ほかのすべての条件が同じだったとして、身長が一八〇センチある人物のほうが一六五センチの人物よりも幸せであったり、裕福であったり、健康であったりするとは限らないからだ。また、身長は所得や健康と同じような形で幸福の一部として考えられる要素でもない。だがある人口集団が総じて低身長である場合、その集団は子ども時代か思春期に栄養が不足していたと推測できる。それは食べるものが不足していたためかもしれないし、病気が蔓延している不健康な環境で育ってきて、病気で死にはしなかったものの成長が止まってしまったためかもしれない。身長は個人の遺伝子によって決まるため、高身長の親からは高身長の子どもが生まれるものだが、相当数の人口集団にはこれが当てはまらないと今では考えられている。集団ごとの平均身長の違いは、貧困の度合いを見る良い指標になるというのが今の通説だ。昔は、遺伝的な違いが集団ごとの身長の差を決定づける主な要因だと考えられていた。だが環境が改善して「低身長」国が次々と身長を伸ばしていき、ときには急速に身長が高くなっていくと、それまでの見解は放棄された[27]。

今では、子ども時代の貧困が深刻かつ永続的な影響をおよぼす可能性があることがわかり始めている。低身長な人は高身長な人よりも収入が少ない。これは体力や体格が労働市場で有用だった農耕社会だけでなく、イギリスやアメリカなど、富裕国のホワイトカラーでも同様だ。理由の一つとして挙げられるのが、認知機能は体全体に合わせて発達するので、低身長の人は平均すると、高身長の人よりも知性が低いということだ。このようなことを書くと激しい怒りの声が上がりがちで、この問題[28]を調査したプリンストンの私の同僚二人は非難され、憎悪に満ちたメールを大量に送りつけられ、二人をクビにしろという卒業生からの苦情が大学に殺到した。そこで、ここでは注意深く説明させていただきたい。

誰もが十分な食事を摂ることができ、誰も病気にならない理想の世界でも、遺伝子の違いによって背が低い人も出てくれば高い人も出てくる。だが、その場合、認知機能に身長に基づく体系的な差異は出ない。それに対して現実の世界では、子どものころに貧しかったという人もいるだろう。そういう人が低身長の人の数を過剰にするため、平均的に言うと、背が低い人は認知機能が劣るということになる。これは単にカロリーが不足していたためかもしれないし、子どものころに余計な病気と闘わなければならず、そのためにカロリーを消費してしまったからかもしれない。貧困の中身をもっと明確にしてみよう。子どもの脳が正常に発達するためには脂肪が必要だ。そして世界には脂肪を摂りすぎる人が何百万人もいる一方で、脂肪の少なすぎる食事しか摂れない人も何百万人といる。

人口集団が豊かになり、食べるものが十分に手に入れられるようになり、さらに衛生環境の改善、害虫駆除、ワクチンなどによって小児疾患が撲滅されると、栄養失調は減っていく。それでも、栄養失調が身長に与える影響が消えるまでは何年もかかるかもしれない。小柄な母親は大きな子どもを産むことがないというのも理由の一つだ。この生物学的な制約があるため、仮に栄養問題や病気の問題が取り除かれたとしても、人口集団が本来到達できるはずの身長に成長できるようになるまでには何世代もかかるかもしれない。自然は、集団の早すぎる成長によって生じる問題を防ぐために成長を制限しているのだ[29]。だが長い期間で見れば、世界中の人々の身長が少しずつ高くなっているのがわかる。問題は、高くなっていく人々とそうでない人々がいるということだ。

ヨーロッパ人は、かなり身長が高くなっている。経済学者ティモシー・ハットンとバーニス・ブレイは一八五〇年代後半または一八六〇年代前半にさかのぼり、ヨーロッパの一一の国で異なる出自の男性の身長に関するデータを集めた[30]。残念ながら、女性の身長に関する歴史的資料はきわめて少ない。これは、男性の身長に関するデータが主に新兵採用時の身体測定のデータだからだ。一九世紀半ばに生まれた人々については、ヨーロッパの成人男性の平均身長は一六六・七センチだった。その一〇〇年ちょっとあとに生まれた人々については、一九七六年から一九八〇年の五年間、平均身長は一七八・六センチだった。伸び率がもっとも低かったフランスは一〇年ごとに〇・八センチ、高かったオランダでは一〇年ごとに一・三五センチ身長が伸びていた。ほかの大半の国の男性は、一〇年ごとにおおよそ一センチずつ身長が伸びている。ハットンはこの伸び率の根底にある原因を探り、この章で紹介した論点と同様、幼児死亡率の低下（病気に関連する環境の改善を意味する）がもっとも重要な要素で、所得の増加が次に重要な要素だと結論づけている[31]。ヨーロッパが食料不足時代からの脱出を果たし、産業革命が生んだ「排泄物地獄[32]」がなくなると、人々の体は本来到達可能だったがかつては到達することができなかった身長まで伸び始めた。

現在、世界の大部分については過去の記録が部分的にしか入手できない。だが第2章で紹介した人口保健調査の多くから、女性の身長に関する情報は十分に集められる（直近の調査では男性の身長も測っている）。それぞれの調査には一五歳から四九歳までの人の身長が記録されているので、過去の記録もわかる。成人すると（少なくとも五〇歳をすぎて縮み始めるまでは）身長は変わらなくなるので、各年の調査では二〇年強の間の成人の平均身長がわかる。つまり、この調査では調査時点でアメリカ国内にいた成人女性の平均身長がわかるだけでなく、高齢の女性と若い女性を比較することで平均身長がどれだけ伸びているかもわかるということだ。豊かになった国では、高齢の女性は若い女性よりも一センチか二センチ、身長が低い傾向がある。

次頁の図5は、世界の女性の身長を示している。図の中の点はそれぞれが一カ国の女性の「同時出生集団」を示す。特定の年、たとえば一九六〇年に生まれたすべての女性の平均身長（センチメートル）だ。この平均値を、女性が生まれた年のその国の平均国民所得に重ねて示し、ここでも所得については対数目盛を用いた。たとえば、図の右上を見ると、国民所得が増えるにつれてヨーロッパ人女性の身長が高くなっていっているのがわかる。早く生まれた女性がヨーロッパ集団の左下、あとから生まれた女性が右上だ。アメリカは図の右側に突き出た形で示されている。アメリカ人の平均身長も伸びてはいるのだが、ヨーロッパ人ほどの伸び率ではない。図の中央から左にかけては、低・中所得国の女性が示されている。黒い円はアフリカの国で、おおむね左側に寄っている。調査対象の女性たちが生まれたときに彼女たちの国は貧しく、今も変わらず貧しいからだ（図の右側にある裕福なアフリカ人はガボンの人々で、石油の輸出のために一人当たり国民所得は高くなっているが、国民の大半は貧しいままだ）。アフリカ諸国の中に埋もれているのはハイチ（白い円）だ。ハイチの人々はほとんどがアフリカ人の子孫で、その身長と所得はアフリカに住むアフリカ人と共通するところが多い。中国（灰色）も左側にあり、バングラデシュ、

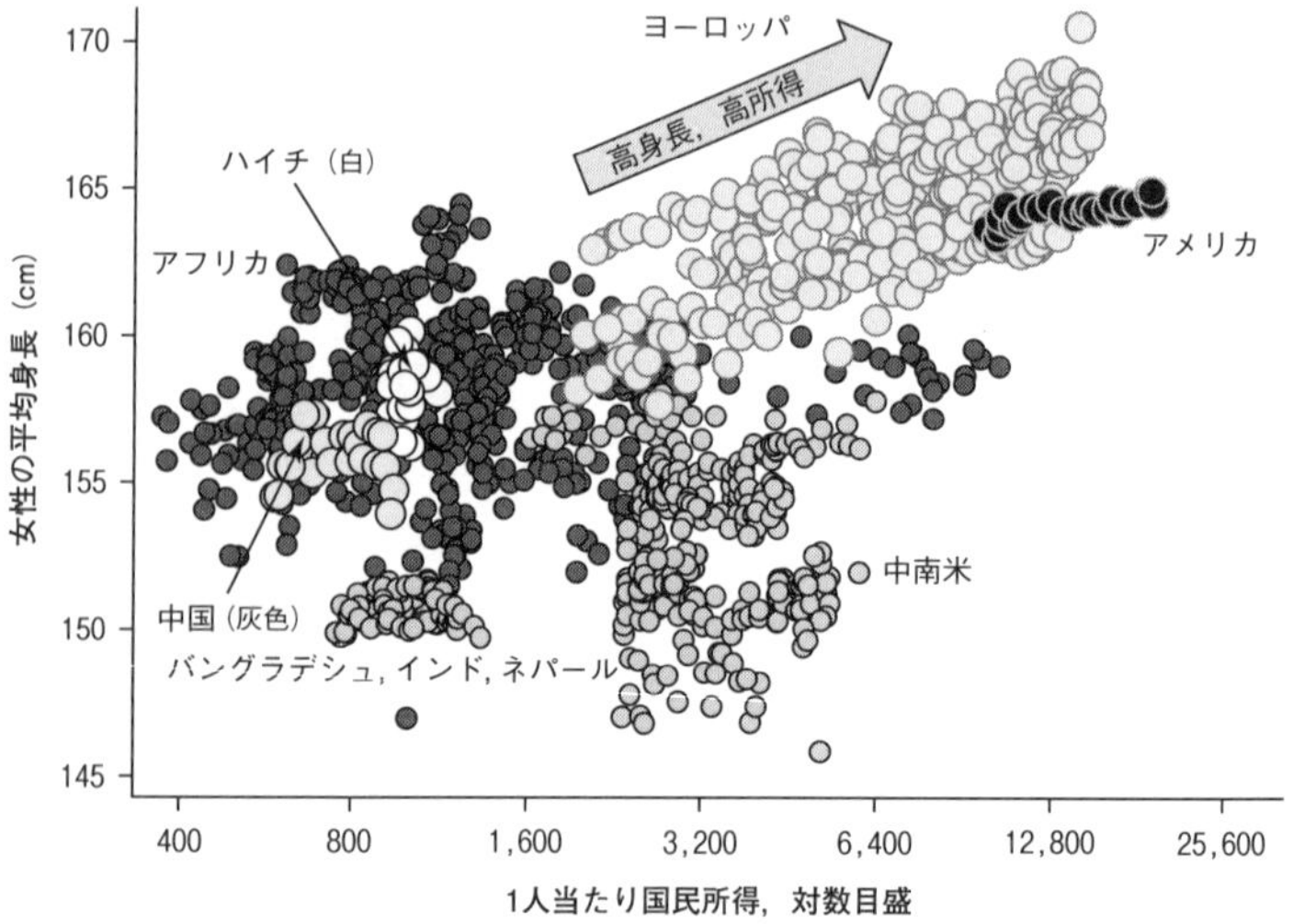

図5　世界の女性の身長

インド、ネパールは左下に位置している。思い出してほしいのは、これが今成人している女性たちが生まれた年、だいたい一九八〇年以前の所得を見ているということで、中国とインドが現在よりもずっと貧しい国のように見えるのはそのためだ。中南米とカリブ海の女性たちは中所得国に住んでいて、図の中央から下寄りに位置している。

この図で一番衝撃的な特徴は、世界の平均身長にこれほど格差があるということかもしれない。一九八〇年に生まれた女性についてはデンマーク人の平均が一七一センチ、グアテマラ人の平均が一四八センチ、インド、ペルーおよびネパール人が一五〇センチ、イン ド、バングラデシュ、ボリビア人が一五一センチとなっている。世界中の低身長の人口がヨーロッパと同じように一〇年ごとに一センチのペースで伸びていったとしても、グアテマラ人女性が今のデンマーク人女性の平均身長に到達するまでには二三〇年もかかる計算だ。デンマーク人女性が現在のグアテマラを訪れたとしたら彼女は現地の女性たちより二三センチも背が高く、まるで小人の国に迷いこんだガリバーのように見えるだろう。

図を左下から右上へと見ていくと、裕福な国の人々のほうが貧しい国の人々よりも身長が高いことがわかる。高い所得に衛生状況の良さ、小児疾患率の低さ、十分な食料がともなうとすれば、予想できる結果だ。だが物事はそう単純ではない。この図からヨーロッパとアメリカを消したらどうなるか、想像してみてほしい。すると欧米以外の世界では身長と所得の関係が反比例して、背の高い人が貧しい国に住んでいることになる。これは、アフリカに主な理由がある。アフリカには非常に多様な民族が暮らしていて、バスケットボール選手になるような南スーダンのディンカ族からカラハリ砂漠に暮らすサン族まで、平均身長もさまざまだ。だが平均的に見ればアフリカ人女性は総じて背が高い（これはヨーロッパ人と比較してではなく、南アジアや中南米の女性と比較して、という意味だ）。身長と所得のこのマイナス関係はすぐに変わるとは思えない。インド経済がここ数十年で急激な成長を遂げているにもかかわらず、近年生まれているインド人の子どもはまだ背が低いからだ。

アフリカ人の身長がなぜこれほど高いのかについては、まだはっきりとはわかっていない。考えられる理由の一つが、アフリカ大陸の大部分では食料がひどく不足するということはなく、南アジア（特にインド）の大半と比べると菜食主義の文化も少ないからというものだ。もちろん、これが当てはまらない地域もあって、カラハリ砂漠などがいい例だ。だがほとんどのアフリカの国では、人々は肉や動物性脂肪を含む多様な食事を摂っている。また、アフリカでは現地での食料の入手しやすさや病気の環境によって、身長もさまざまだ。それと同時に、アフリカでは子どもの死亡率が非常に高い。背の低い子どものほうが弱くて死ぬ確率が高いとすれば、生き延びるのは比較的背の高い子どもが多くなるだろう。

ただ、この理屈で高身長の人口集団ができるには、死亡率がかなり高くなければならない。低身長の子どもの大多数が死亡し、幼少時に危険な病気の環境を生き延びて成長が阻害された子どもが育たないくらいでなければならないのだ。衛生環境も、要素の一つだと考えられる。屋外で排泄する習慣があり、人口密度が高い場所では、子どもは糞便を介する病原菌に常にさらされているために成長が阻害される。そういう意味では、人口密度がずっと低いアフリカのほうがインドよりましだ。[33]

アフリカの多くの国の人々がインドや中南米のいくつかの国の人々よりも高身長であるという事実を見れば、人口の平均身長が幸福や生活水準の総合的な指標に使えるという一見魅力的な考えを却下できるはずだ。死亡率と所得は成人の身長に影響を与えるもっとも重要な二つの要素で、この二つは幸福にも決定的な影響を与える。だが病気と貧困が身長に与える影響が、幸福に与える影響と同じだという保証はない。そしてアフリカの地図を見ればわかるように、食生活の違いのような地域固有の要因が身長に作用する場合が多く、そういった地域固有の要因が必ずしも幸福に影響を与えるとはかぎらない。また、人口集団の平均身長が高くなるには何世代もかかるかもしれないという点も思い出してほしい。子どもの前にまずは母親が、その前に祖母たちが大きく育たなければ、大きな子どもは生まれないからだ。現代人の身長を決めるのは現代の栄養状況や現代の病気だけではない。過去の歴史も重要だ。まとめると、平均身長は幸福を測るのに適した指標ではないということになる。

南アジアの人々の背がかなり低いという事実からは、全体像の中でももっとも多くの情報が読み取れる。ヨーロッパ人女性の過去の記録がないため、現代のインド人女性の身長と同じくらいだったのが何年前なのかはわからない。だが最新のインド人のデータには男性も含まれていて、一九六〇年に生まれたインド人男性の平均身長は一六四センチだったことがわかっている。これは一八六〇年のヨーロッパ人の平均身長より二・三センチ低く、一八世紀のヨーロッパ人の平均身長に近い。記録に残っている一番低い身長（現代のサン族と一七六一年のノルウェー人の一五九センチ）よりわずか五センチ高いだけだ。[34] インド北東部のシッキム州とメーガーラヤ州では、一九六〇年に生まれた男性の平均身長は実際には一五九センチよりも低かった。

二〇世紀半ばに生まれたインド人は、新石器革命やその前の狩猟採集民までを含む歴史上のどの大きな人口集団よりも貧しい子ども時代をすごしてきたと思われる。一九三一年のインドの平均余命は二七年で、これもやはり極端な貧困を反映している。二〇世紀に入っても、インド人はまだマルサス主義の悪夢に悩まされていた。マルサス学説に従って死と貧困が人口を抑えていたわけだが、生き延びたとしても生活環境は最悪だった。健康な体を維持できるだけの食料が不足していただけでなく、その内容も重要な栄養素に欠けていたからだ。ほとんどのインド人が一種類の穀物にわずかな野菜を添えただけの単調な食事を摂っていて、鉄分や脂肪分が不足していた。生き延びるためには、二〇歳代という平均余命ですら、インド人は全体的に身長を短くせざるを得なかった。ちょうど、一七世紀から一八世紀にかけてのイングランドと同じだ。マルサス学説の原則が、人口を増やすよりも背を低くするほうを選んだのだ。

現在のインドは、この悪夢から逃れつつある。だがまだ道のりは長い。インド人の子どもは今でも地球上で一番痩せ細って背が低い部類に入るが、それでも親世代や祖父母世代よりは背が高いし、太っている。マラスムス〔生活に支障が出るほど体成分が不足した状態〕のように全体的な飢餓を示唆する兆候は、今の栄養調査ではめったに見られなくなった。ヨーロッパ人ほどではないし、（もうおなじみの）一〇年に一センチのペースで平均身長を伸ばしている今の中国ほどではないにしろ、インド人も少しずつ背が高くなってはきている。

だがインド人の脱出の速度は遅く、一〇年で〇・五センチにしかならない。しかも、これは男性の数字だ。インド人女性の平均身長も伸びてはいるがそのペースはさらに遅く、一センチ伸びるのになんと六〇年もかかっている。[35]

インドの女性の伸び率がなぜこれほど男性よりも低いのか、その理由は不明だ。北インドで息子を優遇する習慣があることは確実に理由の一部ではあるだろうが、正確なところはまだわかっていない。南インドのケララとタミル・ナードゥには男児を優遇する伝統がなく、ここでは男女ともに同じ一〇年ごとに一センチのペースで平均身長を伸ばしている。だが北部では女性の平均身長の伸び率は男性より低く、南部の女性と比べてもやはり低い。このような女性差別の皮肉な点はそれが男性に跳ね返るということで、男性も必然的に背が低くて栄養不足の女性から生まれてくるため、自身の体格や認知機能の発達を自ら阻害していることになる。

アフリカでは、人々は平均すると身長が高いものの、一部地域の女性は実際には背が低くなっている。[36]裕福な人ほど身長が高いというのが必ずしも事実ではないというのはこれまでに見てきたが、世界的に見れば豊かになることと平均身長が高くなることとの間には強い相関関係がある。これはヨーロッパでは特に明確で、図5でも見られるくらい長く成長が続いているが、現代の中国やインド、そのほかの国々にも当てはまる。つまり、アフリカ人女性が母親よりも小さくなっている事実を説明するもっとも確実と思われる理由は、一九八〇年代と一九九〇年代初頭のアフリカにおける実質所得の減少だ。

世界の人々は単に長生きしたり、豊かになったりしているだけではない。身体は大きく、強くなり、好ましい影響が数多く見られるようになってきた。認知機能の向上もそこに含まれるかもしれない。だが死亡率とお金と同様に、利益の分配は公平にはおこなわれてこなかった。現在のペースでいくと、ボリビア人やグアテマラ人、ペルー人、南アジア人が今のヨーロッパ人の身長に追いつくには何百年もかかる。脱出を果たした者は多いがまだ取り残されている人々が何百万人もいて、世界中で人々の体格にまで見てとれるほどの格差を生んでいるのだ。

第Ⅱ部　お金

第5章　アメリカの物質的幸福

一八世紀半ばのイギリスを皮切りに、寿命は世界各国で延び始めた。病気や早すぎる死から人類が脱出を果たすようになるにつれ、生活水準も向上していく。そして健康も、生活水準におおむね並行して上がっていった。寿命に革命をもたらしたように、科学革命と啓蒙時代はやがて物質的幸福にも革命をもたらす。突き詰めれば同じ原因で並行して起こったこれらの革命は人類の多くにとってより長く、より充実した人生をもたらしたが、同時に、経済学者ラント・プリチェットが「分岐、しかも特大の(1)」という印象的な呼び方をした格差の世界も生み出した。経済成長は生活水準の向上だけでなく、貧困の削減ももたらした。この事実を正確に測定するのは難しく、これについては今からもっと詳しく述べるが、慎重におこなわれたある調査では、世界の全住民の平均所得が、一八二〇年から一九九二年の間に七倍から八倍も増えたとする結果が出ている(2)。同時に、世界人口のうち極貧状態にある人々の割合は八四パーセントから二四パーセントへと減った。歴史的に類を見ないこの生活水準の向上とともにやってきたのが所得格差の大幅な広がりで、これは国と国の間だけでなく、国の中の個人間でも起こってきた。格差の性質も、変わってきている。一八世紀の格差は主に国内、裕福な特権階級の地主と貧しい平民との間にあるものだった。だが二〇〇〇年になると対照的に、「特大の」分岐の結果、国家間の格差が最大になった。これまでに見てきたような寿命格差の縮まりとは対照的に、国ごとの所得格差はいまだに縮まる気配を見せない。

まずはアメリカの物質的幸福から始め、過去数百年に焦点を当ててみよう。アメリカを選んだ理由はその歴史が劇的なもので、本書の主題をわかりやすく説明してくれるからだ。幸福度が改善しても、誰もが公平に恩恵を受けるわけではない。つまりその改善は（必ずではないにしても）多くの場合、人々の間の格差を押し広げてしまう。変化は良いものであれ悪いものであれ、不公平なことが多い。格差に何が起きているかが重要なのは、改善をどう評価すべきか、つまり誰が恩恵を受けて誰が取り残されるのかを判断するうえで重要なだけでなく、格差そのものが影響力を持っているからでもある。格差が新たなチャンスから恩恵を受ける方法を示せるのなら、成長を広めることもあるかもしれない。だが格差は物質的改善を邪魔することもあるし、改善そのものをおびやかすことさえある。格差が生まれれば、取り残された者が奮起して恵まれた者に追いつこうとがんばり、彼ら自身やほかの人々の生活を向上させる原動力になるかもしれない。だがあまりにも格差が激しく、恩恵がごく一部の人々の手にすべて握られてしまっていたら、経済成長は妨げられ、経済の働きも阻害されてしまう。

アメリカを手始めに選んだもう一つの理由は、十分な量のわかりやすいデータが揃っているからだ。ドルの価値は誰もが知っていて通貨を換算する必要がないし、第一級の統計制度によって収集されたデータは信頼性が高い。世界全体を見渡そうとしたら、こんな贅沢は望むべくもない。だがアメリカでも時代をさかのぼるとデータは弱くなり、比較基準もあやしくなってくる。二一世紀と一九世紀を比較するのは、いろんな意味で二つの異なる国を比較するのと同じくらい難しい。人も違うし、買われる物も違うし、価値基準も違う。まさに、「過去は異国」だ。アメリカのデータは使いやすいので概念を編み出せるし、経済学者や統計学者が所得と貧困、格差を測定したり議論したりするときに何を意味しているのかをわかりやすく説明できる、なじみやすい環境を作ることも可能だ。

アメリカの経済成長

まずは、国内総生産（GDP）という聞き慣れた概念から始めよう（終わりに持ってくる概念ではないからだ）。図1の一番上の線は現代的統計収集が始まった一九二九年以来、アメリカの一人当たりGDPがどのように推移してきたかを示している。GDPは一つの国がどのくらい生産するのかを測る指標で、国民所得の基準となる。一九二九年はそれが一人当たりちょうど八〇〇〇ドルを超えるくらいで、一九三三年の世界大恐慌の底には五六九五ドルに落ちこんだ。その後何度か増減を繰り返しながら、二〇一二年には一九二九年の五倍以上となる四万三二三八ドルにまで増えてきた。この数字は時代とともに上昇してきた物価に合わせて補正してあるので、二〇〇五年時点のドルの価値で測定した一人当たりの実質所得の値となっている。つまり、一九二九年に八〇五ドルだった国民平均所得は、当時のドルの価値を考慮すると、二〇〇九年の八〇〇〇ドルと同じ価値だったということだ[3]。

GDPの増減があったのは、進歩が止まったか逆行した証拠だ。これも時代が経つにつれて頻度が少なくなり、増減の幅も小さくなっていく。そのこと自体も、進歩を表している。二〇〇八年の金融危機のあとで訪れた大不況は相当な悲劇をもたらし、何百万もの人々から職を奪い、本書を執筆中の今現在でさえ失職中の人を大勢生んだほどの悲惨な出来事だったが、この図の歴史にはぎりぎり登場しない。一九五〇年をすぎると、グラフは直線に近くなる。つまり年間一・九パーセント、あるいは二〇〇八年

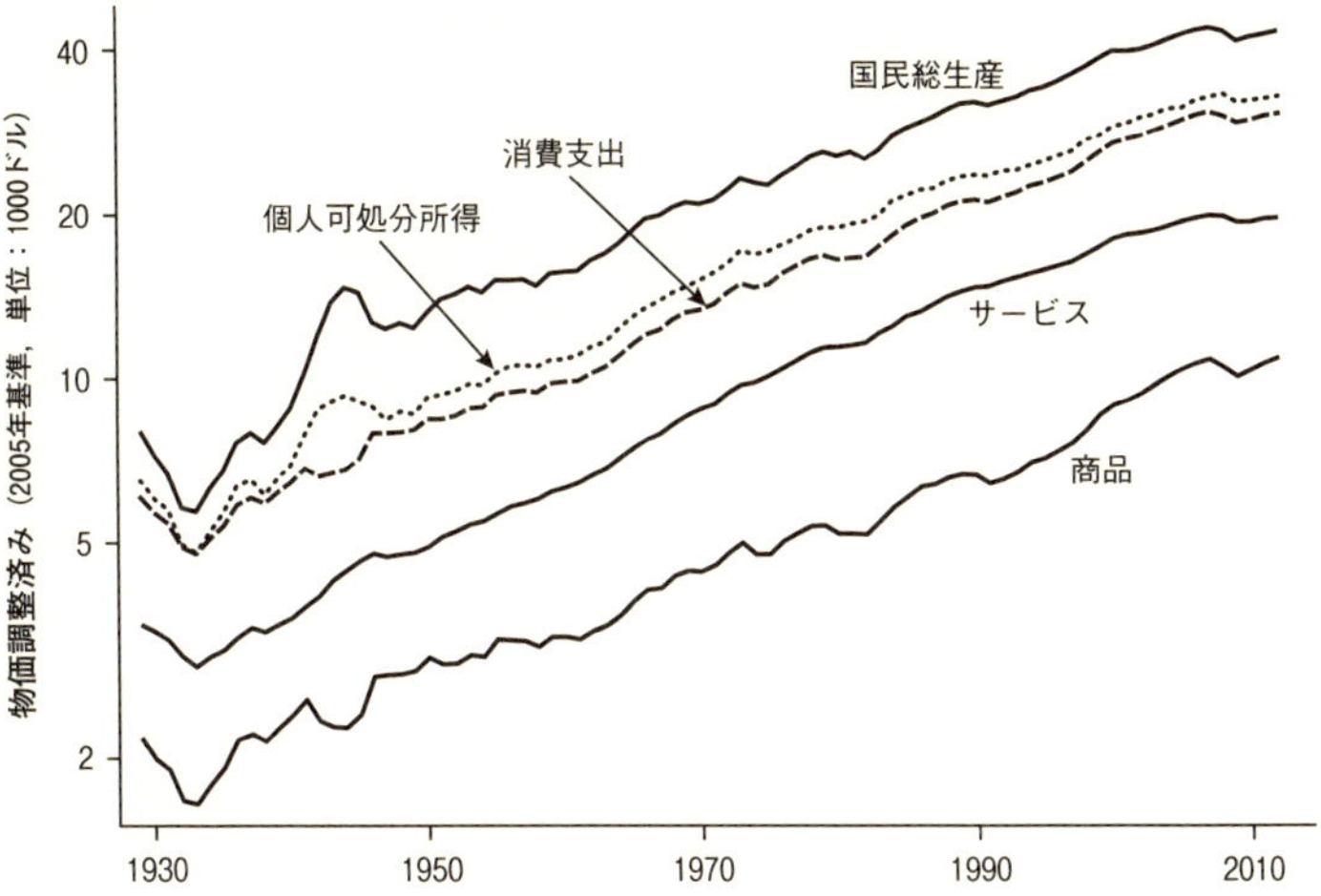

図1　国民総生産とその内訳，1929-2012年

以前なら年間二パーセント強で成長率が安定したということだ。時代をさかのぼるとデータの信憑性がやや低くなるが、一人当たり国民所得の成長率はこの一世紀半ほどではあまり変わっていない。二パーセントという成長率であれば、所得は三五年ごとに倍増する。つまり、アメリカの若い夫婦が全員三五歳で子どもを二人持ったとしたら、どの世代も親の倍の生活水準になるということだ。今生きている私たちにとっては、こんなことはあたりまえに思えるかもしれない。だが何千年も進歩がなく、のちには進歩が逆行するような出来事まで経験しながら世代交代を繰り返してきた私たちの祖先から見れば、これは驚愕の事実だろう。ひょっとしたら、私たちの子や孫の世代にとっても驚愕の事実になるかもしれない。

これから見ていくが、GDPは幸福を測るにはふさわしくない指標だ。それだけではなく、所得を測る指標としても限界がある。まず、外国人がアメリカ国内で創出した所得も含んでいる。企業の未分配利益の形を取る所得も含む（この所得は最終的には株主のものになる）。このほか連邦政府、州政府、地方自治体が計上する黒字も含んでいる。国民所得のうち、税金を払い、かつすべての給付を受けたあとに各世帯に帰属する金額は「個人可処分所得」と呼ばれ、図の上から二本目の線で示される。これはGDPよりぐっと少ないが、成長と変動の経緯はかなり似ている。国民が受け取る額ではなく、支出のほうに目を向けても同じことが言える。これが「消費支出」というもので、図の三本目の線だ。個人可処分所得と消費支出の差は貯金に回される金額で、アメリカ人が所得の中から貯蓄する金額がずっと下がり続け、特にこの三〇年で減少していることが図から読み取れる。なぜそうなったか正確なところはわからないが、いくつかの理由は考えられる。たとえば昔よりもローンが組みやすくなったとか、家や車、食器洗浄機などを買うときに昔ほど頭金を貯めておかなくてもよくなったなどだ。社会保障制度も、退職後に備えての貯金の必要性を低くしたのかもしれない。また、右肩上がりの株価と住宅価格から多大な利益を得たアメリカ人が多かったのも一因と言えるだろう。もちろん、二〇〇八年の大不況が起こるまでの話だが。

資本収益《キャピタル・ゲイン》は現金化もしくは支出できる。また、貯蓄しない場合には、富にすることもできる。経済学者用語では、貯蓄は所得と消費（どちらも単位時間あたりのお金の流れ《フロー》）の「差」だと定義されている。「富」は流れではなく「蓄え《ストック》」で、ある時点で台帳に記載されている総額だ。富は資本収益によって増え、資本損失《キャピタル・ロス》によって減る。二〇〇八年の金融危機では、多くのアメリカ人がこれで財産を半分近く減らしてしまった。また、富は貯蓄によって増え、稼ぐよりも多く使う「貯蓄の取り崩し」によって減る。定年退職したり、一定期間無職だったりする場合もこれに当てはまる。

図には、国民が何にお金を使ったかも示している。支出先はざっくりと、財（二〇一二年は全体の三分の一以上）とサービスという二つのカテゴリーに分けた。サービス分野で一番大きな支出先は住居と光熱費で、現在は年間二兆ドル、すなわち総消費支出の一八パーセントにのぼる。次が医療で一・八兆ドル、全体の一六パーセントだ。財への支出の約三分の一は自動車や家具、家電といった耐久財に使われ、残りの三分の二が食料や衣服といった消費財に使われている。現在のアメリカ人が食料にかけるのは、予算のたった七・五パーセントだ。外食まで含めるとこれは一三パーセントになる。こうした支出は物質的幸福そのもので、図1の過去一世紀の傾向は、寿命が延びるにつれて物質的繁栄が向上していったことを示している。人生は長くなっただけではない。良くなったのだ。

物質的幸福とその指標となるGDP、個人所得、消費などは、最近評判が悪い。お金を多く使っても人生は良くなるわけではないとよく言われるし、宗教関係者は常々、物欲に対する警告を発している。経済成長を擁護する側からでさえ、現在のGDPの定義や測定方法を批判する声が多く上がっている。GDPには専業主婦のサービスなどの重要な経済活動が含まれていない、余暇が考慮されていない、含まれている要素についてもきちんと測定されていない、などがその理由だ。また、汚染浄化や刑務所の建設、通勤など、含まなくてもいいのではないかという議論のある項目にかかるコストが含まれているという問題もある。このような「防御」支出はそれ自体が好ましいものではないが、好ましいものを実現するためには、残念ながら欠かせない[4]。犯罪率が上がり、刑務所にかける費用が多くなれば、GDPが高くなる。気候変動を無視して台風の後片づけや修復にどんどんお金をかければ、GDPは下がるのではなく、上がっていく。修復のほうだけ考慮して、破壊は考慮していないからだ。

GDPは、誰が何を手に入れるかについてはとりわけ沈黙を貫いている。図1を見れば物質的幸福が上がっていることはわかるが、誰がその恩恵にあずかっているのかはわからない。測定や定義に関するこうした問題は深刻なものなので、またあとで触れる。誰が何を手にするのかは最優先されるべき問題で、この章の大部分はその問題についての議論に充てられている。だが、まずは物質的生活水準と経済成長が幸福にほとんど、あるいはまったく貢献しないという主張に反論するところから始めよう。

経済成長には投資が必要だ。もっと多くの機械、もっと多くの高速道路やブロードバンド回線などの基本設備を得るためにも投資が必要だし、人々に質の高い教育をもっと与えるためにも投資が必要となる。知識は獲得し、広めていかなければならないものだからだ。この知識の広まりは新基礎科学の産物であり、また、科学を商品やサービスに変える工学から生まれたものであり、さらにはデザインを際限なくいじり続けては改善する努力から生まれたものでもある。それはたとえばT型フォードをトヨタのカムリに変えたり、私が一九八三年に買った不格好なパソコンを羽のように軽くて格好のいい、しかも抜群に性能がいい（本書を書くのに使っている）ラップトップに変えたりしたような努力だ。研究開発への投資はイノベーションの流れを加速化するが、新しいアイデアはどこからでも生まれる可能性がある。知識の蓄積は一つの国に限定されない世界的なもので、新しいアイデアは生まれた場所からあっという間に拡散していく。また、イノベーションには起業家やリスクを恐れない経営者が必要だ。科学や工学を新しい商品やサービスへと変える、利益の上がる方法を考えるのは彼らだからだ。だが、ちゃんとした環境が整っていないと、これは難しい。革新者はアイデアを没収されるリスクなしに活動できなければならないし、争いを解決したり特許権を保護したりするにはちゃんと機能する司法制度が必要だ。税率もあまり高すぎてはいけない。こうした条件がすべて整ったときに初めて、継続的な経済成長と高い生活水準が実現できる。ここ一五〇年ほどのアメリカが、そうだった。

だが、こうしたことすべてには価値があるのだろうか？　貧困から脱出したあとでも、新しい商品やサービスは過去には不可能だったことを可能にしてくれ、そうやって生まれた新しい可能性が暮らしをもっと良くしてくれている。いくつか例を挙げて、昔の暮らしと比べてみよう。人々、特に女性は、多種多様な家電のおかげで重労働から解放された。洗濯は、毎週やってくる一日がかりの大仕事だった。石炭でお湯を沸かし、服をこすり、干し、アイロンをかける。一九五〇年代にスコットランドで出されたある広告は、新しく改良された粉洗剤で「毎週月曜の石炭代が浮きます」と謳っていた。水道と衛生設備は古代ローマ人にとっては常識だったが、それが世界中に普及するには所得の増加が必要だった。交通手段が増え、向上したことで個人の自由度が上がり、住む場所の選択肢も広がり、余暇の種類も増えた。家族や友人と時間を過ごしやすくなったのもその一つだが、こうした余暇は反物質主義者がしばしば重視する要素だ。飛行機のおかげで多くの人々が国内外を簡単に移動できるようになった。家族や友人とは一日中つながっていられるし、何千キロも離れたところに住む人と友だちになって親しく交流することも可能だ。文学や音楽、映画は最新のものであれ古典であれ、いつでもどこでも楽しむことができる。インターネットはあふれるほどの情報と娯楽を提供してくれ、しかもその大半が無料だ。第4章で紹介した降圧剤のような新しい治療法によって前述の新たな可能性がもっと長く楽しめるようになったし、股関節置換術や白内障手術などの治療法は長い人生を心置きなく楽しめるよう、罹患率を下げてくれた。医療サービスに支出しすぎているからといって、その成果を否定することはできない。経済成長に弊害があったことは誰もが認めるところだが、全体的には功績のほうがずっと大きいのだ。

見る者の視点によって、ここに列挙した物質的革新の恩恵は昔ながらのありふれたものだと思われるかもしれないし、ありふれたものになるにはまだまだだと思われるかもしれない。だがいずれにせよ、人類の幸福に進歩がまったく貢献していないという主張や、隣人が持っているから自分も物がほしくなるだけだなどという主張が、どれほど信じがたいかを示すものではある。

では、図1に示した成長にもかかわらず、アメリカ人の幸福度が五〇年前からほとんど変わっていないという事実はどうなる？　このような調査結果は、経済成長が良いものであるという考えと矛盾するものだろうか？　そうとは限らない。第1章で見たように、人が幸せだと感じるかどうかという問いは、人生に満足しているかどうかという問いとはかなり違う答えを引き出す。第1章の図7を見ると、デンマーク人やイタリア人はバングラデシュ人やネパール人よりも生活水準がずっといいと感じているにもかかわらず、幸福度は後者よりも低いことがわかる。過去一〇〇年の間アメリカ人が自分の生活をどう評価していたかは、データがないのでわからない。それよりも重要なのが、所得の分配だ。これから見ていくが、図1に示した経済成長は、特に一九七〇年代半ば以降の標準的なアメリカ人家庭に起こったことをかなり誇張して伝えている。かなりの経済成長があったのに満足していないことが問題なのではなく、成長などまったくといっていいほど実感していないことが問題なのだ。人生に満足していないのも無理はない。

人が充実した人生を送れるチャンスを増やすという意味で、所得の伸びは良いことだ。それを踏まえたうえで、図1の指標に何が含まれていて、何が含まれていないかに目を向けることも重要だ。まず、余暇はまったく考慮されていない。国民が仕事を減らし、仕事よりも価値があると思う活動に時間をかけることにしたら、国民所得と消費支出はすぐに減ってしまう。フランスの一人当たりGDPがアメリカの一人当たりGDPよりも低い理由の一つは、フランス人のほうが長い休みを取るからだ。だが結果的にどっちが良いか、議論で決着をつけるのは難しい。また、市場では提供されないサービスも考慮されないので、女性が家族の面倒を見るために家で労働したとしてもGDPには含まれないが、同じ女性が他人の家で家事をすればその分は考慮され、国民所得が上がることになる。余暇が、たとえばインターネットによる低額で高品質の娯楽の提供のおかげで改善したとしても、その恩恵を測定する方法はない。今のやり方が採用されているのにはちゃんとした（ある程度は技術的な）理由があるのだが、ここに挙げた例は、幸福の指標としてのGDPに実際には問題があることを如実に示すものではある。

余暇が除外されていることを懸念するべき理由の一つが、この五〇年でアメリカ人の時間の使い方が大きく変わってきたことにある。なかでも最大の変化は、昔よりも多くの女性が外へ働きに出ているということだ。とりわけ、高学歴の男性と結婚している女性の働く割合が増えた。余暇はいいもので仕事は悪いものだと考えるなら、そうした女性は余暇が減ってしまったのだから前よりも状況が悪くなったとみなされてしまう。生活のために低賃金の副業を一つ二つとかけもちせざるを得ないような女性ならそれは納得できるが、その女性がそうやって稼いだ追加所得だけを考慮して自由時間が減った事実を無視すれば、彼女の幸福度を過大評価してしまう結果になる。だが多くの女性にとって、外で働けるというのは半世紀前には手に入れられなかった喜びだ。また、失業者の「余暇」を利得として考慮しないよう、気をつけなければならない。失職した人は好きで家にいて暇にしているわけではないし、人生に不満を覚える度合いがもっとも強いグループに失業者が含まれることは、度重なる研究によって明らかになっている。このため、図1のデータは、余暇の価値を機械的に考慮しても改善されるわけではない。

アメリカ人のおよそ三分の二が自宅を所有し、家賃は払っていない。だが彼らは家賃なしで家に住むという貴重なサービスを受けているわけで、国の会計士たちはこの価値を消費支出の個人可処分所得に含め、それがGDPにも反映されている。会計士は持ち家に住む人間が事実上自分に家賃を払っているものとみなし、非常に大きいその金額（二〇一一年は一・二兆ドル）を所得にも支出にも計上しているのだ。かつてイギリス政府は所得税制の一環として、この「想像上の」所得に「現実の」税金を課していた。普段は柔和で法を遵守する私の父親が請求書を受け取るたびに激怒して、柄にもない反政府的発言を繰り返していたのを覚えている。現在の政府がそこに課税していないのは賢い選択だと言えるが、会計士がこの額を計上するのは実は問題違いではない。だが、このような例を含む所得に対する「帰属計算」は、所得に対する国民の見方と政府の見方との間に大きな隔たりを生んでいる。ちなみに個人所得と支出には、政府が消費者のために支出する医療費も含まれている。だが不透明な技術的理由から、政府が消費者のために支出する教育費は含まれていない。

「こんなに良い時代はありませんよ」と言う政治家に対するあなたの答えが「ここらじゃ関係ないね。私は体感していないから」だとすれば、持ち家に住むあなたが自分に払っている家賃が上がったのだから前よりも暮らしが良くなっただの、政府が高齢者のために医療サービスをもっと購入しているから暮らしが良くなっただのという説明には到底納得できないだろう。

医療費の支出額は住居費の支出額と同じくらいの額だが、医療サービスの価値を測ることは住居以上に難しい。医療にいくらかかるかはわかるが、それによって得られる恩恵がはっきりしないうえ、測定するのが難しいからだ。医療がツナ缶やiPadのように市場で売られているものなら、消費者が支払う額で測定することができる。だが医療は大半が保険会社か政府によって支払われているので、実際に受け取る国民にとっての価値がまったくわからない。仕方ないので、政府は医療を金額だけで測定している。医療が実際の金額よりも価値があると考える人々はこのやり方では医療の貢献度が過小評価されていると主張するし、制度の無駄を指摘する人々は逆の説を主張している。唯一双方が合意するのが、医療の価値が正しく測定されていないという事実だ。

ここで数え上げた経済成長による恩恵は、数々の新製品を生んだ。だが経済学者の中には、新製品、特に斬新な新製品の価値が、国民経済計算に正しく反映されていないと考える者が多い。既存の製品の品質向上にも同じことが言える。シャツがアイロンがけをしなくてもよくなったり、電話機が音声認識をするようになったり、車がより安全になったり、パソコンの処理速度が上がったりといったことだ。政府はこうしたものもすべて考慮に入れてはいるが、厳密に正しく考慮できているとは誰も思っていないだろう。経済学者の中には、昔は経済成長と言えばもっと家を建てたり、もっとスカートやシャツを縫ったり、もっと机や椅子を作ったりと、物をもっとたくさん作るということだった、だが今はもっと良い物を作ることが経済成長になっている、と言う者もいる。しかし、「もっと良い」を測定するのは「もっとたくさん」を測定するよりも難しい。ということは、時間が経てば経つほど、統計学者の計算間違いが大きくなっている可能性は十分にある。図1のもとになっている数字がアメリカ国民の幸福度を過小評価していると思っている経済学者は、過半数を超えるかもしれない。だが、それを修正できるような説得力のある方法を思いついた者はまだ誰もいない。それに、商品やサービスがすべて昔より良くなっているわけではない。銀行の支店で窓口に行かなくてもATMで用がすむようになったという点で銀行業務は改善されたが、強引で誤解を招く貸付によって最終的にはあの金融危機が起こったことを考えると、銀行の顧客が恩恵を受けたとはとても考えられない。

物質的進歩という黄金のリンゴには、図1でちょっと頭を出している虫が隠れている。平均的な進歩の速度は遅くなり始め、親の世代と子の世代との差が前とは変わってきているのだ。GDPを注意深く見て一九七〇年の前と後の曲線を比べてみれば、二〇〇八年の大不況の最後の数年を無視したとしても、伸び率が下がっていることがわかる。数字で見れば、この低下はさらにはっきりと見える。一九五〇ー五九年の一〇年間、一人当たりGDPは年間二・三パーセントの割合で成長していた。一九六〇年代の成長率は三・〇パーセント、一九七〇年代の成長率は二・一パーセント。一九八〇年代が二・〇パーセントで一九九〇年代は一・九パーセントとなり、二一世紀の最初の一〇年では、年間たったの〇・七パーセントだ。最後の数字から二〇〇八年と二〇〇九年の分を除いたとしても、一・六パーセントにしかならない。三・〇パーセントと一・六パーセントの違いはあまり大きくは見えないかもしれないが、複合的成長力の観点からは、二五年を一世代として見たときに生活水準が二倍以上になるか、一・五倍に届かないかという違いになる。拡大する経済が意味するところは全員により多くが行き渡る（少なくともその可能性が生まれる）ということで、ケーキが早く大きくなったほうが、誰が何を手にするかをめぐる紛争は複雑にならずにすむ。誰かの取り分を減らさなくても、全員がより多くを手にすることができるようになるからだ。

この成長率の低下はたしかに現実のものだが、より良い商品やサービスによる改善を考慮しそこなっているのも事実だとすれば、成長率低下の規模を誇張してしまっているかもしれないし、実際には低下していないのに低下していると思いこんでしまっているかもしれない。サービスはGDP総額の中でも割合を増やしつつあり、もっとも測定が難しいのがサービスである以上、政府は時が経てば経つほどさらに大きく的を外していく可能性がある。最近新たに登場してようやく消費者が手にし始めたインターネット関連商品や電気製品なども、その恩恵がおそらく統計にちゃんと加味されていないという点ではサービスと同じ状況だ。医療は間違いなく以前より効果的になってきているが、医療の進歩がもたらした寿命の延びはGDPのどこにも示されていない。それでもこの問題に言及することは、的外れな修正によって生じるかもしれない問題に目を向けることにもつながる。第4章で見たように寿命の延びの一因は医療に違いないが、禁煙などの生活様式の変化のほうが大きな要因だ。寿命が延びた分の年数に価値をつけるという困難で物議をかもす計算を仮にするとして、その年数がすべて医療費の支出によるものだという前提に基づけばGDPの成長率は簡単に（だが不正確に）上げることができる。ここでも、統計的修正は統計的誤りよりも事態を悪くする可能性がある。だがそれでもまだ過小評価の問題が解決できるわけではなく、この問題は本章のあとのほうでも折に触れて登場する。

アメリカにおける貧困

GDPの成長率低下がどうやって最悪の状態にある人々に働いたかは、貧困層の人口に起こった変化を見ればわかる。次頁の図2は、アメリカ国勢調査局が毎年発表している公式な貧困率を示した図だ。一番下の太い線は貧困生活を送るアメリカ人の割合で、データが始まる一九五九年には二二パーセントだったのが一九七三年には一一パーセントまで落ち、その後増減を繰り返しながらゆるやかな上昇傾向にある。二〇一〇年には全人口の一五パーセントが貧困層で、金融危機前よりも二・五パーセント高い。これらの数字の集計方法については批判すべき点も多いのだが、表面を見るかぎり、図1で見た楽観的な進歩の構図と図2の悲観的な貧困の構図との間には驚異的な矛盾があり、一九七〇年に始まった経済成長率の低下以降が特に顕著だ。経済は一九七三年以降も成長をやめたわけではない。一人当たりの所得は一九七三年から二〇一〇年の間に六〇パーセント以上増えている。だがこの成長も、貧困率にはほんの少しも影響を与えられなかった。増えた所得がどこへ行ったにせよ、公式に貧困層と認定された人々のところでなかったことだけはたしかだ。そして例によって、貧困統計で考慮される所得がGDPで考慮される所得とまったく同じ定義ではないという問題がこの測定方法にはあるのだが、それでも経

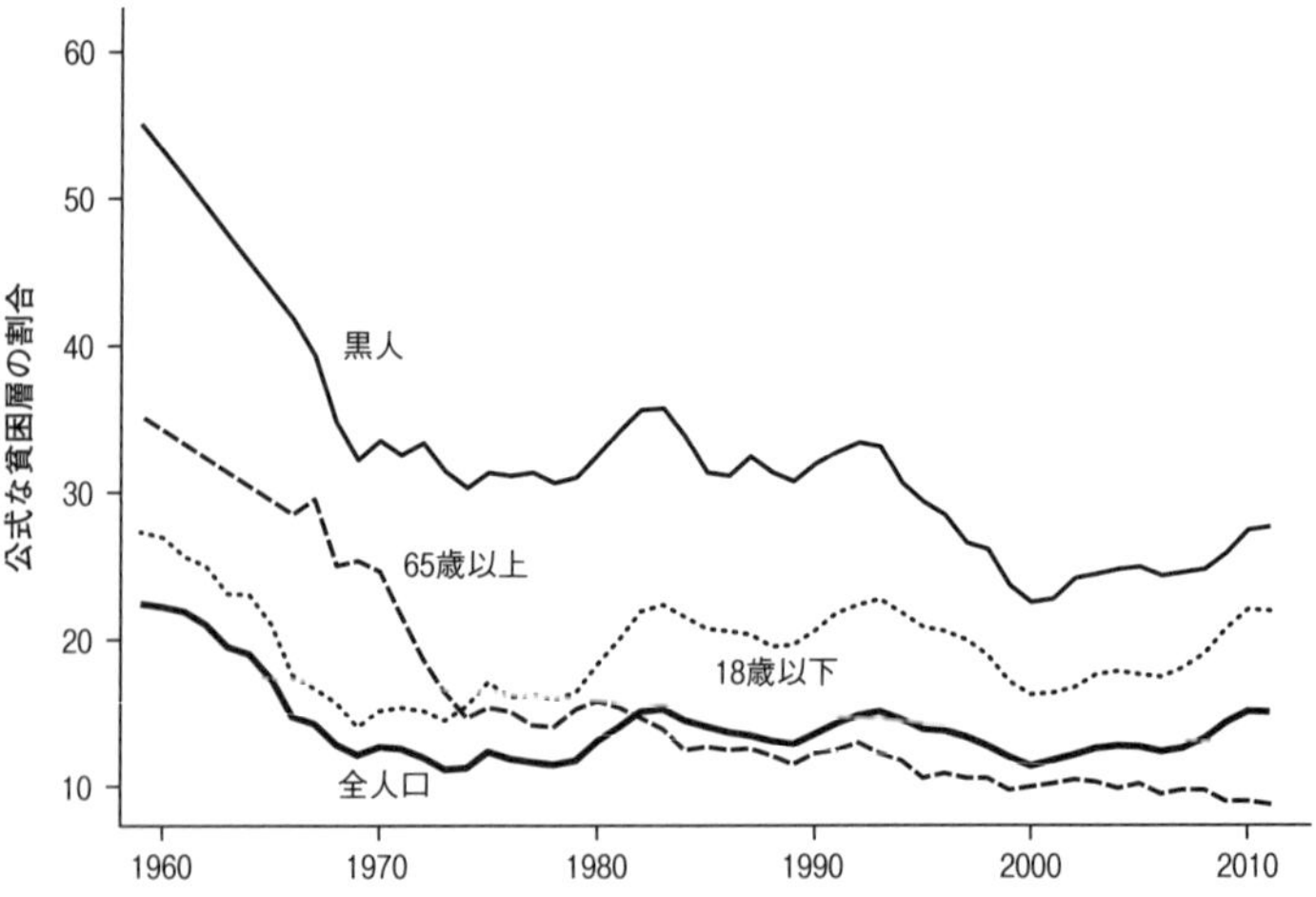

図2　貧困率，1959-2011年

済成長が貧困を削減することができなかった理由は説明できない。

　貧困率は人口集団によって異なり、特に一九七〇年代半ば以前は大きく異なっている。現在、アフリカ系アメリカ人とヒスパニック系アメリカ人（グラフには示されていない）の貧困率は群を抜いて高く、高齢者の貧困率は一番低い。もっとも、この三つの人口集団の貧困率は、特に最初のころに劇的に減少した。高齢者の貧困率の低下は六五歳以上の国民に物価調整後の一定金額を支払う高齢者向け社会保障制度によるもので、制度の偉大なる勝利と言われることがよくある。大人よりも子どものほうが貧しい場合が多いのだが、子どもの人口集団はほかの人口集団や人口全体と同様、この三〇年間であまり貧困率が下がっていない。図では貧困層の割合を示しているので、人口の増加にともない、貧困層の人口は貧困率よりも早いペースで上がっていることに注意してほしい。実際、二〇一一年の貧困層にあるアメリカ人の数は四六二〇万人で、一九五九年の六七〇万人よりもはるかに増えている。

経済が成長し続ける中で増え続け、どう見積もっても減ってはいないこれらの貧困にまつわる数字が本当に信頼のおけるものなのかどうか、計算がどこかで間違っているのではないかと疑問を持つのはいいことだ。たしかに、人々を貧しいと定義する方法に懸念を覚えるべき理由は十分にある。基本的な考え方はとても単純なのだが、実際にちゃんと定義するとなると難しい。なかでももっとも難しい問題が貧困線をどこに引き、時代の流れに合わせてどう変更していくかだ。

アメリカの貧困線が設定されたのは一九六三－六四年、社会保障庁の依頼を受けた経済学者モリー・オーシャンスキーによってだった。オーシャンスキーは成人二人と子ども二人から成る四人家族がぎりぎり生きていくために必要な食費がいくらかを計算し、一般的な家庭では所得の約三分の一を食費に充てるという前提に基づいて、食費を三倍した。そうやって得たのが、一九六三年の米ドルで三一六五ドルだった。一九六九年八月、この数字が正式にアメリカの貧困線として定められる。物価の上昇にともなう調整を除き、この金額はそれ以来変わっていない。二〇一二年の価値では、貧困線は二万三二八三ドルになっている。このような形で貧困線を固定しているというのは、ずいぶん妙な話だ。もともとの算出方法を活かして、オーシャンスキーの計算を毎年やり直せばいいのではないか？　だがそうはならず、一九六三年の貧困線はそのままで、インフレ調整がされているだけだ。

オーシャンスキーによる貧困線の「科学的」な算出は一見理にかなっていて表面上は魅力的な栄養必要量を根拠にしたものだったが、実際は単なる偽装にすぎなかった。一九六三－六九年のジョンソン政権下の経済学者たちはのちに「貧困との戦い」と呼ばれることになる運動に備え、貧困線を必要としていた。そして三〇〇〇ドルという金額を採用したのは、それがもっともらしい数字に思えたからだ。オーシャンスキーの任務は、何の根拠もなく選ばれた数字よりは正当化しやすい金額を国民に提供することだった。オーシャンスキーが最初におこなった計算は農務省の「低価格食品購入プラン」に基づいて四〇〇〇ドルをちょっと超える程度の金額を叩き出し、オーシャンスキー本人はこちらのほうが適切だと考えていた。三一六五ドルという数字のもとになったのはもっと厳しい「経済的食品購入プラン」で、こちらが採用されたのはもっと堅実だとか科学的根拠があるとかいう理由ではなく、最初にひねり出した三〇〇〇ドルという数字に近かったからというだけの理由だったのだ![5]

この話はジョンソン政権の経済学者たちの背信行為を際立たせるためにしているわけではないし、優秀な公務員の科学的信憑性に疑いを差し挟むためにしているわけでもない。ここで言いたいのは、官僚が正しかったということだ。貧困線はつじつまが合っていて、一般市民にも政策立案者にも受け入れられる必要がある。ギャラップ社の世論調査で貧困線はいくらにするべきかと問いかけると、平均的な回答はまさしく三〇〇〇ドルだった。[6] 食事うんぬんのこじつけがされたのは、貧困と飢えが同列に受け止められがちだから便利だった（今でもそうだ）というだけのことだ。それに、食べるものにも不自由している人々のために支出をしていると思わせるほうが、貧困層に対する支出を受け入れてもらいやすい。栄養学的に算出した数字は貧困線を「専門家」が決定したラインのように見せたわけだが、実際には貧困家庭が何を「必要としているか」についての専門家など存在しない。強いて言うなら、貧困家庭自身がその専門家にあたるだろう。

こじつけと現実が一致したという事実は、貧困線が引かれた一九六三年には都合のいいことだった。だがのちに貧困線を更新するためのさまざまな手法によってさまざまな数字が弾き出されるようになると、だんだんと都合が悪くなってくる。オーシャンスキーの手法が正しいものだったとしたら、貧困線は新たな経済的食品購入プランと新しい乗数で毎年計算し直されるべきだ。ギャラップ社の手法のほうが良ければ、国民が妥当だと思う貧困線を使って更新をおこなうべきだろう（個人的には、後者が一番気に入っている。人を貧しいと決めつけて貧しいことを理由に扱いに差をつけ、たとえば食料助成金などを与えるのであれば、そのために税金を払っている一般市民の意見も貧困線の設定に反映されるべきだと思うからだ）。だが実際には、どちらの案も採用されなかった。技術的な修正がわずかにおこなわれ、インフレ調整が成された以外、貧困線はオーシャンスキー（というよりはジョンソン政権の経済学者たち）が一九六三年に決めたときのままだ。オーシャンスキー本人がその後何年にもわたって訴え続けたように彼女の手法が更新されていれば、貧困線は上昇し、現在よりもずっと高い数字になっているだろう。ギャラップ社の世論調査でも、実際の賃金の増加におおむね沿った形で貧困線は上がっていくべきだったと人々が考えていたことがわかる。いずれにせよ、貧困線は時代とともに上がるべきだったのであり、そうなっていれば貧困率は実際よりももっと早く上がっていたことになる。貧困率をもっと早く削減することにアメリカ経済が失敗したのは貧困線の更新が適切に成されなかったためだ、と主張するのは難しい。実際は、その正反対だからだ。

　アメリカの貧困線は、今では「絶対的」貧困線と呼ばれている。貧困から脱するために必要な金額を固定し、物価調整だけをおこなっているからだ。ほかの人々が何を手に入れているか、経済の現状はどうかなどは関係ない。人が生きていくために必要な物品の内訳がきっちり定義されていれば、絶対値がもっとも理にかなっている。その場合、貧困線は単にその内訳の合計コストであり、同じ物を常に買えるよう、物価の変動だけを調整しておけば貧困線を更新する必要はない。この手法はアフリカや南アジアなどの貧困国では通用するかもしれないが、現代のアメリカの貧困家庭はこのような生活水準には当てはならないし、一九六三年にもただ生きていくためだけに三一六五ドルも必要としてはいなかった。アメリカにおける貧困の現実は、社会に本格的に参画するために必要な財源が十分にないこと、家族とその子どもたちが隣人や友人に囲まれて人並みの暮らしを送れる状況にないことが問題だ。人並みに生活するという社会的水準を満たせていない状態は絶対的貧困だが、この絶対的貧困を避けるためには、現地の水準に合わせた調整が必要だという点で相対的な金額が必要になる。[7] アメリカのように裕福な国では、相対的な貧困線以外は妥当とは言えない。相対的貧困線で見ると、貧困の割合も増加率も、一九六三年と比べて過小評価されていることになる。

一般的な生活水準が上がっているこの世界で絶対的貧困線を採用すると、貧困層が社会の主流からどんどん低い位置へと流れ落ちていってしまう。アメリカだけに限った話ではないが、貧困線はさまざまな給付金や補助金の給付資格を判断する基準として使われている。これが社会全般の進歩に合わせて更新されないとなると、給付は実質的に、時代が経てば経つほど受け取るのが難しくなることになる。

貧困線を更新しそこねたのは、アメリカの貧困対策におけるいくつもの失敗のうち一つだ。ほかにも、公的な統計で貧しいかどうかを判断する際に、税引き前、補助金支給前の所得が使われているという失敗もある。これはとんでもない欠陥だ。食料配給券《フード・スタンプ》（正式には補助的栄養支援プログラム、通称ＳＮＡＰ）や税制を通じて支払われる現金による補助金など、貧困撲滅のために政府が実施している数多い制度が完全に無視されている。この計算方法のせいで、これらの対策が貧困の軽減に実際にどれだけ貢献したとしても、測定上はまったく貧困を軽減できていないというばかげた結果を生んでいる。仮に有能な政権がこうした制度を通じて貧困を撲滅できたとしても、正式な統計にはそれが表れないということになる。これは単なる理論上の問題ではない。所得をもっと包括的に測定すれば二〇〇六年以降（それ以前の上昇は含まない）の全体的な貧困率の上昇はずっと低かったはずだということを示す、もっとましな計算方法もある。ここでもまた、この失敗の責任を国勢調査局の統計担当者に押しつけるべきではないと言っておきたい。この問題は長いこと認識されていて、国勢調査局はもっと良い測定方法の開発に先陣を切って取り組んできた(8)。問題は、最初に考案された手法が補助金や税控除などを考慮していなかったということだ。一九六三年にはどちらの制度もまだ存在しなかったし、税金を払っている人もごくわずかだったため、当時は誤差がほとんどなかったのだから仕方ない。だがのちに、政治がその役割を引き受けることになる。貧困層を数える手法を変えるというのは、たとえ誰もが認める欠陥を修正するためだとしても、難しいものだ。難しくて賛否両論の、非常に偏った問題の詰まったパンドラの箱を開けないことには変化は起こせず、その役目を引き受けようという意思を示した政権はほとんどなかった。

一九五〇年代後半以降のアメリカの貧困率について、どんなことが言えるだろう？　所得分配の底辺に位置する所得については多くのことがわかっているので、公式の貧困線自体が欠陥だとしても、何が起こったかは見ることができる。一九五九年から一九七〇年代半ばにかけての貧困全般の減少は間違いなく現実に起こったことだし、特に高齢者やアフリカ系アメリカ人の人口集団で急速に貧困が改善されていったのも現実だ。また、一九七〇年代半ば以降の改善率が低迷、あるいは停滞したことも紛れもない事実だ。公式な測定で使われている固定した貧困線こそ正しい方法だとすれば、大幅な経済成長にもかかわらず、貧困率はずっと進展がないままということになる。

この悲観的な結論から逃れる方法の一つが、やはり、品質の改善や新たな商品の登場が統計に適切に考慮されていないために貧困率の改善が過小評価されているという議論を推し進めることだろう。つまりはインフレが誇張されているということだ。なぜなら、物価は物の価値の上昇だけでなく、品質向上も原因となって上がるからだ。これが事実だとすれば貧困線が上がる割合は早すぎるし、増え続ける貧困層は実際にはまったく貧しくないということになる。測定されていない品質改善によって貧困層がどれほどの恩恵を受けているかを知る術はないのだが、この主張を受け入れるとすれば、結局のところ私たちは、貧困との戦いに勝っているのかもしれない[9]。もう一つ、同様の問題がある。貧困層向けの税金や補助金を考慮していない公式測定方法の欠陥だ。これらの要素を考慮して計算していれば近年の大不況のような不況時の景気上昇はもっと小さかっただろうし、長期的に見れば貧困はもっと削減できていたはずだ[10]。

だがもし読者諸君が私と同様、貧困線は一般的な家庭の生活水準に合わせて上昇していくべきだという考えを持っているのなら、貧困率は過去四〇年の間に、平均的な経済成長とは対照的に上昇してきたことになる。もっと幅広く見れば、戦後のアメリカの経済成長は一九七〇年代までは全国民に享受されていた。その後経済成長がゆるやかになると、所得分配の最底辺にいる人々は恩恵を受けられなくなってきた。戦後の歴史は二つの期間に分けられる。一方は比較的早く、全国民に共通していた成長。もう一方はゆるやかな成長で、貧困層とその他との間の格差を広げるものだ。

アメリカの貧困測定は、世界全体を含むほかの地域の貧困測定と共通するところが多い。貧困線の定め方は必ずと言っていいほど議論の的になるし、所得をどのように定義してどのように測定するかについてはしばしば技術的な（そして一般の目には見えにくい）問題がつきまとう。貧困線をどう更新していくかという問題も難しい。これは一つには哲学的・政治的思想の違いがあるためだが、もう一つには貧困層の定義を変えることで恩恵を受けられる対象も変わることになり、そうなると得をする者と損をする者とが出てくるためでもある。貧困の計算方法を変える場合、それがたとえ明白で世界中に認識された欠陥（食料配給券が考慮されていないなど）を修正するためのものであったとしても、政治的な反対運動が起こるのは間違いない。貧困に関する統計は、国家が統治するための道具の一つだ。この道具を使って国家は所得を再分配したり、不慮の際に国民が極貧に陥るのを防ぐ努力をしたりする。正義の仕組みの一部なのだ。その存在は、国家が貧困に対処し、最悪の結果を避ける責任を引き受けたことの証明にもなる。この統計は国家が貧困を「見る」ための道具、政治学者ジェイムズ・スコットが印象深くも「国家のまなざし」[11]と呼んだ道具の一部だ。例によって、測定がなければ統治するのが難しいのと同じように、国家がなければ測定は存在しない。「statistics（統計）」という単語に「stat（国家の）」という言葉が入っているのは、偶然ではないのだ。

アメリカにおける所得の分配

所得の動向は成長、貧困、格差という、三つの観点から見ることができる。成長は平均についてのものであり、所得がどのように変わるかを見るもの。貧困は底辺について。格差は所得が世帯間・個人間でどのように分布しているかを見るものだ。この分布は「ジニ係数」で測られる。これは、二〇世紀の前半に活躍したイタリア人経済学者コッラド・ジニの名をとったものだ。ジニ係数、または単に「ジニ」は、ゼロ（完全なる平等、誰もが同じものを持っている）と一（完全なる不平等、一人の人間がすべてを独占している）の間の値をとる数字だ。ジニ係数が測るのは人々が平均してどのくらい離れているかだ（もっと詳しく知りたい読者のために説明すると、これは人々のすべての数値間の差を、平均所得の二倍の数で割って得られる所得の平均差だ。私とあなたとでこの計算をしてみよう。あなたがすべてを持っていた場合、差額は平均値の二倍となり、ジニ係数は一になる。私たちが同じ額を持っていた場合、差額はゼロとなり、ジニ係数もゼロになる)。

ジニは第二次世界大戦後から一九七〇年代半ばまではおおむね一定だったが、その後増え続けている。これは所得層の上位一〇パーセントの所得の割合についても同じことが言え、税引き前でも後でも変わらない。平均所得が増える一方で底辺の所得は停滞しているが、これは貧困層以外の所得が貧困層の所得を置き去りにして増えた場合にしか起こり得ない。こうした説明は間違いではないものの、何がどうしてこうなったかを理解するうえではあまり役に立たない。むしろ目を向けるべきなのは所得全体であり、それがどこから生まれてどうやって形成されたかだ。統計の二つや三つでまとめられるほど、現実は単純ではない。アメリカ人の所得は幅の広い川のようなものだ。平均的な流れの速さだけ見ても川のこっち側やあっち側、渦を巻いている所やよどんでいる所で何が起こっているかはわからない。

図3は、分配のさまざまなレベルで平均所得がどう変わったかを示している。もとになっているのは、国勢調査局が各世帯に前年の所得について尋ねるアンケートから取った数字だ。図に示された最後の数字は、二〇一一年三月に調査を受けた八万七〇〇〇強の世帯が二〇一〇年の所得について回答したものになる。グラフでは、五分位階級別の世帯の平均所得(二〇一〇年の物価に合わせてインフレ調整済み、対数目盛表示)が示されている。一番上の線は上位五パーセントの平均所得だ。一九六六年のこのグループの平均所得は、最底辺の二〇パーセントの平均所得の一一倍もあった。二〇一〇年までに、この割合は二一倍にまでなっている。数字はすべて税控除や補助金を加味しておらず、政府から世帯に支給される医療サービスの大半なども考慮されていない。こうした項目が考慮されていないことがどれほど重要かは、あとで見ていく。これらの項目が含まれ、、、、るのは図1の所得のほうで、図3よりも図1のほうがやや先行きが明るく見えるのはそのためだ。

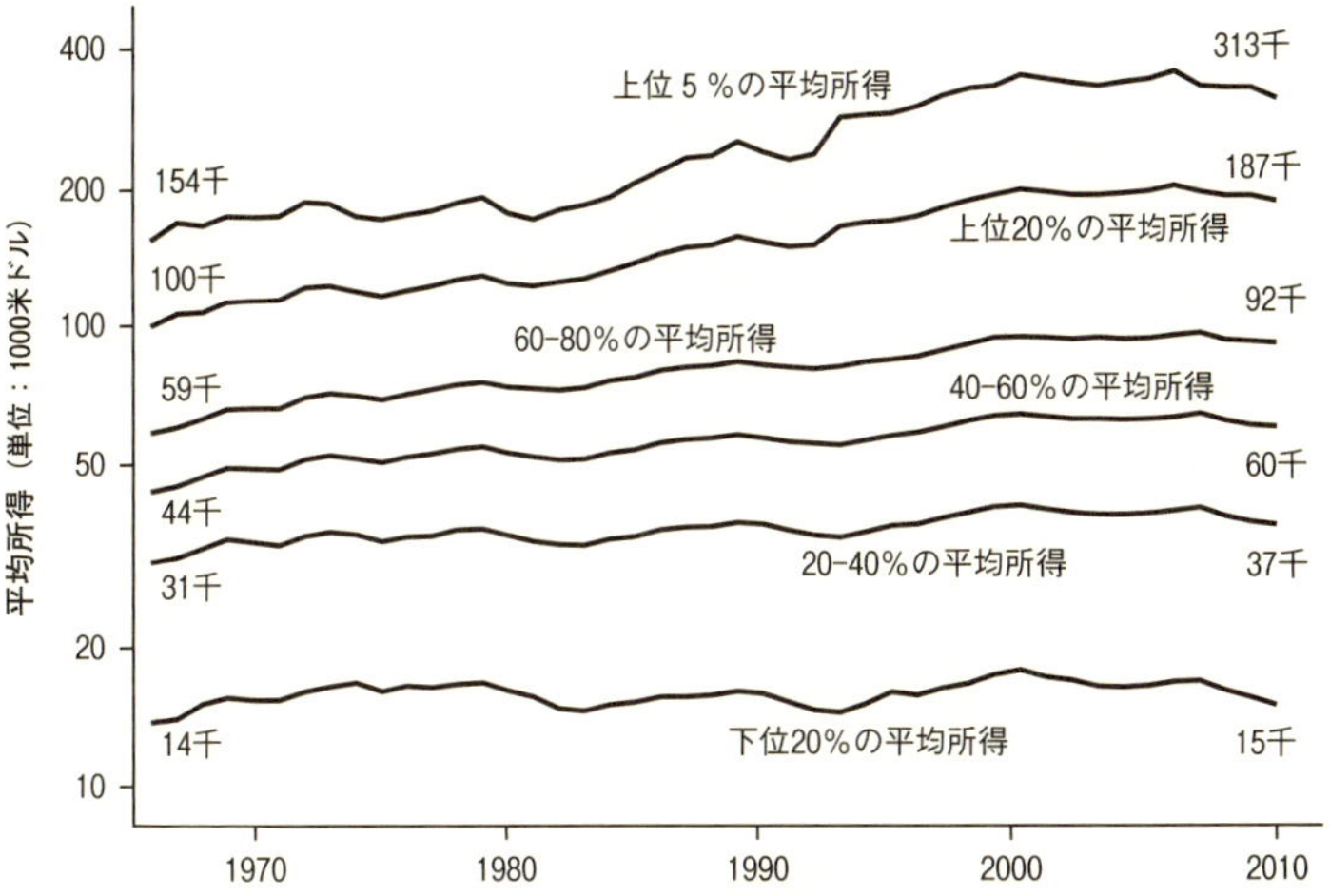

図３　アメリカの家計所得分配図

この図は、一九六〇年代後半以降の家計所得の分配に関する主な事実の一つを教えてくれる。一九七〇年代半ばから後半までは、全世帯が経済成長の恩恵を受けていたということだ。だがその後、所得格差が広がり始める。貧困に関する数字からすでにわかっているとおり、最底辺の二〇パーセントに属する世帯はほとんど所得が増えていない。彼らの平均所得の伸び率はこの四〇年間で毎年〇・二パーセントにしかならず、不況が訪れる前でさえ、実質所得は一九七〇年代後半と変わらない。一方、上位二〇パーセントの平均所得は毎年一・六パーセントのペースでぐんぐん伸び続けたが、それよりさらに速く伸びたのが上位五パーセントで、毎年二・一パーセントの伸び率だった。ここで再び、測定されていない品質の変化に関する議論を展開すると、伸びは最底辺の二〇パーセントでもっと大きいはずだ。もっとも、最底辺と最上部との伸び率の差は変わらないままだが。

この図には、二つの点で不備がある。時代を十分にさかのぼっていないという点と、調査対象が少なすぎて大富豪層の所得を考慮できていない点だ。ビル・ゲイツもウォーレン・バフェットも、この調査の対象になることはまずないだろう。この二つの不備についてはあとで触れるが、とりあえずは過去四〇年と、毎年何百万ドルも稼げないその他大勢の世帯に目を向けよう。

労働の格差

所得について考えるうえで、労働市場は手始めにいい場所だろう。ほとんどの世帯が家族の稼ぎから所得を得ているのだから、仕事や賃金は家計所得に多大な影響をおよぼしているはずだ。だが、労働市場は家計所得を形成する要素の一つにすぎない。主婦や退職者、子ども、失業者、障害者など、多くの人々が無収入で、家族の稼ぎや年金、政府からの補助金に依存して生活している。なかには事業を立ち上げてそこから所得を得ている者もいるが、この所得は一部が労働による稼ぎで、一部が事業への投資による利益だ。ほかにも資本収入や株式配当、利息収入など、自分や両親、祖父母が過去に蓄積した財産から所得を得ている人々もいる。

多くの家庭には収入を得る家族が複数いるので、個人所得を家計所得に換算するにあたっては家族構成が大きく影響する。これが、所得分配に対する「人口統計学的特性」の影響というものだ。夫が働いて妻が働かない世帯は、夫婦がそれぞれに高収入を稼ぐ「スーパーカップル」世帯とはまったく違う。こうした人口動態の変化も、格差拡大の背景の一部だ。政策も、大きな影響力を持つ。課税対象の所得額を決めるのは中央政府や地方政府だし、社会保障（公的年金）の規定を決めるのも、医療サービスの大半を決めるのも、企業や労働市場の運営に影響を与える無数の法規制を策定して施行するのも政府だ。

政治は誰が何を手に入れるかという紛争を解決するもので、政府は有権者のみならず利益団体やロビイストなど、依頼主のために取り分を増やそうとする人々の戦場になる。労働組合や高齢者、移民、囚人に至るまで、こうした利益団体の規模と勢力の移り変わりがアメリカの所得が進化する形を決定づけてきたと言っても過言ではない。そしてその背景にあるのが進化し続ける技術、国際貿易や海外移住の変化、社会的通念の変化だ。

所得の分配は労働市場の需要と供給のような一つの仕組みに落としこむことはできないし、ジニ係数のような格差を測るたった一つの測定方法で測ることもできない。さまざまなプロセスが同時に作用した結果起こるものなのだ。歴史も重要だし、市場も、政治も、人口動態も重要な要素になる。

ノーベル経済学賞の第一号受賞者となった二人の経済学者の一人であるヤン・ティンバーゲンは、所得分配の進化が過去に見られたような労働と資本の対立ではなく、技術の発展と教育の向上の間の競争の結果生まれるものだと考えた[12]。ハーヴァード大学の経済学者ローレンス・カッツとクローディア・ゴールディンはこの類推をもとにして、アメリカにおける労働市場の近年の発展を説明している[13]。職場で必要となる技術に必要なのは能力と訓練か、それとも優れた教育全般がもたらす適応能力か。労働者の教育水準が市場の求める水準を下回った場合、教育費が高くなり、より高い教育を受けた労働者の賃金が他を引き離して上がっていくため、格差が広がる。逆に教育のほうが上回り、たとえばベトナム戦争のために本来なら進学する予定のなかった若者も大学に行ったときのようなことが起こると、技能の供給が上がり、その価格（たとえば大学教育の付加価値）が下がるため、賃金格差は縮まる。

二〇世紀の前半には、教育の主な違いは高卒かそうでないかだった。平均的な教育水準がずっと高くなった現代では、大卒かどうかがその違いになる。生産技術の変化は常に技能の高い労働者を好んできた。この傾向は、「技能偏重の技術進歩」という用語で言い表される。その昔、技術の進歩と言えば農作業から工場の製造ラインへの変化のことだった。今では、コンピューターに新しい作業をさせるコードを作成できる能力のことだ。より高い教育を受けた労働者のほうが新しく生まれる技術をうまく使いこなすことができ、新しい手法にも早く慣れ、その手法を改善したり変更したりすることができるようになる。

この一世紀の間に、アメリカ人はどんどん教育を受けるようになってきた。つまり、労働市場における技能の供給が増えたということだ。ほかの条件が同じだったとすれば、これは教育の価値を引き下げ、大卒資格のある者とない者との間の賃金格差を縮めたはずだ。だが格差は縮まるどころか広がっていて、一九七〇年代後半以降の開き方が特に大きい。供給が増えたにもかかわらず価格が上がった場合、需要が供給以上の速さで高まらなくてはならないことがわかっている。経済学者は、新しい情報技術を使いこなすために必要な能力が次々に増えていることが需要高騰の原因だとしている。ここ三〇年で加速してきた技能偏重の技術進歩こそ所得格差を押し広げた主な要因だ、というのが彼らの主張だ。大卒資格の付加価値が上がっているということは、技術が進化し続ける今、大学に行く価値が以前にも増して高まっているのだと市場が若者に教えているということだ。そして平均的な教育水準の向上は、そのことにちゃんと注意が払われていたことを証明している。

コンピューターの使われ方、インターネットの使われ方、そして情報の入手しやすさが急速に変わってきたことで、意思決定やビジネスの場でそれらの情報を使える人材に対する需要が加速度的に増えてきた。だが少なくとも一九七〇年代後半までは、教育がまだ追いついていなかった。もちろん、この傾向が永遠に続くわけではない。教育制度がもっと柔軟になって需要の伸びに追いつけるくらい素早く新しい技能を教えられるようになれば、格差の拡大もやがては終息するだろう。[14]

当然のことだが、物事のやり方の変化は科学的新発見が偶然空から降ってくるようなものでもなければ、孤高の天才の頭に突如ひらめくようなものでもない。普通は経済的・社会的環境のニーズに応えて生まれるものだ。基礎科学がすでにあって、詳細な計画ももう準備万端という場合もある。だが実用にまで至るには、利益になるチャンスを見出し、市場に出せるような形で作っていってくれる起業家や技術者が必要だ。経済学者ダロン・アセモグルが、このように「方向づけられた」技術的変化の重要性を訴えている。いくつもの新しい手法が実行可能になるのは、それを実践し、発展させていけるだけの能力がある労働者が十分に供給された場合だけだというのが彼の主張だ。[15] アセモグルによれば、これはベトナム戦争によって技能が拡大したためにコンピューターが発明されたのだという議論を擁護するわけではなく、過去の技術発展によって技能に付加価値がついたことがもっと多くの若者に進学する動機づけを与え、大卒労働者の供給が増えることで技術の発展が加速し、それによって技能の付加価値がさらに高まる、という累積的連鎖が生まれるのだそうだ。この連鎖が止まるのは新たな情報技術でできることがすべてやりつくされたときだけで、そうすると発明の努力は経済の別の分野へと向けられていく。鉄道から自動車へ、自動車から電子機器へと移ってきたのと同じだ。賃金格差の拡大はこの構造の副産物であり、技能の供給を高めるうえで大きな役割を果たす。つまり格差自体は特別歓迎されるものではないが、全体の生活水準を押し上げる構造の一部分だということになる。

わかりやすいたとえ話をしよう。常に散らかった部屋に親がうんざりして、子どもの小遣いの額を部屋の清潔さに比例させ、整理整頓に報酬を与えることにしたとする。このような仕組みは通常、求められる効果を少なくとも部分的には実現し、家の中は暮らしやすくなり、親のいらいらも収まり、子どもは片づいた部屋が気持ちいいものだということに気がつくようになるはずだ。だが、そこには危険もひそんでいる。複数の子どもがいて、一人がほかの子よりもやる気を出したり、小遣いの額に関係なくもともときれい好きだったりした場合、当初は平等だったはずの小遣いは不平等になっていってしまう。理想的な家族であれば、すべての子どもが常に部屋を完璧に片づけ、小遣いを全額もらえる。だが現実の家族では、現実の経済と同様、突出した動機づけは格差を広げる。これを問題視しない親もいるだろう。結局のところ、機会は完全に平等に与えられたわけで、どの子どもも自分の行動の結果を受け入れることを学ぶべきだからだ。一方、そうは考えない親もいるだろう。そうした親は、子どもによって整理整頓する能力が異なるし、誰しも間違いは犯すものだと考える。そして、新しく生まれたこの格差が不公平だという子どもたちの意見に同調するかもしれない。機会の平等が、誰の目にも公正な結末を生むとはかぎらない。

成果によって金額に差をつける小遣い制度が長期間続いたとして、小遣いの一部を貯金する子どもが出てきたら格差はさらに広がることになる。全員が小遣いの同じ割合を貯金しても、一人は常にもっと多い額を貯金し、きょうだいたちよりも着実に財産を増やしていく。貯金によって小遣いの格差は広がり、やがて財産の格差に比べれば小遣いの格差など取るに足らないものになる。現実の経済で財産の格差が収入の格差を取るに足らないものにしているのと同じことだ。この格差の広がりは、もともときれい好きな子どもがもともと将来に向けて備える性格でもあった場合にはさらに大きくなる。社会全般を見ると、未来を見据える力があって自己制御力が高い人ほど教育の恩恵をより多く受けることができ、高い教育によって得られるようになった高い収入を蓄積する可能性が高い傾向がある。家庭内でも国内でも、動機づけと格差との間には大きな矛盾があるのだ。

新しい技術の爆発的進歩は、本当にすべての人々の暮らしを良くしているのだろうか？　その可能性はたしかにある。物事のもっといいやり方ができたということは、分配できる所得が増える可能性が生まれるということだ。技能に対する付加価値が高くなっているとしても、高くなる過程自体が技能の低い者の賃金を下げてしまうようではいけない。図3では底辺の二〇パーセントに属する家計所得が減少している様子は見受けられないが、最底辺の賃金についてはこの限りではなく、実質ベースでは下がり続けている。家計所得がどうにか今の水準を維持できているのは、女性が労働力に加わって家族の中に稼ぎ手が増えたからだ。では、賃金を低いままにしている原因は何なのだろう？

その一因はグローバル化だ。アメリカ国内の未熟練労働者が作っていた商品の多くの製造が海外の貧困国に移され、多くの企業は国内でやっていた仕事を外国に業務委託するようになった。クレーム処理などの事務処理《バックオフィス》業務や、顧客対応のコールセンターまでもだ。移民も、合法・違法にかかわらず未熟練作業の賃金押し下げの要因とされているが、これについては異論もあり、信頼できるいくつかの研究では、移民の影響は小さいという結果が出ている。医療費の増加も大きな要因だ。ほとんどの従業員が報酬の一環として健康保険に入っていて、保険料の増加分は最終的には賃金から差し引かれることがどの研究でも示されている。[16]実際、医療費がもっとも急増するときに平均賃金が低くなり、医療費の増加がさほどでもないときには賃金が高くなるという傾向がある。[17]ＧＤＰのうち医療費に回される割合は一九六〇年にはわずか五パーセント、一九七〇年代半ばには八パーセントだったのが、二〇〇九年には一八パーセント近くまで上昇していた。

未熟練業務の中でも、労働者がどれだけ稼げるかはどういう技能を持っているかによって異なる。最悪の状況は機械的な事務作業をする事務員だった場合で、そういった人々の仕事はコンピューターに奪われたり、貧しい（と言っても世界最貧というわけではない）国のもっと低賃金で働く事務員に外注されてしまったりした。そんな中、賃金が最低水準だった職業の中でも、賃金も雇用も上向きな業種がある。接客が必要な小売店、飲食店などのサービス業や、患者への対応が必要な医療関係の仕事だ。これらの仕事は（大学で学ぶような）高い能力を必要としないが、コンピューターができるものではない。こうした仕事に従事していたのは伝統的に女性が多かったため、仕事を失った男性にはさらにプレッシャーがかかるようになった。羽振りが相当いい富豪層もこうした対人サービスを必要としていて、飲食店従業員、デイケア施設スタッフ、ベビーシッター、助産師、犬の散歩係、清掃員、買い物代行者からおかかえシェフや運転手、パイロットまで、需要はいくらでもあった。こうしてみると、まるで昔のヨーロッパで大地主が大勢の召使いをかかえていたころのような、貴族階級に近いものが復活したかに思える。ニューヨークのビーチリゾートのハンプトンズやフロリダの高級別荘地パーム・ビーチに、貴族とメイドを題材にしたイギリスの人気ドラマ『ダウントン・アビー』がやってきたような感じだ。[18] こうしたサービス業が所得分配の底辺にあり続けるかぎり、収入も業種も二極化が続き、最上部と最底辺が広がるばかりで中間層はまったく増えないということになる。[19]

政治と格差

政治は、低賃金労働者の給料に常に影響を与えてきた。最低賃金は連邦議会が定めるもので、二〇一三年には時給七・二五ドル、つまり年間二〇〇〇労働時間とすると年収一万四五〇〇ドルだった。独自の最低賃金を設定している州もあって、そのうち一八の州では連邦の最低賃金よりも高く設定されている。ここで大きなポイントとなるのは、連邦の最低賃金が自動的にインフレ調整されたり、市場の賃金水準が上がるのに合わせて修正されたりするわけではないということだ。その結果、最低賃金の実際の価値は常に下落傾向にあり、連邦議会が何か対策を取るたびに上方修正されるだけにとどまっている。実質賃金が上がっているときには、平均賃金に対する最低賃金の比率はさらに下落が進んでしまう。

最低賃金の修正は、必ずと言っていいほど議論を呼ぶ。従業員と雇用主の対立が生まれ、どちらの側にも擁護する政治家がいるからだ。このため、最低賃金は長期間にわたって変わらない場合が多く、一九八一年一月一日から一九九〇年四月一日まではずっと三・三五ドル、一九九七年九月一日から二〇〇七年七月二四日まではずっと五・一五ドル、そして二〇一三年現在の賃金は二〇〇九年七月二四日から変わらないままだ。変更がおこなわれた場合でも、物価の上昇に見合うほど大きく引き上げられない場合が多い。一九七五年の最低賃金だった二・一〇ドルの購買力は、二〇一一年の最低賃金七・二五ドルの購買力より三割ほど高かった。これを言い換えると、一九七五年に最低賃金を受け取っていた労働者の年収は四二〇〇ドルということになり、これは三人家族の公式な貧困線だ。二〇一〇年の物価で換算すると最低賃金労働者の年収は一万四五〇〇ドルのはずだが、この年の貧困線は一万七三七四ドルに設定されている。ときたま、しかも部分的にしか修復されないまま長期間崩壊し続けてきたこの賃金設定は、最低賃金労働者の政治への影響力が減少していることの証明だ。

最低賃金の影響は、政治家だけでなく経済学者の間でも議論を呼んできた。一般的な理論（やや単純すぎるきらいはあるが）では、政府が自由市場価格よりも高い賃金を設定すると、雇用主が新しく採用した従業員の一部を解雇してしまうだろうと予測している。同じ労力に対してもっと高いコストがかかるようになるからだ。プリンストン大学の経済学者デイヴィッド・カードとアラン・クルーガーが一九九〇年代初頭におこなった実証研究によれば、そのような影響は、少なくとも最低賃金が少々上がったくらいでは見られないと言う。[20] だがこの異説には直接影響を受ける労働者から糾弾の声が上がっただけでなく、怒りを覚えた経済学者らによる非難もヒートアップした。ノーベル賞受賞者ジェイムズ・ブキャナンは『ウォールストリート・ジャーナル』紙への寄稿の中で、このような理論に矛盾する実証を認めるいうことは「経済学には最低限の科学的根拠すらない」ことを示唆し、だから「経済学者にできるのはイデオロギー的な関心を擁護する立場から執筆することだけになる」と書いている。そして最後に「軍について歩く娼婦の群れにはまだ成り下がっていない」多くの経済学者を祝福する、と結んでいる。[21]

経済学において異論が出ない実証的証拠など数少ないのだが、思想的偏向がある主張や科学的信憑性をただ自称するだけの主張は、ここで挙げた例のように、政治的利益の対立がある場合に特に多くなる。とはいえ、今回の場合、実証的証拠の一部はまったく議論の余地がないものだ。実際に働いている労働者の間では、最低賃金が引き下げられると賃金格差が広がる。本来なら存在しなかったはずの低い賃金が存在するようになるからだ。比較的高い給料を受け取っている集団や職種なら最低賃金を下回る労働者が少ないので影響は微々たるものだが、低賃金地域、低賃金職種、低賃金集団（女性やアフリカ系アメリカ人）など、賃金が比較的低い条件の人々にとっては大きな問題になる。[22]

一九七〇年代以来続いている最低賃金の崩壊が低賃金労働者の実質賃金全体の引き下げ要因の一部だとすれば、なぜ政治がそれに歯止めをかけなかったのだろう？　その理由の一つが、労働組合の低迷だ。特に民間部門では労働組合が縮小傾向にあり、組合に所属している従業員の割合は一九七三年には二四パーセントだったのが、二〇一二年には六・六パーセントにまで減っていた。公共部門の従業員の組合化は一九七〇年代には増えたのだが、一九七九年以降は停滞している。現在、組合員のほとんどが公共部門の従業員だ。組合による政治的影響力の低下は、そもそも投票する権利を持たない集団が増えたことでさらに悪化した。不法滞在者は当然投票できないが、合法な移民でも市民権がなければ投票できない。一九七二年から二〇〇二年の間に、投票年齢人口に対する市民権を持たない人の比率は四倍にまで増えた。この同じ期間、彼らは一般集団と比べると貧しくなっている。移民政策が変わるにつれ、合法移民は比較的裕福な人口集団から比較的貧しい人口集団へと変化してきた。労働組合の政治的影響力が下がる一方で、合法移民の政治的影響力も小さくなってきているのだ。

そんな中、アメリカ国民であるにもかかわらず選挙権を奪われた重要な集団がもう一つある。重犯罪者に獄中からの投票を認めているのはバーモント州とメイン州のみで、いったん重犯罪者になってしまったら刑期や保釈期間を終えても一生涯選挙権を剝奪すると定めている州は一〇もある。一九九八年、人権団体ヒューマンライツ・ウォッチの量刑改革プロジェクトは、投票年齢人口の二パーセントが現在あるいは生涯にわたって選挙権を剝奪されていると推計した。そのうち三分の一がアフリカ系アメリカ人男性で、つまりアフリカ系アメリカ人男性の一三パーセントが投票できないということになる。アラバマ州に行くとこの割合は三〇パーセントを超えると推計され、ミシシッピ州でも同様に高いと思われる。ニュージャージーのように選挙権を生涯剝奪する法律がない比較的リベラルな州でも、黒人男性の一八パーセントは投票することができない。このように選挙権を剝奪された人々の多くがそもそも投票に行かなかった可能性は高いものの、潜在的投票者であることには変わりない。彼らは政治参加から排除されているので、組織化して政治力を行使することができない。政治家は政治的影響力のない人々が何を求めているかになど、関心を持たないものだ。

退職者は労働市場で起こることに直接影響を受けるわけではないが、彼らの年金は職歴や貯蓄額、古巣の会社が年金制度にどの程度貢献していたかや、年金を支払う社会保障制度の規定などによって決まる。年金というのは政治のまた別の戦いの場であり、政治力が発揮される場だ。高齢者がとりわけ裕福というわけではないが、票の数は多い（ベビーブーム世代が高齢化するとさらに増える）し、投票することができる。そして、退職者のロビーイング団体である全米退職者協会（AARP）は、ワシントンでもっとも力が強い（そしてもっとも恐れられている）組織だ。

最低賃金に起こった変化と、その一方で社会保障に起こった変化との対照は、組合の力が弱くなって高齢者の力が強くなっていることの証しだろう。高齢者は年金のほかにも、政府による医療制度であるメディケアを通じて（ますます）高額な恩恵を受けている。この制度にかかるコストが受益者の所得に計上されたとしたら、高齢者は現金所得だけを計上している場合よりもずっと所得が上がるはずだ。こうした恩恵を維持するうえでは医療従事者や保険会社、製薬会社などの強力な擁護団体の影響力ももちろんだが、やはり高齢者の政治的影響力が大きく物を言う。

税金は、まさに政治の本質だ。所得税は累進税で、収入が低いところよりも高いところから多く取る仕組みになっている。貧困層は税控除を受けている場合もあるので、税引き後の所得分配を見ると、税引き前よりも格差は縮まる。この累進課税制度は常に議論の的になっていて、資本収益や株式配当もほかの所得と同じように扱われるべきかどうかという議論や、公正を期すなら所得の再分配をするべきだという（左寄りの）意見、さらには全員が自分の持ち分を負担するべきだという（右寄りの）意見が飛び交っている。

アメリカでは、約半分の世帯が連邦所得税を支払っていない。それを踏まえても、税金は一九七〇年代以降の格差変化を形作るうえであまり大きな役割は果たしてこなかった。変化の大半が税引き前所得に関係するものだったからだ。一九八〇年代になると高所得者を優遇する減税政策によって格差が若干広がったが、一九九〇年代には逆のことが起こって高所得者の税負担が増え、給付つき勤労所得税額控除（ＥＩＴＣ）が拡大して低所得者が恩恵を受けた。二〇〇一年以来、税金の引き下げによって再び高所得納税者が優遇されるようになっている。連邦の議会予算局の推計では、一九七九－二〇〇七年の所得格差（ジニ係数により算出、ただし基準は少々異なる）が税引き前所得については四分の一、税引き後所得については三分の一程度広がった（メディケアの価値も含む）。両者の差が大きいのは、一つには同期間中にわたってずっと累進性が弱められたからであるが、もう一つには所得分配が上方向に寄ってきたためで、（政治的影響力の弱い）貧困層と比べると（政治的影響力の強い）高齢者への分配が増えたからだ。[23]

収入と家族

労働者は、給料をもらってきたらそれを世帯で共有する。その世帯の中には、ほかにも給料をもらっている家族がいるかもしれない。逆に、年金生活者のように、稼ぎ手のいない世帯もあるかもしれない。人々がどのような家族構成でその中で誰が働いているかは、労働市場での賃金の動向に加えて、家計所得の分配を形成する大きな要素だ。男性に比べて女性の給与が増えた、あるいは一九八五年までは白人の収入に比べて黒人の給与が増えたなどの傾向は、労働市場における賃金格差の拡大を抑えてきた。全人口の給与を職があるかないかにかかわらず、また人種や性別にかかわらず見た場合、労働人口だけに目を向けた場合よりも給与格差の拡大はずっと少ない。労働人口における給与格差の拡大は、結婚した女性など、それまでは働いていなかったために給与収入がなかった人々が労働市場に参入したことで部分的に相殺された。そして集団内（常勤雇用の白人男性など）での格差は広がっているものの、集団間の格差はある程度縮まっていて、たとえば男性に比べて女性の給与は上がっているし、白人に比べて黒人の給与も上がっている。

給与のほかにも、家計所得をより均一に近づけた要素がある。高い教育を受けた男性は、高い教育を受けた女性と結婚する傾向がある。この傾向は昔から続いているのだが、五〇年前であれば、給与が高い男性の妻は給与が低い男性の妻よりも働く割合が低かった。高賃金男性の妻は高い教育を受けている場合が多かったが、当時の慣習に従って、成功する夫のために家庭に入って専業主婦になっていたのだ。現代では、夫と妻の教育水準はやはり同程度だが、高給与者の配偶者自身も高給与者である割合が高くなっている。夫婦の両方が高給与者である「スーパーカップル」は、（家計）所得分布の最上部を（個人）給与分布の最上部よりはるか上にまで引き上げることに貢献した。これをたしかめるには、この調査データに含まれる夫婦を全員離婚させ（もちろんデータの上だけで！）、無作為に別の相手と再婚させ、家計所得の分布を再計算してみればいい。家計所得の格差はなくなりはしないものの、大幅に縮まるはずだ。

所得分布の最上部がスーパーカップルたちによって引き上げられている一方、底辺のほうは独身者によって引き下げられている。なかでも独身女性の世帯が大きな引き下げ要因となっていて、独身女性の数は総世帯数よりもはるかに速いペースで増えている。そして、貧困世帯である可能性がかなり高い。

アメリカのほとんどの家庭の所得と家計所得の格差にもっとも大きな影響力を与えてきたのは、労働市場の非人格的な力だ。家族構成の変化も世帯間の格差を広げたし、政治的影響力の強い団体から圧力を受けて政策立案者が起こした行動によっても格差は広がった。労働市場においては技術と教育の相互作用が大きな役割を果たしてきたし、グローバル化や最低賃金の低下も、小さいながらも重要な役割を果たしている。急速に上がり続ける医療費は、賃金の足をずっと引っ張ってきた。教育を受ける動機づけが急増したのと同様、その動機づけを無視した代償も大きく、教育を受けないことを選んだ人々や、さまざまな理由から教育を受けられなかった人々に打撃を与えた。きれい好きな子どもの例で見たように、動機づけが強いと格差が広がる。労働市場における格差は市場の最上部と最底辺に新たな雇用を生んだが、中間層は空洞のままだ。労働組合に加盟する労働者が減り、政治的影響力が小さくなると、貧困層が政治活動でも損をするようになった。投票権のない貧しい移民が労働者人口の中で割合を増やしていく一方、アフリカ系アメリカ人はそもそも投票しないか、投票権を剝奪されている。比較的裕福な高齢者はその数と投票力、政治的バックアップが強くなるにつれ、ますます裕福になっていく。だが市場においても政治においても、もっとも成功しているのは所得分配の最上部に位置する人口集団だ。次はこのグループに目を向けたいと思う。

アメリカの高所得者

所得格差についての研究は二〇〇三年、現在パリ経済大学教授のトマ・ピケティとカリフォルニア大学バークレー校教授のエマニュエル・サエズによる研究で大きく変わることになる[24]。それまで、家計調査による所得関連のデータは、超高所得を調べるにはあまり有益ではないと考えられていた。全国規模の代表的調査で定期的に選ばれるには数が少なすぎるからだ（たとえ無作為に抽出されたとしても、回答する可能性が低そうだというのもある）。ピケティとサエズは、所得税の記録を研究していたノーベル経済学賞受賞者サイモン・クズネッツが一九五三年に使った手法を大幅に拡大した[25]。富裕層もほかの人々と同様、税金の確定申告はしなければならない。つまり、所得税の記録を見れば富裕層のことがわかるのだ。ピケティとサエズの研究により、所得格差に対する考え方、特に所得分配の最上部の所得格差についての考え方が大きく変わった。この後、世界のほかの国で得られた比較可能なデータにも目が向けられたので、アメリカ国外についてもこの視点から見ることができる。

この情報を章の最後まで取っておいたのは特に注目してもらいたいから、そして労働市場と資本市場、政治の世界で何が起こったかを理解するうえで非常に重要な情報だからだ。また、所持している金額が膨大になるというだけの理由でも、高額所得者はことのほか重要だと言える。

図4は、ピケティとサエズの論文に記された重要なグラフの一つを更新したものだ。[26] データはアメリカで所得税が導入された一九一三年にまでさかのぼり、大不況真っ只中の二〇一一年まで続いている。世界大戦は両方含めて薄い灰色で示し、世界大恐慌は濃い灰色で示した。三本の線は個人所得合計額（資本収益を含む）に占めるパーセントの推計値で、全課税単位の上位一パーセント（一番上の線）、その一パーセントの上半分（真ん中の線）、そして上位一パーセントのさらに上位一〇分の一（一番下の線）を示している。右側のドル額は、それぞれのグループの二〇一一年の平均所得を示している。上位一パーセントは一一〇万ドル、上位〇・五パーセントは一七〇万ドル、上位〇・一パーセントは五〇〇万ドルだ。上位〇・〇一パーセントについてはこの図には示されていないが、二〇一一年の平均所得は二四〇〇万ドルを超えていて、アメリカの総所得の四・五パーセントを占めている。もう少し下に行くと全課税単位の上位一〇パーセントの人々が総所得の四七パーセントを占めていて、平均所得は二五万五〇〇〇ドルだ（課税単位は世帯とは異なる。また、税務上の所得もほかの所得測定基準における所得とは異なる。だが重複する部分は多いので、図の傾向は誤解の元になるほどかけ離れてはいない）。

この図からは、高額所得者の割合がこの一〇〇年間はU字型をしていたことが見てとれる。高額所得者の割合は二つの世界大戦の最中は大きく減少しているが、これはアメリカの戦争への支出の財源となった税金の大半が企業による負担で、富裕層への株式配当が激減したためだ。これは大恐慌のときでも

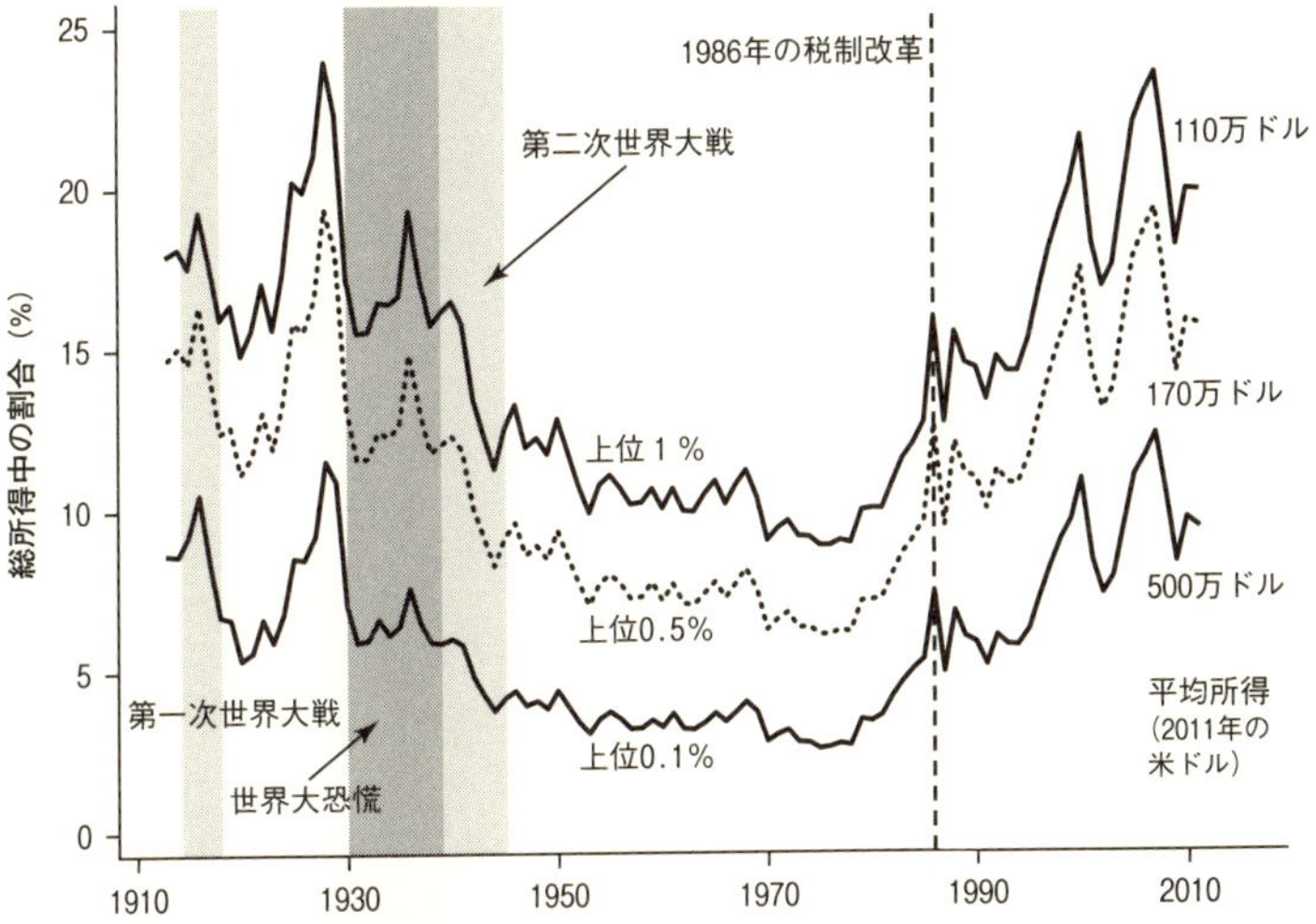

図4　高所得層，資本売却益を含む，1913–2011年

同じだ。第二次世界大戦後、ゆるやかながらも減少は続き、一九七〇年代終盤から一九八〇年代初頭にかけてようやく上昇傾向に入る。一九八六年に割合が急増したあとはさらに上昇が続き、二〇〇八年に富裕層が手にしていた所得は第一次世界大戦直前に手にしていた所得と同じ割合にまで回復した。一九八六年に大幅な税制改革がおこなわれて課税所得の定義が変わったため、ここで一時的な急上昇が見られる。

大きな変化があったのは高額所得だけでなく、それをどんな人々が受け取るかも大きく変わった。かつては、高額所得は資本によって創出され、富豪はピケティとサエズが「利子生活者」と呼ぶ、所得の大半を配当と利息から得ている人々だった。だが一〇〇年も経つうちに、この収入源から得られる富は累進性を高めた所得税と相続税によって目減りしていく。自分の（あるいは祖先の）財産が生み出す富で生活していた人々が上位から落ち、大企業のＣＥＯやウォールストリートの銀行家、ヘッジファンド・マネジャーなど、給料や賞与、ストック・オプションの形で所得を受け取る「稼ぎ手」に取って代わられていった。企業所得は一〇〇年前も今も変わらず重要で、その類の所得は所得上位の中では比較的安定した割合を維持している。利子生活者または「有閑階級」と呼ばれる人々が「働く富裕層」に取って代わられた変化とは対照的だ。上位一パーセントのさらに上澄みの一〇分の一という目もくらむような高さでは、資本所得は上位一〇パーセントに比べればまだ割合が高いが、一番大きい割合を占めるのは今では賃金所得だ。上位一〇パーセントの七五パーセント近く、そして上位〇・一パーセントの四三パーセントの所得が、賃金所得になっている。一九一六年、このエリート層の賃金所得は所得の一〇パーセントにしか満たなかった。配当や利息は今も重要ではあるが、あまりにも多くの株式が年金基金によって運用されているため、分配される範囲も非常に幅広くなっている。

この三〇年間を見てみると、一般市民の物質的幸福と大富豪層の物質的幸福との間には際立った違いがある。一九八〇年以降、納税者の下位九〇パーセントの人々のインフレ調整後税引き前所得は年間〇・一パーセント以下しか伸びず、二八年かけてやっと合計一・九パーセント増えただけだ。どの世代も、親の生活水準をようやっと維持できているといった具合だ。所得から税を差し引いて、さらにメディケア費用の自己負担分を帰属計算すると、この人々の収入は若干上がる。連邦の議会予算局によれば、一九七九年から二〇〇七年の間、下位八〇パーセントに属する世帯の税引き後所得の成長は四分の一程度、年間一パーセント未満だったとのことだ。[27] メディケアは貴重な制度ではあるが、その恩恵を受けるのは高齢者であり、そのお金は家賃や食費に使えるものではない。

一方、上位一パーセントでは税引き前所得が二・三五倍にまで増えている。一九八〇年と二〇一一年の両方で上位一パーセントにいた幸運な家族にとっては、まさに発展そのものだ。最上部、そして図に示されているよりもさらに上へいくと、上位一パーセントの中のさらに上位一パーセントの平均所得は四倍以上に増えている。これは税引き前所得の数字なので、二〇〇一年に高額所得が減税されて以降は、高額給与所得者は税引き後ですら豊かになっている。大多数の一般市民と幸運な少数の富豪層との対照的な数字は、図1と図2に見てとれる矛盾——大幅な経済成長があったにもかかわらず、貧困の削減がほとんどおこなわれていないのはなぜなのか——を十分に説明してくれるものだ。また、生活水準がほとんど向上しなかったのは貧困層だけではないということもわかる。

何があったのか、そしてそれがなぜ重要なのか？

裕福な者はほかの全員を犠牲にしてさらに裕福になったのか、それとも単に高学歴で才能にあふれた彼らがもっと生産性を発揮して、誰もが恩恵を受けられるような新しくて優れた何かを発明するなどしたということなのだろうか？　誰もが良い生活を送っているけれども、中にはとびぬけて良い生活を送っている者がいるような世界では、格差についての不平不満には正当性があるのだろうか、それともそれはただのやっかみなのだろうか？　そもそも、なぜ格差のことを気にしなければならないのだろう？誰もが最初に同じ機会を与えられたのなら、もっとうまくやろうと努力する者がいたからといってなんだと言うのだろう？　あるいは、最初に同じ機会を与えられないのだとしたら、気にするべきなのは結果の平等ではなく、機会の平等なのかもしれない。

機会の平等と、自らの努力によって成功した人々にハンデを課さないことには、良い面がたくさんある。だが、誰でも成功するチャンスがあると信じられているアメリカンドリームの国であるにもかかわらず、アメリカはほかの富裕国と比べると機会を平等に与えるのがあまりうまくないようだ。機会の平等性を測る一つの方法として、父と息子の収入の相関関係を見るといい。完全に平等な機会が与えられる完全に流動的な社会では、息子の収入は父親の収入とまったく相関関係がないはずだ。だが、前の世代から次の世代へと職業が受け継がれていくような、先祖代々続く階級社会では、相関関係を示す数値は一になるはずだ。アメリカではこの相関関係が〇・五くらいになっていて、OECD加盟国の中ではもっとも高く、これより高いのは中国と中南米のいくつかの国くらいしかない。実際、所得格差が大きい国では、父と息子の収入に密接な関係がある。[28] アメリカを含む不平等な国では、機会の平等性がもっとも低い。人々が求めているのが機会の平等であって結果が平等かどうかは問わないとしても、この二つは並行している場合が多い。つまりは、格差そのものが機会平等を妨げる壁になっているということになる。

さて、では富裕層に対するねたみはどうだろう？　経済学者は「パレートの原理」と呼ばれるものに強い愛着を持っている。これは「はじめに」で触れたが、一部の人々がより良い思いをしていても、誰も損さえしていなければこの世は良い世界だという考え方だ。ねたみは考慮されない。この原理はよく、上で何が起こっているかは気にしないで貧困層に集中するべきだという主張の理由づけに使われる。ハーヴァード大学の経済学者マーティン・フェルドシュタインの言葉を借りれば、「所得格差は対処が必要な問題ではない」のだ。[29] パレートの原理には多くの利点があるが、今から説明するように、所得格差の拡大が問題ではないと言っているわけではない。だがそこに至る前に、上位の収入が近年どうしてこれほど急激に増えてきたのか、その結果何が起こったかを知る必要がある。

一つ知っておくべきなのが、高額所得者とその他の所得者の中身はそう違っているわけではなく、ただその度合いが違うだけだということだ。新たな技術が新たな機会を提供したのはより高学歴でより独創性に富んだ人々に対してであって、極端な場合にはもっとも高学歴でもっとも独創性のある人々、その中でも特に幸運な人々にずば抜けて多くの富をもたらした。マイクロソフトのビル・ゲイツ、アップルのスティーヴ・ジョブズ、グーグルのラリー・ペイジとセルゲイ・ブリンなどがいい例だ。芸能人や優秀なアスリートもいまや地元だけではなく世界中で注目を集めるようになり、その注目の度合いに応じて報酬を受け取っている。グローバル化は、優秀な起業家にも優秀な芸能人と同様、活躍の場を広げ利益を拡大するチャンスを与えた。たしかに、今は世界中で多くの人々が自分の優れた才能を活かすことができる時代だ。

高所得者の中で大きな割合を占めるグループがほかにもある。銀行やヘッジファンドの上級管理職だ。彼らも非常に高い能力を持ち、その技能と創造性を活用して新製品を次々と生み出してきた。そうして生まれた金融商品がその発明者のために創出した利益に見合う社会的価値をどれほど創出したかについては、経済学者の間でも意見が分かれている。金融業界のイノベーションで本当に役に立ったものはATMだけだと言った元FRB議長ポール・ヴォルカーには、共感を覚えずにはいられない。銀行家や投資家が個人的動機のもとに活動し、その社会貢献を誇張しているのだとしたら、銀行業務や投資活動が増えすぎてしまうだろう。そうなれば、その結果生じる格差を防ぐことができなくなる。

金融サービスは、経済全体にわたる金融業界のイノベーションに重要な役割を果たしてきた。市場経済でもっとも貴重な業務と言えるのが、効果的な資本の配分だ。だが、一部のきわめて利益率が高い金融活動が世界全般にとってはそれほど有益ではないのではないかという疑念が現在は広まっており、金融制度そのものの安定性をおびやかすのではないかという意見まである。これは、投資家兼実業家であるウォーレン・バフェットが「大量破壊金融兵器」と呼んだものだ。仮にそうだとしたら、金融活動にともなう非常に高額な対価は不当であり、無駄なものだということになる。優秀な頭脳をこぞって金融工学の分野に引き抜くことは経済全体にとっての損失であり、ほかの分野で起こるはずだったイノベーションと成長の機会を奪っていることになるのだ。そこまで議論を呼んでいない別の問題もある。一番大きく、一番強いパイプを持つ組織を政府が救済するという暗黙の保証だ。この保証によってリスクを無視した金融活動が過剰におこなわれ、高い見返りをもたらしてきた。だが最終的には何百万もの人々が経済的に破綻し、職を失い、所得が減り、返済などとてもできないような額の負債を抱えこむという悲惨な状況に陥ることになってしまった。自分のお金や顧客のお金を動かして裕福になるというのと、公的な資金で金儲けをするのとではわけが違う。そのような活動が社会全般に害を成すとすれば、それは耐えがたい状況だ。

報酬の大幅な増額は金融機関や並外れて独創性のある一部の革新者だけではなく、多くのアメリカ企業の上級経営陣にもおよんだ。ここでもやはり登場するのが、上級経営陣の性質が変わってきているとか、企業が巨大化しているとか、情報技術の進化によって上級経営陣はもっと多くの人々を管理することができるようになったとかいう意見だ。だが、この傾向が上級経営者の報酬を増やす理由を説明できるかと言うと、かなり疑問が残る。第一に、図4に見られる変化は、技術の進歩を理由とするにはあまりにも早すぎる。第二に、これは次の章で見ていくが、欧米のほかの経済国では上級経営陣の報酬の増額はずっと少なく、まったく増えなかったところもある。だがそれらの国もアメリカと同じように新しい経営手法を学ぶことができたし、同じ世界市場で競争している立場だ。実は、グローバル化が英語を母国語とする経営者にとって有利だとする説があって、その理由は英語がグローバル経済の共通語であり、英語を話す経営者のほうが多くの国で最高入札者に自らのサービスを売ることができるからだというものだ。たしかに、高額所得者が増える割合は英語圏がもっとも高い。

ある調査では、原油価格が高くなると石油会社の最高幹部の給料も上がることがわかった。つまり、受け取る側が給料に見合うだけの仕事をしたからではなく、単にお金が余ったからというだけの理由で報酬が支払われていたと考えることもできる[30]。事業がうまくいけば経営陣にいつもより多く支払う。しかし、うまくいかないときにはいつもより少なく支払うということはあまりない。通常、経営陣の報酬を決めるのは報酬委員会で、委員会のメンバーは、名目上は独立した役員だ。だが、ウォーレン・バフェットを始めとする大勢が指摘しているように、報酬委員会のメンバーは収入の大部分を報酬委員会から得ている場合が多く、実質的にCEOの支配下にあると言える。バフェットはこのほかにも、膨大な額の報酬パッケージを多くの会社に広めた報酬コンサルタント企業（バフェットはこれらの企業をひっくるめて「ラチェット・ラチェット・アンド・ビンゴ」と呼んでいる）の役割にも注目した。こうした企業の利用が、CEO同士がお互いの会社の役員に名を連ねるという慣習と併せて、高額な報酬パッケージが金融業者からほかの企業へと広まっていった経緯を説明してくれるかもしれない。同時に、第二次世界大戦後の急激な累進課税と平準化を生み出した社会通念が二〇世紀末までにはほぼ破綻し、高額所得が五〇年前よりは社会的に受け入れられやすくなっていたという背景もある。

政府も、高額所得の急増を促進してきた。「破綻させるには大きすぎる」に代表される政府のバックアップとそれが可能にした何億ドルもの見返りは、政府の規制が失敗した証拠だ。経済学者トマス・フィリポンとアリエル・レシェフは、一九二〇年代には高かった金融業界の報酬が大恐慌以後の規制が始まったころにいったん低くなってから再び上がり始め、特に一九八〇年代に大きく上がった事実を紹介している[31]。その背景には、四種類の金融規制と規制撤廃の変化があった。その四種類とは銀行が複数の支店を持てるようにしたこと、商業銀行と投資銀行を分けたこと、金利に上限を設けたこと、そして銀行と保険会社を分けたことで、これらの変化を総合すると、金融業界の報酬の傾向と一致するとのことだ。一九三二年のグラス゠スティーガル法〔連邦預金保険公社の設立などを含む銀行改革法〕の施行と一九九九年の撤廃が、この物語の始まりと終わりを告げた。

連邦議会は、何の脈絡もなくこのような法案を施行してまた撤廃したわけではない。意見が対立する者同士のロビーイングは熾烈で、潤沢な資金を持つ利害関係者は政治運動を支援したり反対したりする際のお金の使い方をよく知っている。政治学者ジェイコブ・ハッカーとポール・ピアソンは、高額所得の増加にはロビー運動が大きな役割を果たしたと主張している。[32] 彼らによればワシントンDCに登録のあるロビイストが代表を務める企業の数は一九七一年の一七五社から一九八二年には二五〇〇社にまで増えているそうで、これらの大部分は「偉大な社会」〔ジョンソン大統領が一九六五年に提唱した社会福祉政策。これによってメディケアが生まれた〕に関連した政府による事業規制への対応のためとのことだ。市場の運営方法、企業ができることとできないこと、会計規定などに関する難解であったり不明瞭であったりする規則の施行は、特定の側に膨大な額が動いたことを示唆しているのかもしれない。グラス゠スティーガル法に関しては実際そのとおりで、大不況までの時代もそのあとも、同じような例はいくつでもある。なかでも際立った例は、半公共の住宅ローン金融会社ファニー・メイだろう。太い人脈を持った政治工作員たちが運営し、潤沢な資金で政治的影響力を発揮し、規制機関を寄せつけないようにしながら高いリスクを取り続け、最終的に破綻するまで自分たちを含む上級経営陣の私腹を肥やし続けたという例だ。[33]

こうした例がたとえ一部分でも真実だとすれば、高額所得層が金の力によって政治的影響力を手に入れ、ますます力をつけていく危険がある。規則は一般市民の関心ではなく富裕層の関心によって定められ、富裕層がその規則を利用して富と影響力をどんどん強めていく。OECD加盟国の中で高額所得層の所得の割合がもっとも増えた国は、高額所得者の税額がもっとも軽減された国でもある。[34] 政治学者ラリー・バーテルとマーティン・ギレンズによる連邦議会の投票についての調査は、連邦議会の与野党双方の票が富裕層の希望にどれだけ敏感で、貧困層の希望にどれだけ鈍感かを記録している。[35]

そして、社会通念上疑問が持たれる金融工学への人材の投入が経済にとっての損失であるのと同様、ロビー活動への投入も同じく損失だ。「直接的には非生産的な利益追求活動」が多くの発展途上国で経済成長の深刻な障害となってきたことは、昔からよく知られている。一九九〇年代以前のインドの有名な「許認可統治《ライセンス・ラジ》」が典型的な例だ。陳情活動の膨大な見返りと比較的安いコストは、経済成長に欠かせない生産とイノベーションの場から人材を奪い去ってしまう。[36] 政府の支出と増え続ける選挙費用は議論の的となることが多いが、最近の大統領選挙にかかった費用でさえ、たとえば車メーカーの年間広告費に比べれば微々たる金額だ。政治的便宜などは、潜在的利益を考えたら驚くほど安くすむものなのだ。

あるとき、デリーからラジャスタン州のジャイプールへ向かう飛行機の中で、私はある製品のメーカーの社員と隣り合わせた（何の製品だったかは結局よくわからなかったが、外国の輸入製品から守らなければいけないものだということだけはわかった）。彼は、政府の規制機関がいかに邪悪で、許可を申請したり規制緩和を訴えたり、規制の好意的解釈を求めたりするためにどれだけ時間をかけて今回のように飛び回らなければいけないかを延々と説明してくれた。規制機関に対する彼の軽蔑の念は、とどまるところを知らなかった。彼は五つ星のランバーグ・パレス・ホテルですばらしい朝食をおごってくれ、にっくき官僚と会うためにホテルを出発するときにこうささやいた。「ああ、ディートン教授、利潤ですよ、利潤！」。シティグループの創設がグラス゠スティーガル法の撤廃で可能になったサンフォード・ウェイルも、同じせりふをつぶやいたかもしれない。

金と政治を通じた累積的因果関係の過程が完全に明確化されているとはまったく言えないのが現状だが、政治学者と経済学者のいずれもが真剣に注目し始めたところではある。現在欠けているのは、各種の影響の規模に関する十分な理解だ。経営陣の報酬が増えた理由のどの程度がロビー活動などの政治活動によるものなのか、どの程度が高い生産性によるものなのか、ワシントンでは労働組合など高額所得者以外のグループを支援する団体も強い勢力を持っているわけだが、どの程度の政治的活動がそうしたグループの利益よりも高額所得者の利益を優先するべくおこなわれているのか。また、その影響力が時代の流れとともに実際に大幅に強まってきたのだとすれば、その理由もわかっていない。こうした疑問に答えを出していくことが、高額所得者の増加をどれほど懸念すべきかを理解し、富裕層がますます裕福になっていくことを懸念するのが単なるやっかみなどではないことを証明するうえで重要なカギとなる。

民主主義が金権政治になってしまったら、裕福でない者は事実上公民権を奪われてしまう。最高裁判事ルイス・ブランダイスがかつて、アメリカにあり得るのは民主主義か少数の金持ちに富を集中させるかのどちらかで、両方は不可能だと言ったのは有名な話だ。民主主義に欠かせない政治的平等は常に経済格差によっておびやかされ、経済格差が極端であればあるほど、民主主義もより一層おびやかされることになる。[37] 国民が、政治に参加できる度合いに価値を見出すのは当然なことだ。民主主義が曲げられると、幸福に直接的な損失がおよぶ。国民が政治参加能力を奪われ、それによってほかの危険にもさらされることになるからだ。大富豪層は国が提供する教育や医療をほとんど必要としていない。したがってメディケアの削減案を擁護したり、増税案に反対したりするべき理由が十分にある。国民皆保険を支持する理由もまったくないし、国の大部分で問題となっている公立学校の質の低下を懸念するべき理由もない。利益を制限するような銀行規制法案には、それがたとえ住宅ローンを払いきれない人々を支援し、強引な貸付や誇大広告、あるいは金融危機の再来を防ぐためのものだったとしても反対するだろう。(38)こうした極端な格差の結末を懸念することは、金持ちをうらやむこととはまったく違う。急速に増え続ける高額所得層が、国民全体の幸福をおびやかすのではないかと懸念するものなのだ。

だがパレートの原理に問題はない。自分にとって害がないなら、他人の財産を気にする必要はないはずだ。問題は、この原理を幸福のいくつもある側面の中で財産という一面だけに当てはめ、民主的社会への参加、十分な教育、健康でいること、他者が裕福になるための犠牲にならずにすむことなどのその他の側面を無視するという間違いを犯すことだ。高額所得者の増加がその他大勢の所得を減らすわけではなくとも、幸福のほかの側面を損なう結果になるとすれば、パレートの原理でそれを正当化することはできない。お金と幸福はまったくの別物なのだから！

所得だけに焦点を当ててほかの側面の害を無視したとしても、所得格差が不当かどうかという観点は高額所得の増加が全員にとって有益なのか、高額所得者だけにとって有益なのかによって変わってくる。スティーヴ・ジョブズの死を悼んだ人々は、アメリカの著名な銀行家たちがジョブズに続いて早い死を迎えたとしても同じようには悲しまないだろう。

現在のアメリカは、本書に登場するテーマを顕著に代表する縮図だ。アメリカ経済は第二次世界大戦以降ずっと成長を続けていて、今が最高というわけではないが、歴史的に見れば十分すぎるほどのペースで成長している。この経済成長が生んだ商品やサービスによって、多くの人々の暮らしが改善された。これは貧困と零落からの脱出ではなかった。アメリカは歴史的水準で見れば一九四五年にはもう裕福と言える状況だったからだ。だがそれでも、経済成長が幸福に与えた影響は過小評価されるべきではない。人々はより安全に暮らし、より良い住居に住み、祖父母の時代には不可能だった手段で移動し、世界中の情報や娯楽の大部分にアクセスすることができる（昔はごく少数の人々しか手に入れられなかった恩恵だ）。昔は夢にも思わなかったような方法でコミュニケーションを取ることだってできるようになっている。

だが、ご多分に漏れず、成長は格差も生んだ。一部の人々はその他の人々よりも成功し、成長のペースが遅くなって誰にでも当てはまるわけではない時代だった一九七〇年代半ばには特にその格差が広がった。こうした格差にも生産的な側面はあり、多くの事例に見られるように、取り残された者が上に追いつこうという動機づけになったし、そのための機会も生んだ。そして、少数にしか与えられていなかった利益は大勢の手に渡るようになっていく。アメリカの近代史を見ると、この変化は「教育と技術の競争」という言葉に要約され、教育を受けたアメリカ人の数が大幅に増えた事実にも見てとることができる。

成長、格差、そして追い上げは、物事の明るい側面だ。裏側を見ると、このプロセスがのっとられ、追い上げができないような状況になる危険がひそんでいる。歴史家エリック・ジョーンズは、長い歴史の中で西側諸国が一七五〇年以降に発展を遂げる一方で東側や南側諸国が発展しなかった理由を雄弁に語っている。ジョーンズによれば、世界のほかの地域で成長がなかったわけではまったくないとのことだ。むしろ成長は繰り返し起こっていた(39)。だがその成長の芽は、新たなイノベーションを自らの利益のためだけに搾取したり、自らの地位をおびやかすと考えて禁止したりした権力者や指導者らによって摘み取られてしまった。いずれにしても持続的な成長が確立されることはなく、黄金の卵を生むかもしれなかったガチョウは雛のうちに絞め殺された。こうした社会における権力の極端な格差がもたらしたのは、成長が確立できず、永続的な脱出路が遮断されてしまう環境だった。

経済歴史学者スタンリー・エンガマンとケネス・ソコロフは、成長（の欠如）に対する格差の影響についてまた別の物語を語ってくれる。[40] 権力が少数の手に集中していた国、たとえば中南米のプランテーション経済やアメリカ南部と北部の対立などのケースでは、富裕層が一般市民への公民権付与に反対し、教育を自らが属するエリート層だけに限定していた。このような政治の失敗や包括的教育の失敗は、幅広い経済成長の根底にある制度を人々から奪ってきた。一方、アメリカで全国民を対象とした普通教育が早期に導入されたことは、長期的な経済成長の重要な要素だったと言える。

このようなエリート層向けに作られた制度が経済成長に有害であるという主張は、MITの経済学者ダロン・アセモグルとサイモン・ジョンソンがハーヴァード大学の政治学者ジェイムズ・ロビンソンとの共著で述べていることでもある。[41] 自国民で構成された居留地を作るだけの力があった宗主国は、制度も一緒に持ちこんだ（アメリカやオーストラリア、カナダ、ニュージーランドを思い浮かべるといい）。だが病気がひどく蔓延しているなどの理由で居留が難しかった地域では、事実上資源を搾取するための「搾取」国家が作られた（ボリビア、インド、ザンビアなどがその例だ）。こうした国の制度はエリートの支配階級に利益をもたらすように作られていたが、経済成長を支えるものではなかった。搾取的政治体制は通常、個人の財産を守ったり法規範を促進したりすることに関心がなく、そうした制度がなければ起業家精神やイノベーションが花開く可能性は低い。植民地時代に比較的裕福で人口も多かった国は特に征服のターゲットとなりやすく、その結果、歴史的な富の逆転が起こった。ヨーロッパ征服の被害を受けた国のうち、昔は裕福だった国は今では貧しく、当時貧しかった国が今は裕福になっているのだ。

このような富の逆転は、近代の繁栄と経済成長が昔からあって、なくなることのない当然のもののように受け止めるべきではないという警告を発している。レントシーキングが経済成長をもたらしても、結局は、利益全体が減っても各集団が分け前を求めてより激しく争う内紛になりかねない。利害関係者はその他大勢を犠牲にしてでも少数の私腹を肥やし、その力があまりに強いために搾取を止めようという活動を組織するのも無駄なほどになってしまう。そのような強力なグループが増えれば、経済は内側から食い荒らされ、成長が阻害されてしまうかもしれない[42]。強力で裕福なエリート層は過去にも経済成長を阻害してきた。幅広い成長に欠かせない制度を掘り崩すチャンスが彼らに与えられれば、再び同じことが起こらないとは限らないのだ。

第6章　グローバル化と最大の脱出

第二次世界大戦後、近代社会は過去最大の脱出を果たしてきた。急速な経済成長が多くの国で進んだ結果、何億もの人々が極貧状態から脱出している。死亡率が下がるとともに物質的幸福が改善し、人々はより長く、より豊かな人生を送れるようになった。だがやはり、進歩は均一に起こってきたわけではない。もっとも急速な成長を遂げてきた国々は富裕国との差を縮めているが、その成長によって取り残されたほかの国々との差が広がった。アジアのかつて貧しかった国々が中流に上がってきたことで、アフリカの多くの国との間に深い溝が生まれたのだ。

死亡率、特に子どもの死亡率が減少したことで、世界の人口は人類史上例を見ない勢いで増えてきた。まさに人口爆発だ。これだけ人口が増える中で世界の貧困が減少しているという現実は、一九六〇年代の識者たちを驚愕させただろう。彼らにとって、迫り来る「人口爆弾」は世界中の生活水準をおびやかす原因だったからだ。偉大な経済学者でノーベル賞受賞者のジェイムズ・ミードは、二〇世紀の三大悲劇が「いまいましい」燃焼機関、人口爆発、そして経済学にノーベル賞を出したことだと愚痴っていたものだ。人口爆発に関しては彼の同時代の経済学者のほとんどが同意しただろうし、今も人口増加を深刻な問題だと考える者は多い（いまいましい燃焼機関についても同様だ）。だが、この半世紀で世界は人口を四〇億人増やしただけではない。いま地球上に暮らしている七〇億の人々は、平均的には親や祖父母の世代よりもずっとましな暮らしを送っている。

だが、平均がどうかなど、取り残された人々にとってはなんの慰めにもならない。アメリカの平均的成長が国民によって均等に享受されていたわけではないことは、すでに見てきた。格差が広がっているのはアメリカだけではない。重要な例外もあるにはあるが、所得格差の拡大は近年多くの国で問題となっている。では、国同士の格差はどうだろう？　かつては貧しかった国の多くが「後発のメリット」を活かし、今の富裕国でずっと前から知られていた知識や技術を取り入れて（場合によっては改善までして）きた。後発国は、先人の成長を遅くしていた長い試行錯誤の過程を省略することができる。アジアの虎と呼ばれる香港、シンガポール、韓国、台湾などの国や地域、そして最近は中国とインドも、過去に見られた成長の何倍もの速さで経済成長を遂げた。だが、その成長も均等に分配されてきたわけではなく、五〇年前に貧しかった国のほとんどが中国やインド、そして虎たちを模倣することができないままだ。

意外に思えるかもしれないが、急成長国の成果にもかかわらず、国同士の所得格差はほとんど縮まっていない。先進国に追いついてきた国の陰には、必ず取り残された国がいる。貧困国と富裕国の間での平均所得格差の広がりは、これまでと同様に大きいままだ。国を平均所得順で貧しい国から並べたら、下から四分の一のところにあるやや貧しい国と、上から四分の一のところにあるやや豊かな国とを比べることができる。一九六〇年、やや豊かな国の平均所得は、やや貧しい国の平均所得の七倍だった。二〇〇九年には、それが八・五倍にまで広がった。

この章では、この戦後の奇跡――大脱出の中でも最大の脱出――に目を向け、それがどのようにして実現されたか、どのようにして古い格差が縮まり、新たな格差が生まれたかを見ていこう。また、数字を入念に見て、それを信用してもいいかどうか考えてみたい。貧困と格差を世界的に測定するのは、難しいことだらけだ。私たちの知識は、とても十分とは言えない。世間に公表されている膨大な量の情報を見聞きして知っていると思いこんでいるより、実際の知識量はずっと少ないのだ。

世界を測定する

物質的幸福を測るのは簡単なことではない。日常的な用語である所得でさえ、正確に把握するのは難しいものだ。貧困と格差の測定は、所得の測定によって左右される。国同士を比較しようと思うと、問題はさらに厄介になる。自分が暮らす地域で貧困を免れるのに必要な所得がどのくらいかは、だいたいわかるものだ。たとえ国の定めた貧困線がその地域で暮らすのにいくら必要かを正確に捉えられておらず、ニーズに関するさまざまな意見を把握しきれていないとしても、ほとんどの国民や政策立案者が国の貧困線を妥当な数字と認識し、日々やりくりができている人々とそうでない人々とを分ける基準と見ているのだろうと考えることはできる。だが世界の貧困層を数えようとすると、ナイロビでもキト（エクアドルの首都）でもカラチでもティンブクトゥでも妥当と思われる共通の貧困線が必要になるし、場合によってはロンドンやキャンベラでまでこの貧困線を当てはめる必要があるかもしれない。このために、所得の世界的比較には通貨の換算が欠かせないが、実はここでは外国為替レートがまったく役に立たないのだ。

　そういうわけで手始めに見ていきたいのが、通貨をどうやって換算するかだ。たとえば、ドルをルピーに換算するとしよう。市場において一ドルで買えるルピーがいくらになるかを示す為替レートは、日々変わる。執筆時現在の二〇一三年四月、レートは五四・三三だ。ニューヨークから飛行機に乗ってデリーへ飛び、外国為替窓口に行けば、一ドルに対して約五〇ルピー(手数料によってはもう少し少なく)もらえるということになる。だが街中へ行くと、一番高級なホテルの中でも、ニューヨークで一ドルを出して手に入るよりもっと多くのものが五〇ルピーで買えることがわかるはずだ。デリー大学デリー・スクール・オブ・エコノミクスの学食や路上の屋台で食事をすれば、その差はさらに大きくなる。

簡単に言えば、インドはニューヨークより物価が安いということだ。市場相場で換算した場合、インドのたいていの物はアメリカの同じ物よりも安い。実際、最新の推計によれば、インドの物価はアメリカの物価の四〇パーセント程度にしか満たないそうだ。つまり普通の人間が必要な物を比較した場合、インドではアメリカの四〇パーセントの予算で同じ物が買える。言い換えると、一ドルが五〇ルピーではなく二〇ルピーであれば、両国の物価は同じということになる。一ドルの価値を同じにするこの「正しい」換算レートには、「購買力平価(purchasing power parity)換算レート」、略してPPP換算レートというふさわしい名称がついている。PPPレートは、ドルと同じ購買力をルピーに持たせる換算レートだ。デリーに限らず多くの貧困国で言えることだが、ニューヨークよりも物価が低い国であれば、PPPレートは外国為替レートよりも低くなる。

このレートはどうやって調べればいいのだろう? PPPレートで外貨を換算する市場は存在しないので、それぞれの国の物価を調べる以外に方法はない。世界中の研究者や統計学者がチームを組んで世界各国の物価を何百万項目と集め、そのデータを平均化してそれぞれの国の物価を調べている。このような計算が最初におこなわれたのは一九七〇年代半ば、アーヴィング・クラヴィス、ロバート・サマーズとアラン・ヘストン率いるペンシルヴェニア大学の経済学者のチームが六カ国について調べたときだ。

ヘストンは今もこの分野で研究を続けていて、本書で引用している数字の多くを調べた人物でもある。彼らのような先駆者が、経済学者の物の見方と考え方を変えてきた。彼らの研究がなければ、国ごとの生活水準をどうやって比較したらいいかなど、見当もつかなかっただろう[1]。

このような国際的比較から学べる最初の事実が、先ほど挙げたインドの例は今も昔もかなり一般的だということだ。つまり、物価は貧しい国では低く、国が貧しければ貧しいほど物価も低い。だが多くの人がこの結論をあり得ない、意外なものだと受け止める。同じ物なのに、場所によって値段が異なる世界なんてあり得るだろうか？　ニューヨークよりもデリーで買ったほうが鋼鉄やガソリンがずっと安いのなら、貿易会社はみんなデリーで仕入れをしてニューヨークで売れば大儲けできるはずでは？　実は、鋼鉄やガソリンの価格は、輸送費や現地の税金、助成金などを考慮するとあまり違いがなくなる。だがそれはさておいても、このような主張はすべての物に当てはまるわけではない。デリーでの散髪代やバンコクでの夕食代がニューヨークより格安だったとしても、そのサービスがニューヨークではなくデリーやバンコクに行かなければ手に入らず、ニューヨークで同じ価格のサービスを受けられない以上、魅力はないからだ。貧しい国では人々が貧しいからサービスが安いわけで、そのサービスの多くはほかの地域へそのまま持っていくことができない。

誰もが自由にほかの国へと移住することができれば富裕国の賃金は下がり、貧困国の賃金は上がって、世界はもっと平等になるだろう。もちろん、富裕国での賃金低下に対する抵抗があるからこそ人々は自由に移住できず、貧困国の食事や散髪が安いわけだ。土地の値段も労働の対価と同様、富裕国と貧困国との間でやり取りできるものではない。インドやアフリカでの安い住居費は、海を越えて土地を運んだところでアメリカと同水準の価格にまで引き上げられるわけではない。土地と人件費が安いから、貧困国の物価は富裕国よりもずっと低いのだ。市場は鋼鉄やガソリン、自動車、パソコンなど、国際貿易で取引できるあらゆる物の価格を均等化するために換算レートを設定するが、物価は取引できない財やサービスによって決まる。それらの財やサービスが貧しい場所では安いので、国が貧しければ貧しいほど、平均価格も低くなるというわけだ。

貧困国の物価が低いため、生活費を換算する際に市場の換算レートを使うと間違った答えを弾き出してしまう。新聞記事はたいていここで誤りを犯していて、経済学者でさえうっかりしてしまうことがある。二〇一一年春、インド政府はインド最高裁で、一日二六ルピーあれば少なくとも都市部以外の住民が貧困を免れるには十分だと（無分別かつ不親切にも）主張した。それが巻き起こした大騒動の中、インドおよび世界のメディアは、インド人があまり善意の機関とみなしていない世界銀行でさえ一・二五ドルという貧困線を使っており、一ドルが五三ルピーの換算レートでは、それが政府の引いた貧困線の二倍も寛大だったと伝えた。だが一ドルが二〇ルピーに相当するPPPレートでは世界銀行の貧困線は二五ルピーになり、政府が提案した金額に近くなる。『フィナンシャル・タイムズ』紙までもが市場相場でルピーをドルに換算し、世界銀行の貧困線一・二五ドルに対してインド政府の貧困線が〇・五二ドルにしかならないと書き立てた。もっと正確な数字は一・三〇ドルだったはずだ。雀の涙ほどの額でしかないが、それでも、間違った金額のほぼ三倍もある。

国連開発計画も長年同じ間違いを犯していて、貧困国の貧しさを故意に誇張していたという責めを受けることになった。貧困国の生活水準について書かれた文書を読むとき、それが賃金であれ、医者代であれ、食費であれ、交通費であれ、わかりやすい市場相場を使って換算をおこなうと、二分の一から三分の一の割合で実際より少ない金額が出てしまう。たしかに、貧困国の賃金は低い。だからその国は貧しいと言われるのだ。だが世界の富裕国と比べて貧困国がどれだけ貧しいかを誇張しても、なんの足しにもならない。

世界中の生活水準を比較したり世界の貧困や格差を計算したりする場合は、常にPPP換算レートを使うべきだ。「世界中の」という言葉が、ここでは大きな意味を持つ。第5章でアメリカを見たように一つの国の中で格差を計算する場合、地域ごとの物価の違いに合わせて調整をしないことは理にかなっている。カンザスやミシシッピに暮らすほうがニューヨーク市内に住むよりもずっと安く上がることはたしかだが、都会のほうが快適だ。もし誰もが自由に住む場所を選べたなら、大都市の高い物価はそうした快適さの価値を測るのに適した指標となるだろう。であれば、物価調整をおこなわなくても地域ごとの所得を比較することはできる。ニューヨーク州マンハッタンに暮らす高所得層の人々は、カンザス州マンハッタンに暮らす低所得層の人々よりもいい暮らしをしているというわけだ。だが、アメリカとインド、フランスとセネガルなど、人が自由に移動できない地域同士を比較するとなると話は別だ。アメリカに住んでいたほうがインドに住むよりも快適だったとしても（実際にそうかと言われると私には答えられないが）、アメリカとインドの物価の違いがそうした快適さの違いを反映しているとはかぎらない。したがって、世界の格差を評価するためにインドとアメリカの所得を比較する際には、PPP換算レートを使って物価調整をおこなう必要が出てくる。

PPPによる比較は、市場相場による比較よりもましではあるが、それでも完璧とは言いがたい。物価は、国ごとの比較可能な項目の価格を調べることで算出される。たとえば、ハノイ、ロンドン、サンパウロそれぞれで米一キロがいくらか、散髪代がいくらかといった具合だ。だが、すべての項目に簡単に値段がつけられるわけではない。貧しい一家が村の中に自分たちで建てた住居や、都会のスラムに作った掘っ立て小屋はどうなる？　そのような住居には賃貸市場がない場合がほとんどだ。同様に、富裕国のさまざまな住居にも賃貸市場がない場合が多い。アメリカのメディケアなどの例でもわかるとおり、政府が国民に提供するサービスの価値をどう測るかは難しい問題だ。それをすべての国について一貫した方法でおこない、ちゃんと同一条件で比較できるようにするのはさらに難しい。人がお金を使う内訳のかなりの部分は市場価格のないもので、そういった項目に関しては類推するしかない。類推は常に合理的ではあるが、大きく的を外している場合もある。だからといって、そもそも間違いだとわかっている市場相場を使うほうがいいということにはならない。ただ、正しい換算方法であるPPPレートにも不確実性がつきまとうのは避けられないというだけだ。

ここで、異なる国の比較可能な項目の価格を調べることについて考えてみよう。たとえば、男性もののシャツの価格を定めるとする。アメリカで標準的なシャツというと有名なメーカーのワイシャツ、例を挙げるならブルックス・ブラザーズの、オックスフォードコットンのボタンダウンシャツあたりが妥当だろう。これをボリビアやコンゴ民主共和国、フィリピンなどのワイシャツと比べようとすると、どちらも不十分な二つの選択肢に直面する。これらの国で標準的なシャツというと、ブルックス・ブラザーズのシャツよりも品質が悪くてずっと安いシャツである可能性が高い。つまり、それに価格を設定するのであれば同一条件とは言えなくなり、富裕国に比べて貧困国の物価を過小評価してしまうことになる。もう一つの選択肢は、入手がかなり難しいと思われる本物のブルックス・ブラザーズのシャツを探すことだ。首都で一番高級な店に行けばあるかもしれないが、この選択肢には最初の選択肢とは逆のリスクがある。シャツを見つけたとしても非常に特殊で非常に高級な店にしかなく、客はごく一握りの富豪層だけ。このシャツを基準に価格を設定した場合、貧困国の少なくとも一般市民については、物価を過大評価してしまうことになる。世界的に比較可能な項目についてのみ価格情報を収集することと、人々が買う中で代表的な項目についてのみ価格情報を収集すること。この二つの対立する目標の間では、常に綱引きがおこなわれている。極端な場合には、ある国では重要で広く使われている物が別の国ではまったく存在しないなど、比較が事実上不可能なこともある。たとえば、テフはエチオピアの基本的な主食となる穀物だが、ほかの国で見かけることはまずない。トウフはインドネシアでは重要な食材だが、インドでは食べられていない。それにアルコールは、イスラム教国の多くでは手に入れることができない。

すべての物の価格情報が入手できたとしても、お金を使う対象や量は国によって異なる。私のようにイギリスで生まれ育ち、今はほかの国に住んでいる人間にはわかりやすい例を紹介しよう。イギリス人がイギリス人たるために必要不可欠な基本的食材の一つが、マーマイトという物だ。これは（かなり）しょっぱい酵母エキスで、ビールの醸造過程で出る副産物だ。発見したのはフランスの細菌学者ルイ・パスツールで、彼がイギリスのビール会社に使用許可を与えたと言われている。イギリスではマーマイトは黒い大きな瓶に入って、安価で広く普及している。現在私が住んでいるアメリカでもマーマイトは手に入るが、値段は高いし、かなり小さな瓶でしか売っていない。マーマイトは明確に定義され、正確に比較可能で、アメリカでもイギリスでも簡単に価格が設定できる品物だ。だがアメリカとイギリスの物価を比較する場合に、イギリス人が買う物（そこには大量のマーマイトが含まれる）の両国での相対的価格を使うと、アメリカは非常に物価が高い国ということになってしまう。逆に、アメリカ人が買う物（グラハムクラッカーやバーボンなど、イギリスではあまり見かけない高級品を含む）の相対的価格を使えば、イギリスのほうが物価が高い国ということになる。

イギリスとアメリカのような富裕国同士を比較する際、比較基準としてアメリカの商品を使うかイギリスの商品を使うかは実はあまり重要ではない。だがマーマイトの例が表しているのは、世界のあらゆる価格比較にとって重要な基本的問題だ。どこの国でも、地元で比較的安く手に入る物は大量に買い、地元で比較的高い物はあまり買わない傾向がある。つまり、地元で買う品目を基準に外国で暮らす際の物価を比較すると、相対的な物価を過大評価してしまいがちだ。逆に海外の品目を使えば、相対的な物価を過小評価することになる。実務的には、統計学者は真ん中をとって、平均をとることが多い。

間をとるのは合理的かもしれないが、それで問題が解決するわけではない。最近、物価統計学者たちがイギリスの物価を西アフリカのカメルーンの物価と比較しようとしたときに起こったことを見ればよくわかる。アフリカは大体どこもそうなのだが、カメルーンでも空の旅は非常に高額で、ほとんど提供されていないサービスだ。だから一般市民が飛行機で移動することはめったにない。一方、イギリスの航空運賃は安く、比較的貧しい人々でも休暇になれば飛行機で海外へ出かけていく。イギリス人の習慣をカメルーンの物価で測ると、カメルーンはかなり物価の高い国ということになってしまう。平均化は役には立つが、何をするにせよ、航空運賃の価格はカメルーンのPPPに大きな影響を与える。航空運賃を除けば、カメルーンの物価は二－三パーセント安くなるはずだ。カメルーンでは飛行機旅行自体がほとんど存在しないにもかかわらずだ。少なくとも貧困を測定するなどの文脈から見れば、このような物価はほとんど意味がない。だがそれに国際比較が左右されてしまうというのは、残念ながらも避けがたい現実だ。ここでも問題は、カメルーンとイギリスが、アメリカとイギリスの場合とは違って、かなり異なる国だということにある。

とはいえ、カメルーンとイギリスの比較はたいした問題ではない。たいした問題になるのは、アメリカと中国との比較だ。世界銀行による最新の推計によれば、二〇一一年の中国の一人当たりGDPは五四四五ドルだった一方、アメリカでは四万八一一二ドルだった。つまり、アメリカの一人当たり所得は中国の九倍近いということになる。だがこの計算は市場相場を使っておこなわれたもので、中国の物価がアメリカの三分の二程度だという事実を考慮していない。そこでPPPレートを使って換算すると中国の一人当たり所得は八四〇〇ドルとなり、相対的な生活水準の指標としてはより優れているPPPを基準にした一人当たり所得は八・八倍ではなく、五・七倍になる。この両国の絶対的規模（軍隊や外交団など、それに割かれる総資源量が、世界における当該国の影響力を左右するもの）が気になるのであれば、中国とアメリカの人口比である四・三一を乗じればいい。そうすれば、中国経済はアメリカ経済の四分の三の規模になる。中国がアメリカよりもずっと急速に成長を続けているという事実を踏まえると（これについてはあとで詳しく述べる）、中国が近い将来、アメリカを追い抜くことも十分考えられる。中国の成長率がアメリカよりも五パーセント高ければ、かかる時間はたったの六年だ。

前の段落で触れた数字は、PPP換算レートを市場価格と同じように十分わかっているレートかのように扱っている。だがマーマイト問題やカメルーンの航空運賃問題、その他の代表的で比較可能な物やサービスの比較に際して生じる不確実要素を考えると、本当のPPP換算レートが実際にはもっと高かったり低かったりするのではないかという疑問が生じるはずだ。私がアラン・ヘストンと共同でおこなった計算では、マーマイト問題を考慮すると（より正確に言うと、中国あるいはアメリカの財の集合のいずれかを使った、二種類の価格セットの平均をとることができることに気づくと）、PPPには上下どちらにも二五パーセントの誤差があることがわかった。[2] つまり、二〇一一年時点の国際ドルで換算した中国の一人当たり所得が、アメリカの一人当たり所得の一三－二二パーセントのどこかに該当することがわかったにすぎないということになる。中国経済の総計は、アメリカ経済の総計の五六－九四パーセントのどこかに位置するということだ。中間をとるのは、膨大な範囲におよぶ可能性をすべて検討するのを避けるためには便利だが、それは誰もが納得できる解決策の出ない概念的な問題を勝手に解いているだけの話だ。

中国という非常に特殊な例については、ここではしっかりと取り上げることができない問題がほかにもたくさんある。なかでも重要なのは、中国の公式な成長率が信頼に値しないほど高すぎるのではないかという、多くの学者が長年訴え続けていまだに結論の出ていない問題だろう。それが事実だとして、どのように調整すればいいのかという議論もいまだに続いている。

国際比較が不可能だとか、常に大きな誤差が出る可能性があるなどという印象を残したくはない。一九四九年、ケンブリッジ大学の我が恩師リチャード・ストーンがこう言った。「私たちはなぜアメリカをインドや中国と比べたがるのだろう？　そこにどんな関心があるというのだ？　ある国が経済的側面から見て非常に裕福で、別の国が非常に貧しい国であるということは誰でも知っている。その倍数が三〇か五〇かなど、なんの関係がある？」[3]。中国もインドも一九四九年よりは今のほうがずっとましになっているし、アメリカ国防総省や国務省はもとよりマスコミも、中国経済がアメリカ経済を追い抜いたかどうかを常に気にしている。また、ストーンが先の質問を投げかけてからの数十年でデータの収集や物の考え方も大きく進歩したので、彼の言う「倍数」がなんなのかについては実際にある程度わかるようになってきた。だがそれでも不確実性はまだあって、富裕国と中国やインド、ましてアフリカなどの貧困国を比較する際には特に、不確実性が大きくなる。経済構造が似通っている富裕国同士では不確実性はずっと小さく、ある程度の信頼性で比較することができる。カナダ、アメリカ、西欧諸国などでは市場相場とＰＰＰ換算レートがかなり近く、それらの国同士を比較する際にはかなりしっかりとした根拠があるのだ。

世界の成長

第二次世界大戦によって、ヨーロッパの大部分の国は経済的・社会的に混乱した。その後、世界の富裕国はまず破壊を修復し、それから新たな水準の繁栄を目指して急速に成長していく。富裕国は密接な関係を保ちながら成長していったので、世界のほかの国々と比べると、富裕国同士の差は比較的小さい。次頁の図1には、二四の富裕国の国民所得（物価調整済み）がどのように変化してきたかを示している。測定は例によって完璧とは言えないが、データは信頼がおけるものだし、PPP換算レートもこの富裕国のグループに関してはおおむね信用できる。箱髭図（またはパイプオルガンの管）は第4章の図4と同じように解釈すればいい。網のかかった箱の上辺と底辺は上から四分の一と底辺の下から四分の一の位置を表している。つまり網かけ部分に国の半分が位置し、中央の線が平均を示している。髭はデータの分散程度を示すもので、点は極端な事例を示している。

この図からは、アメリカでも見てきたような成長の停滞が、ほかの富裕国でも起こっていたことが見てとれる。一九六〇年代の一〇年は戦後の黄金時代で、平均成長率は年間四パーセント以上と、一〇年で所得を五割増しにできるほど高かった。その後一九七〇年代に入ると成長率は年間二・五パーセントに落ち、一九八〇年代と一九九〇年代には二・二パーセント、二〇一〇年までの一〇年では一パーセント未満にまで減っている。この大きな下落の原因は一つが戦後の復興成長（復興が終われば それ以上は続かない）、そしてもう一つが金融危機だ。荒廃と破壊からの復興はたしかに難しいが、いまだ到達したことのない所得水準まで到達するよりは簡単だ。人々は良かった時代がどんなふうだったかを覚えてい

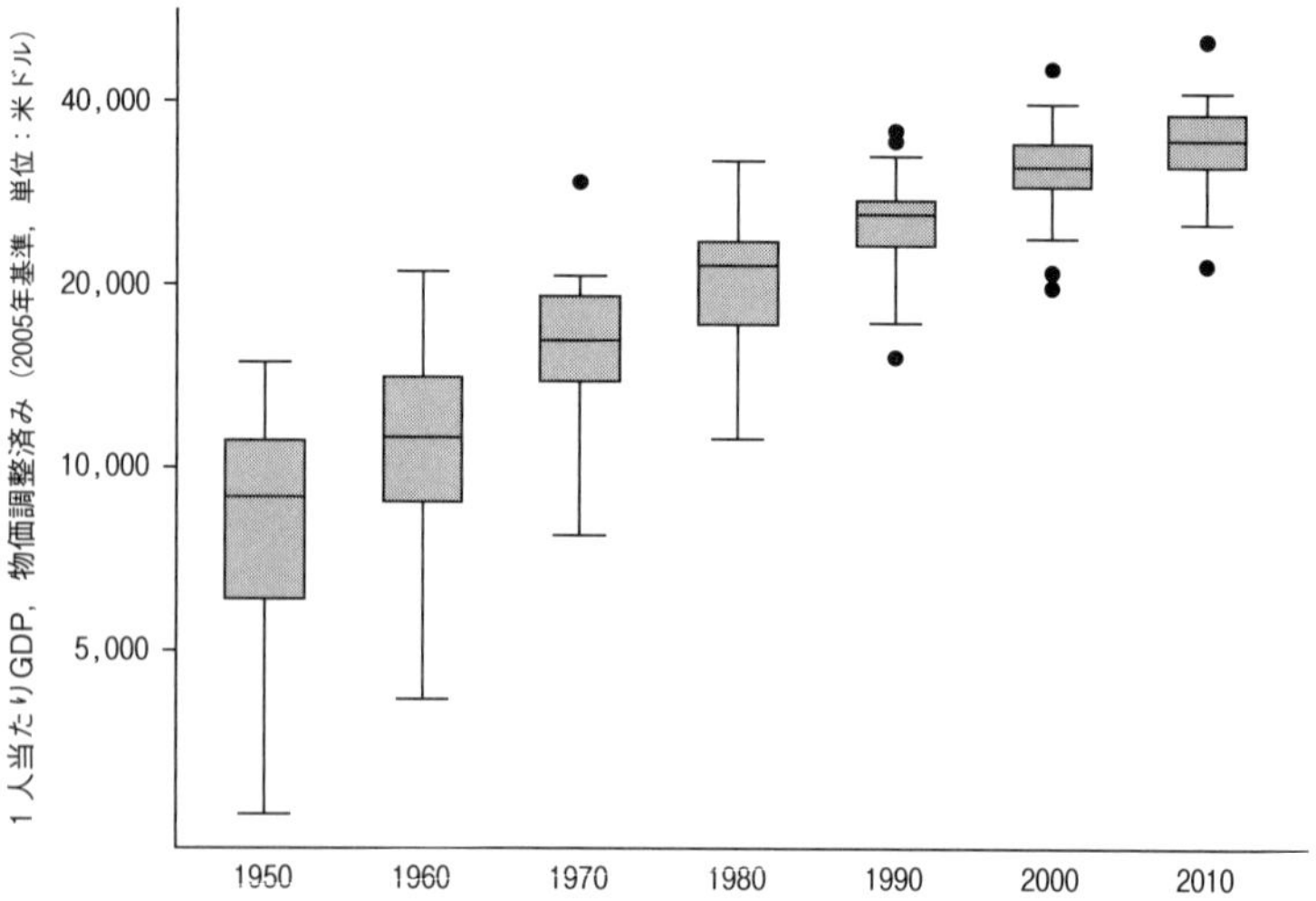

図1　24の富裕国の1人当たりGDP（オーストラリア，オーストリア，ベルギー，イギリス，カナダ，デンマーク，フィンランド，フランス，ドイツ，ギリシャ，アイスランド，アイルランド，イタリア，日本，ルクセンブルク，オランダ，ニュージーランド，ノルウェー，ポルトガル，スペイン，スウェーデン，スイス，トルコ，アメリカ）

るし、技術もゼロから作るのではなく、もう一度作り直せばいいだけだからだ。復興が完了すると、新たな成長は物事の新しいやり方を編み出して実践に移せるかどうかにかかってくる。未開拓地に鍬を入れるこの行為は、古い畑の畝を耕し直すよりはずっと大変だ。もちろん、密接につながり合った世界では、イノベーションは一つの国からすぐに別の国へと伝わることができる。似たような国なら伝わる速度はいっそう早く、イノベーションを生むという仕事は大勢で分担されることになる。このつながりそのものが、成長を加速していく。

グローバル化は、商品や情報をA地点からB地点へと運ぶコストを軽減する。商品や、それにも増してサービスは、もっとも効率良く、もっとも安く上がる国で作られるようになってきた。どこかで生まれた新発見がすぐさま別の場所で実用化されることも、今は可能だ。喫煙の健康被害についての知識やコレステロールと高血圧に効く救世主のような薬の存在など、健康に関する新たな知識や治療法のように物質的生活水準を押し上げてきた新発見はすぐに世界中に広まり、富裕国間で健康と所得の水準を平均化してきた。適切な政治的、医療的、経済的制度が変化の実現を可能にしたそれらの国々では、かかる時間こそある程度違ってはいるものの、平均所得が驚くほど収束してきている。近年の物質的進歩の停滞を考慮してもやはり意外なほどだ。これらの国にとって、新たな技術は健康格差を縮めたのと同様に、所得格差も縮めてくれた。

国ごとの平均所得の収束は、それぞれの国の中で何が起こっているかを教えてくれるわけではない。実際、アメリカの例では、平均所得の成長が広く共有されてはこなかった。国同士の平均が近づいているからといって、富裕国の全国民の所得が全体として平均化しているということにはならないのだ。かつては離れていた二つの大きな集団が今は交じりあい、結合していると考えてみるといい。それぞれの集団のメンバーがグループ内で互いに離れていっているとしたら、集団内の分離は二つの集団の統合を打ち消してしまうかもしれない。全体として見ると、誰がどの国にいるかを無視することで、分散はさらに広がっているのかもしれない。この問題については、世界中の全住民間の格差について検討するときに立ち戻ろう。

経済成長が続き、国ごとの差が縮まりつつある世界というのは、私たち、少なくとも一九四五年以降に生まれて富裕国に暮らす私たちが慣れ親しんだ世界だ。高い生活水準はあたりまえのことで、さらなる成長は自信たっぷりに予期されている。国同士の所得と健康の差は縮まってきた。移動は早く、安く、簡単にできるようになった。情報はどこにでもあり、いつでも手に入れることができる。

だが、世界のほかの国々はまったく様子が違う。次頁の図2は図1と同じものだが、貧富を問わず、

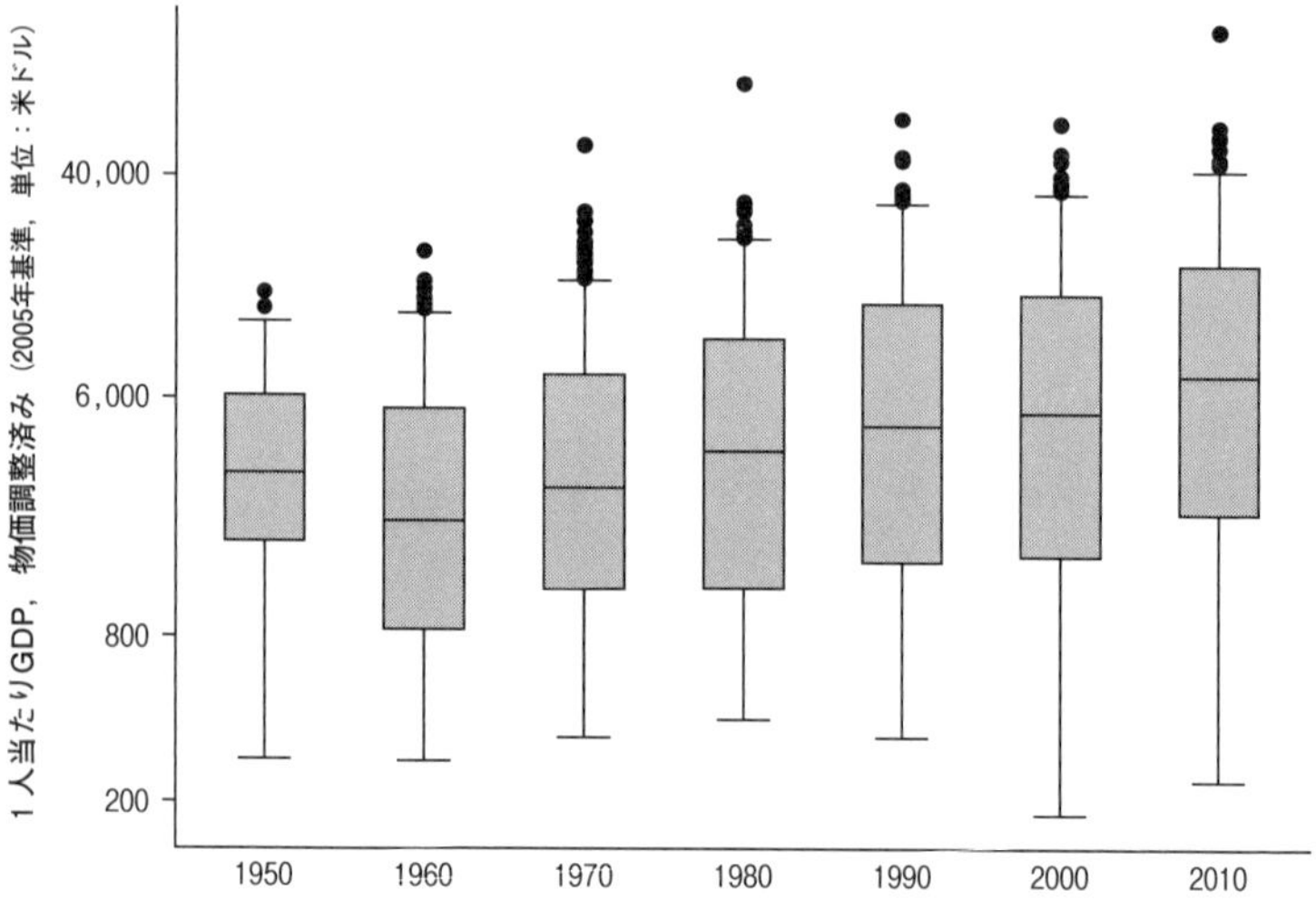

図2　世界中の国の1人当たりGDP

世界中のすべての国を含めている。当然、貧困国を含めると、平均所得の幅はぐっと広がる。箱は長くなり、髭や点も図1より遠くに位置するようになる。このデータは信頼性がやや低く、測定誤差によって所得の広がりが実際よりも広く見えている可能性は高い。さらに興味深いのが、一見わかりにくいのだが、すべての国を見渡してみると、平均所得の広がり（つまり国ごとの所得格差）が時代とともに縮まっていないということだ。一九五〇年を示す箱はちょっと無視しておいていただきたい。この年はデータのない国が多く、省かれた国の多くが非常に貧しい国ばかりだったので、箱が短すぎるし、位置も上すぎる。一九五〇年を過ぎると、下から四分の一に位置する国と上から四分の一に位置する国の差、つまりそれぞれの箱の上と下からの距離は、おおむね同じになっている。そして下の髭に目を向けると分散は実際には広がっていて、特に世界でももっとも貧しい国々が増えていることがわかる。

富裕国間における平均所得の収束は、新たな概念や新たな手法によって成長が促進され、新たな手法が世界中に急速に広まるのであれば当然予測できる。だがわからないのは貧困国がそこに追いついてきていないという事実で、そのために図2は図1とこれだけ様子が違って見えている。つまるところ、富裕国の高い生活水準の基盤となっている技術や知識は、貧困国でも手に入れられるはずなのだ。もちろん、皆に知られている知識を持っているからといって、すべての国が同じ生活水準になるとはかぎらない。富裕国が用いた生産手法を再現するには富裕国と同じ道路や鉄道、通信手段、工場、機械などのインフラが必要だ。それに加えて富裕国と同じ教育水準が必要なのは言うまでもなく、そのどれもが実現するには金と時間を要する。だが、貧富間の格差はそれらのインフラに投資しようと思わせるだけの動機づけに十分なはずで、経済学者ロバート・ソローが経済学でもっとも有名な論文の一つで述べたように、平均的な生活水準は時代の経過とともに似通ってくるはずだ[4]。それがなぜそうなっていないのかは、経済における核心の問題となっている。おそらく最善と思われる答えは、それだけの事業を成し遂げられる能力を持つ政府、ちゃんと機能している法制度や税制、財産権の保護、信頼という文化などの制度が欠けているから、というものだ。

貧困国の成長率は富裕国の成長率よりも低かったわけではなく、場合によってはもっと高かったこともある。だが一部の国が急速な成長を遂げて十分追い上げてきている一方で、ほかの国はどんどん後れを取っているのが現状だ。成長度合いのばらつきは、貧困国のほうがずっと大きかった。一部の国は追いつくチャンスをうまく捉えている。中国、香港、マレーシア、シンガポール、韓国、台湾、タイなど一部のアジアの国と地域、それにアフリカのボツワナも、一九六〇年から二〇一〇年の間に年間四パーセントという成長を遂げている。これは五〇年で平均所得を七倍まで増やせるほどの成長率だ。だが同時に、中央アフリカ、コンゴ民主共和国（DRC）、ギニア、ハイチ、マダガスカル、ニカラグア、ニジェールは二〇一〇年のほうが半世紀前よりも貧しくなっている。このほかにも当然この集団に含まれているはずの国はあるが、データがない（アフガニスタン、ジブチ、リベリア、シエラレオネ、ソマリアがおそらくそれらの国々に含まれ、一九六〇年に「東側諸国」と呼ばれていた国もいくつかは入っているはずだ）。成功した国々の急速な成長は、それだけ見れば国同士の所得格差を縮めているが、失敗している国が多いため、国同士の格差自体がなくなることはない。

急速に成長している国としては中国とシンガポールが挙げられるが、前者は後者の三〇〇倍もの人口を抱えている。もう一つの大国であるインドは中国ほど早くから成長し始めることはなかったし、その速度も中国ほど早くはなかったが、一九九〇年以降は世界平均の倍以上の速度で成長を続けている。中国とインドはたったの二カ国ではあるが、二〇世紀末の両国の急速な成長は、世界の全人口の四〇パーセントが急成長国に住んでいたことを意味する。一方、成長分布図の「悪い」ほうの端に目を向けると、後退し続けている国は多くの場合が小国だ（非常に大きく、飛び抜けて悪いDRCのような例外もある）。

何カ国が高い成長率を誇るかではなく、何人が高い成長を経験したかという観点から成長率を見てみると、世界の成長はずっと明るく見える。平均的な国は一九六〇年からの半世紀で年間一・五パーセントの成長をしているが、平均的な人は年間三パーセントという成長を続ける国に住んでいる。あまりにも多くの人が住んでいる中国とインドでは、平均的な国よりもずっと早く成長を遂げてきたのだ。

何が起こっていたのかを理解する一つの方法として、大きな集団を想像してみてほしい。世界の全人口が、オリンピックの開会式のようにそれぞれ母国の国旗を掲げている光景を思い浮かべよう。人々はそれぞれの所得の成長率に合わせた速度で行進している。インド人と中国人は全速力で走る一方、コンゴ人やハイチ人は後ずさりしている。その集団を観察すると、中国とインドの旗のうち五分の二は着実に前進している。スタートは一番後ろのほうで（両国とも、一九六〇年には非常に貧しかった）、まだ先頭に立ってはいないが（ヨーロッパや北米の旗に追いつくまでにはまだ長い距離がある）、真ん中近くまでは追い上げているという状態だ。もちろん、この二カ国に属する全員が同じペースで前進しているわけではなく、同胞を引き離して先へ行くインド人もいれば、同様にほかの中国人を置き去りにする中国人もいる。だが両国の平均成長率の高さは、何億もの人々を貧困から引っ張り上げた。そしてすべての国を見渡すとまったく差が縮まってはいないものの、インドと中国の真ん中に向けた急速な追い上げは、少なくとも集団全体（世界の全人口）をより近づけることを可能にしているのだ。

世界中の人々の所得格差のような大きな問題となると、「可能」という言葉はとんでもない責任逃れだ。もっとうまくやれる方法があるはずではないか？　だがここでも悩みの種となるのが、いくつかの主要な手法に潜む不確実性だ。中国の成長率には大きな疑問がある。中国の国民経済計算という難攻不落の謎を解こうと試みる多くの文献があるくらいだ。公式な成長率が高すぎることについてはほとんどの専門家が意見の一致を見ているが、正確にどのくらい高すぎるのかという問題になると、わからない[5]。中国のPPP換算レートについては、あまりいい推計値がない。中国（やほかの国の）PPPはかなり不確実で、中国政府がすべての価格情報の収集活動に協力してきたわけではないからだ。世界の格差が非常に早く広がっていたり縮まっていたりするのなら、測定の不確実性はあまり重要ではないだろう。ところが実際には、真実はわからないままだ。

世界最大の二カ国は、少なくとも四半世紀にわたっては、もっとも成功している国でもあった。これはその規模のおかげなのか、それとも単純に成功した国がたまたま大国だったというだけか？　ブラジルやインドネシア、日本、ロシア、アメリカなど、ほかの大国も少なくとも一時期は世界平均を上回ったが、中国ほどの持続力はどの国にもなかった。「BRIC」諸国（ブラジル、ロシア、インド、中国）は当然、その規模がもたらすメリットを活かすことができる。優秀な人材が少なければ、駆け引きのうまい外交団、有能な官僚、少数精鋭の指導者、そして世界最高クラスの大学の教職員をすべて輩出することはできない。人口が多い国は、選べる人材もそれだけ多いということだ。科学的発見や、貧困国に関して言えば古い知識を新しい環境に適用する方法の発見は、科学者や研究者の絶対数によって左右される。総人口のうち科学者や研究者が何割いるかによって左右されるわけではない。となると、やはり人口の多い国ほど有利になる。

何を研究しているのかとある有名な物理学者に尋ねられたとき、私は世界の貧困の測定方法だと答えた。「興味深いですね」とその物理学者。「どの国です?」「インドですよ」と私が答えると、彼は私がふざけているのかと言った。「インドは世界でもっとも発展している国の一つじゃないですか」。一人当たり所得や貧しい国民の数ではなく、インド人科学者の合計数を数えれば確かにそのとおりだ。そして科学的研究によって全国民が恩恵を受けられるのなら、人口の多い国ほど恵まれているということになるだろう。そのスケールメリットが成長率を押し上げるほどのものなのか、それとも大きな国の成長が早いのには何か他の理由があるのかは、まだ答えの出ていない問題だ。

一部の国が急速に成長する一方で成長が遅い国もあるのはなぜかについては、解明されていない謎が多い。そもそも、ずっと成長が早い国やずっと成長が遅い国があるという事実もないのだ。少なくともこの半世紀、ある一〇年で急成長を遂げた国は、その後の一〇年ではあまり成長しないという傾向が強かった。日本は恒常的に成長率が高い国だったが、その後停滞する。インドも、今でこそもっとも成長の早い国の一つになっているが、昔はずっと成長が遅く、独立前の半世紀に至ってはまったく成長していなかった。[6] 中国が今は持続的成長のスーパースターだが、歴史的水準から見れば、その急成長の期間は驚くほど長い。経済学者、国際機関、その他の研究者は、一部の高成長国を見て何か共通する特徴や政策を探すのが大好きだ。そうして見つけた特徴は「成長のカギ」とはやしたてられるが、それもそのカギが他の国で成長の扉を開けることに失敗するまでの話だ。[7] 同じことが、成長の停滞している「最底辺の一〇億人」を見て失敗の原因を突き止めようという研究にも言える。[8] こうした研究はルーレットでゼロが出る直前に賭け金を置く人に共通する特徴を探すようなもので、私たちの根本的な無知を隠蔽しているにすぎない。

　こうした考え方の愚かさは、私が若いころにスコットランドで成功のカギを探していたときのことを思い出させる。スコットランドは寒くて雨がよく降り、風も強いことが多い地域だ。私が子どものころ、経済成長についてなど誰もほとんど知識がなく、気にも留めていなかった。気にしていたのはいつだって天気のことばかりだった。一九五五年と一九五九年の長く暖かい夏は永遠に続くかのようで、森や川などの屋外で楽しく過ごせた黄金の日々だった。では、その成功のカギはなんだったのだろう？　これについては、しばしば考えたものだ。そして、あの黄金の夏が私の小学校時代に当たっていたため、小学校教育こそ魔法のカギだったのかもしれないと考えた時期もある。だが私より何歳か年上の従兄弟のデイヴィッドが自分はその時もう高校生だったと言ったので、私は小学校教育説をあきらめざるを得なかった。しかし今度は、どちらの年も保守党が政権を握っていたことを思い出した。ということは成功のカギは小学校教育ではなく、政治だったのかもしれない。こういったことはすべて無意味だが、ごく一部の成功や失敗を観察し、偶然に基づいて実態のない一般化をしようと試みるのも同じくらい無意味なことだ。エトルリアとローマの腸卜僧《ちょうぼく》たちがニワトリの内臓を使ってやっていた占いと大差ない〔エトルリアは紀元前八－一世紀ごろにイタリア半島にあった都市国家群。ここで生まれた内臓占いが古代ローマに伝わった〕。

成長、健康、そして人口爆発

第二次世界大戦後の六〇年間で死亡率は前例のないほど減少し、平均余命は前例のないほど延びた（これについては第4章で説明した）。併せて、先ほど説明した平均所得の急成長もあった。だがこの奇跡は、当時一般的に予測されていた未来とはかけ離れていた。むしろ、まったく逆だったのだ。

病気の細菌理論に関する知識によって有害生物が駆除され、水が清潔に保たれ、ワクチン接種や抗生物質が貧困国にもたらされるようになると、何百万人もの命、特に子どもの命が救われた。子どもの命を救うことで平均余命は急速に延び、貧困国の生存率は富裕国のそれにぐっと近づく。死ぬはずだった何百万人もの子どもたちが生き延びたのだ。世界的に歓迎された平均余命の延びによって、人口が何百万人も増える。世界的に歓迎されたとはとても言えない、世界人口の増加だ。世界の人口が一〇億人台に到達するまでには、人類の歴史が始まってから延々一九世紀初頭までかかった。そこから二〇億人台に到達したのが一九三五年で、ほんの一二五年後。それがたった二五年後の一九六〇年には、もう三〇億人を突破している。その時点で増加がゆるやかになるどころか、一九六〇年時点の世界人口は年間二・二パーセントのペースで増え続けていた。史上最高の増加率で、三二年もあれば人口が倍になるほどの早さだ。人口が爆発しているという表現は、あながち大げさではない。

一九六〇年代に入ると、人口爆発は少なくとも富裕国の一般人、それに政策立案者、学者、財団、国際機関の間でも懸念されるようになった。懸念の大部分は人道的なもので、貧困国の多くがただでさえ食料に困っているのだから、さらに何百万も人口が増えたら事態はいっそう悪くなるだろうという意見だった。貧しい家族がわずかばかりの食事にようやく足りるくらいの食料をどうにかかき集めた直後に、腹をすかせた親戚が一〇人も玄関先にやってきたようなものだ。大量飢餓の危険が迫っていた。特に、インドを訪れた人々は（彼らにとっては）明白な人口過剰に恐れおののき、さらに何億人も増えるという予想に愕然としていた。たしかに、初めてデリーやコルカタ（カルカッタ）のスラムを訪れた欧米人はその貧しさと病気の蔓延、物乞い、ハンセン病患者、身体障害の子どもたち、路上で排泄する人々、そしてとにかく人の多いことに震え上がるだろう。さらに人口が増えて、事態が悪化しないことなどあり得るだろうか？

国家安全保障も懸念材料の一つだった。貧困率の増加は確実に共産主義の土壌となる。中国ではそれがすでに起こっていた。そしてアメリカやその同盟国は、ドミノが倒れるのを止める必要があった。ほかにも、やや優先順位の低い動機がある程度の役割を果たしている。人口の「質」に対する懸念は長年、優生学運動の焦点だった。ナチスドイツの敗北後、優生学はさほど一般的でも尊敬される概念でもなくなった。とはいえ、裕福で教育を受けた人々よりも貧しくて教育を受けていない人々のほうが急速に増えていけば、人類の将来にとって脅威になるかもしれない。極端なことを言えば、アフリカとアジアの人口を抑制しようという熱意の根底には、抑制される人々の肌の色がおおいに関係している。そのため、政策の目的となったのは、国の外交政策、国際機関の貸付、財団の援助の一環として、産む子どもの数を減らさせることで貧困国の人口を制御し、彼らを「助ける」ことだった。実際に子どもを産んでいる貧困国の人々がこの問題をどう考えているかなど、誰も考慮してはいなかった。

人口が多ければ貧困層が増えるという考えがこれほどまでに浸透したのは、なぜだろう？　世界中の食料やその他の物をより多くの人と分け合うようになれば、一人ひとりの分け前が減るというのはわかりやすい理屈だ。経済学者はこれを「塊の誤謬《ごびゅう》」と呼んでいる。世の中には一定の「物」の「塊」しかないので、人口増による貧困化は単なる算術の問題であって、先ほどの、貧しい家族のところに予期せぬ客が食事にやってきたのと同じことだ、という考え方だ。もちろんこの理論は、予期せぬ客が食料を持って来れば成り立たなくなる。その場合、もともと予定していた食事よりも、食料の共有によってできた食事を分け合うほうが栄養的にも社会的にも良いものになるかもしれない。数が増えれば貧しくなるという考え方は、計算の問題ではない。新たに増える人々が何を消費するかだけでなく、何をもたらすかにも目を向けることも大事だろう。簡単に言えば、口が一つ増えるごとに手も一対増える、ということだ。確かに単純すぎるのは同じだが、増える人が何ももたらさないという前提に基づく塊の誤謬説よりは、こちらのほうが真実により近い。

また、かつてアフリカやアジアで人口爆発のもととなっていた子どもたちがほとんどの場合、親に望まれて生まれた子どもたちだという事実も認識しなければならない。かつては、この結論でさえ議論の的となったことがあった。まるで人々が性欲に取りつかれていて、子どもは意図しない、だが避けられない結果として生まれてきたかのように見られていたのだ。もちろん、世界中の人々が近代的で便利な避妊方法を低価格で入手できるわけではない。だがどうしても証拠を示せと言うなら、家族単位はともかくとしても平均的に見れば、親は十分な理由があって子どもをほしいと思い、子どもを作るのだという確かな証拠は存在する。抑制のきかない性欲説は「私たち」の意図にとっては便利な根拠を与えてくれた。私たちの意図とは、つまり貧しい人々が「彼ら」のほしがっている、だが「私たち」はほしくない子どもを減らせるよう「助けてやる」ということだ。貧しい人々がそのような助けを求めている証拠や、子どもの数が減れば彼らの生活が良くなるという証拠を示した者は誰もいない。その逆ならあるのだが。

親がもっと子どもをほしがるからといって、子どもが多いほうが社会に役立つとはかぎらない。親が知らない因果関係があるかもしれないし、見て見ぬふりをしている因果関係もあるかもしれない。子どもは、ほかの家庭に出費を強いる可能性がある。出費が子どもの家族によってまかなわれているのであれば、親が費用対効果を考えて理にかなっているときだけ子どもを産むだろうと考えることができる。だが、そうやって生まれた子どもはほかの家族が手に入れられるはずだった資源の取り分を減らしてしまうかもしれず、実際、生まれたときから経済的な負担を担う準備万端の赤ん坊はまずいない。それでも、親と子どもの将来の経済的展望や子育ての楽しみまですべてを考慮した結果、子どもが増えることで家族の幸福度が上がると言えるだろう。まれに、利用したり虐待したりするためだけに子どもを作る親もいるかもしれないが、だからと言って、他人が勝手に決めたことが有益だという証拠にはならない。だが、子どもを持つコストが家族以外に負担を強いるようになると、問題は深刻になってくる。学校や病院が過密状態になったり、共有の土地が少なくなったり、薪が減ったり、清潔な水が手に入らなくなったりするかもしれない。地球温暖化の問題もそうだ。この議論はしばしば「共有地《コモンズ》の悲劇」と言われ、人が子どもを持ちすぎることを指摘している。長年、人口抑制議論の主な焦点となってきた問題だ。

コモンズの悲劇を避ける方法は、いくつもある。経済学者はこの問題を解決するために価格を使うのを好む。税金を使って、人々が普通なら無視してしまいがちな社会的費用に注意を向けるという方法もある。典型的な例が地球温暖化に対抗するために設けられた、二酸化炭素に課せられる世界税だ。だがこの戦略にも、実現が難しい一定の政治的合意が必要となるという問題がある。薪の入手しやすさ、共有資産の利用、誰が水利権を持つかなどの地域的問題は、地元の政治的合意で対処できる。政治的対応の必要性が生じたからといって実際に適切な制度が生まれるという保証はないのだが、地域的な政治議論は実際に意見の不一致を解決し、人々が他者に負担を強いるような行動を取ることを防ぐ場合もある。病院や学校を整備するのも、地方や国の政策で対応できることだ。適切な政治制度には、家族の人数を抑制するための何かしらの経済的あるいは社会的なインセンティヴが含まれる場合もあり、このような人口抑制の方法は、民主的な手段でおこなわれるのであれば、コモンズの悲劇やそれに関連する問題に対する適切な解決策となる。だがこの議論で支持するわけにいかないのが他国政府や国際機関、財団などの第三者による人口抑制だ。そうした外部機関は自らの利益に基づいて行動しており、助けようとしている（つもりの）人々の実態についてあまり理解していない場合は、特に問題が深刻だと言える。

ともかくも、世界的な人口抑制の名のもとに多くの損害が――それよりもっとひどい事態も――もたらされた。いちばんひどかった事例の一つがインドで、「任意」の不妊処置が実際には任意などではまったくなかったというものだ。このような侵害行為を命じたのはインドの政治家や役人だったわけだが、アメリカ合衆国国際開発庁や世界銀行などの機関もその行為を推奨し、知的支援や財政支援をおこなったという重大な責任がある。(9) 中国の一人っ子政策は、人口過剰を懸念する欧米に影響された非民主主義政府が強行し、いまだに残っている政策だ。近代政府が国民に対して犯したもっとも深刻な犯罪の一つと言ってもいいだろう。この政策が有効だったかどうかでさえ、実ははっきりしていない。出生率は台湾のほうがずっと低く、タイと同水準、南インドと同じくらいのペースで下がっているが、どの国でも、もっとも深くてもっとも個人的な人生の選択を国民に強要したり権利を侵害したりはしていない。

破滅の予言にもかかわらず、人口爆発によって世界は飢饉と困窮に陥りはしなかった。逆に、この半世紀で人口爆発のもととなった死亡率の低下が続いているだけでなく、人口爆発が引き起こすはずだった貧困からの大脱出まで起こっている。いったい何があったのか、そして私たちはどうしてここまで読みを誤ったのだろう？

だが、全員が間違っていたわけではない。経済学者で人口統計学者のジュリアン・サイモンは悲観論者たちに常に異議を唱え、豊かな未来について不気味なほど正確な予測を述べていた。彼が根拠としていた理屈は、その当時よりも現在のほうがずっと広く受け入れられている。著書『究極の資源 The Ultimate Resource』で、サイモンは繁栄の真の源は土地でもなければいつの日か枯渇するかもしれない天然資源でもなく、人材だと述べている。[10] 口が一つ増えるごとに未来の労働者が生まれ、長期的には人口の規模にかかわらず平均所得を創出するようになるだけでなく、創造力のある頭脳も生まれるのだ。この新しい頭脳のいくつかが生み出す新しいアイデアはその持ち主にとってだけでなく、人類全体にとっても役立つだろう。口と手の数が倍に増えてもみんなの取り分が前と変わらないとすれば、すべての手がもっと多くを成し遂げられるような方法を新しく生まれた頭脳が考えればいい。もちろん、すべての新生児がアインシュタインやエジソン、ヘンリー・フォードになるわけではないし、すべての新しいアイデアが全人類にとって有益なわけでもない。だが、アイデアは共有できるものだ。だから全員が天才である必要はなく、どこかで活用できるアイデアはその発明者だけでなく、利用者すべてに恩恵をもたらすことになる。子どもが増えれば学校や病院など、家族以外の他者にも新たな負担というコストを強いることになるかもしれない。だが彼らがもたらす新しいアイデアや手法が、大脱出のツールである経済成長の究極の基盤という形の利益を生む。そしてこの利益は、容易にコストを上回る可能性がある。であれば、世界は一九五〇年代と一九六〇年代に二度（一度目は平均余命の延び、二度目は人口爆発にともなって爆発的に増えた世界的知識と創造力）、健康改善から恩恵を受けたことになる。

経済学者で人口統計学者のデイヴィッド・ラムは二〇一一年のアメリカ人口学会の会長演説で、記録的な人口増加に直面した世界が繁栄するためのカギを特定した[11]。その一つが、出生率の低下だ。小児死亡率がかつてないほどのペースで下がっている現在、家族は持つ子どもの数を減らしている。親は生まれる子どもの数ではなく、生き延びる子どもの数を気にするようになった。昔なら死んでいたかもしれない子どもたちはもう生まれる「必要」がなく、母親は妊娠にともなう負担や危険を免れ、親は子どもを喪う悲しみから解放された。小児死亡率の減少による一番の受益者は、死ぬはずだったが今は豊かな人生を送る機会を手に入れた何百万人もの子どもたちだと思うかもしれない。それも事実だが、親（特に母親）も、人生が変わるほどの恩恵を受ける。教育や家の外での仕事など、ほかの活動を追求する自由を手にするのだから。また、生き延びた子どもを育てるためにもっと資源と時間を使えるようにもなる。

死ぬ子どもの数が減ると、親は産む子どもの数を減らしても前と同じだけの数の子どもを育てることができるようになる。その子どもたちが大きくなって家族の資産を受け継ぎ、伝統を引き継いでいくわけだが、危険や苦労という観点からは昔よりもずっと少ない負担でそれができるようになった。出生率の低下は急激に起こったわけではない。でなければ、人口爆発など起こらなかったはずだ。だが、一〇年程度のデータを見るとはっきりと見てとれる。人口爆発は結果的に長続きこそしたかもしれないが、一時的な出来事にすぎなかった。世界は誕生と死亡がおおむね均衡していた時代から、誕生が死亡を大きく上回る時代へと移っていく。その後しばらくするとまた均衡状態に戻ったが、誕生と死亡のいずれも、一九五〇年より低くなった。世界人口の年間増加率は一九六〇年には二・二パーセントに達していたが、二〇一一年にはその半分になっている。死亡率の低下と出生率の低下の間に生まれた人々は最初は自らが生産できるよりも多くの資源を必要とする子どもとして、次に生産性と創造性の高い成人として、最後には多くが隠居している高齢者として、世界人口の増加に大きく貢献することとなった。ラムは、人口増加に挑戦する世界経済の成功も強調している。これは本書の根底にあるテーマの一つでもある。社会が新たな問題に対処する方法には、二つの傾向がある。一つは、新たな手法を編み出すこと。人口爆発の時代には、新たに生まれた頭脳の助けを借りてこれを実現していた。もう一つは、物事を違う方法でおこなうための動機づけを生み出すことだ。「緑の革命」やその他のイノベーションは農業の生産性を高め、人口の増加よりも早く食料の生産性を上げていった。グローバル化も、もっとも効率良く作業ができる国や地域で生産がおこなえるようになったという意味で、世界の成長加速化に貢献している。限られた資源は節約されたり、代替資源に置き換えられたりした。動機づけを生み出すうえでは、価格メカニズムが中心的な役割を果たす。再生不可能な資源が心配になるほど少なくなってきたらその価格が上がり、人々はその資源を使う量を減らすか、代替品を生み出すか、その資源なしでもやっていけるよう、直接的に技術を変える努力をするものだ。

経済学者はしばしば、価格メカニズムを妄信しすぎるとして批判されることが多い。実際、そのとおりである場合もある。だが経済学者もその批判者も、重要な資源に価格がついていないことには大きな危険があるという点では合意している。価格が設定されていないと、価値があるのに誰でも自由に使える状態になってしまう。そうなると、誰もその資源を節約しようなどという気にならない。現代におけるもっとも重要な事例が、地球温暖化だろう。これは何か対策がとられないかぎり、世界の繁栄の持続に対する最大の脅威となり得る問題だ。

社会科学者や政策立案者の大半が誤診した人口爆発問題と、その結果立案された誤った政策が何百万もの人々に与えた深刻な損害は、失敗の多かった二〇世紀の中でももっとも重大な知的・倫理的失敗だったと言っても過言ではないだろう。

避妊はそれ自体が問題だったわけではない。避妊具によって夫婦は自分たちや子どもたちのことを考えて出産を制御できるようになったし、安く効果的に出産を制御できるようになったことで世界中の女性の暮らしが豊かになった。ほとんどのイノベーションに言えることだが、このときも最初の受益者は富裕国で、これにより世界格差が生まれることになる。この差を縮めるには新しい手法を世界中で使えるようにする必要があり、それが最優先課題だと正しく認識された。抗生物質やワクチン接種と同じように、避妊も大きな善行を成せるようになるはずだった。深刻な問題だったのは、多くの人々にそれが強制され、選択の自由が奪われたことだった。富裕国は貧しき者を助けるという名目のもと、この避妊強制の共犯者となったのだ。世界格差は排除されるどころか広がり、さらなる世界的不公正が生まれる。一部の害は誤ってもたらされたもので、多くの政策立案者や科学者は、彼らの分析と手法が実際に貧しい人々を助けることになるはずだと信じていた。だがその誤りは、富裕国の利益追求行為によって助長された。富裕国は貧しい人々が増えたら自分たちの暮らしが脅かされるのではないか、人口爆発によって世界的に共産主義が広まるのではないかと恐れたのだ。

世界の貧困

アメリカで、少なくとも一九七五年以降の経済成長が貧困の削減にはあまり役に立たなかったことはすでに見てきたとおりだ。世界全体を見ると状況はもう少しましで、平均所得の急激な成長、特に中国とインドでの成長は、そしてとりわけ一九七五年以降の成長は、世界の極貧層を減らすのに大きく貢献している。なかでも中国、次いでインドでは、何億人もが連綿と続いてきた貧困から抜け出した。まさに史上最大の脱出と呼ぶにふさわしい。

　これはおおまかな輪郭こそ明確な話だし、結論に重大な疑義を差し挟むわけではないが、語るうえではちょっと注意したい。世界の貧困を測定する方法がまったくもって明確ではないし、一日一ドルや一・二五ドル未満で生活する人の数について語るとき、それがどういう意味を持つかも明確ではないからだ。

　誰が貧しくて誰が貧しくないかを見極めるのは、地方自治体にとっては簡単なことだ。開発実行者はしばしば、「参加型農村調査」というものを実施している。これは村人を村の広場（たとえばガジュマルの木の下など）に集め、村のこと、作物のこと、主な仕事や活動のこと、水資源のこと、交通手段のこと、住民のことをデータ収集者に話してもらうというものだ。貧しいとみなされる住民は障害を抱えていたり、高齢で世話をしてくれる家族がいなかったりする者が多い。富裕国でも、人々は家族が地域で「どうにか暮らしていく」ためにいくら必要かという質問にはまともな答えを返してくれる場合がほとんどだ。だが、国の貧困線を設定するのはもっと難しい。対象者が限られる補助金などのような、特殊な介入の資格に関係してくるからだ。それでも、アメリカの例で見たように国の貧困線はどうにかして算出されるもので、そのラインはのちに改定されたり、政治的議論を経て更新したりされることもある。インドで起こったのがまさにそれで、もともとの貧困線は生活水準を測定した学者たちによって提案され、それがのちに政府に採用された。インドでは計画委員会〔インドの経済や開発を立案する政府の独立機関〕が貧困線の管理者だ。その後既存の貧困線は、有効でなくなったり人々の支持を受けられなくなったりするたびに、インドお得意の仕組みである「専門家委員会」によって改定されてきた。

インドとアメリカの貧困線は民主主義制度の下で協議され、設定されたもので、マスコミや利害関係者による議論もおこなわれてきた。このため、国内における正当性という最大の美点が付随している。だが多くの、というよりはほとんどの貧困線が、その美点を欠いているのが現状だ。貧困削減が純粋に形式的な意味しか持たない数多くの政府にとって、貧困の測定は世界銀行やその他の国際機関、あるいは非政府組織（NGO）にせっつかれてしぶしぶ実施する仕事にすぎない。そのような国の貧困線は多くの場合、国内での議論から生まれるのではなく、世界銀行が都合良く提供してくれる指針から取ったものである場合が多い。

世界銀行が設定した貧困線や世銀の手法を用いて算出した貧困線も通常、少なくとも外部の専門家が見るかぎりは、十分理にかなっている。実際によく用いられる計算方法では、貧困線は典型的な家族が最低限必要な食料をぎりぎり購入できる所得水準の所得総額とされている。こうして設定された貧困線の欠陥はその妥当性の低さではなく、正当性のなさだ。その国の貧しい国民はおろかどの国民であっても、これが貧しい者とそうでない者を分ける適切なラインだと納得しているという保証はいっさいない。これらの貧困線は事実上、自分たちが利用するために貧困を測定する必要に迫られた国際機関が管理上便利だからという理由だけで設定したラインにすぎないのだ。

世界銀行が当初設定した一日一ドルという国際貧困線と、最近になって更新された一・二五ドルというラインは、世界でもっとも貧しい国を集めてその貧困線の平均を取ることで得られた金額だ。これら各国の貧困線はそれぞれの国の通貨で設定されているので、平均を取る前に共通の単位に変換する必要がある。そのために使われるのが、先ほど説明したPPP換算レートだ。世銀が二〇年前に初めてこの計算をおこなったとき、平均は（一九八五年時点の）ドルで一日一人当たり一ドル、つまり四人家族につき年間一四六〇ドルだった。最新の平均は二〇年前とは異なる国々の平均を取っており、一・二五ドル（二〇〇五年時点のドル換算）、つまり四人家族につき年間一八二五ドルということになっている。最終的にはこの国際貧困線がそれぞれの現地通貨に戻され、世界中の貧しい国々において（富裕国はこの計算に含められていない）国際貧困線に相当する現地通貨額で生活する人々の数を数える。すると世界各国にそれぞれ何人の「国際的に」貧しい人がいるかがわかり、その数字が集計され、地域ごとや世界全体の人数がわかるというわけだ。

この計算は一九九〇年以来比較的定期的におこなわれてきていて、世界銀行は一九八〇年から二〇〇八年までの世界の貧困に関するデータを公表している。これが、第1章で紹介した数字だ。第1章の図6は、（二〇〇五年時点の）一日一ドル未満で暮らす世界の人々の数が一九八一年の一五億人から、二〇〇八年には八億五〇〇〇万人にまで減ったことを示している。これは、調査対象となった国で人口が二億人近くも増えていたにもかかわらず見られた成果で、貧困層の割合は四二パーセントから一四パーセントと、合計人数よりもずっと早いペースで減っている。この減少の原因はほぼすべてが、中国の奇跡的成長によるものだ。中国を除けば、一九八一年に一日一ドル未満で暮らしていた七億八五〇〇万の人々が、二〇〇八年には七億八〇〇〇万人にしか減っていない。さっきの数字ほど感動的ではなくなるが、中国以外の世界の貧しい人々の人口割合は二九パーセントから一六パーセントにまで減っている。

もう一つの奇跡的な成長を遂げた大国、インドでは、一日一ドル未満で暮らす人の数は二億九六〇〇万から二億四七〇〇万まで減り、総人口における貧困層の割合も四二パーセントから二一パーセントまで減った。中国とインドは成功例だ。大国の急成長は、世界の貧困に激しい下落をもたらせるほどの原動力となる。一方、貧困削減に激しく失敗したのはサハラ以南のアフリカだ。二〇〇八年時点、一日一ドル未満で生活していた人口の割合は三七パーセントだったが、一九八一年にはそれが四三パーセント、そしてアフリカの出生率がアジアの出生率ほど下がっていないため、貧困層の人々は一億六九〇〇万人から三億三〇〇万人と、倍近くにまで増えている。

アフリカは広大で、どの世界地図を見ても圧倒的な存在感を示しているが、人口密度は南アジアや東アジアよりもずっと低い。そのためアフリカにおける貧困削減の失敗は、世界の貧困統計に対してアジアでの成功ほど大きな影響を与えなかった。とはいえ、中国の成功を無視するという頻繁に犯される間違いは避けなければならない。貧困悲観論者、特に援助業界の人々はしばしば、中国は例外として、グローバル化と経済成長が世界の貧困削減にほとんど貢献していないという趣旨の主張をよくする。だがこれは、世界の貧困についての考え方としては完全に間違っている。中国は例外ではない。一三億の人口を抱える大国だ。この国の貧困からの脱出を無視すると、中国人の価値がエチオピア人やケニア人、セネガル人よりも低いということになってしまう。どの国も研究と測定に値するが、世界全体の幸福に目を向け、測定しようとするのであれば、どこに住んでいる人であれ、同じ価値で測らなければばらない。小さい国に住んでいるからといって特典が与えられたり、大きい国に住んでいるからと言って不利益をこうむったりしてはいけないのだ。世界の貧困は国際的な概念であって、その測定も国際的基準でおこなわれるべきだ。

貧困に関する数字は、どの程度信頼がおけるものだろう？　先ほど説明した世界銀行の測定方法は、現地の民主的要素が欠けているという事実を除けば、おおむね理に かなっている。だがその測定の途上には数々の困難が待ち受けている。こうした数字を構築し、批判する作業に携わったことのあるデータ制作者や私のような人間はこの数字に対してほかの人々よりかなり懐疑的だし、使うのにも躊躇しがちだ。それでも、世界の貧困削減に関する一般的傾向については自信をもって主張できると思う。中国とインドの急成長は現実に起こったことだし、どの国で国民所得の増加が過剰報告されていたとしても、貧困の傾向が左右されることはない。その国が中国であってもだ。アフリカに関するデータは不十分なことが多く、不確実性が強くなってしまうが、貧困の停滞は国民所得の比較的遅い成長や出生率の減少率の低さなど、アフリカについてわかっているほかの事実と矛盾するものではない。だがこうしたおおまかな傾向を別にすれば、世界の貧困という絵のほかの部分はかなりぼんやりとしている。

世界の貧困に関する推計の弱点は、PPP換算レートに依存しているという点だろう。つまり、PPPレートの不確実性やそれに対する批判にさらされるリスクがあるということだ。マーマイト問題がいい例だ。もう一つの弱点が、貧困線の下に位置する人々の数の測定だ。そして、貧困線自体が理にかなったものかどうかという疑問も、常に存在する。

PPP換算レートは毎年測定されるわけではなく、不定期にしか改定されない。過去三回の測定は一九八五年、一九九三年、二〇〇五年に実施され、二〇一一年の測定結果は本書を執筆中の現在、準備中とのことだ。すべての国が毎回参加するわけでもなく、どのような結果であっても確実に大きな影響をおよぼす中国は二〇〇五年以前の測定には参加していないので、それ以前の概算はあくまで部分的な情報に基づくものでしかない。あてずっぽうよりはましかもしれないが、それでもしっかりとした基盤で測定されたとはとても言えない。こうした理由からか、あるいは単純に測定が難しいからか（どちらなのか正確にはわからないが）、世界の貧困者数はPPPレートが改定されるたびに変動するという、気になる傾向がある。この変動は貧困者数に影響しており、個別の国だけでも問題なのに、大陸全体の数字も変動させてしまう。一九九三年の改定ではアフリカが突如としてひどく貧しくなり、中南米がさほど貧しくなく見えるようになった。それも、取るに足りないような変動ではない。サハラ以南のアフリカでは、貧困率が三九パーセントから四九パーセントにまで上がってしまったのだ。

二〇〇五年にデータが更新され、世界銀行は貧困に関する推計を三割ほど引き上げた。貧困に分類された人々のうち、アフリカよりもアジアの人々が多くなったのだ。この増加の大半は世界銀行が貧困線を改定したことによるが、この改定が示しているのは、数字が全般的にあまり信頼できないということだ。世界銀行の貧困対策活動を判断する基準となる数字を提供している唯一の機関が世界銀行だけ、というのも望ましくない。もちろん、こうした改定はすべて統計上のもので、現実とは異なる。計算が変わったからといって、急に貧しくなったり金持ちになったりした人がいるわけではない。だがこれらの変更によって国際機関やNGOが活動（とその名目）を方向転換し、もっとも貧困率が高い「ように見える」地域へ移したりすれば現実に影響が出てくる。これこそ、測定が重要である数多くの理由の一つだ。アフリカの貧困に対する近年の注目は一九九三年の改定後に始まったもので、改定の影響を受けたことは否定できない。援助や注目を世界でもっとも貧しい地域に向けると、実体のないものを追いかけることにもなりかねない。世界の貧困地図は、カメレオンのようにころころと色を変えるからだ。

世界の貧困の傾向は、もととなるデータが改定されても大きくは変わらないことが多い。それでも、中国とインドにおける貧困の減少が過小評価されていて、貧困率が公式な数字よりも早いペースで下がっている可能性はある。この問題はいまだに解決されないままだが、技術的な問題でもあり、おおいに政治的な問題でもある。

一つの国で何人が貧しいかを調べるのは、たとえ貧困線が設定されていても驚くほど難しい。これを調べるためには世帯調査をおこない、無作為に抽出したサンプル世帯にいくら稼いでいくら使っているか聞き、次に貧困線より下で暮らす家族に属する人の数を数える。調査にあたっては、国民所得勘定との照合がおこなわれる。別に推計された、国全体の総支出と総所得の数字と突き合わされるのだ。だが多くの国で、この照合は失敗する。調査対象世帯の合計値が、統計学者たちが期待しているよりもずっと少ないことが多いからだ。さらに悪いことに、双方の合計金額はどんどん離れていってしまう。つまり各世帯に直接質問をすると、生活水準が国の成長率から予測されるほど早くは改善していないという答えが返ってくるというわけだ。ある意味、これはアメリカで起こったことと似ている。国民所得は伸びているが、典型的な家族にはほとんど、あるいはまったく成長が見られないのだ。アメリカで格差が広がっている主な理由は、インドやほかの場所での理由の一部でもあるのは間違いない。だがインドや、それほどではないにしてもアメリカでは、世帯のデータが国全体のデータとにかく一致しないのだ。この残念な統計的ギャップはインドだけでなく、ほかの多くの国でも見られる。[12]

インドでは、統計的な不一致によってしばしば激しい議論が持ち上がるようになった。一方（ざっくり言えば政治的右派）は総計データを信じ、世界銀行もインド政府も使っている世帯調査の貧困指数が貧困の減少を過小評価していると主張する。彼らは調査担当者がずるをして、家庭訪問が面倒くさいからと木陰や喫茶店でくつろぎながらデータをでっちあげているのだと訴えている。もう一方（どちらかというと左派）は世帯調査のデータのほうを好み、国民に直接質問して得られた貧困減少の証拠を信じないなら、減少そのものの存在が根拠を失ってしまうと主張する。彼らによればインドの国民経済計算には多くの欠陥があるし、調査担当者が喫茶店でさぼっているという証拠もないとのことだ。どちらの側の主張にもある程度の真実は含まれているのだろうが、いずれにしても、貧困に関する議論がときには確固とは言いがたい事実に基づいていることを思い出させる。そこにあるのは、人々が自分の関心に応じて好きなほうの説を選べるような曖昧な根拠だ。そしてすべての根底に、インド政府がかなり企業優先になってきて、表向きにすら貧困層を優先しなくなってきているという事実がある。[13] このため、インドの繁栄が一部の都市の限られた地域に住んで急成長を続ける中流階級のためだけでなく、全員のためになっていることをいかに証明できるかが重要になってくる。世帯調査の有効性を否定すると、成功している人々が貧しい人々から「目をそむける」ことを許してしまう。

私が特に気に入っているインドの実例の一つを使って、小さな変更によってどれだけ大きな影響が生まれるかをわかりやすく説明しよう。コルカタにあるインド統計研究所の偉大な経済学者で統計学者、プラサンタ・チャンドラ・マハラノビスは、調査設計の理論と実践について多くの重要な貢献をした人物だ。特に、消費支出について人々に質問する世帯調査への貢献が大きい。いくつかの実験を経て、彼は人々に過去三〇日間で何（たとえば米や麦など）をどのくらい消費したかを尋ねることにした。一九九〇年代、インド全国標本調査はマハラノビスの三〇日間ルールを使い続けていたが、ほかの国では大半がもっと短い七日間を採用していた。回答者がそんなに前の出来事を正確に思い出せないだろうと考えたからだ。多くの見落としが生まれ、貧困が誇張される結果になったのはこれが原因だと主張する者もいる。この主張が勝って七日間ルールへの変更がおこなわれ、そして予想通り、日々の平均支出は上がった。この不明瞭かつ技術的な統計的変化によってインドの貧困率はいきなり半減し、一億七五〇〇万人が貧しくなくなったのだ。調査対象期間の長さが変わって興奮するのは、まず間違いなく統計学者くらいだろう。これ以上微に入り細をうがつことなどできないくらい細かいことが好きな種族なのだ。だが、このように小さな技術的問題が測定を完全に変えてしまい、貧困の概念までひっくり返してしまうこともある。貧困の削減は実際に人々の暮らしを良くするよりも、統計的におこなうほうがずっと簡単だ！

後日談になるが、インドでの変更は長続きしなかった。マハラノビスの実験がやり直されたあとで、三〇日間という調査対象期間がひどく的を外していたわけではないらしく、むしろ七日間よりも良い場合が多かったことがわかってきたのだ。三〇日間ルールが復活し、左派の人々を大喜びさせた。もっと一般的でもっと重要なのが、ほかの多くの国と同様に人口のかなりの割合が貧困層に属するインドでは貧困線のぎりぎり下にせよ上にせよ、貧困にかなり近い水準で生活している国民が何百万人もいるということだ。この数百万人は貧しいが、貧困線があと少し低ければ貧困層には含まれない。逆に貧困線があと少し高ければ、貧しくはない数百万人が貧困層に含まれることになる。つまり、貧困線や測定方法のごくわずかな変更が、貧困層に分類される国民の数を大きく左右するということだ。このように微妙な問題が、貧困測定全体を弱体化させている。貧困線がどこに引かれるべきかはよくわからないのに、その微妙な位置が大きな差を生むからだ。乱暴な言い方をすれば、私たちは何をやっているのか実はよくわかっていない。重要な事柄をこのように曖昧な数字に左右させることは大きな間違いだ。

チャールズ・ディケンズの小説『デイヴィッド・コパフィールド』では、ミコーバー氏という登場人物が自ら貧困線を決めている。「年収が二〇ポンド、歳出が一九ポンド一九シリング六ペンス、結果、幸せ。年収が二〇ポンド、歳出が二〇ポンド〇シリング六ペンス、結果、不幸せ」。このセリフが印象に残っているのは、あまりにばかげたことを言っているからだ。たった一シリングの差が、どれだけの違いを生むというのだろう？　それに、貧困線のぎりぎり下にいる人が貧しいと判定され、特別な支援を受ける資格を得たり世界銀行の注目を集めたりするのに、貧困線のすぐ上にいる人がまったく支援を必要とせず、自力でやっていけると判定されるのはなぜだろう？　貧困線がどこに引かれるべきかに悩み、所得を測定するのに非常に苦労しているような状態で、このミコーバー氏のような判断をするのはさらにばかげている。人々が貧しければ貧しいほど心配するのなら理解できるが、決定的なラインではっさりと区別をつけてしまうのはおかしな話だ。

国際貧困線についてもう一言。ほとんどの人にとって、アメリカやヨーロッパで一日一ドルで暮らすのは明らかに不可能だ。誰もそうしろと頼んでいるわけではないし、アメリカもヨーロッパも世界の貧困統計に含まれてはいないのだが、この不可能さゆえに、ほかの国でも貧困線の有効性が疑われる結果になっている。だが実際インドでは、何百万もの人々が一日一ドル未満で暮らしている。PPP換算レートではこれが一日約二二ルピーに相当するわけだが、この換算レートのそもそもの目的は国ごとの購買力を均一化することだ。では、インドで一日二二ルピーあればみじめとは程遠い生活ができるのなら、なぜアメリカでは一日一ドルで生活できないのだろう？

この質問に十分説得力のある答えが存在するかどうかは、私にはわからない。インドの貧困線は、アメリカでは重要かつ高額な三つの要素、住居、医療、教育を（ほとんど）除外している。また、インドのように暖かい国では暖房がほとんど必要なく、衣服にかけるお金もずっと少なくてすむ。仕事場の近くに住んでいれば、交通費もほぼかからない。これらの項目を除外すれば、電気を使わずに生活しているアメリカ人の四人家族なら安い食料（米やオートミール、豆、少しの野菜など）をまとめ買いして、どうにか年間一四六〇ドルでやっていけるかもしれない。最近、ある論文が、アメリカで「必要最小限」の暮らしをするために必要な金額を一人当たり一日一・二五ドル、つまり四人家族で年間一八二五ドルと算出した。[14] 貧困線の有効性の信奉者には、もう一つ正確な情報を伝えておきたい。一日二二ルピーではインドでもみじめな暮らししか送れず、インドの貧しい人々やその子どもたちは日常的に腹をすかせているとは言わないまでも、世界でもっとも栄養が不足している人々だ。

世界の所得格差

グローバル化が世界をさらに不平等にし、富裕層がさらに富を築く新たなチャンスを手に入れる一方で、貧困層がほとんど何も手にしていないというのはよく言われる話だ。このような話には、もっともらしい響きがある。ヨーロッパや北米に住む幸運な私たちは新しい、つながった世界の恩恵を存分に享受している。一方、内陸の貧しい国に住む、教育を受けていない不健康な人々にとって、グローバル化が何の足しになったのかは非常にわかりづらい。

この話の逆をいく意見もある。グローバル化はアジアの労働者に富裕国市場への門戸をかつてないほど大きく開き、かつては富裕国でおこなわれていた仕事の多くが移住しなくとも母国でおこなえるようになった。これが大きな規模で起これればアジアの賃金は上がり、アメリカとヨーロッパの賃金が下がって、世界の所得格差が全体としては縮まるはずだ。資本家も、グローバル化によって新たな投資の機会を手に入れられる。資本が富裕国に比較的多く、貧困国では比較的少ないのなら、世界がつながることで富裕国の資本家はさらに豊かになり、貧困国の資本家はさらに貧しくなることになる。資本家が豊かになり、労働者が貧しくなれば、所得格差は富裕国では広がり、貧困国では縮まるはずだ（もちろん、所得格差は労働者と資本家の間だけの問題ではないが）。

この章の冒頭で、国ごとの平均所得格差が広がりつつあり、少なくとも縮まる傾向は見せていないことを示すデータを紹介した。だが世界の大国のいくつかはかなり急速に成長しており、その結果、何十億もの人々が暮らす国で平均所得が貧困層よりは中流階級のそれに近づいてきている。これが、世界の所得を均一化させる重要な原動力になっているのだ。しかし、世界の全住民の間の格差（「国際的格差」とでも呼ぼうか）がどのくらいなのかは、国ごとの格差を無視して平均だけを見ていては評価することができない。中国とインドの平均所得が急速に伸びているからといって、繁栄の上げ潮が中国とインドのすべての舟を持ち上げているとはかぎらないのだ。あるいは、オリンピックの開会式で旗を振っているたとえに戻ってみよう。中国とインドの「平均」の旗が列の後ろのほうから真ん中あたりへ上がってきているからといって、中国とインドのすべての旗が同じようにしているとはかぎらない。インドのハイテク都市に住む大富豪たちはとっくに列の先頭にたどり着いていて、貧しい農民たちは最初と変わらず最後尾にいるかもしれないのだ。国の中で広がる格差があまりに深刻になれば中間層への大行進を相殺し、国際的所得格差は広がる可能性がある。

第5章では、近年のアメリカにおける格差の広がりについて述べた。アメリカはたった一つの国でしかないが、新たな技術やグローバル化など、そこで重要だった要素のいくつかはほかの富裕国でも見られるはずだ。貧困国では、グローバル化がもたらした新たな機会の恩恵を全員が受けたわけではないことを示すデータがある。所得格差について世界中のどの国にも当てはまる事実があるなどと私は信じていない（格差を測定するのが難しいという事実だけがその例外だ）。だが全体的な傾向として所得格差が特にこの数年で広がってきたというのは、明白な事実だ。アメリカは、その格差の度合いと近年の拡大の規模の両面で例外的だと言える。特に高所得層の増加が著しいのだが、所得格差が現在進行形で広がりつつある国はアメリカだけではないはずだ。いくつもの富裕国で、上位一パーセントの取り分で測られた所得格差は二〇世紀の大半に縮まっていたのと同じように、一九八〇年代半ばすぎまで縮まり続けた。

つまり、最近の格差拡大傾向はアメリカのそれよりも規模が小さかっただけでなく、時期も遅かったということだ。

中国の経済成長は地理的に不均等で、都市部が地方よりも順調に成長している。このような地方と都市部との格差は人々が移住する動機づけとなり、所得の大きな格差が打ち消されるはずだ。だが中国では移住が厳しく制限されており、一億人以上の出稼ぎ労働者が、いい仕事にありつくためには家族と離れ離れになるしかない。インドでは格差の広がりは中国ほど明確ではないが、やはり一部の地域、特に国の南部と西部は、ほかの地域よりも順調に成長している。高所得層に関する国際的調査プロジェクトの一環として中国とインドの所得税の記録を調べる研究がおこなわれたのだが、それによると、上位一パーセントはいずれの国でもかなり急速に増えつつあるようだ。ただし、アメリカの上位一パーセントの取り分に比べればインドは半分、中国は三分の一でしかない。[15] 話をさらにややこしくするのが一部の大国で格差が縮まりつつあることで、その大国には昔から格差が大きかったアルゼンチンとブラジルが含まれている。

近年、所得格差が広がった富裕国はいくつもある。ほとんどの国が二〇世紀前半に戦争やインフレ、税金によって富を削り取られ、高所得層が減少した。ここ数十年で見ると、アメリカのような英語圏の富裕国では上位一パーセントの取り分が大幅に増えているが、ヨーロッパ（ノルウェーを除く）や日本はこの限りではない。上位一パーセントがほかを引き離して成長を続けると、その下の九九パーセントの所得は全国平均を下回ることになってしまう。一パーセントの成功は国によって異なるので、つまりは国全体の成長を順位づけすると、九九パーセントの成長と国全体の成長の場合で順位が異なるというケースも出てくる。

一つ、興味深い比較がある。フランスとアメリカを比べたものだ。フランスの近年の成長はアメリカと比べるとあまり早くはないが、フランスの人口の下位九九パーセントは、アメリカの人口の下位九九パーセントよりも急速に平均所得を伸ばしている。[16] 逆に言えば、フランスでは人口の上位一パーセントを除く全員が、アメリカの人口の上位一パーセントを除く全員よりも急成長しているということになる。

世界市場は、アメリカの経営者の給与の高騰によって大きく動くようになった。そのために英語圏の経営者のほうが商売を有利に進められるが、非英語圏であるフランスやドイツ、日本の経営者に対して世界市場が同じようには開かれていないとしたら、英語圏と非英語圏で差が生じるのも理解できる。もう少し穏やかな言い方をすれば、グローバル化によって英語圏のエリート経営者には巨大で豊かな市場が開かれ、オペラ歌手やスポーツのスター選手のように、経営者たちも統合された国際的なCEOのクラブに属するようになったということだ。この説でいくとアメリカやほかの英語圏の超高額給与は新たな世界市場における超優秀な才能への見返りであり、アメリカのCEOたちが自分たちに給与を過剰に払ってほかの英語圏にも同じことをするよう強制しているわけではないということになる。

富裕国は必ず技術の変化に直面するし、低賃金国からも挑戦される立場にある。アメリカで見られたような所得格差の広がりがすべての富裕国で見られたわけではないが、当初はこの拡大傾向に抵抗するかに思われた国でも最近では格差が広がり、特に平均より上での所得分布が広がっている。中流階級の仕事の多くが機械や外国への業務委託に取って代わられる一方、低賃金のサービス業務は比較的順調に推移している。このような仕事と賃金の両極化は富裕国ほど広がっているようだ。[17] 最近になって起こり始めた両極化は、所得分布の底辺での格差の広がりを抑制している。そのほかの傾向（底辺での片親世帯の増加と上辺でのパワーカップルの増加など）も広く見られるようになってきた。税制と再分配の制度はアメリカよりもヨーロッパのほうが包括的で、格差の抑制にもっと注力した内容になっているのだが、それでも最近の格差の広がりを抑えきれてはいないようだ。

これらの事例は、世界全体の格差についてどんなことを教えてくれるだろう？　国内の格差拡大は、大国が世界の分布図の中で上昇していくのを抑えるほどのものだろうか？　国ごとの平均所得が互いに離れていっているのなら、そして平均的な国が以前よりも不平等になってきているのだとしたら、それは世界全体が不平等になっていることを示唆しているのだろうか？

明確な答えが出せるのは最後の質問だけで、答えは「ノー」だ。国というのはその規模が大きく異なるもので、少なくともここ何年かを見ると大国が平均を超えてかなり急速に成長している。国ごとに見ていく場合には、人口一五〇万人のギニアビサウのような小さい国にも、人口一〇億人を超えるインドのような大国と同じように目を向けるべきだ。ギニアビサウやアフリカのほかの小国があまり成長できていないという事実こそ国同士の格差が広がっている原因だが、それだけ見ても、人々の格差が広がっているかどうかを見るときに何が起こっているかはわからない。

では、国内の格差が世界の格差に与える影響はどのようなものだろう？　これは世界の所得分布の最上部にとっては重要だが、大半の人々にとってはさほど重要でもない。世界の格差の大部分が国同士の格差によるもので、彼ら自身の格差によるものではないからだ。そこで大国、とりわけインドと中国に再び目を向け、彼らが世界のほかの国々と比べてどれだけ早く成長しているかを見てみよう。中国では国内格差が広がっているわけだが、それを考慮しても、十分に国の成長が早ければすべてを相殺することができ、少なくとも中国が平均よりも貧しい国であり続けるかぎりは、世界はもっと平等になっていくはずだ。すべての証拠を集めて慎重に推計をおこなうと、それが今まさに起こっているらしいことがわかる。国同士の格差が広がっていて、国内の格差も広がっているにもかかわらず、世界的格差は安定しているか、少しずつ縮まっているのだ[18]。これは正確な事実かもしれないが、確実だと言いきるだけの自信は私にはない。一番の不確定要素は、中国とインドの本当の成長率だ。本当に、公式発表が言うほど高いのだろうか？　そのうえ、両国とほかの国とを国際的に比較するのがあまりに難しいため、不確実性はさらに高まる。

最後に考えるべき問題は、世界的格差を気にするべきかどうか、もしそうならなぜ気にするべきかだ。国内の格差は、公正さについて教えてくれる。ある国の国民が好むと好まざるとにかかわらず全員税金を払って法や国の政策に従い、それにふさわしい見返りを受け取っているかどうかがわかるからだ。哲学者ロナルド・ドゥウォーキンが著書の中で、「市民に対して支配力を行使し、法への忠誠と服従を要求する政治共同体は、すべての市民に対して公平で客観的な姿勢でいなければならない[19]」と述べている。たしかに、正義のためにはどのような所得分配が必要かについては、人それぞれに意見が異なる。アメリカの格差が大きく、さらに広がり続けているという事実が不当かどうかについても意見は分かれるだろうが、これは所得格差に関して何か対策が取られるべきか、厳密にはどんな対策を取ればいいのかという国民的な議論の重要な一部分だと言える。

だが、世界の現状は違う。全世界の人々が忠誠を誓い、不当かもしれない世界的格差に対処する能力を持つ世界的政府は存在しない。世界的格差の測定は、国の政策と同じようには世界の政策を決定する統計資料に含まれていないし、実際、個人別所得を対象とした世界の所得格差に関する公式数値はない。この問題は、個々の研究者の関心事にとどめておいたほうがいいのかもしれない。それも一つの真理ではあるが、反論もある。世界的政府はたしかに存在しないかもしれない。だが、世界貿易機関や世界銀行など、その政策が多くの国で人々の所得に影響をおよぼし、その活動が影響を受ける人々の正当性を求める要望に応えられるくらいには国家に近い働きをする国際機関があるという意見だ。こうした機関のどれ一つとして、世界的な税の再分配を実施する権限も能力を持っているものはない。だが、ある程度の利益や不利益をもたらすことはできるのだから、所得の分配を観察するくらいのことはしてもいいだろう。世界は統一されてはいないかもしれないが、互いに関わり合いのない、孤立した国の集まりというわけでもないのだ。

第Ⅲ部

助け

第7章　取り残された者をどうやって助けるか

世界ではいまだに一〇億近い人々が物質的な極貧状態にあり、何百万人もの子どもたちがたまたま生まれた場所のせいで死んでいる。インドでは子どもの半数近くが痩せ細り、発育不十分なままだ。彼らは、「大脱出」から取り残された大勢の人々だ。だが例によって格差の膨大さそのものが、格差を排除する方法を教えてくれる。脱出を可能にした科学的・技術的進歩はすべての人々が手に入れられるもので、脱出の恩恵や取り残される恐怖についてはここであらためて述べるまでもないだろう。南アジアと東アジアの一部の国々は先進国に追いつくチャンスをつかみ、何百万人もの国民を貧困と早すぎる死から救ってきた。それでも、著しい格差はまだ残っている。

第二次世界大戦以降、富裕国はこうした格差を海外援助で埋めようと努力してきた。海外援助とは、貧しい人々の生活を改善することを目的に富裕国から貧困国へと移転される資源の流れを指す。その昔、資源は逆方向、つまり貧困国から富裕国へと流れていた。軍事征服と植民地支配による搾取の結果だ。その後、富裕国の投資家たちが貧困国へ投資をするようになったが、これは現地の人々の生活をより良くするためではなく、利益を目的としたものだった。貿易によって原材料が富裕国に運ばれ、代わりに製造品が貧困国へと流れるようになる。だが原材料の輸出で裕福になることに成功した貧困国は数少ない。多くの国が、外国による支配と国内の格差という遺産を今も抱えている。この歴史に対して、受け手の利益のためになることを具体的な目標としている海外援助は、まったく違うものだ。

過去には、取り残された人々が望めるのはせいぜい脱出の成功者から学ぶことくらいだった。それすら、先に脱出した人々がトンネルを埋めずにいてくれればの話だった。だが今は、先に運をつかんだ人々が助けに戻ってきてくれるという新たな構図が生まれている。この章では、海外援助が実際に大脱出を加速化したのか、それとも複雑に入り組んだ動機や政治、意図せざる結果の法則によってまったく逆のことが起こったのかを見極めたいと思う。

物質的援助と世界的貧困

世界の貧困について驚くのは、どれほど簡単に問題が解決できるかということだ。世界の貧困層の銀行口座に魔法のように現金を振り込むことができれば、の話だが。二〇〇八年時点では、一日一ドル未満で生活している人々は世界中に八億人いた。平均すると、その八億人はだいたい一日〇・二八ドルほど「不足」していた。つまり、彼らが一日に使う金額は貧困から脱するために必要な一ドルではなく、〇・七二ドルだったということだ。[1] この不足分は、一日二・五億ドル足らずで補える。〇・二八ドルかける八億は、二・二億ドルだからだ。アメリカが単独でこれをやろうとした場合、全国民が負担する金額は一日〇・七五ドル、あるいは子どもを除外すると一日一ドルになる。イギリスとフランス、ドイツ、そして日本の成人が協力してくれるなら、一人一日五〇セントですむ。それでも、実際に必要な額より多いくらいだ。世界の貧困層のほとんどが、食料や住居などの生活必需品が富裕国よりも安い国に暮らしている。インドでの一ドルは、貧しい人々が買う物約二・五ドル分の購買力があるのだ。[2] これを踏まえると、世界の貧困を撲滅するにはアメリカの全成人が一日三〇セント寄付しさえすればいいという驚きの結論が導き出される。または、先ほど述べたようにイギリスとフランス、ドイツ、日本の成人からも協力が得られるなら、一日たったの一五セントですむ。

こんなわずかな金額を与えることができないだけで世界に貧困が存在するという事実は、にわかには信じがたい。この計算ができても貧困の撲滅にはなんの意味もないことを理解するのが、この章の主なテーマになる。問題は、一五セントがはした金だということではない。それを三〇セント、あるいは一・五ドルにまで増やしても、貧困を過去の遺物にはできないということが問題なのだ。

先ほどの計算は、人々がぎりぎり一日一ドルの生活水準で暮らせるようにするためだけのコストだ。健康を改善したり命を救ったりという、もっと重要な問題には対処できない。その問題に対処したければどの慈善活動が特に効果的かをおすすめするサイトが、いくつもある。哲学者トビー・オードが運営している givingwhatwecan.org というサイトでは、年収一万五〇〇〇ポンドの人が十分の一にあたる一五〇〇ポンドを寄付すれば「年間一・五人の命が救えるか、熱帯病にかかって治療を受けていない子ども五〇〇〇人近くに治療を施せることになる」。[3] いま紹介した数字の根拠についてはのちに反論するが、それでもこれらは慎重に計算したまじめな推計で、得られる成果にしてはごく小額ですむ。それほど慎重ではない活動家たちが、もっと少ない額を提示している場合もある。本書の冒頭で紹介した俳優リチャード・アッテンボローは二〇〇〇年に書かれた新聞記事で、UNICEFがモザンビークの子どもの命を一人一七ペンス（約二七セント）で救えると述べていた。[4]

こうした計算は、私が最初に記したものも含めて、私が「援助の錯覚」と呼んでいるものの一例だ。

富裕層や富裕国が貧困層や貧困国にもっとお金を渡せば世界の貧困はなくなるはずだという、間違った信念を指す。援助の錯覚は貧困撲滅の処方箋になるどころか、貧困層の生活を良くするうえでは障害になるということを、これから主張していきたいと思う。

では、一日一五セントで世界の貧困が撲滅できるという計算については、どのような解釈ができるだろう？　これほど小さな額で問題が解決するはずなら、なぜ世界にはいまだに貧困が存在するのか？　考えられる理由は四つある。

・道徳的無関心――裕福な人々が関心を持たない。
・理解不足――人々は関心を持ってはいるが、貧困に対処するのがこれほど簡単なことだと気づいていない。
・援助は効果があるかもしれないが、方法が間違っているので現時点では効果が出ていない。
・援助は全般的に効果がなく、場合によっては逆に害となる場合もある。

これらの理由については一つずつ順に見ていくが、まずは道徳的無関心についてと、貧困が本当に簡単に解決できる問題なのかどうかから始めよう。

富裕層がそんなに無慈悲で、一〇億人を絶望的な貧困から救うためのわずかな犠牲すら拒否しているというのは本当だろうか？　自分の友人や家族に対してなら無慈悲でなどいないだろうが、何千キロも離れたところに住む、自分とはまったく違う人々を助ける責任はあまり感じていないのかもしれない。

アダム・スミスは、違う意見を持っていた。中国に巨大地震が起こったらと想像する有名な一説で、スミスは中国ではない場所に住んでいて中国人を見たことのない誰かに、あなたが小指を切り落とせば一億人の中国人が助かると言ったら、その人物は小指を失うことを拒否するだろうかと問いかけている。そしてこう結論づけた。「また人類は、ひどい腐敗と堕落の状態にあっても、けっしてそれを楽しめるような悪党を生みだしはしなかった」[5]。スミスと同時代の哲学者デイヴィッド・ヒュームは、(一八世紀の)グローバル化によって人々はより情に篤くなり、物理的に離れた場所の人々でも助けようという意思を持つはずだと主張している。現代のグローバル化にあっては、この主張がさらに説得力を増しているはずだ[6]。

哲学者ピーター・シンガーは長年、距離によって違いが出るはずだと主張してきた。アフリカの子どもを救うことを拒否する人でも、浅い池で子どもがおぼれかかっているところに通りかかれば、服が濡れる程度の些細な犠牲を嫌って救出を拒否するようなことはないだろうと言うのだ。だが、アフリカの子どもが遠いところにいるという事実は、支援の手を差し伸べるという道徳的責務とは関係がない。今ではオックスファムのような国際慈善団体が、私たちの代わりに距離を埋めてくれるからだ。

オックスファムなどの援助機関が有効だとすると、寄付を拒否することはおぼれる子どもの救出を拒否することと道徳的には同じ意味を持つ。のちにパキスタンからバングラデシュを独立させることになる戦争が続いていた一九七一年、シンガーは現地での苦しみについてこう述べた。「飢餓救済などの古典的な手段であろうが、人口抑制であろうが、その両方であろうが、この問題について何か対策を講じられるということが真剣に議論されているとも私には思えない」[7]。シンガーが最近書いた文章では有効性についての主張が維持されているし[8]、givingwhatwecan.org や givewell.org といったウェブサイトが国際慈善組織を比較し、貧困削減と健康改善に特に有効な組織を、潜在的寄付者(意思はあるが懐疑的または慎重な人)に推奨している。支援の義務に関する倫理的議論は、間違いなく圧倒的な規模で存在する。

だが、問題は倫理的ではなく、現実的なものだ。つまり、「私たち（世界の貧しくない人々）」が「彼ら（世界の貧しい人々）」を支援する能力があるかどうか、という問題になる。

先ほど述べた「一日一人一五セント出せば、一日一ドルの貧困を撲滅できる」という主張がどう甘く見積もっても不完全だというのは、一目瞭然ではないだろうか。物事はそんなに単純ではない。実際、この計算を目にした人々の最初の反応は、一五セントでは足りないだろうというものだ。そのお金が実際に貧しい人々の手に届くまでに、管理費だのなんだので減るに違いないと言うのだ。だから実際には一日五〇セント、ひょっとしたら一ドルや二ドルは必要なのではないか、と。道徳的責務はコストが一五セントしかかからないという事実ではなく、「私たち」が持っているものに対してコストが低いかどうかによって左右される。だが、それにも増して、害を与えないという道徳的責務も存在する。対象がすでにとても厳しい状況にある人々ならなおさらだ。金額にかかわらず、現金を与えることに関する議論は、お金さえあれば状況は改善するという前提に基づいている。一見矛盾しているように思えるかもしれないが、今より援助を増やしたとしても、それが今までと同じように与えられるのであれば状況は良くなるどころか、かえって悪くなるだけだと私は主張したい。

アメリカは、多くの富裕国と比べると国民所得の中から海外援助に支出している割合が少ない。とはいっても、一人一五セントよりはずっと多い額を寄付している。富裕国からの公的な海外援助の総額は、二〇一一年には一三三五億ドルだった。[9] これは世界中の貧困層一人当たり一日三七セントで、貧困国での購買力を考慮すれば、一日一ドルにほんの少し足りない程度の額だ。この総額には、個人による寄付や国際NGOによる援助の莫大な金額（三〇〇億ドルほど）は含まれていない。援助金は、富裕国の個人や政府から世界の貧困ライン未満で生活している人々の手に直接渡されるのであれば、一日一ドルの貧困を世界から消し去るのに十分な金額だ。それがどうしてそうなっていないのかを理解しないうちは、援助についてまともな意見など言えはしない。

この章の冒頭で紹介した計算は海外援助に対する「水力学的」な取り組み方の一例で、一方から水を汲み入れれば反対側から水が出てくるはずだという安直な考え方だ。[10] この考え方に基づくと、世界の貧困問題を解決して死にかけている子どもたちの命を救うのは、まるで配管工事や自動車の修理のような工学的問題として受け止められる。新しいギアがいくら、新しいタイヤ二本がいくら、プラス工賃、といった感じだ。子どもの命を救うのに必要なのは防虫処理をした蚊帳（マラリア予防になる）一日数ドル、経口補水療法一回二五セント、ワクチン接種一本数ドル、という具合だ。プロジェクトやプログラム、設備への投資は経済成長を活性化するだろうし、貧困の特効薬は経済成長だ。統計分析によって、経済成長と投資にまわされる国民所得の割合との間には頑健な相関関係があることがわかっている。つまり、成長を早めてもっと迅速に貧困を撲滅するために国が「必要としている」追加資本がいくらになるかを計算するのは、簡単な話だ。

このような計算が間違っているという議論は長年続いているのだが、その計算による誘惑もいまだに続いている。ピーター・バウアーは一九七一年に、このような重大な指摘をした。「開発に必要な条件が資本以外はすべて揃っているとすれば、資本はじきに現地で生み出されるようになるか、海外から商業的に政府や民間企業に流れこむようになる。その資本は高い税収や企業の利益から生まれるものだ。だが開発のための条件が整っていないのであれば、海外資本を得る唯一の手段である援助は必然的に非生産的なものとなり、したがって効果もないことになる」[11]。現在の海外からの民間資本流入の規模は、バウアーが当事想像していた額をはるかに上回る。彼の主張が一九七一年に正しかったとすれば、今ならよりいっそう有力な説だろう。

これこそ、海外援助の大きなジレンマだ。「開発の条件」が整っていれば、援助は必要ない。現地の状況が開発に適していなければ援助は役に立たず、その状況を長続きさせるようなことになれば害にさえなる。このジレンマを無視した場合にどんなことが起こるかは、これからいくつも実例で見ていく。開発機関は何度も何度も、このジレンマに進退窮まってきた。援助が効果を挙げるのは一番必要とされていない状況のみだが、寄付者たちはもっとも必要としている人々に効果的な援助をおこなうことを強く求める。バウアーの理論は投資と成長のための資本についてのものだが、その応用範囲は広い。貧困が資源や機会の不足した結果ではなく質の悪い制度や質の悪い政府、悪徳政治によるものであれば、貧困国の、とりわけ政府に資金を与えることは、貧困を撲滅するどころか長引かせる結果になるかもしれない。援助には水力学的な取り組み方は通用しないし、貧困問題の解決は、壊れた車を故障したり浅い池でおぼれる子どもを助けたりするのとは、まったく別の問題だ。

援助についての事実

今の援助では世界の貧困が撲滅できない理由の一つが、ほとんど貧困を撲滅しようとしていないということだ。世界銀行は貧困撲滅の旗の下に活動しているが、援助のほとんどが実は世界銀行のような多国籍組織を通じてではなく、一つの国から別の国への「二国間」援助でおこなわれている。そして、どの国もそれぞれの思惑に基づいて援助を利用している。近年では、貧困救済を援助の目的として強調する国も増えてきた。イギリスの国際開発省（ＤＦＩＤ）などはその筆頭だ。だがほとんどの場合、援助は被援助国のニーズではなく、援助国の内外的関心に基づいておこなわれている。援助国の多くが民主主義国家で、納税者の財産を使っているのだと考えれば、それも納得できる話だ。世界の貧困削減を支援する強い勢力が国内にある国は多く、イギリスもその一つだが、国は政治的関係や旧植民地との良好な関係の維持など、寄付者が強い関心を持つ問題をいくつも考慮してバランスを取らなければならない。国内の寄付者とは、人道的問題に関心のある一般市民だけでなく、海外援助にチャンス（自分たちの製品の販売）と脅威（発展途上国との競合）の両方を視野に入れた民間企業も含む。そうは言っても、日本やアメリカを含むいくつもの国が「豊かで民主的な世界の創造」といった一般的な目標を掲げていて、それが世界の貧困削減と方向を同じくしていることは間違いない[12]。

援助の表向きの目的は、実際にはそれほど重要ではないかもしれない。援助は流用可能なので、政府が戦車や飛行機を購入するつもりだった軍事的援助でさえも、場合によっては学校や病院のための資金として流用することができる。もっと違う方向への流用のほうが、実際にはより大きな懸念事項だ。経済開発研究の先駆者の一人であるポール・ローゼンシュタイン゠ロダンは一九四〇年代に、発電所を建設しているつもりだったのに実際には売春宿に資金を提供しているかもしれないと書いている[13]。アメリカが同盟国への政治的支援を強固にするべく援助をおこなったとしても、その同盟国が受け取った援助を貧困削減や健康、教育に使うことを止めることはできない。だから、目的別に援助を分類することにはあまり意味がないというわけだ。

海外援助の最大の構成要素は、「政府開発援助（ODA）」として知られているものだ。これは、受益者である貧困国の福利厚生と発展を目的として富裕国の政府から提供された資金を指す。ODAの記録係であるOECDの開発援助委員会（DAC）によると、二〇一一年のODA総額は一三三五億ドルだったという。DAC加盟国は二三あり、それぞれが国民所得の〇・一パーセント（ギリシャと韓国）から一パーセント（ノルウェーとスウェーデン）を提供した。二〇一一年の平均提供額は、国民所得の〇・五パーセントにちょっと足りないくらいだった。ODAは一九六〇年代から一九七〇年代にかけて急激に増え、一九六〇年から一九八〇年の二〇年間で実質価値で二倍に増えている。冷戦の終結によってその額は大きく減り（提供国の意図が大きく反映されている証拠だ）、一九九七年の総額は一九八〇年の総額を下回った。以来、ODAは五〇パーセント以上増加している。一九六〇年以降の累計額は、（二〇〇九年の物価で）およそ五兆ドルだ。

現在、ODAの最大の提供国はアメリカで、次いでドイツ、イギリス、フランス、そしてあまり離れることなく日本が続いている。提供国の貢献度を測る指標でもある（だが貧困層のニーズが満たされているかどうかを測ることはできない）国民所得の割合で言えばアメリカは〇・二パーセントで最下位に近く、一方では北欧諸国のオランダとルクセンブルクが上位だ。

提供国の所得に対する割合という観点から援助に注目するというのは、不思議な話だ。所得の〇・七パーセントを提供するよう国連が富裕国に度々促してきたのは、どうしてだろう？　池でおぼれる子どもを本当に助けたいなら、救助者の収入など関係ないはずだ。これには、水力学的な説明がつく。ミレニアム開発目標などの目標を達成するには、富裕国のGDPの〇・七パーセントが必要だという計算があるのだ。これは、この章の冒頭で紹介した計算と同じような、そして同じくらい無意味な説明だ。また、ほかにも考えられるのは、国連が援助額は多ければ多いほうがいいと考えていて（加盟国政府にとってはそうかもしれないが、国民にとってはどうだかわからない）、〇・七パーセントが一番出してもらいやすい数字だという説明だ。そしてもっと重要な説明が、この目標を受け入れる国は貧しい人々を助けたいという国民の意識が高く、その国民は結果までは監視できないが、金額だけなら監視できるというものだ。このような場合、援助は貧困層の生活を改善するためのものというよりは、むしろ「助けたい」と思う自分の気持ちを満足させるためだけのものになってしまう。

海外支援には、政府間援助以外にもたくさんの形がある。何千という慈善団体やNGOが世界中で人道・発展活動に携わっていて、大きい組織になると本当に規模が大きく、年間予算が五億ドルを超えるところもある。彼らは独自に活動するが、国や国際機関の代理機関としても機能しており、こうした組織の活動によって、富裕国から貧困国への資金提供総額の二五－三〇パーセントにあたる金額が動いていると推定されている。透明性と有効性は、組織によってかなりまちまちだ。このほかにも新規参入の援助機関がいて、たとえばブラジルや中国、サウジアラビアなどはDACに活動報告を提出しないため、DACの統計には表れない。

ODAの約八〇パーセントが、二国間援助だ。そのほかは世界銀行や国連開発計画（UNDP）、世界エイズ・結核・マラリア対策基金などの政府間国際機関を通じて資金が提供される。多国間援助のほうが二国間援助より透明性と有効性が高く、国内の政治的配慮に関係なくおこなえるという主張もあるが、世界銀行もそう簡単には最大の資金提供国の意図にそむくことはできないし、UNDPは世界でもっとも透明性と有効性が低い援助機関にランクづけされている。[14] 一つの国の中でも、独立して活動するいくつもの政府機関を通じて公的援助がおこなわれている（アメリカでは五〇の機関を経由する）のだから、援助国や組織が多くなれば総額の追跡管理がそれだけ難しくなるだけでなく、連携にあたっては大きな問題がいくつも発生するし、関係者同士がお互いの政策を妨害し合うことにもなりかねない。

援助は多くの国でおこなわれ、一五〇以上もの被援助国に資金を提供している国もある。援助国はどうも個人よりは国に援助金を渡したがっているらしく、貧しい人々がどこに住んでいるかなどおかまいなしに、援助する対象の国が多ければ多いほどいいと思っているようだ。その結果、小さい国のほうが大きい国よりも多くの援助金を受け取ることになる。これは一人当たりの金額に換算しても、被援助国の所得に対する割合で換算しても同じだ。だが、世界の貧しい人々の大半は大きな国に住んでいる。援助国による「援助の断片化」は、世界の貧困層に援助が効率的におこなわれていない理由の一つでもある。

世界銀行の統計によると、二〇一〇年に国民一人当たりの援助額が一番多かったのはサモア（八〇二ドル）、トンガ（六七七ドル）、カーボベルデ（六六四ドル）だった。一方で二つの大国、インドと中国では、国民一人が受け取った歴代最高額がインドでは三・一〇ドル（一九九一年）で、中国が二・九〇ドル（一九九五年）だ。これまでに見てきたとおり、世界の貧困層の約半数（二〇〇八年は四八パーセント）がインドか中国のどちらかに住んでいる。なのに二〇一〇年に中国とインドが受け取ったODAの援助資金は合わせてもたったの三五億ドル、援助総額の二・六パーセントにしか満たない。世界の貧困層の半数が世界の援助資金の四〇分の一しか受け取っていないという事実は間違いなく、格差に関する世界でもっとも奇妙な統計の一つだろう。

もちろん、急激に成長してきた中国とインドが自力で貧困を撲滅する能力があるとみなされ、ODAの必要性が少ないと考えられてきたというのはあるかもしれない。たしかにどちらの国にも多額の民間投資が流れこんでいて、インドはODAの六倍、中国は五七倍にもなる。ということはODAがもっと有益なところに使われているのだと思いたくなるだろう。だが、サモアとトンガになぜそんなにたくさんの援助が必要なのかは、実ははっきりしていない。この二つの国の成長率が特筆するほどめざましいというわけでもない。この事実は、世界中の援助国の直接援助を一人当たりベースで増やせば貧困が削減されるとする水力学的考え方や、援助が経済成長を刺激することで貧困を削減するという考え方とは、どうにも相容れないものだ。

援助の分配は、援助国のさまざまな政策を反映している。たとえば、フランスからの援助はフランスの旧植民地国に大きく偏っている。アメリカからの援助は必ずアメリカの外交政策を反映し、冷戦時代は共産主義に反対する同盟国を支援していたし、キャンプ・デーヴィッド合意〔一九七八年に中東和平を目指してエジプトとイスラエルの間で締結された合意〕のあとはエジプトとイスラエルを支援し、さらにはイラクとアフガニスタンの再興に向けて資金を注入したりもしてきた。援助を「ひも付き」にする国もある。この場合、援助金は援助国の製品（食糧援助を含む）の購入に使わなければならなかったり、援助国の製品を援助国の船で輸送しなければならなかったりする。一部の推計によれば、アメリカの援助の七〇パーセントが、少なくとも現金の形では被援助国にわたることがないそうだ。ひも付きにすることによって援助国は援助に対する国内の支持を取りつけることができるが、そうするとほとんどの場合、被援助国でその援助の有益性が損なわれてしまう。近年ではひも付き援助はかなり減ってきて、イギリスなどでは違法にまでなっているが、それでもまだ多い。最近の推計では、一九八七年から二〇〇七年の間に、ひも付きのＯＤＡの割合は、食糧援助や技術支援（どちらも被援助国にとってはあまり価値がない）の割合と合わせて、八〇パーセントから二五パーセントにまで減っている[15]。

貧困対策と言われているどのようなものとも完全に矛盾しているのが、ＯＤＡによる援助資金の大半が実際には低所得国にすら届いておらず、貧困層が暮らす国になどなおさら届いていないという事実だ。ここでも対象選定がかなりおこなわれるようになってきてはいるが、驚くほど狭い範囲からしか選定されていない。ＯＥＣＤが「後発開発途上国」と呼ぶ国に対するＯＤＡの割合は、一九六〇年には一〇パーセントをちょっと超える程度だったのが、今は約三分の一まで増えている。それでもODAの半分以上が、いまだに中所得国に送られているのだ。だが、実態は思うほどひどくない。近年の成長を受けて世界銀行は中国を高中所得国に分類し、インドは低中所得国になった。両国とも、自力で自国の貧困に対処できるようになるかもしれない。今の世界では、貧しい人々を対象にすることは、貧しい国を対象にすることとはかなり中身が異なるのだ。

援助は、政府間援助もNGOの人道的援助も含め、自国民を助ける気もなければ記録を取る気もないような政権に与えられる場合が多い。援助国は政治的目的のためにこうした援助をおこなっている場合があり、たとえばアメリカは長年にわたって旧ザイールのモブツ・セセ・セコを支援してきたし、最近ではエジプトやエチオピアにも援助をおこなっている。フランスも旧植民地を援助しているが、その多くが、独裁体制の腐敗した政府に支配されている国だ。ODAの半分近くが、独裁政権の手にわたっているのだ（もっとも、民主主義に転じた国は援助額が急増するという証拠もある）[16]。

一つ例を挙げよう。二〇一〇年、ジンバブエのロバート・ムガベ大統領は国民所得の一〇パーセント以上に相当するODAを受け取った。国民一人当たり六〇ドルだ。このような場合、援助国はバウアーのジレンマを極端にしたような悩みに直面する。人々が困窮している場所に援助をおこなうとすれば、トーゴやジンバブエのような国が有力候補になるだろう。だがそうした国はその運営方法のせいで、援助が有益に使われない可能性が高い。それどころか独裁政権が長引くのを助けたり、私腹を肥やさせたりするかもしれない。援助は政府とは別に独自に活動するNGOを経由しておこなうことも可能ではあるが、それも最善の対応策とはとても言えない。援助は、流用可能だ。NGOの運営する学校や病院が政府に資金を明け渡すかもしれないし、政府がNGOの資産に課税したり（単純に取り上げたり）するかもしれない。政府はＮＧＯが輸入する製品や設備に税金を課すこともできるし（実際にしている）、運営許可の取得に高額な費用を要求することもできる。緊急人道支援についても同じような状況が考えられ、特に戦争中は、人道支援を国民のもとに届けるために軍閥のリーダーを買収するなどしなければならない。極端な場合、こうした事情のために国際ＮＧＯが食料と一緒に武器も運びこまざるを得なかったという事例もあった。飢えた子どもたちの写真を使って集めた資金の一部が戦争を長引かせるために使われたり、ＮＧＯが資金を出して設営した難民キャンプが殺戮をおこなう民兵の訓練拠点に使われたりしたといった事例もある。[17] 援助がちゃんと役立てられはするが、それほど緊急には求められていないような安定した国に援助を差し向けるか、困窮しきっているが援助がほとんど役に立てられず、逆に害となるかもしれない国に援助をおこなうかという選択の間には、常に葛藤がある。

ここまで援助についての簡単な説明をしてきたが、ここには富裕国が貧困国に良くも悪くも影響を与えるほかのさまざまな方法は含まれていない。援助はまさしく、それらの方法の中でも重要性がもっとも低いものだ。富裕国は民間投資の形で資金を提供するが、その動きは世界銀行よりもずっと早く、官僚的な手間もかからない。その結果、世界銀行の援助に対する需要はかつてほどはなくなってきていて、特に中所得国では歓迎されなくなってしまった。富裕国から貧困国への個人送金、たとえば出稼ぎ移民から母国の家族への仕送りなどは、ＯＤＡの二倍の額にもなる。基礎科学（新しい薬の種類、ワクチン、病気の仕組みの発見）は必ずと言っていいほど富裕国で生まれるものだが、その恩恵は貧困国にもまわってくる。携帯電話やインターネットのような発明も同様だ。同時に、貿易制限や特許法によって貧困国が富裕市場や重要な治療に手が出せなくなるかもしれない。こうした援助以外のつながりは良くも悪くも海外援助よりずっと重要度が高い場合が多く、この問題については章の最後でもう一度触れよう。もちろん、援助が何よりも重要な個別の国でまで援助の重要性を否定するものではない。

援助はどのくらい効果があるのか？

私が最初に援助と経済開発について研究を始めたころは、援助がどのくらいうまくいっているかを調べるのはかなり簡単に思えた。ご多分に漏れず、私も援助がうまくいくものだという前提に基づいて研究を始めた。なんといっても、私が貧乏であなたが金持ちだとして、あなたが私にお金をくれれば（もっといいのは毎年安定した額をくれることだが）、私は貧乏ではなくなるはずだからだ。この直感が援助にも当てはまるはずだという信念こそ私が今では「援助の錯覚」と呼んでいるものだが、この信念はあまりにも強力すぎて、間違っているかもしれないという可能性を考えることさえ、多くの人は拒否してしまう。これは実質的には援助の水力学的な見方で、すでに述べたとおり、たんなる見せかけにすぎない。

援助は、人から人へと与えられるものではない。ほとんどが政府から政府へと渡されるもので、援助の大部分が人々を貧困から救う目的では設計されていない。先ほど簡単に説明した実際の援助の仕組みではそこまではわかるが、その援助が過去五〇年で経済成長と貧困削減を後押ししたのか、逆に足を引っ張ったのかはわからない。援助についてのデータはＤＡＣやその他の情報源からいくらでも手に入るし、経済成長と貧困についての情報も同様だ。国によって援助の様相は異なる。ほかの国より多くの援助を受けている国もあるし、援助額は年によってもさまざまだ。そうしたデータを見れば、援助の成果はわかるはずではないか？　もっと具体的に言えば、国民一人当たりにせよ、国民所得の割合にせよ、援助をより多く受ける国はより早く成長するのだろうか？　もちろん貧困削減と経済成長は別物だが、経済成長こそ貧困に対するもっとも確実でもっとも持続可能な解決策だということは、理論と経験の両方が示唆している。

本章のこれまでの記述を読めば、簡単な答えがないこと、少なくとも前向きでわかりやすい答えがないことははっきりわかると思う。中国とインドはその規模のわりにごくわずかな援助しか受けていないが、二大サクセスストーリーの主人公だ。一方、アフリカのずっと小さい国々はその規模のわりに大量の援助を受けているが、経済成長の記録はあまり感心できる内容ではない。援助機関は援助資金を広く振り分ける傾向があり、できるだけ多くの人に何かしらが行き渡るようにしがちなので、小さい国のほうが大きい国よりも援助の対象になりやすい。つまり、経済成長にとって援助が重要だと言うなら、小さい国ほど早く成長しているはずだ。この考察だけを見ても、援助が圧倒的に失敗していることがわかる。もちろん、これを結論とするのは性急だろう。大国の経済成長が早いのには、援助とはまったく関係のない別の理由があるのかもしれない。その一部は、第6章で見たとおりだ。それでもやはり、援助によって国がもっと急速に成長できるはずだという考えを支持することは難しい。

援助の効果を研究するには、もう一つ別の方法がある。援助のプロセスの中で特に優遇された国に目を向けるというものだ。旧宗主国との強力な結びつきがあった国（フランスの旧植民地が特に顕著だ）、政治的理由から余計に援助を受けた国（キャンプ・デーヴィッド合意後のエジプト）、冷戦時代に共産主義に対する防壁とみなされていた国（モブツ政権下の旧ザイール）などだ。言うまでもなくこれらは貧困削減の記録が最悪と言える国々で、その理由は明白だ。エジプト、トーゴ、旧ザイールでは援助は経済発展のためでなく、外国に好まれた政権が権力の座を維持するために使われた。たとえそのために国民が苦しむ結果になっても、政府はおかまいなしだった。

腐敗した圧政的な権力に援助を与えることが論点ではない、そんなものは開発援助に含めるべきではないという主張もあるかもしれない。だがその言い訳は安易にすぎる。この援助の大部分はなんの制約もなく政権に手渡され、政権はその気になればちゃんと開発のために使うことができたはずだ。また、困窮している人々が多く暮らす国に援助が渡っていたのも事実だ。もっと適切な援助や別の国への援助のほうがうまくやれたはずだということをこれらの例が証明するものではないが、困窮している人々が暮らす国に無条件に援助を与えるのがいい考えではない場合が多いというのは、はっきりとわかるだろう。また、とんでもなくひどい事例で作用している力はもっとましな国でもやはり問題になるということは、述べておきたい。

サハラ以南のアフリカにおける援助にどのようなことが起こったかを知るのは、特に勉強になる。世界でもっとも貧しい国々のすべてがアフリカにあるわけではないが、大半がそうだ。世界でもっとも貧しい四〇カ国の中でアフリカ大陸にない国はアフガニスタン、バングラデシュ、カンボジア、ハイチ、ネパール、そして東ティモール（だけ）だ。アフリカが貧しい人々の本拠地ではないにしても、貧しい国の本拠地であることは間違いない。アフリカの国々は大量の援助を受けてきた。ちゃんと経済成長のために使われていれば、成長率を大きく変えていたほどの額だ。

次頁の図1は、アフリカ諸国が一九六〇年以降どのくらい成長してきたかを五年間隔で示している。一番新しいのは二〇一〇年を含む五年間だ。世界銀行はサハラ以南のアフリカとして四九の国を登録している。その規模や重要度はさまざまで、コモロ諸島とマヨット島からエチオピア、ナイジェリア、南アフリカまで幅広い。このため、単に平均を取るのはうまいやり方ではない。その代わりに、各期間における成長率の中央値、つまり良い国と悪い国の真ん中の国の値を使って見ていこう。

一九六〇年代と一九七〇年代初頭、一人当たり所得の典型的な成長率は年間一－二パーセントだった。

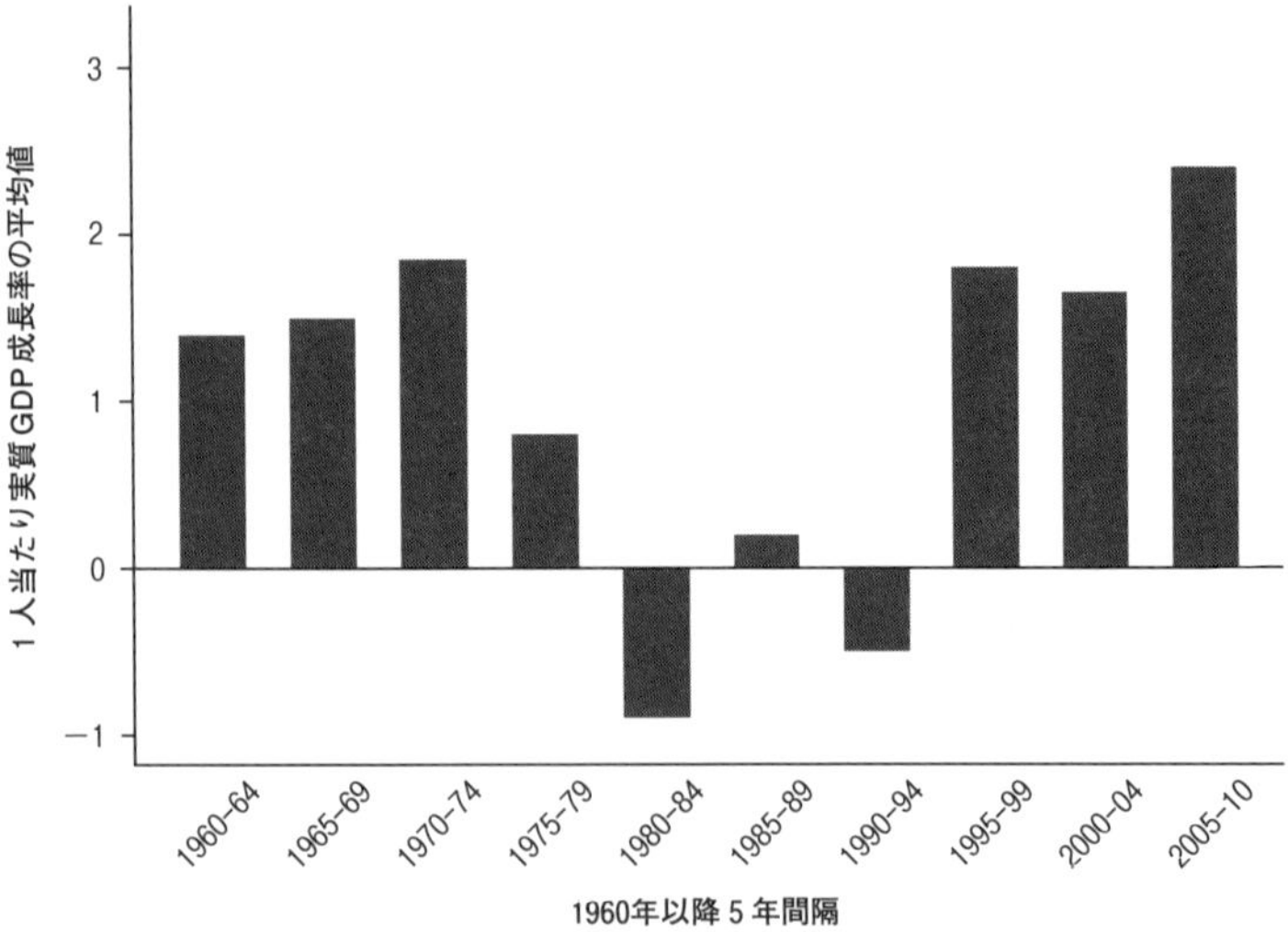

図1　アフリカの1人当たりGDP（実質PPP）の平均成長率

これはどうひいき目に見てもすばらしい成長率とは言えないが、アフリカの人々の生活は全般的に、少しずつましにはなってきていた。一九八〇年代と一九九〇年代初頭になると、アフリカの成長率は全般にマイナスとなる。アフリカ人の形勢は悪くなり、成功していたアジア諸国と比べてももちろんだが、過去の自分たちと絶対的に比べても、状況は悪化してしまった。一九八〇年代と一九九〇年代の悲惨な水準からすれば、独立直後ののろのろとした成長でさえ、黄金時代と言えた。一九八〇年代と一九九〇年代こそ、アフリカが「世界の無力地帯」という称号を得た時代だったのだ。一九六〇年の韓国は、ガーナの三倍裕福だった。それが一九九五年には一九倍も豊かになっている。一九六〇年のインドの一人当たり所得はケニアの四〇パーセントにしか満たなかった。だが一九九五年には、ケニアの一人当たり所得よりも四〇パーセント大きくなっている。

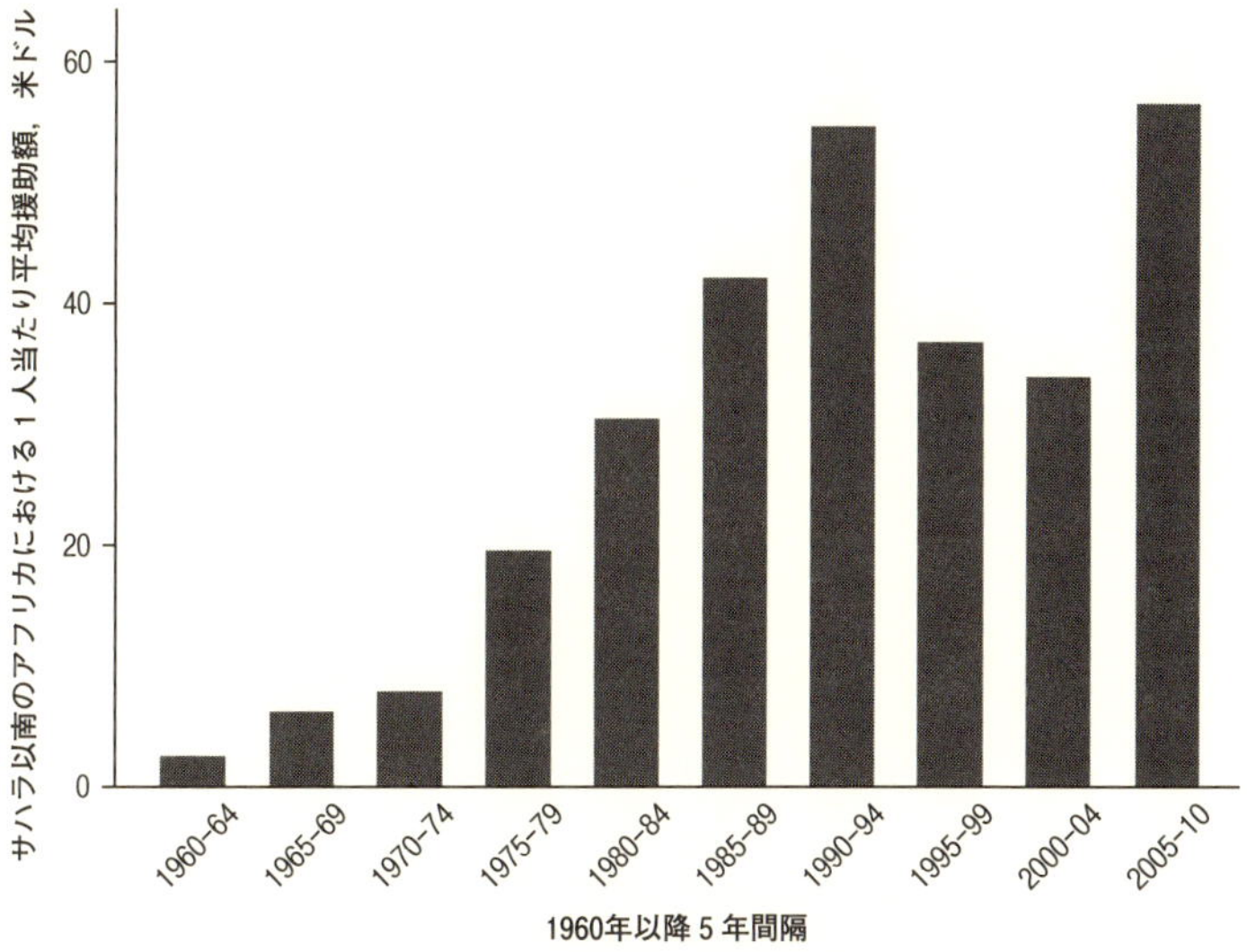

図２　アフリカに対する援助の1人当たり平均額，５年ごと

一九九五年以降、事態は変化する。成長率は再びプラスに転じ、二〇一〇年までの六年間でアフリカは過去最高の成長率を記録した。

この上昇、下降、そして再上昇というパターンが、海外からの援助の増減とどのように関連づけられるだろうか？　図２は援助の金額のやはり中央値を、一人当たりドルで示したものだ。このドルは、アフリカの低い物価を考慮すれば、およそ二倍する必要がある。物価上昇は調整していない。調整した数字も同じような形になるが、成長率がやや緩やかだ。近年、サハラ以南のアフリカで中央値をとる国に住む人は、購買力にして年間約一〇〇ドルの援助金を受け取っている。これはその中央値の国の国民所得の約二〇パーセントに相当する額だ。

この二つの図から、アフリカにおける援助と成長についてどんなことがわかるだろう？　もちろんほかにもいろいろなことが並行して起こっているのはわかっているが、単細胞な考え方から始めるというのも一つの方法で、そうやって見ると、援助の雲行きはあやしい。なにしろ援助額が着々と増えていく間、成長率は着々と減っていったのだ。冷戦後に援助が減ると、成長が回復し始めた。冷戦の終結はアフリカに対する援助の大きな動機の一つを取り除き、アフリカの成長が回復に転じたのだ。「冷戦が終わり、アフリカが負けた」というブラックジョークがあるが、図を見るかぎり、「冷戦が終わり、アフリカが勝った」としたほうがもっと正確だ。なぜなら欧米は援助を減らしているのだから。ザイールのモブツ政権にとってはブラックジョークのとおりかもしれないが、これを全般的な見解とするのはどう考えても強引すぎるだろう。

援助に対して楽観的な見方をする人々は図の最後のほうを見て、近年の援助は反共産主義の独裁者を支持するためではなく、ちゃんと経済発展のために使われてきたと主張する。この期間は見識ある援助がおこなわれたので、援助が増えるほど成長も促進されたと言うのだ。もしかしたら、そうかもしれない。たしかに、モブツは去った。だがエチオピアのメレス・ゼナウィ・アスレス政権は二〇一〇年に三〇億ドル以上の援助をアメリカ、イギリス、そして世界銀行などから受け取っている。ちなみに二〇一二年に死去したメレスは、アフリカでもっとも抑圧的で横暴な独裁者だった。[18] エチオピアには一日一・二五ドル未満で暮らす人々が四〇〇〇万人近くおり（そのうち一ドル未満で暮らす人々は二〇〇〇万人だ）、貧困救済に援助が役立つと信じる者にとってはお気に入りの援助対象国だ。メレスはイスラム原理主義に頑強に反対しており、そのためアメリカのお気に入りになった。もちろん、アメリカには同盟国を選ぶ権利がある。国内安全保障上の懸念と、与えたものがどんな成果を上げるかよりも、与える行為自体に価値を見出す有権者の意思との組み合わせが援助の動機となっているのなら、私たちが援助をするのは「彼ら」のためではなく、「私たち」のためだということになる。

アフリカの成長におけるカギの一つが、商品価格の変動だ。アフリカの多くの国が昔から今に至るまで、「一次」産品の輸出に頼っている。その内訳は主に未加工の鉱物や農産物だ。ボツワナはダイヤモンドを輸出している。南アフリカは黄金とダイヤモンド、ナイジェリアとアンゴラは石油、ニジェールはウラン、ケニアはコーヒー、コートジボワールとガーナはカカオ、セネガルはピーナツ、などなど。一次産品の世界価格は不安定なことで知られており、不作や世界的需要の増加によって急激に値上がりしたり、逆に急激に値下がりしたりする。どちらも、予測するのは難しい。アフリカの多くの国の政府が鉱山や油井、プランテーションを所有し、あるいはカカオやコーヒーなどの一次産品の輸出に税金を課している。このため、物価の増減は政府の歳入にも制御困難な激しい増減をもたらす。この章の後半で一次産品の販売収入と海外援助とを比較するが、ここでは、一次産品の価格が一九六〇年代と一九七〇年代初頭には全般的に上昇していたにもかかわらず、一九七五年からは着実に下落し続け、石油や銅などの一部の一次産品についてはここ一〇年で回復しつつあるとだけ述べておこう。こうした価格上昇による歳入は国民所得の一部となるので、一次産品の輸出が好調な国の経済が少なくとも一定期間は成長しないわけがない。もっと公式なデータを見ても、アフリカの所得が一次産品の価格上昇に呼応して成長していたことが証明されている[19]。

盛者は衰退するのが世の常で、一次産品の価格も一九七五年以降に暴落した。海外の民間金融会社がアフリカ政府のまずい政策を助長し、世界銀行からの役に立たない助言もそれに輪をかけた。このため、暴落が起こったとき、事態は必要以上に悪くなってしまったのだ[20]。図1に見られる成長率のパターンの一番大きな引き金となったのが、この問題だ。このほかにも、賛否はあるがもっともらしい理由がある。今のアフリカ諸国が、昔よりもずっとましな財政・金融政策を策定しているというものだ。これは一九八〇年代に実施された構造調整政策の名残でもあるのだが、今ではアフリカにはもっと良い教育を受けた財務大臣や中央銀行総裁がいるというのもある。援助の効果を評価するのであれば、一次産品価格の増減を含め、こうした要素も考慮しなければならない。

援助は一次産品価格の下落後の「悪い」年月の間に、かなり急速に増えていった。このため援助はあまり役に立たなかったと言えるかもしれないが、悲嘆にくれるアフリカを救うべく援助がおこなわれたという、もっと前向きな見方もできる。実際、最近の援助の中には、債務不履行になりかけていた昔の借金を国が「返済」できるように貸し付けられたものもある。経済状況が悪いところに援助がおこなわれれば（人道援助などはわかりやすい例だが）、成長と援助との間には逆相関以外のものが見られるはずがない！　成長率の低い国に援助がおこなわれるというのは援助の失敗の証拠ではなく、成功の証拠だ。必要な場所に援助が送られているということだからだ。救命ボートの乗組員がおぼれかけている船員を救出し、助けられた船員がまだずぶ濡れであやうく死ぬところだった経験にショック状態でいるとき、船が転覆する前よりも船員の状況が悪くなっているからといって救助者を責める者はいないだろう。

援助研究者たちは膨大な量のアイデア（とそれ以上の愚かさ）をつぎこみ、成長に対する援助の影響を解明しようと努力してきた。そのためには同時に起こっているほかの出来事を考慮し、困窮状態が支援に与える影響についても検討する。ほかの要素を考慮するのは、比較的単純だ。援助（国民所得に占める割合）と成長との相関は、成長に重大な影響を与えるほかの要素をすべて考慮してもまだ負のままだ。この事実は決定的ではない。困窮状態が援助に与える影響を無視しているからだが、それでも重要な事実ではある。同様の研究で投資の影響（機械や工場、コンピューター、インフラなど、将来の繁栄を下支えする物に対する支出）を見てみると、成長に対する影響は一目瞭然だ。[21] 援助は明らかに、投資と同じようには機能しない。それでも、おなじみの水力学的な援助論では、まさにこのような状況が前提とされていた。貧しい国は貧しいからこそ将来への投資ができず、援助がそこを補うのだと。繰り返し言うが、援助に何ができるにせよ、できるのはそれではない。

では、困窮状態が援助に与える影響はどうだろう？　援助はひょっとすると本当に成長に効果があるのかもしれないが、困難な状況に対しておこなわれるものなので、その効果は相殺されてしまう。これは典型的な「卵が先かニワトリが先か」問題で、同じくらい解明が難しい。数多くの研究が解明に挑戦してきたが、説得力のある答えは出ていない。実際、この問題が一般的にどのように研究されてきたかは、すでに見てきたとおりだ。経済成長の低さに応じて援助が与えられていない国を見つけられれば、困窮状態の影響を受けていない結果を調査でき、援助が成長にどのような影響を与えるかを純粋に見ることができる。そのような例はあるだろうか？　大国は小国よりも受ける援助が少ないという事実が一つある。さらに、政治的に好まれる同盟国や旧植民地国のほうが援助をより多く受けるというのがもう一つだ。これまで見てきたように、どちらの思考実験をしてみても、援助に対する前向きな見方は出てこないし、どちらの方法も反論されやすい。

すると、どういうことになるだろう？　さまざまな研究者が、さまざまな形の結論を導き出している。一つの立場は、統計的分析があまりにもあいまいなので、答えなど導き出せないというものだ。つまり、援助とそれが各国で長い時間をかけてどのような成果を出してきたかを見るだけでは、答えが出ないという立場だ。私自身の見解は研究方法に関してはもう少しポジティブだが、援助についてはかなりネガティブだ。援助が元手のない貧困国に資金をもたらし、それによってより良い未来を切り開かれるという水力学的な考えにしがみつく援助国はあまりにも多い。だが、その考えはデータとは矛盾している。

援助は投資と同じようには機能しないからだ。貧困国の多くが民間の国際資本市場に参加可能であることを考えると、この考えそのものが意味を成さなくなる。小さい国も政治的に好まれる国も成長が早くないという事実も、援助に反論する証拠だ。それはもちろん決定的な証拠ではなく、大国の成長が早かったり政治的に好まれる国の成長が遅かったりするのには、ほかにも理由があるかもしれない。だがかなり示唆的であるのには違いない。政治的に好まれる国の多くで政府が腐敗しているというのは、言い訳にはならない。無条件の援助を「もっといい」政府に与えれば事態が変わることを証明できれば話は違ってくるが、それについてはあとで触れよう。

開発プロジェクトの有効性

素人も開発の専門家も含めて多くの人々が、経済成長への影響という観点から援助を評価しようとは考えもしない。彼らにとって、援助で大事なのはプ、ロ、ジ、ェ、ク、トだ。学校や病院に資金を提供したり、防虫処理済の蚊帳を配布する組織を支援したり、HIV／エイズの予防についての知識を普及させたり、マイクロファイナンスのグループを立ち上げる組織を支援したりすることが目的なのだ。大事なのは村の暮らしを変えた道路や、何千人もが生計を立てられるようになったダムというわけだ。NGOであれUNDPであれ世界銀行であれ、国際開発分野で活動するどの組織も、必ずサクセスストーリーを持っている。活動に携わった者であれば現場での経験があり、自分たちが成し遂げたプロジェクトの効果を疑うことなどない。失敗は認めるが、任務を遂行するうえでの仕方ない代償だと言う。大事なのは、任務が全体的に見れば大成功だったということだ。この認識と、統計的データが示すあいまいな、場合によってはマイナスでさえある調査結果とは、どうすればつじつまが合うのだろう？

可能性としては、NGOや世界銀行が実施したプロジェクト評価があまりに楽観的だということが考えられる。批判者は、NGOには失敗を報告せず、成功を誇張する強い動機があると指摘する。なんといってもNGOは援助を分配する事業である以上に、援助を集める事業でもあるのだから。また、評価の方法に欠陥があるとも指摘する。特に、援助の受益者がそれを受け取っていなかったらどうなっていたかを知るのが難しいという指摘だ。世界銀行と国連の各機関にも同様に、活動を好意的に評価する動機がある。世界銀行の評価はプロジェクトが十分に展開する前におこなわれることが多く、その評価も早く出さなければいけないというプレッシャーが常にかかっている。世界銀行の理事会のメンバーは定期的に変わり、職員も異動が多い。このような世界銀行の職員にとっての動機づけはとにかく金を送り出すことであって、長期的なプロジェクトの成果を示すことではないのだ。経歴上の成功はプロジェクトの成功とは無関係なので、説得力ある評価をしなければならないというプレッシャーは存在しない。

　このような議論から、もっと慎重な評価を求める動きが生まれた。特定のプロジェクトが成果を上げたかどうかを知る方法として無作為化比較試験が最適だと主張し、さらに、「何が効くのか」を一般化して解明すべきだという動きだ（無作為化比較試験では一部の「ユニット」、つまり人々や学校や村などが援助を受け、「対照群」と呼ばれるその他のユニットは援助を受けない。どちらのグループにどのユニットが割り当てられるかは、無作為に決定される）。この観点からすれば、過去のプロジェクトがもっと真剣に評価されていれば、援助は報告されたほどいい効果を出せていなかったことがわかったはずだということになる。もし世界銀行がすべてのプロジェクトを厳しく審査していたなら、今ごろは何が効いて何が効かないかがわかっており、世界の貧困はとっくの昔に撲滅できていただろう、というわけだ。この無作為化比較試験を支持する人々（無作為試験至上主義者《ランドミスタ》）はNGOの典型的な自己評価に非常に懐疑的な場合が多く、協力してくれるNGOと一緒になって評価手法の強化に取り組んできた。また、世界銀行がプロジェクトの一部に無作為化比較試験をおこなうよう、働きかけてもいる。

特定のプロジェクトが成功したかしなかったかを知ること自体は重要なことだが、一般的に何が効いて何が効かないかを知るのに役立つような事実が出てくる可能性は低い。被験者ユニットと対照ユニットは非常に小さい場合が多く（実験には大金がかかるからだ）、結果の信頼性はあまり高くない。もっと重大なのが、ある場所でうまくいったことが別の場所でもうまくいくとは限らないということだ。援助により出資を受けたあるプロジェクトによって人々の暮らしが良くなったとして、その事実に絶対的な確信が持てたとしても、原因は単独では機能しない。ほかにもさまざまな要素が関係しているはずだ。小麦粉なしで作られたケーキよりも小麦粉を使って作られたケーキのほうが好ましいという点で言えば、小麦粉はケーキの「原因」だ。それを証明する実験はいくらでもできる。だが、小麦粉は膨らし粉や卵、バターなどの要素がなければ働かない。このような補助的な要素なしには、小麦粉はケーキの「原因」にはなりえない。[22]

同様に、教育イノベーションを普及させることにある場所では成功しても、別の村や別の国ではうまくいかなかったり失敗したりするかもしれない。マイクロファイナンスのプロジェクトの成否は、女性がどのくらいうまく組織され、男性が女性にどの程度の活動を許すかによって左右される。農業教育支援も、農家がお互いの近所に住んでいて定期的に会話のあるような場所ではうまくいくかもしれないが、孤立した農家ばかりの地域では失敗するかもしれない。こうした仕組み、つまりケーキを焼くときに何が効くのかを理解しなければ、「このプロジェクトは効いた」から「何が効くのか」へはたどりつけない。無条件に「何が効くのか」を一般化して考えるのは役に立たないのだ。こうした仕組みをしっかりと特定せずにただよそでの成功例を真似しただけでは、補助的な要素の組み合わせがあまりに多すぎて問題の解決には至らない。援助機関が実施したプロジェクトが当事者の目から見て成功だったと証明さえされれば世界は良くなるのかもしれないが、そのような証明がそれだけで世界の貧困撲滅の秘訣を教えてくれることはない。

また、援助による資金提供を受けたプロジェクトが大成功して、援助が失敗するということも考えられる。「理想的な」援助機関が厳しい評価に合格したプロジェクトだけに資金を提供したとしても、やはり援助が失敗することはあり得る。第一に、プロジェクトは実際に運用したときよりも実験段階のほうがうまくいくという、腹立たしいがしばしば発生する問題がある。試作品は本製品とは違うのだ。そうなってしまうのは、生身の官僚が策定する政策が、学者や世界銀行の職員の策定した政策と同じようには実施されないからかもしれない。また、評価時には考慮されていなかった波及効果があるからかもしれない。ここで、重要な例を挙げよう。援助資金を受けて民間が提供したサービスが、政府が提供する同じサービスの邪魔をするという例だ。政府が運営する妊産婦診療所があまりいいものでなく、医師や看護師が出勤していないこともしばしばあるとはいっても、ＮＧＯが運営する診療所もどこかから医師や看護師を調達しなければならない。そのために潤沢な資金から高額な給料が支払われることになれば、公立診療所が空洞化してしまうかもしれない。そうなると、援助による純便益は、空洞化を考慮しない評価で示されるよりも低いはずだ。ダムについての評価も、議論の多い例だ。直接的・間接的に影響を受ける人々をすべて特定するのが非常に難しいからだ。

新しいアイデアを試すのにパイロットプロジェクトを実施するのは参考にはなるかもしれないが、そのプロジェクトが実際に運用されるとなると、パイロット段階とは異なる結果が出る場合が多い。教育プロジェクトのおかげで人々は高校や大学を卒業し、政府でいい仕事に就けるようになるかもしれない。多くの貧困国で、公務員は就きたい職業の上位に入る。だが、そのプロジェクトが全国民に実施されても、政府の規模が拡大しなければ、政府の仕事に就くという点だけに目を向けると、純便益は増えないことになる。農業プロジェクトにも同様の問題がある。ある農家が生産性を上げることは可能だが、すべての農家が生産性を上げれば作物の価格が下落し、一人にとっては利益を生むものが全員には利益を生まなくなってしまう。農家や企業、商人の生産性にかかわるプロジェクトはほぼすべて、大規模展開されると商品やサービスの価格に影響をおよぼす。だが単独で試験しているときにはそれがわからない。だからこそ、プロジェクトが単体では成功できても、全国展開すると失敗するかもしれないのだ。プロジェクトの評価が完璧でも、国全体にとっての援助が失敗するということはあり得る。

援助機関はしばしば、現地政府に過大な管理コストを背負わせる。政府機関はプロジェクトを承認し、NGOの活動を監視し、国内で活動する何十、何百という海外組織との会議に参加しなければならない。政府の管理能力と規制能力は多くの貧困国で欠如しており、それ自体が発展と貧困削減の障害となっている。国を助けるために投入された援助が政府の役人をもっと重要な仕事から引き離し、発展の成功に欠かせない国家としての能力を阻害してしまうというのは皮肉な話だ。これは、援助が国民から政府を引き離し、援助機関のほうにばかり向けているという一例にすぎない。このような事態は国が小さければ小さいほど、政府の能力が低ければ低いほど、そして援助の規模が大きければ大きいほど、深刻な結果につながる。

たしかにプロジェクトの慎重な評価には利点が多く、プロジェクトが目標を達成できたかどうかを調べたり、ほかでも役に立ちそうな教訓を学んだりすることができる。成功し、かつ説得力のあるプロジエクト評価は、資金を投入することによって人々の暮らしが良くなる場所を特定してくれる。たとえそれが現地特有なものであってそのままほかに一般化できないものだとしても、意義はあるのだ。だがプロジェクト評価だけでは、一般的に何が効いて何が効かないかはわからない。成功したプロジェクトの評価が援助の有効性を保証してくれるわけでもない。援助の有効性は突き詰めれば経済全体の問題であり、特定のプロジェクトを評価したり、プロジェクトの良し悪しを決めたりすればいいという問題ではないのだ。プロジェクトを評価したからと言って、援助全般とその全国規模での影響を考えなくてもいいということにはならない。

援助と政治

援助の仕組みを理解するには、援助と政治の関係を理解する必要がある。国の繁栄と経済成長をはぐくむ環境を作るうえで、政治制度と法制度が中心的な役割を果たすからだ。海外援助は、特に大量になると、それらの制度の働きや変化に影響をおよぼす。政治が経済成長を阻害するのはよくある話で、援助が生まれる前の世界にも良い政治制度と悪い政治制度は存在した。だが海外援助の大規模な流入によって現地の政治は悪い方向に変わり、長期的成長を促進するために必要な制度の働きを阻害してしまう。また、援助は民主主義と市民参加も弱体化させ、経済発展の弱体化による損失にさらなる損失を重ねる。援助がなければ学校に通えなかった子どもに教育を与えるのであれ、死んでいたはずの命を救うのであれ、援助がもたらす恩恵と援助の弊害との間でうまくバランスを取らなければならない。

第二次世界大戦後に研究が始まって以来、開発経済学では成長と貧困削減を技術的な問題とみなしてきた。経済学者は、独立したての国の支配者に、どうやって国民を繁栄へと導けばいいかを教えるはずだった。開発経済学者が政治のことを考える際には、政治家は国民の守護者であり、社会福祉の促進という意志を持った存在だった。目的そのものとしての政治、市民参加としての政治、または紛争解決の手段としての政治は、開発経済学者の運用マニュアルには含まれていなかったのだ。開発実務家も、自分たちが活動をともにしている政府には独自の関心事項があって、幅広い開発活動のパートナーとしては不向きである場合が多いという事実にあまり注意を払っていなかった。長い年月の間には反対意見もあったのだが、開発経済学の主流が政治制度を含む各種制度の重要性や政治そのものの重要性に注目し始めたのは、つい最近のことだ。

経済発展は、統治する者とされる者の間にある種の契約がなければ実現しない。政府はさまざまな機能を果たすために資源を必要とする。最低限でも領土の一体性を確保し、暴力を独占しなくてはならないし、それに加えて法制度、治安、国防、その他公共財を提供しなくてはならない。そしてこれらの資源は、国民からの税金によってまかなわれる。政府に制約を課し、納税者の利益をある程度守るのが、この税収を上げる必要性と、納税者の参加なしにそれを実現することの難しさなのだ。民主主義国家では、有権者からの直接のフィードバックが政府の実績を評価する。実質的に、納税者のお金を使って実施されるプロジェクト評価のようなものだ。このような形のフィードバックは民主主義国家でもっとも効力を発揮するのだが、資金を集める必要性はどこにでもあり、その必要性によって統治者が国民の少なくとも一部の要求に対応するよう迫られる場合が多い。大規模な援助の流入を疑問視する意見の中でももっとも大きいのが、援助によってこうした必要性が低くなってしまうというものだ。国民の合意のもとに資金を集める必要性がなくなり、有益な政治制度が有害な政治制度へと変わってしまうのだ。[23]

課税する能力が不足すると、富裕国でなら当然のように得られる保護を国が国民から奪ってしまう。

裁判所が機能していなかったり汚職にまみれたりしているために法による保護が得られないかもしれないし、警察が貧しい人々を守る代わりに嫌がらせをしたり食い物にしたりするかもしれない。負債が支払われなかったり、契約が履行されなかったり、国民の使用人であるはずの公務員が賄賂を要求したりするために国民が事業を立ち上げられないかもしれない。暴力団や地方の軍閥による暴力の危険があるかもしれない。清潔な水や最低限の衛生設備がないかもしれない。風土病や疫病が流行していて、医学によって予防できる致死性の病気から国民（特に子どもたち）を守れないかもしれない。電気やまともな学校、まともな医療サービスがないかもしれない。こうしたリスクはすべて世界の大部分の地域で貧しいということの一部であり、どれもが貧困の原因であり、国の能力不足に起因するものだ。このような国家の能力を阻害するものはすべて、貧しい人々の暮らしの改善と対立する。

援助が国の制度の脅威となるという主張は、援助の規模がどれだけ大きいかによって異なる。中国、インド、南アフリカでは近年のＯＤＡが国民所得の〇・五パーセント未満で、政府総支出の一パーセントを超えることもたまにしかない。そのような国では、政府の行動や国の制度の発展に影響を与えるほどの重要性は援助にはない。だがアフリカの多くの国では事情が違う。サハラ以南のアフリカ諸国四九カ国のうち三六カ国が、国民所得の最低一〇パーセントに相当するＯＤＡ援助金を三〇年以上も受け取っているのだ[24]。

ＯＤＡが政府にもたらされるという前提に立つと、政府支出に対する援助の割合はさらに大きい。ベナン、ブルキナファソ、コンゴ民主共和国、エチオピア、マダガスカル、マリ、ニジェール、シエラレオネ、トーゴ、ウガンダでは、近年の援助が政府支出の七五パーセントを超えている。ケニアとザンビアでは、ＯＤＡが政府支出のそれぞれ四分の一と半分に相当する。政府支出の大部分が事前に決められていて短期的に変えられるものではないため、これらの国（それにデータが入手できないほかの国）は政府による裁量的経費のほぼ全額を海外援助に頼っている。これから見ていくが、これは援助国が被援助国政府の支出先を決めているという意味ではない。まったく違う。むしろ、援助国と被援助国双方の行動が、援助の存在とその規模によって根本的に影響されているのだ。

統治者が国民の合意なく統治をおこなう手段は援助だけではない。一次産品の価格高騰も手段の一つだ。その有名な例が、一九世紀半ばのエジプトだ。産業革命真っ只中だった当時、とどまるところを知らない綿の需要に応えられる二大生産地がアメリカ南部とエジプトだった。エジプトの綿による収益は、国の海外貿易の大部分を占めていた。このときエジプトの統治者だったムハンマド・アリー・パシャは近代エジプトの父と呼ばれることが多いが、綿農家《フェラヒーン》に世界価格のごく一部しか支払っていなかった。そして、パシャとその側近たちがとてつもない富を懐に入れたのだ。アメリカの南北戦争のために世界の綿価格はわずか三年で三倍にまで高騰し、アリーの後継者のイスマーイール・パシャはのちにイギリスの報告書が「とんでもない浪費」と称した行為に走った。その一方で、「東方の流儀で公共事業に膨大な額が費やされ、生産性は高いが方法が間違っていたり時期が早すぎたりする仕事にも膨大な金額がつぎこまれた」[25]。その一例がスエズ運河だ。その金遣いの荒さは常軌を逸するほどで、戦時中の高騰した綿価格でさえ追いつかなかったため、イスマーイールは国際資本市場から借金をする羽目になる。戦後に綿の価格が暴落すると暴動が起き、武力介入があり、最終的にはイギリスがエジプトを占領するに至った。

綿の価格は一八五三年の五〇キログラム当たり九ドルから、一八六〇年には一四ドルにまで上がっていた。最高値は一八六五年の三三・二五ドルだったが、それが一八七〇年には一五・七五ドルに落ち着いている。この先問題が起こりそうなことにイスマーイールが気づかなかったとしても海外の貸し手が気づきそうなものだが、当時の貸し手たちも今と同様、自分たちの投資を保護・回収するには別の政府（この場合イギリス）に頼ればいいと安心していた。だが、この大惨事の物語にも明るい面はある。スエズ運河は結果的に有益な投資となり、多くの恩恵をもたらしたのだ。

一次産品の価格高騰と海外援助との間には、いくつも類似点がある。[26] 一つが、国内のニーズや政治に関係なく現金が出入りするということ。綿ブームの場合、原因はアメリカの南北戦争だった。援助の場合は援助国の政治・経済状況、または冷戦や対テロ戦争などの世界的出来事が原因になる。援助が政府支出を促進するという事実は幾度となく確認されていて、エジプトの場合もそうだが、政府は国民の合意や承認という制約から解放される。国営の鉱山、高い世界価格、貧しい労働者の際限ない供給、そして潤沢な資金を持つ軍隊があれば、統治者は国民の合意なくいつまでも権力の座に居座り続けられる。十分な海外援助があれば、統治者はその鉱山ですら必要としなくなる。旧ザイールのモブツ政権が最終的にはそうだった。海外からの援助で政権は繁栄し、援助の大半は政権の維持に費やされた。このため、政権が崩壊したときにはスイスの銀行口座にもほかのどこにも、ほとんど金は残っていなかった。[27] もちろん、援助を受けた政府は援助国に借りを作ることになる。冷戦時代の地政学が基盤となっていたモブツの事例とは異なり、援助国が国民のことを考えてくれているだろうと思いたくなるのではないだろうか。だが、これも実践ではそううまくいかないことをこれから見ていく。援助国の動機は、思っているほど国民の助けにはならないのだ。

一次産品の価格高騰と同様、援助は現地の制度に望ましくない影響を与え得る。無制限に金が入ってくるようになれば、政府は課税する必要も税金を集める必要もなくなるのだ。中東の莫大な石油収入は、産油国で民主主義制度がうまく機能していない要因の一つでもある。アフリカでは大統領制が一般的だが、外国から資金援助を受けている大統領は身内びいきや軍事的抑圧によって国を統治するかもしれない。国会の力は限定的で、大統領から意見を求められることなどほとんどない。国会も司法制度も、大統領を抑制する力がないのだ。[28] チェック機能やバランス機能も存在しない。極端な場合には、援助にせよ一次産品の収入にせよ、海外からの莫大な金額の流入は内戦のリスクを高める可能性がある。統治者が富を分け合わないようにするための手段を持っていて、流入する資金が争っても元がとれるほど高額だからだ。[29]

援助国に対する説明責任が、国民に対する説明責任に置き換わらないのはなぜだろう？　大統領が国会を無視したり、腐敗した警察組織の改革を拒否したり、自身の政治的立場を強化するために援助を流用したりしたら、援助国が援助を止められるようにはできないのだろうか？　問題の一つは、援助国と最終的な資金提供者であるその国民が、現地での援助の効果を実体験していないために正しい判断ができないということだ。何か問題が発生し、実際に起こっていることを援助者が知ったとしても、援助国が援助の中止を望むことはめったにない。たとえ合意がひどい破られ方をしたとしても、事前にやめておけばよかったとどれほど願ったとしてもだ。

援助資金が使われるプロジェクトを実地で経験し、その是非を判断できるのは援助国ではなく、現地の人々だ。その判断は必ずしも十分な情報に基づくものではなく、プロジェクトの因果関係や政府の特定の行動の価値については国内でも常に議論が沸き起こる。だがそうした意見の通常の範囲での相違なら、政治的措置で仲裁可能だ。被援助国に住んでいない海外の寄付者には、そのようなフィードバックは届かない。援助の結果に関する直接的な情報は手に入らず、援助資金を分配している機関が作成する報告書に頼るしかない。そのため注目は援助の有効性ではなく、金額に集まりがちだ。一方で援助機関は寄付者に対する説明責任があるが、被援助国で何かがうまくいかなかったときに責任を取るような仕組みは存在しない。あるとき、私は非常に有名な非政府援助機関の幹部に話をする機会があった。世界のどの地域で仕事をしていることが多いのかと聞くと、答えは「西海岸」だった。アフリカの西海岸ではなく、その組織の高額寄付者が多く暮らすアメリカの西海岸だ。前にも見たように、世界銀行の担当者は自分が実施したプロジェクトの結果が判明するはるか前に、とっくに次の仕事に移っている。援助者には、被援助者に対する責任は一切ないのだ[30]。

ときには、援助がうまくいっていないことを援助機関が知っていて、目の前の事実に危機感をつのらせはするものの、何もできないという場合もある。ある公的援助機関の責任者が、殺戮者集団のもとへ援助資金が流れていくという身の毛もよだつような話を聞かせてくれた。すでに大量殺戮をおこない、もっと人が殺せるように武器を集めたり兵士を訓練したりしている集団にだ。それでも援助を続けるのはなぜかと私は聞いてみた。すると彼はこう答えた。「私の国の市民は与えることが自分たちの義務だと信じていて、援助が害になるという主張など受け入れてくれないからです」。彼にできるのは、その害を極力少なくすることくらいだった。

援助にどのような条件をつけるべきかを援助国が知っているとしても、その条件に従わないからと言って被援助国の政府を罰することはためらう場合が多い。行儀良くするように罰則をちらつかせることはできるが、実際に行儀が良くなかったとしても、その罰則によって援助国自身やその国民が傷つくことを恐れて、実際の行動に出ることはない。これは殺戮者たちの武装の事例にはまったく当てはまらないが、もっと軽い事例では問題になり得る。援助への条件づけは事実上「時間的不整合」なのだ。これは経済学者お気に入りの用語で、前もってしておきたいことは事後にはもう役に立たない、という意味だ。援助を受けている政府はこれを非常によく理解している。ドナーに空威張りだけさせておいて、何のおとがめもなく条件を無視するのだ。

条件づけを実施するのにためらいがあるのはなぜだろう？

経済学者のラヴィ・カンブールは、一九九二年にガーナで世界銀行の代表を務めていた。条件づけを実施するために呼ばれた彼は、政府が取り決めに反して公共部門の労働者の給与を八〇パーセント増額したのに対し、事前に合意された融資の一部を差し止めるという対応を取った。この融資は高額で、ガーナの年間輸入額の八分の一近くに相当した。この差し止めに対する反対はガーナ政府にかぎらず、多方面から出てきた。給料を受け取れなくなるであろうガーナ人や海外の請負業者など、罪のない第三者まで傷つく可能性があったからだ。もっと根本的には、援助国と被援助国との通常の良好な関係にひびが入るかもしれない。そうなると政府だけでなく、援助業界の活動そのものも脅威にさらされることになる。「援助国が援助を止めるまでに支配力を強め、どのような形にせよ急激に止めるようなことをすれば、経済に大混乱をきたすだろう」。事実上、資金を分配するのは援助業界の仕事であり、スタッフは資金を分配して依頼者である国との良好な関係を維持するために給料をもらっている。互いの面目を保つ妥協点がやがては見出され、融資は続けられた[31]。

援助国と大統領、そして国会のすったもんだの例はケニアでも見られる。援助国は大統領とその側近たちの汚職に周期的にうんざりして、その都度援助を止めていた。すると国会が召集され、政府が責務を果たすために必要な歳入をどこから得ればいいかを話し合う。援助国がおおいに安堵する。彼らにしても、援助を止めるにはリスクを背負うからだ。そして援助が再開される。すると、次回まで国会が閉鎖される。[32] 大臣たちも安堵して、ドイツから最新型のベンツを購入する。現地では、このような裕福な援助受益者を「ベンツ乗り《ワベンツィ》」と揶揄している。

純粋な独創力という点では、一九八四年から二〇〇五年にモーリタニアの大統領を務めたマーウイヤ・ウルド・シディ・アハメド・タヤが首位かもしれない。彼は欧米寄りの立場を取り、一九九一年にはそれまで続けていたイラクのサダム・フセイン政権支持をやめた。それでも、一九九〇年代初頭には国内の抑圧があまりにひどくなり、援助が引き上げられた。本腰を入れた政治改革が始まったが、それも大統領がイスラエルを承認する数少ないアラブ国家になるというすばらしいアイデアを思いつくまでだった。援助が再開され、改革は中断された。

援助国の国内政策も、援助の打ち切りを難しくする可能性がある。政府の援助機関は、世界の貧困について「何かする」よう、国内の有権者から圧力をかけられている。その圧力は善意に基づいてはいるが、当然ながら情報をあまり持たない国民からくるもので、そうなると政府の援助機関は現地の担当者が援助の弊害を理解していても、そう簡単には援助を打ち切るわけにいかない。援助国の政治家も被援助国の政治家も、この仕組みがわかっている。被援助国の政府が自国民を「援助国から援助を引き出すための人質」として使う場合もある。[33] そうした事例の最悪のものが、シエラレオネで見られた。UNDPが再び自国を世界最悪の国と位置づけ、それによって来年の援助が確定したことを受け、政府高官がなんと祝宴を開いたのだ。[34]

一方で援助国の政治家は、援助にまったく関係ない理由で人気がなくなった場合に国内の政治的信頼性を買おうと援助をおこなう。こうした政治家も、援助が悪用されていることが明らかだったとしても援助の中止に反対するだろう。二〇〇一年のケニアでの総選挙中、援助が政府の転覆と腐敗したエリート層の権力維持のために使われたことを受けてイギリスが援助を中止したときもそうだった。こういうことが起こると、欧米の政治家が汚れた名声に艶を出すためにアフリカの人々が苦しまなければならなくなる。[35] リンドン・ジョンソン大統領はベトナム戦争から注意をそらすためにインドにありもしない大規模飢饉をでっちあげるのに手を貸したし、アメリカの農家から作物を買い上げることで農家票も獲得した。[36] 援助の与え手と受け手である二国の政府は、それぞれが自国民に対抗する同盟を組んでいるようなものだ。植民地時代と違うのは、絞り出されているものの性質だけだ。

援助国が条件づけを義務化することのできない現実的な理由もある。援助は、流用可能だ。被援助国は援助を医療に使うと約束しておいて、援助がなくても実施される予定だったプロジェクトをおこない、浮いた金を承認されていない別の目的のために使うこともできる。援助国がそのような流用を監視するのは難しいことが多い。援助業界は競争が激しく、一つの国が援助を拒否すれば別の国がやってきて、その国独自の優先順位や条件に基づいて援助をおこなうかもしれない。そうなると条件づけを義務化しようとする国は締め出され、政治的影響力や商業的機会を失い、得られるはずだった利益を失ってしまう。

援助機関は近年条件づけから離れ、パートナーシップが声高に叫ばれるようになった。被援助国が自国のニーズに合わせた計画を提案し、援助国が何に資金を提供するかを決定するという形だ。もちろん、この形になったからといって援助国が富裕世界の有力者に対して説明責任を負っているという事実が変わるわけではない。被援助国もそのあたりを踏まえて、援助国だったらこういう提案をしそうだという計画を立てるのだ。この過程は「腹話術」という、言い得て妙の言葉で説明されている。[37] お金を全部持っているのが一方だけの場合に持続可能なパートナーシップというのがどんなものかは、私にはよくわからない。

政治と政治家はいつもやっていることの延長で援助の有効性を阻害しているが、逆の場合もある。援助が政治の有効性を阻害するのだ。これは、被援助国の決定するべき事柄を援助国が決めてしまうという問題だ。たとえ民主主義政治であっても、アフリカで妊産婦医療よりＨＩＶ／エイズ対策のほうが優先されるべきかどうかを決める権限は援助国にはない。条件づけは国家主権を侵害する行為だ。潤沢な資金を持つスウェーデンの援助機関がワシントンＤＣにやってきて国の負債を引き受け、今後五〇年間メディケアの費用を負担すると約束したとしよう。そして、アメリカが極刑を廃止し、同性婚を全面的に合法化することを条件に突きつける。それと同じようなことだ。なかには、あまりに機能不全なためにそのような主権侵害をされても国民にほとんど影響がない政府もあるかもしれない。だが、国を外国の管理下に置くというのは、長期的な経済成長の基盤となり得る政府と国民との間の関係構築にとって望ましい足がかりとは到底言えない。国を外から発展させることは不可能なのだ。

援助が経済成長に与える影響についての説得力のある証拠を提示するのが難しいのは、すでに見てきたとおりだ。同じことが、援助が民主主義やその他の制度に与える影響についても言える。だがここでも、多額の援助を受けている小さな国は民主的ではない場合が多いということが知られている。サハラ以南のアフリカは世界でもっとも民主主義国家が少ない地域で、もっとも多くの援助を受け取っている地域でもある。旧宗主国から援助を受けている国は、民主主義の強い国ではない。特に興味深いと思われるのが、図1と図2の対比だ。冷戦後の援助削減以来、アフリカでは経済成長だけでなく、民主主義の割合も大きく増加している。例によって、この事実にはほかにも考えられる理由があるが、海外援助によって民主主義が阻害されていたと考えれば予想できる範囲のものだ。

海外援助の非民主的側面は、援助（と経済発展そのもの）が政治的問題ではなく技術的問題だという、援助国が長年抱いてきた思いこみによって悪化してきた。水力学的理論（例の、配管だけ修理すればいいという考え）では、何をする必要があるかについての妥当な議論などないのだ。この思いこみのせいで援助国やアドバイザーは現地の政治を無視したり、いらだちを覚えたりするようになった。もっとたちが悪いことに、援助国は人々が何を必要としているか、何を求めているかを激しく誤解している場合が多い。人口抑制がその最たる例だ。援助国から見れば、人口が少なければ一人ひとりが当然もっと幸せになるはずだったが、被援助国の人々からすれば、その逆のほうが当然（そしてこの場合正しく）幸せになれるはずだった。欧米が指揮をとった人口抑制活動はしばしば現地の非民主的政府、またはたっぷりと報酬を受け取った政府の協力のもとで実施され、非民主的かつ圧政的援助の突出した例だ。効果的な民主主義は、海外の善意という圧制に対抗する最高の特効薬だ。[38]

文化人類学者のジェイムズ・ファーガソンは援助と経済開発の名著『反政治機械装置 *The Anti-Politics Machine*』で、一九八〇年代にレソトで実施された大規模なカナダ資金による開発プロジェクトについて述べている。このプロジェクトは、経済の仕組みについてのとんでもない誤解のもとに実施された。自給自足型農業経済の典型例とみなされていたものが、実際には南アフリカの鉱山向けの労働者をプールしておくための仕組みだったのだ。この想像上の経済のために用意された農業投資プロジェクトが成功する可能性は、月で花を咲かせるプロジェクトと同じくらい低かった。プロジェクト管理者は配管の修理に一生懸命で、レソトの与党が自分たちの政治的目的のため、そして政敵を蹴落とすためにプロジェクトを操っていることに気づいていなかった。最終的には経済発展も貧困削減も実現せず、政府の独裁政権が長引いただけだった。プロジェクトは、搾取するばかりのエリート層が国民のニーズにますます応えなくなるようにさせた、反政治機械装置だったのだ。[39]

開発支援を技術的・反政治的に考えることで、不都合なことが起きている。一見明白な技術的解決策がころころ――産業化、計画立案、インフラ建設からマクロ経済の構造調整へ、健康と教育へ、そして最近またインフラへ――変わるのだ。解決策が変わり続けても、開発側が謙虚さや疑念を覚えることは一切なく、その時々のやり方が先進国の政治に感化されたとしても、援助業界の技術への確信が揺らぐこともなかった。リンドン・ジョンソンが大統領だったころに世界銀行が掲げていた貧困対策という美辞麗句は、ロナルド・レーガンが大統領のときには「価格の適正化」という言葉に置き換えられる。「私たちの」政治は開発を考えるうえで正当な一部分に思えるのに、「彼らの」政治はそうではないのだ。

援助と援助資金によるプロジェクトは間違いなく、良い成果をたくさん上げている。道路やダム、病院は、援助がなければ完成しなかったはずだ。だが負の力は常に存在する。望ましい環境にあっても、援助は政治制度の能力を削ぎ、現地の政府を汚染し、民主主義を阻害する。貧困と低開発が質の低い政治制度が生む主な結果だとすれば、そうした政治制度を弱体化させたり発展を阻害したりすることで、多額の援助は本来の目的とまったく逆のことをしている。そうなると当然、直接的には良い結果を生む場合が多い援助であっても、全体的な正の効果の証拠は記録に残らない。

海外援助と貧困削減についての議論は、国内の貧困層への援助についての議論とはかなり違う。福祉給付に反対する人々は、それによって貧困層が貧しいままの生活を続ける動機づけが生まれ、貧困が継続してしまうと主張する。そのような主張は海外援助には当てはまらない。海外援助で問題なのは、それが世界の貧しい人々にどのような影響を与えるかではない。実際、貧しい人々に直接届くことなどめったにないのだから。そうではなく、貧困国の政府にどのような影響を与えるのかが問題なのだ。海外援助が貧困を悪化させるという主張は、すなわち海外援助によって被援助国の政府が貧困層の声に耳を傾けなくなり、その結果、貧困層に害を成すというものだ。

たとえある程度は良い結果を生むとしても、援助の弊害は難しい倫理的問題を突きつける。哲学者ライフ・ウェナーは、この章の冒頭で紹介したピーター・シンガーの意見を批判してこう言った。「貧困は池ではない」。シンガーのおぼれる子どものたとえは、意味がないと言うのだ[40]。援助がもっと必要だと主張する者は、政治的制約に対処しつつそれを実現できる方法を説明するべきだろう。また、援助時代の前に存在した植民地時代との類似点についてもしっかりと考える必要がある。今の私たちは植民地主義が他人を犠牲にして自分たちに利益をもたらしていた悪い制度だと考え、援助は(ごくわずかにせよ)自分たちを犠牲にして他人を助けるいい制度だと思っている。だがその考え方はあまりに安直で、歴史を無視しているし、自己満足にすぎる。植民地主義の大義名分もやはり人々を助けることで、現地の人々の人間性をまったく理解しないまま、文明と啓蒙をもたらすためにおこなわれていたのだ[41]。それは、盗みと搾取の隠蔽以上の何物でもなかったのかもしれない。力強く感動的な響きを持つ国連憲章の序文を書いたのは、大英帝国と白人の「文明」の優位を維持するために国連を最大の望みと見ていた南アフリカの首相、ヤン・スマッツだった[42]。だが、非植民地化によって権力の座についた指導者たちは、その前任者たちとほとんど変わらなかった。違っていたのは生まれた場所と、肌の色だけかもしれない。

現在であっても、政治家が美徳を身にまとうために人道的大義名分をカモフラージュに使うとき、そして世界の貧困に対処するという道徳的責務を果たす手段が援助である場合、害を成さないことを確認しなければならない。もし害を成しているなら、援助は「彼ら」のためではなく、「私たち」のためにおこなわれていることになる[43]。

医療援助は別なのか？

海外援助は、貧困国で何百万人もの命を救ってきた。ＵＮＩＣＥＦなどの団体が何百万人もの子どもたちに抗生物質やワクチンをもたらし、乳幼児死亡率を引き下げた。病原菌を持った生物の防除によって、世界の危険だった地域が安全になった。世界的な努力によって天然痘は撲滅されたし、現在はポリオに対しても同様の努力が実を結びつつある。援助機関は経口補水治療を多くの子どもたちに施し、アフリカで毎年一〇〇万人もの子どもを死なせているマラリアに対処するためには防虫処理済の蚊帳を配布している。一九七四年から二〇〇二年の間には世界銀行と世界保健機関、ＵＮＤＰ、そして国連の食糧農業機関（ＦＡＯ）が協力し、アフリカの公衆衛生問題だった河川盲目症をほぼ撲滅した。[44]

最近では、やはり主にアフリカにおけるＨＩＶ／エイズの治療のために、何十億ドルもが寄付されている。抗レトロウイルス治療（病気が治るわけではないが、生き続けることができる）を受けている患者の数は二〇〇三年には一〇〇万人にも満たなかったのが、二〇一〇年末までには一〇〇〇万人に到達した。[45]特に高額な寄付をしている援助団体は世界エイズ・結核・マラリア対策基金で、その最大の資金源はアメリカ政府と「米国大統領エイズ救済緊急計画（ＰＥＰＦＡＲ）」だ。前者は多国間の活動で、国主導の計画に資金を提供する。後者は二国間の活動で、もっとも優先順位が高いとアメリカが判断するプロジェクトに出資する。こうした機関が病気の予防と治療に関する研究（人から人へ病気を移すことを防いだり、感染自体を防ぐために抗レトロウイルス薬を活用したりすることなど）を促進してきただけでなく、自発的な医学的男子割礼による感染予防の効果についても研究を進めている。有効なワクチンが生まれるまでにはまだ時間がかかるが、研究は進んでいる。皮肉屋なら、もしアメリカ人がこの病気に苦しんでいなかったらアメリカがここまでエイズの研究と治療に熱心に取り組んだだろうか、と言うかもしれない。だが動機はどうあれ、その成果が損なわれるものではない。

話がそれだけなら、医療と援助の関係は汚れ一つない成功の物語だ。人の命が失われていて、たいした犠牲もともなわずに助ける手段をこちら側が持っていると、道徳的責任感は特に強くなる傾向がある。それを実行するのは、文明的な人間として当然のことだろう。私たち自身はこうした病気による死亡率からとうの昔に脱出を果たしていて、残る人類すべてにも同じように脱出してもらいたいと思っているのだから。

もちろん、多くの人々、とりわけ子どもたちが、「間違った」場所に生まれただけで呼吸器感染症や下痢、栄養失調などの死ななくてもいい病気で今も死んでいることは十分に理解されている。これは援助を増やすべきだという意見の根拠だと考えられる。もしかしたら、援助全体が実は医療の問題なのだろうか？　命を救うというのはわかりやすい目標で、道路やダム、橋の建設、「価格の適正化」や財政再建のための構造調整プログラムなどのあいまいな便益に比べたら簡単に測定可能だ。だが、そうした物に対する援助も、もしかしたら医療に対する援助と同じくらい役に立つが、ただ透明性が低いだけなのかもしれない。さらに言えば、この前の部分で議論した「援助が政治を腐敗させる」という問題は大げさか、少なくとも恩恵を考えれば妥当な代償なのかもしれない。

だが、医療の花園でもすべてがうまくいっているわけではない。援助が今以上に成果を上げられるかどうかは、まったくもってはっきりしない。今日までの成功にも代償がともなわなかったわけではないが、その代償も、ひょっとすると払うに値するものだった可能性はある。

世界中の平均余命の増加に貢献するなど、成功した取り組みのほとんどは「垂直保健プログラム」と呼ばれるものだ。これは現地の医療当局や現地の医療従事者の採用などをおこないつつも、実質的にはUNICEFなどの機関がトップダウンで実施するプログラムを指す。初期のころのワクチン接種プログラムやマラリア予防のための蚊の駆除といった有害生物駆除プログラム、天然痘やポリオ対策プログラムなどがこれに当てはまる。また、エイズ関連プログラムも、病院や現地の医療従事者による大規模な協力が必要となる抗レトロウイルス薬の配布に関しては当てはまる部分がある。もっとも、エイズ治療薬については専門の診療所が建設されることが多いので、すべてが当てはまるわけではない。

「単一疾患プログラム」や「特定疾患プログラム」といった表現は「垂直プログラム」と重複するもので、特定の病気を撲滅するためのプログラムだけでなく、PEPFARや世界エイズ・結核・マラリア対策基金など、エイズや結核、マラリアといった主要ないくつかの病気を対象とした活動のことも指す。こうした垂直的な特定疾患プログラムは、「水平」な現地の医療制度と比較されることが多い。後者には医師、診療所、定期的な健康診断を提供する病院だけでなく、安全な水と衛生、必須薬品、必要な栄養、風土病の抑制といった公衆衛生対策が含まれる。垂直プログラムの成功は水平プログラムの失敗、とりわけ適切なプライマリー・ヘルスケア（一次医療）制度構築の失敗と比較されることが多い。一九七八年の有名なアルマ・アタ宣言（現在のカザフスタン共和国アルマティで採択された宣言文）は「すべての人々に健康を」届けることの重要性と、それを実現する手段としての一次医療の重要性を訴えた。政府、国際機関、援助団体に貧困国の一次医療に対する財政・技術支援を増やすことを奨励したこの宣言は、健康の新しい形の援助を求めるスローガンとして今も鳴り響き続けている。

一次医療の提供には、垂直プログラムでは補えない国家の能力が必要となる。垂直プログラムなら「ヘリコプターで一気に運びこむ」のも結構だろうが、国にとってはまったく有益にならない。実際、垂直プログラムは現地の医療サービスを悪化させる場合さえあり、たとえば妊婦ケアやワクチン接種などの日常の業務から看護師や医師を引き抜き、僻地の村で大流行しているポリオの調査に駆り出したりすることもある。だが日常的な医療システムの構築と維持は貧困国はもとより富裕国でさえ複雑なもので、第3章で見たとおり、国家にある程度の能力が必要だ。そして、貧困国ではその能力が大体において不足している。ここで思い出すのは、援助と被支援国の能力開発は対立する場合が多いということだ。とはいっても、貧困国に残る健康問題への対処に援助を役立て、間違った場所に生まれたというだけで子どもたちが死ぬという恥ずべき事態を回避するのだとすれば、「指名された」病気に対処するだけでは足りないのは明らかだ。問題は例によって、海外からの資金でそれが達成できるかどうかだ。

世界中の多くの政府が一次医療にはほとんど金を使わず、世界銀行の経済学者デオン・フィルマーとジェフリー・ハマー、ラント・プリチェットの言葉を借りれば「医療のための国家予算は基本的に公立病院が吸い上げる。その病院には国家予算で高額な訓練を受けた医師が勤務し、高額な医療技術を使って都市部のエリート層の治療にあたっている。一方、同じ国では数セントで治せたり、基本的な衛生習慣で予防できたりする病気で子どもたちが死んでいる」。腐敗した役人は医療のための予算を着服する場合が多く、それに対して世間から抗議の声が上がることはめったにない。前述の著者らはさらに、ある新聞記事について語っている。保健省の大臣が海外資金から五〇〇〇万ドルを横領したと訴える記事だ。するとその大臣は、横領が一回で五〇〇〇万ドルではなく、長年にわたって少しずつ横領したものだということを明記しなかったと言って激しく抗議したそうだ[46]。作家ヘレン・エプスタインは著書の中で、ウガンダでよく聞く冗談について書いている。それによれば、エイズには「太るエイズ」と「痩せるエイズ」の二種類があると言う。「「痩せるエイズ」にかかった者はどんどん痩せ細っていって、ついには消えてしまう。「太るエイズ」は開発機関の官僚や海外コンサルタント、医療専門家がかかる病気で、リゾート地での豪華な学会やワークショップに出席し、高給を稼ぎ、どんどん肥えていく」[47]。一次医療のための費用不足と医療業界の腐敗は、貧困国では日常茶飯事だ。

多くの国で、医療に対する公共支出は国民の医療ニーズに応えるには少なすぎる。すると、不足分を補うために海外からの援助が必要だと思われがちだ。支出が少なすぎるというのは事実である場合が多いのだが、現状のままで医療システムを拡大しても問題は解決しない。そんなことをしても定期的に営業しない病院が増え、援助を横領する役人が増え、給料をもらえない医療従事者が増えるだけだ。

垂直プログラムが「すべての人々に健康を」促進するためにはあまり役に立たないというのが事実だとしても、そしてほかの援助と同様、垂直プログラムによって流れこむ多額の援助が意図せずにありとあらゆるマイナスの副作用をともなうとしても、命が救われるならやはり実施したいと考えるかもしれない。だがその場合、質の高い医療を提供するのが公共部門にせよきちんと統制された民間部門にせよ、ほとんどの低所得国に存在するよりはずっと高い能力を持つ国にとっても実施が難しいことは認識しておく必要がある。いずれにしても、質の高い医療は海外援助を使って外から提供することはできない。これは能力の低い国で有益に提供できる医療がないという意味ではない。安全な水、基本的衛生、有害生物駆除など、公共医療による昔からある公共財がいい例だ。この例のどれも、実施は簡単ではないが、おこなってみる価値はある。なぜなら、民間部門ではこれらは提供できないし、個人的な医療システムを構築するよりは簡単なはずだからだ。

私たちは何をするべきか？

援助活動を駆り立てているのは、私たちが何をするべきなのかという疑問、あるいはもっと強い、私たちは何かをするべきだという思いだ。だがこれ自体が間違った考えで、こう考えることは問題解決の第一歩ではなく、問題の一部かもしれない。なぜ私たちが何かをするべきなのか？　誰が私たちにその責任を課したのか？[48]　この章を通じて主張してきたのは、私たちが彼らのニーズや欲求をちゃんと理解しておらず、彼らの社会の仕組みもしっかり学ばず、そのため私たちなりにできることをしようという不器用な努力が結局、薬より毒になってしまっているということだ。レソトにおける農業支援、世界の貧困層が自らの人口を抑制できるよう「手助けする」活動、そして戦時中の人道援助がもたらした悲劇の話がその主な例だろう。私たちが何かに新しく取り組むとき、意図しない悪影響はほぼ必ず生じると考えたほうがいい。なのに、失敗しても活動は続いていく。なぜなら、それは私たちの利益にかかわる活動だからだ――活動しているのは私たちの側の専門家が職員の大半を占める私たちの援助業界であり、私たちの政治家のために名声と票を生み出してくれるからだ。そしてつまるところ、私たちは何かをするべきだからだ。

起こるべきなのが、現在裕福な国々で過去に起こったのと同じことなのは間違いない。だがそれらの国々はそれぞれの方法でそれぞれに時間をかけ、それぞれの政治的・経済的構造のもとで発展してきた。誰も援助はおこなわなかったし、国のためになるからと言って特定の政策を実施するよう賄賂を差し出したりはしなかった。いま私たちがするべきなのは、現在の貧困国が、過去に私たちがやってきたようなことをおこなう際に邪魔にならないようにすることだ。貧しい人々が自力で立ち上がれるよう道を空け、邪魔になっている行為をやめるべきなのだ。過去に脱出した世代は脱出が可能であることを実証し、脱出の手段を切りひらいたことでもう役割を果たした。彼らが切りひらいた手段の少なくとも一部は、状況が変わってもまだ使えるものだ。

矛盾するようだが、援助は私たちがやっている中でも特に邪魔になっている行為の一つだ。援助が高額すぎて現地の制度を阻害し、長期的繁栄の障害となっているようなサハラ以南のアフリカ諸国やその他いくつかの国々では特にそうだと言える。搾取的な政治家や政治体制に共産主義やテロリズムへの対抗策として与えられる援助は、貧困国の国民を他国の利益のために苦しめる援助だ。そんな援助で彼らを助けているふりをするなど、彼らにしてみれば踏んだり蹴ったりだ。海外から流れこむ援助は、本当なら良い指導者のもとで良い政権になれていたはずの政権さえ腐敗させてしまうかもしれない。

私たちがするべきなのは、何をするべきか考えるのをやめることだ。また、富裕国の人々には援助が役に立つだけでなく害になることもあるのだと市民に知らしめる必要もある。援助が彼らの役に立っているのかどうかに関係なく、一律で私たちのＧＤＰの〇・七五パーセントないし一パーセントを差し出すという目標など、無意味だということもわかってもらわなければならない。このようなやみくもな目標設定をやめてくれと大使や援助関係者たちは懇願し、人を助けるために就いたはずの仕事が苦痛を軽減するだけのものになってしまったと嘆いている。

貧困から脱出するための道筋に富裕国が置いた障害物は、援助だけではない。貧困国と富裕国は貿易を通じてであれ、条約を通じてであれ、ＷＴＯ、ＩＭＦ、世界銀行、ＷＨＯ、国連などの組織を通じてであれ、経済的・政治的に依存し合っている。これらの組織や国際的な活動規則は貧困国が富裕国になるにあたって非常に大きな影響を持つのだが、それについてはのちほど検討しよう。

援助の擁護者はしばしば、一部の批判については認める。だが過去の援助が有効ではなく、場合によっては害となったこともあったとしても、これからはもっとうまくやれるし、やるべきだと主張する。援助はもっと賢く、もっと有効にできるはずだと彼らは信じていて、落とし穴を避けて実施できるはずだと言うのだ。これまでにもう何度も聞いた主張だが（「もうこの一杯で酒はやめるよ」）、だからと言って、酒をやめるための一二のステップと同じようなもっと良い方法がほかにあるという可能性が排除されるわけではない。

もっと賢い援助について考えるもう一つの理由は、世界銀行やＤＦＩＤがないほうが世の中はうまくいくだの、援助をしないことだけが良い援助だのと考えたとしても、現実には援助が今すぐ消えてなくなるわけではないということだ。仮にそう説得できても、国内外の援助機関や何百、何千というＮＧＯの活動を中止させられるような世界的権威は存在しない。では、どうすれば援助はもっと良くできるだろうか？

経済学者で国連のアドバイザーでもあるジェフリー・サックスは継続的かつ執拗に、援助の問題はそれが多すぎることではなく、少なすぎることだと主張している[49]。サックスは私が援助の水力学的アプローチと呼ぶものを擁護していて、農業やインフラ、教育、医療などの各分野で対処すべき問題の長いリストを作り、そのために必要な援助額を合計した。すると、その総額は現在の援助の何倍にもなると言うのだ。もしそうなら、何かを成功させるためにはすべてを一度に解決しなければならない、とサックスは言う。何十年も前に「ビッグ・プッシュ理論」として知られていた方法だ。そしてそのためには、援助が増額されなければならないとのことだ。だが歴史を振り返れば今の富裕国はどんなビッグ・プッシュも必要としていなかったことがわかるし、他人からのビッグ・プッシュがなかったことは言うまでもない。また、サックスの案を実施するために国連が設定したミレニアム開発目標のモデル村が、同じ国のほかの村よりも成功していることを示す証拠はない。援助への水力学的アプローチは、私が中核的問題として主張してきたこと、つまり援助が現地の政府を腐敗させ、開発をいっそう難しくしてしまうという問題を無視している。いくら金をつぎこもうとも、近所のホームセンターで買う物のリストを手によその国へ行って外からその国を発展させようなどというのは、無理な話だ。

より良い援助の原則は、二〇〇五年に一一一カ国と二六の多国籍組織が署名した「パリ宣言」で正式に文書化された。[50]この宣言は多くの善行を求める新年の抱負をまとめたリストで、そこに書かれている善行とはパートナーシップ、被援助国の当事者意識、質の高い評価制度、説明責任、予測可能性などだ。だがこの宣言の効果は、普通の新年の抱負と同じ程度しかなかったらしい。たとえるなら、病気の患者が「健康とは何か」というリストを作っただけで、自分の病気の原因を診断したり治療方法を検討したりはしなかったようなものだ。この章で見てきたように、パートナーシップや説明責任、被援助国の当事者意識、質の高い評価などの失敗はすべて、援助の現実に根本的な原因がある。「パートナー」の一方だけがすべてのお金を握っているような状況で本物のパートナーシップは構築できないし、善意はあっても知識を持たない外国人が説明責任を負っているような状況で被援助国の当事者意識など生まれるはずもない。美徳はすばらしいという宣言に同意するのは簡単だが、援助の政治的現実と逆方向に突っ走る善意では、援助を改善することはできないだろう。

ひょっとすると、援助は成功を保証するための条件がつけばもっとうまくいくのかもしれない。だがそれは簡単ではない。ガーナで世界銀行の代表を務めていたころのカンブールの話は、被援助国が約束を破ったときでも援助を止めることがいかに難しいかを如実に語っている。それに、援助国が援助を止めても、舞台袖には別の援助国が控えていることが多い。その国はいい政策とは何かについて別の考え方を持っているかもしれず、内政に干渉するのは自分の仕事ではないと考えるかもしれない。そうはいっても、援助業界は富裕国にいる資金提供者に最終的な説明責任を負っているのだから、何かしらの条件づけは必要なはずだ。ただ問題は、それを実施する有効な方法があるかどうかだろう。

一つの案は、被援助国の政府が援助対象の候補となる前に、国民の利益となる良い政策を実施する決意を実証させることだ。これは「選択的援助」という方法で、一種の条件づけと考えていい。アメリカのミレニアム・チャレンジ公社がこれと同じような仕組みで活動している。候補国はまず自らの美点を実証し、そのうえで資金提供者が共通の目標に向けてともに活動するためのパートナーシップを申し出るという流れだ。選択的援助は抑圧的政府が権力を維持するために援助を使うのを防ぐことができるが、通常の政府が正道を外れてしまったら（しかも、援助によってそれが促進されるかもしれない）、援助中止の難しさにまた悩まされることになる。

選択的援助のアキレス腱は、もっとも援助を必要としている多くの人々が援助から除外されてしまうことだ。もっとも援助を必要としている人々は、政権が国民の幸福にまったく興味を持たない国に住む人々であり、支援の手を差し伸べようという道徳的責任感がもっとも強く感じられる対象の人々でもある。援助に対する決意が強い富裕国（アメリカはこれには当てはまらない）では関心の強い国民からの圧力が強いため、援助機関が「善《よ》き政策」の審査に落ちた国に住む人々のことを無視するのは不可能に近い。これは、国民国家の世界におけるあらゆる援助に共通する根本的問題だ。「良い」国家では、貧困が現地でも対処される可能性が十分にあり、外部からの支援が必要になることはあまりない。「悪い」国家では、外部からの援助は事態を悪化させる可能性が高い。NGOを通じて援助を提供しても同じことで、結局政権は国民から搾取したのと同じように、援助を食い物にしてしまう。

もう一つの考え方を、ワシントンDCにあるシンクタンク「世界開発センター（CGD）」が述べている。このシンクタンクは経済開発に関する情報だけでなく、援助の改善方法についての新しいアイデアの宝庫だ。CGDの代表ナンシー・バーズオールと医療経済学者ウィリアム・サヴドフは、「代金引換方式」と呼ばれる援助案を開発した。(51) この方式では援助側と被援助国が一緒に、お互いにとって望ましい目標を設定する。たとえば、一定の期日までに全国の子どもの八〇パーセントにワクチンを接種する、幼児死亡率を五年間で一〇〇〇人あたり二〇人削減する、清潔な水を提供する、などだ。そして、その目標が達成されて初めて、援助が提供される。提案者たちも気づいていることだが、この代金引換方式の援助は貧困国のただでさえ脆弱な測定制度をさらに弱体化させ、数字をごまかすことを奨励してそのごまかされた数字に対して報酬を与える結果となり得る。目標の多くが、被援助国によって完全にコントロールできるものではないという問題もある。悪天候のために期日が守れなかったり、疫病で小児死亡率が上がったりしてしまうかもしれない。どっちみち援助金が支払われるなら、動機づけが弱まってしまう。逆に、援助側が融通をきかせないなら、被援助国は援助金がもらえない可能性のある高額なプログラムを実施するというリスクを負いたがらないかもしれない。

代金引換方式の援助は、いまやおなじみの「良い政権と悪い政権」のジレンマを解決してはくれない。基本的に善良な国であれば、本当はやりたがらないようなプロジェクトをやらせるために私たちが彼らを動機づける必要はない。彼らの優先順位と援助側の優先順位との足並みが最初から揃っていれば、援助自体が必要ないのだ。だがそうでない場合、こちらの優先順位を彼らに押しつけるのは倫理にもとる。スウェーデンの援助機関がアメリカに援助をする代わりに極刑の廃止と同性婚の合法化を強要したら、というたとえを思い出してほしい。搾取的政権や抑圧的政権であれば、賄賂が効果を発揮するかもしれない。そのような政権は国民からだけでなく援助側からも資源が搾り取れるなら喜んで取るし、そもそも国民のことなどどうでもいいと思っているので、国民が傷つこうが救われようが、政権に金さえ入ればどっちでもかまわないのだ。こんな悪魔との取引のような話に対しては異論もあるだろう。だが私たちがいるのは援助機関が人道支援を提供できるようにする交換条件として武器を輸入する世界であり、過去の、そして未来の虐殺者たちに武器を与える代わりに彼らの家族を支援できる状況を手に入れる世界だ。ルワンダの虐殺後に北部の州都ゴマで起こったのが、まさにこのような事態だった。

大規模援助がうまくいかないのはそれがうまくいきようがないからで、大規模援助を改革しようという努力はいつも同じ根本的な問題のせいで何度も何度も暗礁に乗り上げてきた。橋がかけられ、学校が開かれ、薬やワクチンが命を救いはするが、致命的な悪影響は必ず存在するのだ。

援助を削減する事例でもっとも説得力があるものは、海外援助が国民所得の大部分を占め、財政支出のほとんどを占めるような（主にアフリカの）国に見られる。援助国の人々が援助の問題をもっとしっかりと理解し、お金を渡せば貧困が削減できるという「明白な」主張が実は明白な誤りなのだと理解することも重要だ。これほど援助が逆効果を生む数多くの理由の一つは、援助国内における「援助の錯覚」と政治的圧力のせいで改革が実際よりもかなり難しくなっているということだ。ただでさえ困窮している人々が倫理的で献身的な人々の行動によってさらに被害を受けるというのは、援助が招く悲劇の中でも無視できない事態だ。

だが、援助が良い結果を生んでいる事例も、それなりにはあるかもしれない。医療目的の援助がそうだという話は先ほど述べたとおりだ。ほかの事例も、まともな政府がある国や国家経済の中で援助の割合が比較的少ない国では見られるだろうし、現地の有能な援助提供者が逮捕されたり援助国によってゆがめられたりしておらず、援助を現地の正当な目的に沿って活用してくれているというまれな例もあるかもしれない。

やりすぎというのはどのくらいのことを言うのか、どこで線を引くべきなのか、私たちがいつやめるべきかはどうすればわかるのかと聞かれることがよくある。これは質問としてはあまり役に立たない。ブレーキをかけることができる超国家的権威という意味合いでの「私たち」が存在しないからだ。とりあえずの差し迫ったやるべきことは、援助をもっと増やしたがる人々がやってしまった失敗を元に戻すこと、そして多すぎる援助は害になり、これ以上の援助をすればさらに害を成してしまうかもしれないことを伝え、貧困国の人々を助ける最善の手段として大規模な援助をやめるべきだと富裕国の国民を説得することだ。これに成功して援助を減らすことができたとして、支援という義務を果たすために私たちは何ができるだろうか?

与える被害を少なくするというのは手始めにいいだろう。援助を減らす以外にも、私たちが現在おこなっている害の中にはやめられるものはある。それに、これからやることを検討するべき善行もある。

援助の問題点の多くは、被援助国内での意図せぬ結果に関連するものだ。国外で距離を置いて活動できれば、そうした問題は回避できるかもしれない。経済学者ジャグディシュ・バグワティが主張したように、「援助の膨大な増額がアフリカにおいて有効に使われていると考えるのは難しい。だが、もっと多額の援助を、アフリカのためにアフリカ以外の場所で有効に使う方法を考えるのは難しくない[52]」。この実例はすでにいくつも登場した。病気の細菌理論や高収量品種の種、ワクチン、HIV/エイズが性感染症であるという事実、抗レトロウイルス治療などについての基本的知識は世界全土にとって計り知れない価値を持つうえに、被援助国で海外援助が使われる際の有害な副作用はいっさいなかったのだ。

そのような発見が偶然生まれるのを待ったり、富裕国のニーズに応えて生まれるのを待ったりする必要はない。富裕国には脅威とならない病気（一番わかりやすい例はマラリアだ）に対する投資は、海外援助の形でおこなうことができる。現在、製薬会社は研究開発に投じた費用を薬の売り上げで回収している。暫定的な特許権の保護のもとで高い値段をつけて売られるこれらの薬の買い手は、富裕国の人々（または保険会社や政府）だ。貧困国の患者たちは、特許権が生きているうちは新薬を買うことができない。そして富裕国の政府は商業的関心のある人々からの圧力を受け、貧困国が特許権を回避して薬を手に入れることができないような国際ルールを協議している。これらのルールは、ＴＲＩＰＳという名前で呼ばれている。「知的所有権の貿易関連の側面に関する協定」の略だ。この協定に合意することは貧困国の利益につながらないものの、協定を遵守すれば貧困国が求めるほかの要素がついてくる（ＷＴＯへの加盟もその一つだ）。製薬会社は、知的財産に対する世界的な保護があるべきだと主張している。彼らが懸念しているのは貧困国で薬の高い値段を維持することではなく、新薬の開発に貢献しなかった貧困国の製薬会社が薬を模倣し、富裕国に逆輸入して売ることなのだそうだ。

ＴＲＩＰＳと薬の高い値段は特に一〇年ほど前、ＨＩＶ／エイズの抗レトロウイルス薬について広く議論された。そのころ、抗レトロウイルス薬は富裕国以外では実質的には手に入らなかったのだ。だが現状を見ればわかるように、その問題は解決こそまだ見ていないものの真剣な取り組みがおこなわれており、治療を受けている患者の数は一〇〇〇万人を超え、さらに増え続けている。第３章の表１に列挙した死因のようなＨＩＶ／エイズ以外の病気についても、重要な薬はほとんど特許が切れ、安価に手に入るようになった。ＨＩＶ／エイズを除けば、薬の値段は大きな問題ではない。

ワクチンや薬が存在しないというのは、もう一つの問題だ。マラリアや結核のような病気については富裕国ではほとんど症例がないため、製薬会社が新薬を開発する動機づけが生まれない。潜在的顧客が貧困層だからだ。薬に対する需要はあり、開発できる可能性もあるのだが、その二つを結びつけるリンクが存在しない。動機づけがなければ、新たな技術は正しい方向へは導かれない。援助がその動機となり、貧困層にはない購買力を提供することができるなら、新薬が開発されるかもしれない。

哲学者トマス・ポッゲは、彼が「医療効果ファンド」と名づけたファンドを提唱した。これは、製薬会社がもたらした効果に比例して報酬を与えるというものだ。[53] このようなファンドなら薬の高い値段の問題を解決し、新薬開発の動機にもなり、同時に世界中で薬を必要としている人々に新薬も古い薬も低価格で提供できる。製薬会社はファンドから報酬を受けることになる。これは相当野心的な計画で、世界の健康に対する効果が最大限になるような研究対象の病気を製薬会社が選べるという大きな利点もある。ただ、問題は（本書ではもう何度も見てきた問題だが）、健康が改善したとしてもその原因をどれか一つのイノベーションどころか、特定の新薬にすら帰することができないということだ。データがすべて揃ってからもうだいぶ経つのだが、医学歴史研究者たちはいまだに、ワクチンや新薬が過去二世紀の死亡率削減にどのような役割を果たしたのかを議論し続けている。今は世界の多くの部分について死亡率や罹患率に関する十分なデータが揃わず、仮に揃ったとしても、何が健康の改善や悪化につながったのかを特定することはできないだろう。こうしたデータがなければ、どの会社にいくら報酬を出せばいいか、納得できる方法はみつからない。

事前買取制度（まだ存在しない薬について政府や国際機関の共同体がその特性を事前に規定し、事前に定めた価格で購入することを約束するもの）はそれほど野心的ではなく、もっと具体的で実際的なものだ。[54] この制度により、製薬会社にはいま欠けている動機づけが与えられる。すでに成功した事前買取制度もあって、一〇カ国で子どもたちが肺炎球菌疾患に対する予防接種を受けている。これは、今でも毎年五〇万人の子どもを死に至らしめている病気だ。主な援助国はカナダ、イタリア、イギリスで、ノルウェーとロシア、それにゲイツ財団も若干の援助をおこなっている。プロジェクトを実施しているのは「ワクチンと予防接種のための世界同盟（GAVIアライアンス）」で、そのウェブサイトを見れば製薬会社についての詳細や、ドナーと製薬会社双方にとっての規則も明記されている(55)。

援助は融資をするためだけでなく、助言を提供するためにも使うことができる。世界銀行の今の構造では、事実上支援の資金源となる融資をともなわずに大規模な技術支援を提供することが難しい。だが技術支援に対する欲求は、世界銀行が満たしきれないほどあるのだ。経験に基づく知識という貴重な資源を世界銀行のプロジェクトで提供するべきだという考えももっともだ。だが、無作為化比較試験は、それらの知識をある場所から別の場所へと移転するうえで必要になる、なぜそれが効いたのかに関する理解を与えてはくれない。政府がダム建設プロジェクトを実施したり水資源の民営化を検討したりする場合、同じようなことをやった政府がその後どうなったかを知りたがる。知りたいのは平均的な結果だけではなく、考えられる落とし穴、誰が得をして誰が損をしたか、そして何に注意するべきかだ。もちろん、世界銀行やその他の援助機関の知識も完全無欠というわけではないし、無知や傲慢の例は枚挙にいとまがない。

国際組織も国際交渉、とりわけ貿易協定において、国の能力が不足している部分を補うことができる。アメリカやほかの富裕国は他国と二国間貿易協定の交渉をおこなっているが、相手国に国を代表できる弁護士や専門家が少ない場合、その交渉が対等な立場でおこなわれているとは言えない。世界銀行はその欠けている専門知識の部分で支援ができる。もちろん、これは簡単ではない。世界銀行がアメリカの製薬業界にとって有利な取り組みを事実上邪魔するような助言をおこなえば、アメリカはまず間違いなく、世界銀行の理事会に名を連ねている理事を通じて圧力をかけてくるだろう。最大の出資者が黙っているのは世界銀行が本当の意味で貧しい人々を助けるようなことをしないときだけ、と結論づけるのは簡単だ。この結論はあまりに皮肉が効きすぎている。しかし、世界の貧困が続く原因となっている慣習のいくつかが取り除けないままでいる制約を指摘してはいる。

経済発展の障害となっているのは援助だけではない。富裕国は、お金さえ払ってくれるならほぼ誰にでも喜んで武器を売る。また、国民の福利厚生に明らかに関心を持っていないような政権でも簡単に認め、商売をし、金を貸してしまう。この問題についても、解決案はいくつも提示されている。経済学者マイケル・クレマーとシーマ・ジャヤチャンドランは、「悪徳」政権に対する国際融資の禁止制裁を主張している。悪徳政権と認識されたら、世界のどの貸し手も、その政権が万一崩壊した場合にあとを引き継いだ政権から債権を回収するために国際司法裁判所に頼ることができないという仕組みの制裁だ[56]。このような規則を作れば悪徳政権への融資は打ち切られるか、少なくとももっと難しく、もっと金のかかるものになるはずだ。国際社会はそのような政権から石油などの一次産品を買うのをためらうかもしれないし、買うとしてもいつどのような条件で買うかについての透明性を高めようとするかもしれない[57]。最近アメリカでおこなわれた財政改革では、国内に上場している石油、ガス、鉱業会社は、すべての支払いを政府に公開しなければならなくなった[58]。もちろん、これを実現するには完璧な連携が必要だ。合意に調印していない国は悪徳政府から一次産品を購入して自国で使ったり再輸出したりすることができてしまう。婉曲に、「観光客」産品と呼ばれるものだ。

富裕国の貿易制限は、しばしば貧困国の農家に害をおよぼす。農業はアフリカの雇用の四分の三近くを占め、富裕国は自国の農家を支えるために毎年何千億ドルもの支出をおこなっている。砂糖と綿を例に挙げると、富裕国の生産者への補助金のために世界価格が引き下げられ、貧しい農家が収入を増やす機会を奪ってしまう。また、それによって富裕国の消費者も被害を受けることになる。このような補助金の存在は、多数派に対する組織立った少数派の政治力がいかに強いかの証拠だ。各種食品など、貧国が純輸入国である農作物に関しては、富裕国の補助金が世界価格を引き下げることで実際に貧しい消費者を助けることができる。アメリカのバイオ燃料に対する補助金は、その逆の効果を生む。害となる支援を制限したり排除したりしようという世界共通の取り組みが、世界の貧困削減の一助となるのではないだろうか。

だが自由貿易が貧困削減におよぼす影響など、移住がおよぼす影響に比べれば微々たるものだ。貧困国から富裕国へと移住することに成功した移民は、故郷にいたときよりも暮らしぶりが良くなる。そして彼らの仕送りが、故郷の家族の暮らしも良くしていく。仕送りは援助とはかなり違った効果を生むもので、受益者は政府にもっと要求をつきつけられるような力を身につけ、ガバナンスを損なうのではなく改善していく。もちろん、移住における政治は自由貿易における政治よりもはるかに厳しい。人々を支援しようという機運がもっとも強い国であっても、それは例外ではない。一時的な移民で有益なのは、特にアフリカの大学生や大学院生が欧米へ留学するための奨学金を出すことだろう。うまくいけば、そうした留学生たちが援助機関や故郷の政権に関係なく経済発展を続けていってくれる。仮に彼らが故郷へみんな揃って戻らなかったとしても、アフリカ人の海外移住は故郷の開発プロジェクトにとっての肥沃な（かつ国内的な）資金源となるのだ。

ここまで述べてきたことはすべて、現在の援助ではできない形で世界の貧困を削減するための戦略だ。

なかには富裕国の負担がごくわずかか、まったくなしにできるものもある。ほかのものより政治的に実現可能なものもあるだろうし、事前買取制度のように、もう小規模ながら機能し始めているものもある。そのどれも、付随する問題を無視して貧困国に援助を届けるものではない。プリンストン大学の学生たちが私の所にくるとき、彼らは世界をもっと良く、豊かな場所にしたいという強い道徳的な決意を持ってやってくる。そんな彼らと議論したいと思うのが、本書で紹介したようなアイデアだ。将来の収入から十分の一を提供するような計画から彼らを遠ざけ、彼らが持つすばらしい説得能力を海外援助の増額のために使わないようにしたいのだ。私が彼らに伝えるのは、自国の政府に働きかけ、貧しい人々の害となるような政策をやめるよう訴えること。そしてグローバル化が貧しい人々の不利益ではなく、利益となるような形で機能する国際的な政策を支持することだ。まだ脱出できていない人々が「大脱出」を果たせるよう応援する最善の機会が、そこにある。

あとがき　これからの世界

私が描いた大脱出の物語は前向きなもので、何百万人もが死と極貧から救われる物語だ。格差はあるし、何百万人もがまだ取り残されてはいるものの、世界はかつてないほど暮らしやすい場所になっている。だが本書の象徴として取り上げた映画は、ハッピーエンドではなかった。脱走兵のうち逃げ延びたのはごくわずかで、五〇人が処刑されてしまう。人類の大脱出は違う結末を迎えるはずだ、と私たちは自信を持って言えるだろうか？

言えないかもしれない。だが、希望を持てる理由はある。

私たちの子どもたちや孫たちだけが過去の文明を破滅させた力から逃れられると期待するのは、無理な話だ。欧米では、物事は常に前より良くなると信じられてきた。過去二五〇年の進歩はほかに類を見ないほどめざましいものだったが、二五〇年など、過去の長命の文明からすればほんのちょっとの期間だ。その文明を生きた人々も、自分たちの時代が永遠に続くと思っていたに違いない。

私たちの文明を破滅させるかもしれない脅威はいくらでもある。気象変動はもっともわかりやすい例だが、それに対して政治的に実現可能なわかりやすい解決策はいまだにみつかっていない。個人の関心が全体の需要より優先されるという事実を印象的に書き表したのがジャレド・ダイアモンドで、彼は著書の中で、イースター島で最後に残った一本の木を切り倒した人間は何を考えていたのだろうと思いをめぐらせている。[1]

戦争はなくなっていない。物騒な政治はどこにでもある。中国の経済成長がいつか停滞したとき（歴史はその日が確実にくることを示唆している）、中国の指導部を飲みこんでしまうであろう動乱を想像してみるといい。台湾への侵略は突拍子もないとは言いきれない可能性だが、それを実行してしまえば破滅的な大惨事につながるかもしれない。世界はこの五〇年間で大きく変わってきたが、中国の指導部の性質はさほど変わっておらず、毛沢東の大飢饉くらいひどい惨劇がまた起こる可能性は除外するべきではないだろう。今なら世界中の目が注がれているから、あのような大飢饉が起こるはずがないと考えると少しは気が休まる。だが実際、世界は何をすればいいのだろうか？

科学革命と啓蒙時代は、物質的幸福と健康の持続的改善をもたらした。だが科学は世界の多くの場所で宗教原理主義者による攻撃にさらされていて、アメリカも例外ではない。そうした原理主義者の多くは政治的に強い力を持ち、科学的知識によって利益を脅かされる人々の支持を受けている。

科学が必ずしも病気から解放してくれるわけではない。新型の感染症はいつなんどき発生してもおかしくない。もっとも恐ろしいのは、わずかな人数を死に至らしめ、静まり、宿主の動物の体に帰っていく病だ。たしかに、ＨＩＶ／エイズの大流行は将来どんなことが起こり得るかを警告しているが、それは決して想定される最悪の事態ではない。三五〇〇万もの人が命を失い、エイズは近代における最大の悲劇となったが、ウイルスはすぐに特定されて治療法が確立された。だが、次の病気は特定や治療がもっと難しいかもしれない。もっと日常的な面に目を向けると、世界の医療制度が依存している抗生物質の効果は、脅威にさらされている。抗生物質が農業で無制限に利用され、その結果、病気が進化して抵抗力を強めてしまったからだ。細菌との戦いは、人類の勝利で終わったわけではない。どちらかというと波が打ち寄せては引き、また新たな波がやってくる、終わりなき戦いのようなものだ。今は人類が優勢だとしても、それも長い戦いの中の一段階にすぎず、終わりへの序章ではないのかもしれない。進化は人間の行動だけに依存しているわけではない。菌も抵抗するのだ。

経済成長は、貧困と物質的困窮状態から脱出するための原動力だ。にもかかわらず、富裕国では成長が低迷している。時代を一〇年ごとに区切って見ると、近年の成長率は一〇年ごとに前の一〇年より低いことがわかる。世界のほぼ全地域で、成長の低迷は格差の拡大とともに起こっている。アメリカの場合、現在見られる所得と富の極端な格差は、過去一〇〇年以上の間は見られなかった。富の極端な集中は民主主義と成長を阻害し、成長を可能にする創造的破壊を抑えこんでしまうかもしれない。このような格差は、先に脱出した者が自分たちの通ってきた脱出経路を塞ぐ行為を奨励してしまう。

経済学者のマンサー・オルソンは、富裕国がこのように衰退することを予見していた。増殖する自己利益追求型の特殊利益集団のレントシーキングによって連帯していない大多数の人間が犠牲になり、富裕国が弱体化していくのだ。[2] 成長が停滞すると、分配の際の諍いは避けられなくなる。私が前に進む唯一の方法はあなたを犠牲にすること、というわけだ。成長がわずかしか見込めない世界では貧しい者と富める者、若年層と高齢層、ウォール・ストリート（金融経済）とメイン・ストリート（実体経済）、医療提供者と患者、そしてそれぞれを代表する政党同士での分配を巡る諍いが無限に続くだろうことは想像に難くない。

それでもまだ、私は慎重ながらも楽観的だ。脱出したいという欲求は人々の心に深く根ざしていて、そう簡単に挫折させられるものではない。脱出の手段は累積的だ。将来の脱出者は、巨人の肩に乗って逃げることができるだろう。先に脱出した人々が背後のトンネルを埋めていってしまうかもしれないが、トンネルがどうやって掘られたかという知識まで埋めてしまうことはできない。

成長の停滞は誇張されている可能性が高い。統計学者は品質改善、特にサービスの品質改善の多くを見落としており、サービスが国民産出量のますます大きな割合を占めつつあるからだ。情報革命とそれにともなって生まれた機器は、人類の幸福に計り知れないほどの恩恵をもたらした。これらの恩恵が成長に関する統計にはほとんど表れないことこそ、統計がいかに不十分かを語っている。情報技術が不十分なわけでも、それがもたらす喜びが不十分なわけでもないのだ。

世界の大半の人々が富裕国には住んでおらず、成長の停滞を経験していない。実際、中国とインドに住む二五億人は、いつの時代のどの国も並ぶべくもないほどの成長を経験している。成長率が伸び悩んだとしても、「後発国のメリット」によって今後何年も平均以上の速度で先進国を追いかけていくことができるはずだ。

アフリカにも、無限の可能性が広がっている。アフリカの一部地域では経済運営が改善したと見られており、昔の自傷行為のような悲劇は避けられるだろう。そして西側諸国が自らの援助中毒から脱してアフリカの政治を腐敗させることをやめれば、地元主導の発展に本当の意味で期待が持てるようになる。アフリカの無限の才能の開花を押しつぶすのはやめなければならない。

平均余命の伸び率は若干遅くなってはいるが、それは悪いことではなく、むしろ良いことだ。死は高齢化しつつあり、高年層の命を救うことは子どもの命を救うことほど大きな影響を平均余命におよぼさない。ここでも問題は実態ではなく、測定方法だ。平均余命は、社会がどの程度うまくいっているかを測るのに必ずしも適した基準ではない。中年や高齢者の命を救うことが、子どもの命を救うことよりも本質的に価値が低いと断定する理由は何もない。

健康に対する脅威があったとしても、大規模な改善がおこなわれるはずだ。たとえばがんの治療については、運が良ければ、過去四〇年に循環器疾患に対しておこなわれたのと同じくらいの進歩が見られるだろう。

健康が改善し続ける究極の理由は、人類が改善を望んでいて基礎科学や行動研究、薬、治療法、そのための機器などに資金を出す用意があるからだ。イノベーションは気軽に買えるものではないし、必要なときにすぐ手に入るものでもない。だが、潤沢な資金をともなう需要が結果に結びつくことは間違いない。

HIV／エイズの蔓延の中にでさえ、目を覆いたくなるような死者数にもかかわらず、新たな基礎知識や新たな治療法が患者の需要に応えられるようになった成功例はある。さらに、この新たな基礎知識や新たな治療法は、歴史上のほかの伝染病と比べればかなり早くそれを成し遂げている――もう死んでしまった者には、遅すぎたかもしれないが。科学は、実際に効果があるのだ。

ほかにも、本書では触れなかった継続的改善はいくつもある。たとえば、暴力が減った。今の人々は、昔よりもずっと殺人事件の被害者になる確率が低い(3)。民主主義は五〇年前と比べればはるかに世界中に広まっている。ある社会集団による別の社会集団に対する抑圧は以前ほど一般的ではなくなり、むしろ例外になりつつある。人々が社会に参加する機会は、かつてないほど増えてきた。

人類の身長は世界全域で伸びてきているし、知能も上がってきている。

教育は、世界の大半の地域で向上している。一九五〇年に読み書きができたのは世界の人口の半分にしか満たなかったのが、今は五分の四に識字能力がある。[4] かつては成人女性が学校に行くことなどほとんどなかったインドのある地方では、その娘たちのほとんどが学校に通うようになった。

こうしたことがあらゆる場所で、途切れることなく改善するとは期待できない。悪いことは起こるものだし、新たな脱出は昔の脱出と同様、新たな格差を生むだろう。それでも、そのような失敗もいずれは克服されると私は信じている。私たちは、過去にもそうしてきたのだから。

索引

【あ行】

アセモグル，ダロン　Acemoglu, Daron　209, 233
アッテンボロー，リチャード　Attenborough, Richard　15, 286
アフリカ系アメリカ人　27, 79, 196, 201, 214, 215, 219
アリ，ムハンマド，パシャ　Ali, Muhammad, Pasha　316
アルゼンチン　277
アルマ・アタ宣言　329
イースタリン，リチャード　Easterlin, Richard A.　63, 106
イスマーイール，パシャ　Isma'il Pasha　316
イタリア　66, 67, 101, 102, 104, 108, 190, 203, 248, 342
インフルエンザ　74-76, 95, 123, 125
ウェイル，サンフォード　Weill, Sanford　229
ウェナー，ライフ　Wenar, Leif　13, 326
ウォートリー・モンタギュー，メアリー　Wortley Montague, Mary　98
ヴォーペル，ジェイムズ　Vaupel, James W.　152, 162
ヴォルカー，ポール　Volcker, Paul　225
ウォルファーズ，ジャスティン　Wolfers, Justin　64
ウガンダ　34, 315, 330
エジプト　109, 131, 296, 297, 300, 316, 317
エチオピア　34, 48, 116, 243, 268, 297, 301, 304, 315
エプスタイン，ヘレン　Epstein, Helen　330
エンガマン，スタンリー　Engerman, Stanley　233
オーシャンスキー，モリー　Orshansky, Mollie　197-99
オーストラリア　10, 90, 146, 148, 233, 248
オード，トビー　Ord, Toby　286
オーペン，ジム　Oeppen, Jim　162
オランダ　18, 81, 82, 84, 101, 149, 150, 172, 248, 293
オルシャンスキー，ジェイ　Olshansky, Jay　161
オルソン，マンサー　Olson, Mancur　348

【か行】

カッツ，ローレンス　Katz, Lawrence F.　207
カード，デイヴィッド　Card, David　213
ガーナ　302, 305, 320, 335
カナダ　102, 112, 116, 148, 233, 246, 248, 324, 342
カーボベルデ　295
カント，エマヌエル　Kant, Immanuel　97
カンブール，ラヴィ　Kanbur, Ravi　320, 335
起業家　188, 209, 225, 233
『共産党宣言』　92

ギレンズ，マーティン Gilens, Martin 229
クズネッツ，サイモン Kuznets, Simon 219
クラヴィス，アーヴィング Kravis, Irving 238
クルーガー，アラン Krueger, Alan B. 213
クレマー，マイケル Kremer, Michael 243
グワトキン，デヴィッドソン Gwatkin, Davidson R. 117
啓蒙（時代） 23, 37, 94–100, 163, 182, 326
ケニア 34, 66, 67, 268, 302, 305, 315, 320, 321
抗レトロウイルス薬 54, 84, 122, 127, 327, 329, 339, 340
コーエン，マーク・ネイサン Cohen, Mark Nathan 91
コッホ，ロベルト Koch, Robert 109, 113
ゴールディン，クローディア Goldin, Claudia 207
コレラ 23, 54, 108–10, 113, 114, 118, 147, 164
コンゴ民主共和国 34, 35, 39, 41, 46, 48, 57, 131, 242, 251, 315

【さ行】

サイモン，ジュリアン Simon, Julian L. 261
サヴドフ，ウィリアム Savedoff, William 337
サエズ，エマニュエル Saez, Emmanuel 219–21
サックス，ジェフリー Sachs, Jeffrey 334
サマーズ，ロバート Summers, Robert 238
サモア 295
サーリンズ，マーシャル Sahlins, Marshall 90, 92
産業革命 17–19, 23, 37, 92, 107, 108, 111, 114, 172, 316
ザンビア 134, 273, 315
シエラレオネ 34, 39, 41, 62, 63, 136, 167, 168, 252, 315, 321
ジェンナー，エドワード Jenner, Edward 98
ジニ係数 203, 204, 207, 217
ジャヤチャンドラン，シーマ Jayachandran, Seema 343
植民地主義 326
ジョブズ，スティーヴ Jobs, Steve 225, 231
ジョーンズ，エリック Jones, Eric 232
ジョンソン，サイモン Johnson, Simon 233
ジョンソン，リンドン Johnson, Lyndon 197–99, 322, 325
シンガー，ピーター Singer, Peter 288, 326
シンガポール 32, 40, 116, 236, 251, 252
ジンバブエ 34, 62, 63, 122, 297
スウェーデン 62, 80–85, 98, 121, 149, 248, 293, 323, 337
スコット，サー・ウォルター Scott, Sir Walter 8
スティーヴンソン，ベッツィー Stevenson, Betsey 64
ストーン，リチャード Stone, Richard 12, 246
スノウ，ジョン Snow, John 109, 113
スマッツ，ヤン Smuts, Jan 326
スミス，アダム Smith, Adam 68, 69, 287, 288
スレーター，サイモン Szreter, Simon 111
赤道ギニア 42, 44, 48
セン，アマルティア Sen, Amartya 12,

25, 51, 130
ソコロフ，ケネス　Sokoloff, Kenneth J.　233
ソロー，ロバート　Solow, Robert M.　250

【た行】

ダイアモンド，ジャレド　Diamond, Jared　347
大分岐　Great Divergence　17, 18, 69, 182, 183
ダーウィン，チャールズ　Darwin, Charles　23
タヤ，マーウイヤ・ウルド・シディ・アハメド　Taya, Maaouya Ould Sid'Ahmed　321
炭素税　259
ディケンズ，チャールズ　Dickens, Charles　273
ティンバーゲン，ヤン　Tinbergen, Jan　207
テリー，ルーサー　Terry, Luther　145
デンマーク　32, 34, 62, 63, 66, 67, 121, 190, 248
ドイツ　15, 16, 32, 45, 63, 109, 113, 248, 257, 278, 285, 286, 293, 321
ドゥウォーキン，ロナルド　Dworkin, Ronald　280
トーゴ　32, 34, 62, 63, 66, 297, 300, 315
ドブルハマー，ガブリエル　Doblhammer, Gabrielle　156
トマス，キース　Thomas, Keith　68
ドレーズ，ジーン　Drèze, Jean　13, 130, 136
トンガ　295

【な行】

日本　32, 34, 44, 47, 48, 50, 63, 64, 116, 121, 124, 131, 142–44, 147–49, 151, 168, 248, 253, 254, 277, 278, 285, 286, 292, 293
ニュージーランド　32, 67, 148, 233, 248
ヌスバウム，マーサ　Nussbaum, Martha C.　61

【は行】

肺がん　79, 145, 148–50, 153, 154
ハイチ　124, 132, 173, 174, 251, 252, 301
バウアー，ピーター　Bauer, Peter　290
バグワティ，ジャグディシュ　Bhagwati, Jagdish　339
バーズオール，ナンシー　Birdsall, Nancy　337
パスツール，ルイ　Pasteur, Louis　109, 113, 243
ハッカー，ジェイコブ　Hacker, Jacob S.　228
ハットン，ティモシー　Hatton, Timothy　172
バーテル，ラリー　Bartels, Larry　229
バフェット，ウォーレン　Buffet, Warren　206, 225, 227
ハマー，ジェフリー　Hammer, Jeffrey　13, 330
ハリス，バーナード　Harris, Bernard　95
パリ宣言　335
バングラデシュ　24, 34, 41, 48, 50, 66, 67, 118, 124, 173, 174, 190, 288, 301
ピアソン，ポール　Pierson, Paul　228
ピケティ，トマ　Piketty, Thomas　219–221
ヒューム，デイヴィッド　Hume, David　288
ファーガソン，ジェイムズ　Ferguson, James　324
ファニーメイ　228
フィッシャー，スタンリー　Fischer, Stanley　57
フィリポン，トマス　Philippon, Thomas　227

フィルマー，デオン Filmer, Deon 330
フェルドシュタイン，マーティン Feldstein, Martin S. 224
フォーゲル，ロバート Fogel, Robert W. 51, 106
フォン・ペッテンコーファー，マックス von Pettenkofer, Max 109
ブキャナン，ジェイムズ Buchanan, James 214
ブッシェル，ロジャー Bushell, Roger 15
フュックス，ヴィクター Fuchs, Victor R. 77, 160
ブラウン，ジャネット Browne, E. Janet 23
ブラジル 32–34, 44, 99, 253, 254, 277, 294
フランス 7, 21, 45, 61, 99, 101, 104, 109, 112, 116, 149, 172, 190, 241, 243, 248, 277, 278, 285, 286, 293, 296, 297, 300
ブランダイス，ルイス Brandeis, Louis 230
フランツ・ヨーゼフ１世 Francis I 24
プリチェット，ラント Pritchett, Lant 182, 330
BRIC 諸国 254
ブルーム，ジョン Broome, John 94
ブレア，トニー Blair, Tony 158
ブレイ，バーニス Bray, Bernice E. 172
プレストン，サミュエル Preston, Samuel 13, 43, 55, 112, 120, 121
ヘインズ，マイケル Haines, Michael 112
ヘストン，アラン Heston, Alan 238, 239, 245
ペニシリン 117
ヘンリー８世 Henry VIII 96
ボズラップ，エスター Boserup, Esther 92
ポーター，ロイ Porter, Roy 97
ポッゲ，トマス Pogge, Thomas 13, 341
ボツワナ 44, 48, 122, 251, 305
ホリングスワース，T. H. Hollingsworth, T. H. 95
ポルトガル 101, 102, 248

【ま行】

マカオ 45
マキューン，トマス McKeown, Thomas 104
マハラノビス，プラサンタ・チャンドラ Mahalanobis, P. C. 272, 273
マラリア 23, 90, 99, 111, 116–18, 125–27, 113, 290, 294, 327, 329, 340
ミード，ジェイムズ Meade, James 235
緑の革命 263
南アフリカ 44, 48, 49, 53, 54, 301, 305, 315, 324
ミレニアム開発目標 293, 334
ムカジー，シッダールタ Mukherjee, Siddhartha 155
ムガベ，ロバート Mugabe, Robert 297
メキシコ 32–34, 36, 166
毛沢東 52, 53, 347
モリス，イアン Morris, Ian 92, 164
モーリタニア 32

【や行】

ヨハンソン，シーラ・ライアン Johansson, Sheila Ryan 99

【ら行】

ラッツェル，ピーター Razzell, Peter 99
ラム，デイヴィッド Lam, David 13, 262, 263
リヴィ＝バッチ，マッシモ Livi-Bacci,

Massimo　106
リスター, ジョセフ　Lister, Joseph　113
リスター, ジョセフ・ジャクソン　Lister, Joseph Jackson　113
利尿薬　151, 152
リベリア　57, 131, 252
ルクセンブルク　45, 248, 293
ルワンダ　167, 168, 338
レイヤード, リチャード　Layard, Richard 43
レーウェンフック, アンソニー・ファン Leeuwenhoek, Anthony van　113
レーガン, ロナルド　Reagan, Ronald 325
レシェフ, アリエル　Reshef, Ariell 227
レソト　324, 332
ロシア　32, 34, 44, 38, 49, 52, 65–67, 131, 253, 254, 342
ローゼンシュタイン＝ロダン, ポール Rosenstein-Rodan, Paul　292
ロビンソン, ジェイムズ　Robinson, James 233
ロンドン　18, 85, 98, 99, 108, 109, 237, 241

【わ行】

ワシントン, ジョージ　Washington, George 99

原 注

序章　本書で語ること

1. 『大脱走』、監督：ジョン・スタージェス、主演：スティーブ・マックイーン、ジェームズ・ガーナー、リチャード・アッテンボロー。製作：ミリッシュ・カンパニー、配給：ユナイテッド・アーティスツ、1963年（ポール・ブリックヒルの同名の原作に基づく）。
2. Lant Pritchett, 1997, "Divergence, big time," *Journal of Economic Perspectives* 11(3): 3-11、および Kenneth Pomeranz, 2000, *The Great Divergence: China, Europe, and the making of the world economy,* Princeton University Press.
3. Jack Goldstone, 2009, *Why Europe? The rise of the West in world history, 1500-1850,* McGraw-Hill.
4. Ian Morris, 2010, *Why the West rules-for now: The patterns of history, and what they reveal about the future,* Farrar, Straus and Giroux〔邦訳　イアン・モリス『人類５万年 文明の興亡――なぜ西洋が世界を支配しているのか』北川知子訳、筑摩書房、2014年〕
5. 同上。
6. Eric L. Jones, 2000, *Growth recurring: Economic change in world history,* University of Michigan Press〔邦訳　エリック・ライオネル・ジョーンズ『経済成長の世界史』天野雅敏・重富公生・小瀬一・北原聡訳、名古屋大学出版会、2007年〕
7. Robert Allen, 2011, *Global economic history: A very short introduction,* Oxford University Press〔邦訳　ロバート・C・アレン『なぜ豊かな国と貧しい国が生まれたのか』グローバル経済史研究会訳、エヌティティ出版、2012年〕
8. Daron Acemoglu and James Robinson, 2012, *Why nations fail: The origins of power, prosperity, and poverty,* Crown〔邦訳　ダロン・アセモグル、ジェイムズ・A・ロビンソン『国家はなぜ衰退するのか――権力・繁栄・貧困の起源』鬼澤忍訳、早川書房、2013年〕
9. E. Janet Browne, 2002, *Charles Darwin, Volume 2: The power of place,* Jonathan Cape.〔邦訳　ジャネット・ブラウン『ダーウィンの「種の起源」』長谷川眞理子訳、ポプラ社、2007年〕
10. Allen, *Global economic history.*〔邦訳　アレン『なぜ豊かな国と貧しい国が生まれたのか』〕
11. Roy Porter, 2000, *The creation of the modern world: The untold story of the British Enlightenment,* Norton および Joel Mokyr, 2009, *The enlightened economy: An economic history of Britain, 1700-1850,* Yale University Press.
12. Morris, *Why the West rules.*〔邦訳　モリス『人類５万年』〕
13. Acemoglu and Robinson, *Why nations fail.*〔邦訳　アセモグル、ロビンソン『国家はなぜ衰退するのか』〕

14. Amartya Sen, 1992, *Inequality re-examined,* Harvard University Press〔邦訳　アマルティア・セン『格差の再検討——潜在能力と自由』池本幸生・野上裕生・佐藤仁訳、岩波書店、1999年〕および 2009, *The idea of justice,* Harvard University Press〔邦訳　アマルティア・セン『正義のアイデア』池本幸生訳、明石書店、2011年〕
15. Sen, *Idea of justice,*〔邦訳　セン『正義のアイデア』〕および Jonathan Haidt, 2012, *The righteous mind: Why good people are divided by politics and religion,* Pantheon〔邦訳　ジョナサン・ハイト『社会はなぜ左と右にわかれるのか——対立を超えるための道徳心理学』高橋洋訳、紀伊国屋書店、2014年〕
16. Daniel Kahneman and Jason Riis, 2005, "Living, and thinking about it: Two perspectives on life," in Felicia Huppert, Nick Baylis, and Barry Keverne, eds., *The science of well-being,* Oxford University Press, 285–304.
17. Ronald Inglehart and Hans-Dieter Klingemann, 2000, "Genes, culture, democracy and happiness," in Ed Diener and Eunkook M. Suh, eds., *Culture and subjective well-being,* MIT Press, 165–83; Richard Layard, 2005, *Happiness: Lessons from a new science,* Penguin; および Richard Wilkinson and Kate Pickett, 2009, *The spirit level: Why greater equality makes societies stronger,* Bloomsbury〔邦訳　リチャード・ウィルキンソン、ケイト・ピケット『平等社会』酒井泰介訳、東洋経済新聞社、2010年〕

第１章　世界の幸福

1. 関連する計算については、James Vaupel and John M. Owen, 1986, "Anna's life expectancy," *Journal of Policy Analysis and Management* 5(2): 383–89 を参照。
2. Robert C. Allen, Tommy E. Murphy, and Eric B. Schneider, 2012, "The colonial origins of the divergence in the Americas: A labor market approach," *Journal of Economic History* 72(4): 863–94.
3. Amartya Sen, 1999, *Development as freedom,* Knopf〔邦訳　アマルティア・セン『自由と経済開発』石塚雅彦訳、日本経済新聞社、2000年〕
4. Layard, *Happiness.*
5. Samuel Preston, 1975, "The changing relation between mortality and level of economic development," *Population Studies* 29(2): 231–48.
6. Wilkinson and Pickett, *Spirit level,* p. 12〔邦訳　ウィルキンソン、ピケット『平等社会』〕および Richard Wilkinson, 1994, "The epidemiological transition: From material scarcity to social disadvantage," *Daedalus* 123: 61–77.
7. Elizabeth Brainerd and David M Cutler, 2005, "Autopsy on an empire: The mortality crisis in Russia and the former Soviet Union," *Journal of Economic Perspectives* 19(1): 107–30 および Jay Bhattacharya, Christina Gathmann, and Grant Miller, 2013, "The Gorbachev anti-alcohol campaign and Russia's mortality crisis," *American Economic Journal: Applied* 5(2): 232–60.
8. Robert W. Fogel, 2004, *The escape from hunger and premature death, 1700 to 2100: Europe, America, and the Third World,* Cambridge University Press および 1997, "New findings on secular trends in nutrition and mortality: Some implications for population theory," in Mark R. Rosenzweig and Oded Stark, eds., *Handbook of population and family economics,* Elsevier, 433–

81.
9. Sen, *Development as freedom.*〔邦訳　セン『自由と経済開発』〕
10. Yang Jisheng, 2012, *Tombstone: The great Chinese famine, 1958–62*, Farrar, Straus and Giroux.
11. Ainsley J. Coale, 1984, *Rapid population change in China, 1952–1982,* National Academy Press および Cormac Ó Gráda, 2009, *Famine: A short history,* Princeton University Press.
12. Preston, "The changing relation between mortality and level of economic development."
13. Stanley Fischer, 2003, "Globalization and its challenges," *American Economic Review* 93(2): 1–30.
14. Martin Ravallion and Shaohua Chen, 2010, "The developing world is poorer than we thought, but no less successful in the fight against poverty," *Quarterly Journal of Economics* 125(4): 1577–625. Update to 2008: "An update of the World Bank's estimates of consumption poverty in the developing world," http://siteresources.worldbank.org/INTPOVCALNET/Resources/Global_Poverty_Update_2012_02-29-12.pdf
15. Charles Kenny, 2011, *Getting better,* Basic Books.
16. Joseph E. Stiglitz, Amartya K. Sen, and Jean-Paul Fitoussi, 2009, *Report of the commission on the measurement of economic performance and social progress,* http://www.stiglitz-sen-fitoussi.fr/en/index.htm
17. Anna Wierzbicka, 1994, "'Happiness' in cross-linguistic and crosscultural perspective," *Daedalus* 133(2): 34–43 および Ed Diener and Eunkook M. Suh, 2000, *Culture and subjective wellbeing,* MIT Press.
18. Amartya K. Sen, 1985, *Commodities and capabilities,* Elsevier;〔邦訳　アマルティア・セン『福祉の経済学——財と潜在能力』鈴村興太郎訳、岩波書店、1988年〕、1987, *On ethics and economics,* Blackwell〔邦訳　アマルティア・セン『経済学の再生——道徳哲学への回帰』徳永澄憲、青山治城、松本保美訳、麗沢大学出版会、2002年〕および2009, *The idea of justice,* Belknap〔邦訳　セン『正義のアイデア』〕
19. Martha C. Nussbaum, 2008, "Who is the happy warrior? Philosophy poses questions to psychology," *Journal of Legal Studies* 37(S2): S81–S113.
20. Richard A. Easterlin, 1974, "Does economic growth improve the human lot? Some empirical evidence," in R. David and M. Reder, eds., *Nations and households in economic growth: Essays in honor of Moses Abramowitz,* Academic Press, 89–125 および 1995, "Will raising the incomes of all increase the happiness of all?" *Journal of Economic Behavior and Organization* 27(1): 35–47.
21. Betsey Stevenson and Justin Wolfers, 2008, "Economic growth and subjective wellbeing: Reassessing the Easterlin paradox," *Brookings Papers on Economic Activity* (Spring), 1–86 および Daniel W. Sacks, Betsey Stevenson, and Justin Wolfers, 2012, "Subjective wellbeing, income, economic development and growth," in Philip Booth, ed., *...And the pursuit of happiness,* Institute for Economic Affairs, 59–97.
22. Angus Deaton, 2008, "Income, health, and wellbeing around the world: Evidence from the Gallup World Poll," *Journal of Economic Perspectives* 22(2): 53–72.
23. Daniel Kahneman and Angus Deaton, 2010, "High income improves evaluation of life but not emotional wellbeing," *Proceedings of the National Academy of Sciences* 107(38): 16489–93.

24. Keith Thomas, 2009, *The ends of life: Roads to fulfillment in early modern England,* Oxford University Press〔邦訳　キース・トマス『生き甲斐の社会史——近世イギリス人の心性』川北稔訳、昭和堂、2012年〕
25. Adam Smith, 1767, *The theory of moral sentiments,* third edition, printed for A. Millar, A. Kincaid, and J. Bell in Edinburgh and sold by T. Cadell in the Strand, 272, 273, 273, and 271〔邦訳　アダム・スミス『道徳感情論』高哲男訳、講談社学術文庫、2013年〕
26. David E. Bloom, 2011, "7 billion and counting," *Science 333* (July 29), 562-68.

第2章　有史以前から一九四五年まで

1. Massimo Livi-Bacci, 2001, *A concise history of world population,* third edition, Blackwell〔邦訳　マッシモ・リヴィ＝バッチ『人口の世界史』速水融・斎藤修訳、東洋経済新報社、2014 年〕; James C. Riley, 2001, *Rising life expectancy: A global history,* Cambridge University Press〔邦訳　ジェイムス・ライリー『健康転換と寿命延長の世界誌』門司和彦訳、明和出版、2008年〕および Mark Harrison, 2004, *Disease and the modern world,* Polity Press を参照。
2. データは死亡データベースより。http://www.mortality.org/
3. 続く記述の出典は Graeme Barker, 2006, *The agricultural revolution in prehistory: Why did foragers become farmers?* Oxford University Press および Mark Nathan Cohen, 1991, *Health and the rise of civilization,* Yale University Press〔邦訳　マーク・N・コーエン『健康と文明の人類史——狩猟、農耕、都市文明と感染症』中元藤茂・戸沢由美子訳、人文書院、1994年〕より。Morris, *Why the West rules*〔邦訳　モリス『人類5万年』〕も参照のこと。
4. David Erdal and Andrew Whiten, 1996, "Egalitarianism and Machiavellian intelligence in human evolution," in Paul Mellars and Kathleen Gibson, eds., *Modelling the early human mind,* McDonald Institute Monographs, 139–50.
5. Marshall Sahlins, 1972, *Stone age economics,* Transaction〔邦訳　マーシャル・サーリンズ『石器時代の経済学』山内昶訳、法政大学出版局、2012年〕
6. Cohen, *Health and the rise of civilization,* p. 141〔邦訳　コーエン『健康と文明の人類史』〕
7. 同上、p. 30.
8. Esther Boserup, 2005 [1965], *The conditions of agricultural growth,* Transaction〔邦訳　エスター・ボズラップ『農業成長の諸条件——人口圧による農業変化の経済学』安沢秀一・安沢みね訳、ミネルヴァ書房、1975年〕
9. Morris, *Why the West rules,* p. 107〔邦訳　モリス『人類5万年』〕
10. Clark Spenser Larsen, 1995, "Biological changes in human populations with agriculture," *Annual Review of Anthropology* 24: 185-213.
11. John Broome, 2006, *Weighing lives,* Oxford University Press.
12. E. A. Wrigley and R. S. Schofield, 1981, *The population history of England, 1541-1871,* Harvard University Press および E. A. Wrigley, R. S. Davies, J. E. Oeppen, and R. S. Schofield, 1997, *English population history from family reconstitution 1580-1837,* Cambridge University Press.
13. Thomas Hollingsworth, 1964, "The demography of the British peerage," *Population Studies* 18 (2), Supplement, 52-70.

14. Bernard Harris, 2004, "Public health, nutrition, and the decline of mortality: The McKeown thesis revisited," *Social History of Medicine* 17(3): 379–407.
15. Massimo Livi-Bacci, 1991, *Population and nutrition: An essay on European demographic history,* Cambridge University Press.
16. Roy Porter, 2001, *The creation of the modern world: The untold history of the British Enlightenment,* Norton.
17. Thomas, *The ends of life,* p. 15〔邦訳　トマス『生き甲斐の社会史』〕
18. Peter Razzell, 1997, *The conquest of smallpox,* Caliban.
19. http://www.nlm.nih.gov/exhibition/smallpox/sp_variolation.html
20. Sheila Ryan Johansson, 2010, "Medics, monarchs, and mortality, 1600–1800: Origins of the knowledge-driven health transition in Europe,"　電子版は http://ssrn.com/abstract=1661453 で閲覧可能。
21. Thomas McKeown, 1976, *The modern rise of population,* London, Arnold　および　1981, *The origins of human disease,* Wiley-Blackwell〔邦訳　トマス・マキューン『病気の起源——貧しさ病と豊かさ病』酒井シヅ・田中靖夫訳、朝倉書店、1992年〕
22. Thomas McKeown, 1980, *The role of medicine: Dream, mirage, or nemesis,* Princeton University Press.
23. Robert W. Fogel, 1994, "Economic growth, population theory, and physiology: The bearing of long-term processes on the making of economic policy," *American Economic Review* 84(3): 369–95 および Robert W. Fogel and Dora L. Costa, 1997, "A theory of technophysio evolution, with some implications for forecasting population, healthcare costs, and pension costs," *Demography* 34(1): 49–66.
24. Richard Easterlin, 1999, "How beneficent is the market? A look at the modern history of mortality," *European Review of Economic History* 3: 257–94.
25. Livi-Bacci, *Population and nutrition.*
26. Samuel J. Preston, 1996, "American longevity: Past, present, and future," Center for Policy Research, Maxwell School, Syracuse University, Paper 36, http://surface.syr.edu/cpr/36
27. George Rosen, 1991, *A history of public health,* Johns Hopkins University Press.
28. John Snow, 1855, *On the mode of transmission of cholera,* London, John Churchill. Steven Johnson, 2007, *The ghost map: The story of London's most terrifying epidemic and how it changed science, cities, and the modern world,* Riverhead〔邦訳　スティーヴン・ジョンソン『感染地図——歴史を変えた未知の病原体』矢野真千子訳、河出書房新社、2007年〕も参照のこと。
29. David A. Freedman, 1991, "Statistical analysis and shoe leather," *Sociological Methodology* 21: 291–313.
30. Nancy Tomes, 1999, *The gospel of germs: Men, women and the microbe in American life,* Harvard University Press.
31. Alfredo Morabia, 2007, "Epidemiologic interactions, complexity, and the lonesome death of Max von Pettenkofer," *American Journal of Epidemiology* 166(11): 1233–38.
32. Simon Szreter, 1988, "The importance of social intervention in Britain's mortality decline c.

1850–1914: A reinterpretation of the role of public health," *Social History of Medicine* 1(1): 1–36.

33. Tomes, *The gospel of germs* および Joel Mokyr, *The gifts of Athena: Historical origins of the knowledge economy,* Princeton University Press.
34. Samuel J. Preston and Michael Haines, 1991, *Fatal years: Child mortality in late nineteenth century America,* Princeton University Press.
35. Howard Markel, 2005, *When germs travel: Six major epidemics that have invaded America and the fears they have unleashed,* Vintage.
36. Valerie Kozel and Barbara Parker, n.d., "Health situation assessment report: Chitrakot district," World Bank, 未発表。

第 3 章　熱帯地方における死からの脱出

1. Davidson R. Gwatkin, 1980, "Indications of change in developing country mortality trends: The end of an era?" *Population and Development Review* 6(4): 615–44.
2. "Water with sugar and salt," *The Lancet,* August 5, 1978, pp. 300–301; 引用は p. 300。
3. Preston, "The changing relation between mortality and level of economic development."
4. Joshua H. Horn, 1970, *Away with all pests: An English surgeon in the People's Republic of China, 1954–1969,* Monthly Review Press.
5. Jean Drèze and Amartya Sen, 2002, *India: Development and participation,* Oxford.
6. Deaton, "Income, health, and wellbeing around the world."
7. Nazmul Chaudhury, Jeffrey Hammer, Michael Kremer, Karthik Muralidharan, and F. Halsey Rogers, 2006, "Missing in action: Teacher and health worker absence in developing countries," *Journal of Economic Perspectives* 20(1): 91–116.

第 4 章　現代世界の健康

1. このセクションで触れた問題の多くについては、Eileen M. Crimmins, Samuel H. Preston, and Barry Cohen, 2011, *Explaining divergent levels of longevity in high-income countries,* National Academies Press を参照のこと。
2. これらを含む喫煙についてのデータは P. N. Lee Statistics and Computing Ltd. が収集し、International Mortality and Smoking Statistics database（世界の死亡率および喫煙に関する統計データベース）に掲載したもの。http://www.pnlee.co.uk/imass.htm
3. Tomes, *The gospel of germs* および Mokyr, *The gifts of Athena,* 特に第 5 章。
4. グラフは世界保健機構の死亡率データベース（http://www.who.int/healthinfo/morttables/en/）のデータを使用して著者が算出した数字による。
5. http://www.mskcc.org/cancer-care/adult/lung/prediction-tools
6. Crimmins, Preston, and Cohen, *Explaining divergent levels of longevity.*
7. http://www.mayoclinic.com/health/diuretics/HI00030
8. Veterans Administration Cooperative Study Group, 1970, "Effects of treatment on morbidity in hypertension. II. Results in patients with diastolic blood pressure averaging 90 through 114 mm Hg," *Journal of the American Medical Association* 213(7): 1143–52.

9. Earl S. Ford, Umed A. Ajani, Janet B. Croft, et al., 2007, "Explaining the decrease in U.S. deaths from coronary disease, 1980–2000," *New England Journal of Medicine* 356(23): 2388–98.
10. David Cutler, 2005, *Your money or your life: Strong medicine for America's health care system,* Oxford および David Cutler, Angus Deaton, and Adriana Lleras-Muney, 2006, "The determinants of mortality," *Journal of Economic Perspectives* 20(3): 97–120.
11. John C. Bailar III and Elaine M. Smith, 1986, "Progress against cancer?" *New England Journal of Medicine* 314(19): 1226–32 および John C. Bailar III and Heather L. Gornik, 1997, "Cancer undefeated," *New England Journal of Medicine* 336(22): 1569–74.
12. David M. Cutler, 2008, "Are we finally winning the war on cancer?" *Journal of Economic Perspectives* 22(4): 3–26.
13. Archie Bleyer and H. Gilbert Welch, 2012, "Effects of three decades of screening mammography on breast-cancer incidence," *New England Journal of Medicine* 367(21): 1998–2005.
14. Siddhartha Mukherjee, 2010, *The emperor of all maladies,* Scribner〔邦訳　シッダールタ・ムカジー『病の皇帝「がん」に挑む――人類4000年の苦闘』田中文訳、早川書房、2013年〕
15. H. Gilbert Welch, Lisa Schwartz, and Steve Woloshin, 2011, *Overdiagnosed,* Beacon Press.
16. Gabriele Doblhammer and James W. Vaupel, 2001, "Lifespan depends on month of birth," *Proceedings of the National Academy of Sciences* 98(5): 2934–39.
17. 私自身の人工股関節置換手術の体験については http://www.princeton .edu/~deaton/downloads/letterfromamerica_apr2006_hip-op.pdf を参照のこと。
18. Henry Aaron and William B. Schwartz, 1984, *The painful prescription: Rationing hospital care,* Brookings.
19. Nicholas Timmins, 2009, "A NICE way of influencing health spending: A conversation with Sir Michael Rawlins," *Health Affairs* 28(5): 1360–65.
20. http://www.dartmouthatlas.org/。以下も参照のこと。John E. Wennberg and Megan M. Cooper, 1999, *The quality of medical care in the United States: A report on the Medicare program. The Dartmouth atlas of healthcare 1999,* American Hospital Association Press; John E. Wennberg, Elliott Fisher, and Jonathan Skinner, 2002, "Geography and the debate over Medicare reform," *Health Affairs* 96–114, DOI: 10.1377/hlthaff.w2.96 および Katherine Baicker and Amitabh Chandra, 2004, "Medicare spending, the physician workforce, and beneficiaries' quality of care," *Health Affairs Web Exclusive* W4: 184–97, DOI: 10.1377/hlthaff.W4.184.
21. 短くて読みやすい概要は Ezekiel J. Emanuel and Victor R. Fuchs, 2008, "Who really pays for health care?: The myth of 'shared responsibility,'" *Journal of the American Medical Association* 299(9): 1057–59。以下も参照のこと。Jonathan Gruber, 2000, "Health insurance and the labor market," in A. J. Culyer and J. P. Newhouse, eds., *Handbook of health economics,* Volume 1, Elsevier, 645–706 および Kate Baicker and Amitabh Chandra, 2006, "The labor market effects of rising health insurance premiums," *Journal of Labor Economics* 24(3): 609–34.
22. Victor R. Fuchs, "The financial problems of the elderly: A holistic view," in Stuart H. Altman and David I. Shactman, eds., *Policies for an aging society,* Johns Hopkins University Press, 378–

90.

23. Katherine M. Flegal, Barry I. Graubard, David F. Williamson, et al., 2003, "Excess deaths associated with underweight, overweight, and obesity," *Journal of the American Medical Association* 293(15): 1861-67; Edward W. Gregg, Yiling J. Chen, Betsy L. Caldwell, et al., 2005, "Secular trends in cardiovascular disease risk factors according to body mass index in US adults," *Journal of the American Medical Association* 293(15): 1868–74; S. Jay Olshansky, Douglas J. Passaro, Ronald C. Hershow, et al., 2005, "A potential decline in life expectancy in the United States in the 21st century," *New England Journal of Medicine* 352(12): 1138–45 および Neil K. Mehta and Virginia W. Chang, 2011, "Secular declines in the association between obesity and mortality in the United States," *Population and Development Review* 37(3): 435–51.
24. Jim Oeppen and James W. Vaupel, 2002, "Broken limits to life expectancy," *Science* 296 (May 10), 1029–31. Jennifer Couzin-Frankel, 2011, "A pitched battle over life span," *Science* 333 (July 29), 549–50 も参照のこと。
25. Morris, *Why the West rules;*〔邦訳　モリス『人類5万年』〕。引用は p. 296。
26. Alfred W. Crosby, [1973] 2003, *The Columbian exchange: Biological and cultural consequences of 1492,* Greenwood; Jared Diamond, 2005, *Guns, germs, and steel: The fates of human societies,* Norton〔邦訳　ジャレド・ダイアモンド『銃・病原菌・鉄——1万3000年にわたる人類史の謎』倉骨彰訳、草思社、2000年〕および Charles C. Mann, 2011, *1493: Uncovering the new world that Columbus created,* Knopf.
27. Phyllis B. Eveleth and James M. Tanner, 1991, *Worldwide variation in human growth,* Cambridge University Press および Roderick Floud, Kenneth Wachter, and Anabel Gregory, 2006, *Height, health, and history: Nutritional status in the United Kingdom, 1750–1980,* Cambridge University Press.
28. Anne C. Case and Christina H. Paxson, 2008, "Stature and status: Height, ability, and labor market outcomes," *Journal of Political Economy* 116(3): 499–532.
29. T. J. Cole, 2003, "The secular trend in human physical growth: A biological view," *Economics and Human Biology* 1(2): 161–68.
30. Timothy J. Hatton and Bernice E. Bray, 2010, "Long-run trends in the heights of European men, 19th-20th centuries," *Economics and Human Biology* 8(3): 405–13.
31. Timothy J. Hatton, 2011, "How have Europeans grown so tall?" CEPR Discussion Paper DP8490, SSRN: http://ssrn.com/abstract=1897996 で閲覧可能。
32. Rosen, *History of public health,* p. 182〔邦訳　ジョージ・ローゼン『公衆衛生の歴史』小栗史朗訳、第一出版、1974年〕
33. Dean Spears, 2012, "How much international variation in child height can sanitation explain?" http://www.princeton.edu/rpds/papers/Spears_Height_and_Sanitation.pdf.pdf
34. Floud, Wachter, and Gregory, *Height, health, and history.*
35. Angus Deaton, 2008, "Height, health, and inequality: The distribution of adult heights in India," *American Economic Review* 98(2): 468–74.
36. S. V. Subramanian, Emre Ozaltin, and Jocelyn E. Finlay, 2011, "Height of nations: A socioeco-

nomic analysis of cohort differences and patterns among women in 54 low- to middle-income countries," *PLoS ONE* 6(4): e18962.

第５章　アメリカの物質的幸福

1. Lant Pritchett, 1997, "Divergence, big time," *Journal of Economic Perspectives* 11(3): 3–17.
2. Francois Bourguignon and Christian Morrisson, 2002, "Inequality among world citizens: 1820–1992," *American Economic Review* 92(4): 727–44.
3. ここに使用した数字と図１の数字は http://www.bea.gov/iTable/iTable.cfm?ReqID=9&step=1#reqid=9&step=3&isuri=1&903=264 より。
4. William Nordhaus and James Tobin, 1972, "Is growth obsolete?" in *Economic Research: Retrospect and prospect,* Volume 5: *Economic growth,* National Bureau of Economic Research, 1–80.
5. Gordon M. Fisher, 1992, "The development and history of the poverty thresholds," http://www.ssa.gov/history/fisheronpoverty.html
6. Connie F. Citro and Robert T. Michael, 1995, *Measuring poverty: A new approach,* National Academies Press.
7. Amartya K. Sen, 1983, "Poor, relatively speaking," *Oxford Economic Papers,* New Series 35(2): 153–69.
8. 国勢調査局が実験的測定に関するウェブサイトを運営している。http://www.census.gov/hhes/povmeas/
9. Bruce D. Meyer and James X. Sullivan, 2012, "Winning the war: Poverty from the Great Society to the Great Recession," *Brookings Papers on Economic Activity,* Fall, 133–200.
10. David S. Johnson and Timothy M. Smeeding, 2012, "A consumer's guide to interpreting various U.S. poverty measures," *Fast Focus* 14, Institute for Research on Poverty, University of Wisconsin at Madison.
11. James C. Scott, 1999, *Seeing like a state: How certain schemes to improve the human condition have failed,* Yale University Press.
12. Jan Tinbergen, 1974, "Substitution of graduate by other labor," Kyklos 27(2): 217–26.
13. Lawrence F. Katz and Claudia Goldin, 2010, *The race between education and technology,* Belknap.
14. Anthony B. Atkinson, 2008, *The changing distribution of earnings in OECD countries,* Oxford University Press.
15. Daron Acemoglu, 2002, "Technical change, inequality, and the labor market," *Journal of Economic Literature* 40(1): 7–72.
16. Jonathan Gruber, 2000, "Health insurance and the labor market," in Anthony J. Culyer and Joseph P. Newhouse, eds., *Handbook of health economics,* Volume 1, Part A, Elsevier, 645–706.
17. Emanuel and Fuchs, "Who really pays for health care?"
18. Robert Frank, 2007, *Richistan: A journey through the American wealth boom and the lives of the new rich,* Crown〔邦訳　ロバート・フランク『ザ・ニューリッチ――アメリカ新富裕層の知られざる実態』飯岡美紀訳、ダイヤモンド社、2007年〕
19. David H. Autor, Lawrence F. Katz, and Melissa S. Kearney, 2006, "The polarization of the U.S.

labor market," *American Economic Review* 96(2): 189–94 および David Autor and David Dorn, "The growth of low-skill service jobs and the polarization of the US labor market," *American Economic Review,* 近刊予定、http://economics.mit.edu/files/1474で閲覧可能。

20. David Card and Alan B. Krueger, 1994, "Minimum wages and employment: A case study of the fast food industry in New Jersey and Pennsylvania," *American Economic Review* 84(4): 772–93 および David Card and Alan B. Krueger, 1995, *Myth and measurement: The new economics of the minimum wage,* Princeton University Press.
21. James Buchanan, 1996, "A commentary on the minimum wage," *Wall Street Journal,* April 25, p. A20.
22. David S. Lee, 1999, "Wage inequality in the United States during the 1980s: Rising dispersion or falling minimum wage," *Quarterly Journal of Economics* 114(3): 977–1023.
23. Congressional Budget Office, 2011, *Trends in the distribution of household income between 1979 and 2007,* Washington, DC.
24. Thomas Piketty and Emmanuel Saez, 2003, "Income inequality in the United States 1913–1998," *Quarterly Journal of Economics* 118(1): 1–41.
25. Simon Kuznets, 1953, *Shares of upper income groups in income and saving,* National Bureau of Economic Research.
26. ピケティとサエズの分析における所得とは課税所得であり、非親族を含み得る家族や世帯単位ではなく、課税単位の所得である。先に引用した議会予算局の所得に関する数字には、国民経済計算には含まれているが、当該調査には含まれていない項目がいくつか入っている。一部の研究では、家族所得または世帯所得はその単位内の人数と、構成員が成人か子どもかに応じて修正されている。こうした詳細は本書で伝えたい総体的な話には影響しないと思われるのでここでは省いたのだが、修正や調整なしに定義が異なる所得を比較するのは危険な場合もある。
27. Congressional Budget Office, *Trends in the distribution of household income.*
28. Miles Corak, "Inequality from generation to generation: The United States in comparison," University of Ottawa, http://milescorak.files.wordpress.com/2012/01/inequality-from-generation-to-generation-the-united-states-in-comparison-v3.pdf
29. Martin S. Feldstein, 1998, "Income inequality and poverty," *National Bureau of Economic Research Working Paper 6770;* 摘要からの抜粋。
30. Marianne Bertrand and Sendhil Mullainathan, 2001, "Are CEOs rewarded for luck? The ones without principals are," *Quarterly Journal of Economics* 116(3): 901–32.
31. Thomas Philippon and Ariell Reshef, 2012, "Wages and human capital in the U.S. financial industry: 1909–2006," *Quarterly Journal of Economics* 127(4): 1551–1609.
32. Jacob S. Hacker and Paul Pierson, 2011, *Winner-take-all politics: How Washington made the rich richer-and turned its back on the middle class,* Simon and Schuster.
33. Gretchen Morgenson and Joshua Rosner, 2011, *Reckless endangerment: How outsized ambition, greed, and corruption created the worst financial crisis of our time,* St. Martin's Griffin.
34. Thomas Piketty, Emmanuel Saez, and Stefanie Stantcheva, 2011, "Optimal taxation of top labor incomes: A tale of three elasticities," National Bureau of Economic Research Working

Paper 17616. この著者らは本文中で私がしているものとは異なる形で関係を解釈していることに注意。

35. Larry Bartels, 2010, *Unequal democracy: The political economy of the new gilded age*, Princeton University Press, and Martin Gilens, 2012, *Affluence and influence: Economic inequality and political power in America,* Princeton University Press.
36. Anne O. Krueger, 1974, "The political economy of the rent-seeking society," *American Economic Review* 64(3): 291–303 および Jagdish N. Bhagwati, 1982, "Directly unproductive profit-seeking (DUP) activities," *Journal of Political Economy* 90(5): 988–1002.
37. Gilens, *Affluence and influence.*
38. Joseph E. Stiglitz, 2012, *The price of inequality: How today's divided society endangers our future,* Norton〔邦訳 ジョセフ・E・スティグリッツ『世界の99パーセントを貧困にする経済』楡井浩一・峯村利哉訳、徳間書店、2012年〕
39. Eric Jones, 1981, *The European miracle: Environments, economies, and geopolitics in the history of Europe and Asia,* Cambridge University Press〔邦訳 E・L・ジョーンズ『ヨーロッパの奇跡——環境・経済・地政の比較史』安元稔・脇村孝平訳、名古屋大学出版会、2000年〕および 1988, *Growth recurring: Economic change in world history,* Oxford University Press〔邦訳 E・L・ジョーンズ『経済成長の世界史』天野雅敏・重富公生・小瀬一・北原聡訳、名古屋大学出版会、2007年〕
40. Stanley Engerman and Kenneth L. Sokoloff, 2011, *Economic development in the Americas since 1500: Endowments and institutions,* Cambridge University Press.
41. Daron Acemoglu, Simon Johnson, and James Robinson, 2002, "Reversal of fortune: Geography and institutions in the making of the modern world income distribution," *Quarterly Journal of Economics* 117(4): 1231–94 および Acemoglu and Robinson, *Why nations fail*〔邦訳 アセモグル、ロビンソン『国家はなぜ衰退するのか』〕
42. Mancur Olson, 1982, *The rise and decline of nations: Economic growth, stagflation, and social rigidities,* Yale University Press〔邦訳 マンサー・オルソン『国家興亡論——「集合行為論」からみた盛衰の科学』加藤寛監訳、PHP 研究所、1991年〕

第6章 グローバル化と最大の脱出

1. International Comparison of Prices Program（国際価格比較プログラム）について詳しくは https://pwt.sas.upenn.edu/icp.html を参照。価格収集プログラムは世界銀行のウェブサイトに掲載。http://siteresources.worldbank.org/ICPEXT/ Resources/ICP_2011.html を参照。
2. Angus Deaton and Alan Heston, 2010, "Understanding PPPs and PPP national accounts," *American Economic Journal: Macroeconomics* 2(4): 1–35.
3. Milton Gilbert, Colin Clark, J.R.N. Stone, et al., 1949, "The measurement of national wealth: Discussion," *Econometrica* 17 (Supplement, Report of the Washington Meeting): 255–72; 引用は p. 261。
4. Robert M. Solow, 1956, "A contribution to the theory of economic growth," *Quarterly Journal of Economics* 70(1): 65–74.

5. Angus Maddison and Harry X. Wu, 2008, "Measuring China's economic performance," *World Economics* 9(2): 13–44.
6. William Easterly, Michael Kremer, Lant Pritchett, and Lawrence H. Summers, 1993, "Good policy or good luck? Country growth performance and temporary shocks," *Journal of Monetary Economics* 32(3): 459–83.
7. Commission on Growth and Development, 2008, *The growth report: Strategies for sustained growth and inclusive development,* World Bank〔邦訳　世界銀行『世界銀行経済成長レポート——すべての人々に恩恵のある開発と安定成長のための戦略』田村勝省訳、一灯舎、2009年〕
8. Paul Collier, 2008, *The bottom billion: Why the poorest countries are failing and what can be done about it,* Oxford University Press〔邦訳　ポール・コリアー『最底辺の10億人——最も貧しい国々のために本当に成すべきことは何か？』中谷和男訳、日経 BP 社、2008年〕
9. Matthew Connelly, 2008, *Fatal misconceptions: The struggle to control world population,* Harvard University Press.
10. Julian L. Simon, 1983, *The ultimate resource,* Princeton University Press.
11. David Lam, 2011, "How the world survived the population bomb: Lessons from 50 years of extraordinary demographic history," *Demography* 48(4): 1231–62.
12. Angus Deaton, 2005, "Measuring poverty in a growing world, or measuring growth in a poor world," *Review of Economics and Statistics* 87(1): 1–19.
13. Atul Kohli, 2012, *Poverty amid plenty in the new India,* Cambridge University Press.
14. Robert C. Allen, Tommy E. Murphy, and Eric B. Schneider, 2012, "The colonial origins of the divergence in the Americas: A labor market approach," *Journal of Economic History* 72(4): 863–94.
15. Anthony B. Atkinson, Thomas Piketty, and Emmanuel Saez, 2011, "Top incomes in the long run of history," *Journal of Economic Literature* 49(1): 3–71.
16. 同上。
17. Maarten Goos, Alan Manning, and Anna Salomons, 2009, "Job polarization in Europe," *American Economic Review* 99(2): 58–63.
18. Branko Milanovic, 2007, *Worlds apart: Measuring international and global inequality,* Princeton University Press. 重要な更新情報は Branko Milanovic, 2010, "Global income inequality," http://siteresources.worldbank.org/INTPOVRES/Resources/477227-1173108574667/global_inequality_presentation_milanovic_cambridge_2010.pdf
19. Ronald Dworkin, 2000, *Sovereign virtue,* Harvard University Press, p. 6〔邦訳　ロナルド・ドゥウォーキン『平等とは何か』小林公訳、木鐸社、2002年〕; Thomas Nagel, 2005, "The problem of global justice," *Philosophy and Public Affairs* 33(2): 113–47, p. 120.

第7章　取り残された者をどうやって助けるか

1. 数字および計算は世界銀行の貧困の計算に関するウェブサイト http://iresearch.worldbank.org/PovcalNet/index.htm?3 より。
2. Angus Deaton and Olivier Dupriez, 2011, "Purchasing power parity exchange rates for the

global poor," *American Economic Journal: Applied Economics* 3(2): 137–66.

3. http://www.givingwhatwecan.org/
4. Richard Attenborough, "17p to save a child's life," *The Observer,* March 4, 2000, http://www.guardian.co.uk/world/2000/mar/05/mozambique.theobserver
5. Smith, 1767, *Theory of moral sentiments,* p. 213〔邦訳　スミス『道徳感情論』〕
6. David Hume, 1912 [1777], *An enquiry concerning the principles of morals,* Project Gutenberg edition, part I (originally published in 1751)〔邦訳　デイヴィッド・ヒューム『道徳原理の研究』渡部峻明訳、晢書房、1993年〕
7. Peter Singer, 1972, "Famine, affluence, and mortality," *Philosophy and Public Affairs* 1(1): 229–43; 引用は p. 242。
8. Peter Singer, 2009, *The life you can save: Acting now to end world poverty,* Random House〔邦訳　ピーター・シンガー『あなたが救える命——世界の貧困を終わらせるために今すぐできること』児玉聡・石川涼子訳、勁草書房、2014年〕
9. この章の援助に関するデータは別途記載のないかぎり、すべて OECD の開発援助委員会 (DAC) http://www.oecd.org/dac/stats/ または世界銀行の世界開発指標 http:// databank.worldbank.org/data/home.aspx より。
10. この用語の出典は Jonathan Temple, 2010, "Aid and conditionality," *Handbook of development economics*, Elsevier, Chapter 67, p. 4420 より。
11. Peter Bauer, 1971, *Dissent on development,* Weidenfeld and Nicolson, Temple, "Aid and conditionality," p. 4436.
12. このセクションに記載した情報の多くの出典は Roger Riddell, 2007, *Does foreign aid really work?* Oxford より。
13. Devesh Kapur, John P. Lewis, and Richard Webb, eds., 1997, *The World Bank: Its first half century, Volume 1: History,* Brookings Institution Press, p. 128 に引用。
14. William Easterly and Claudia R. Williamson, 2011, "Rhetoric v. reality: The best and worst of aid agency practices," *World Development* 39(11): 1930–49.
15. 同上、その次の二段落まで。
16. Alberto Alesina and David Dollar, 2000, "Who gives foreign aid to whom and why," *Journal of Economic Growth* 5(1): 33–63.
17. Michael Maren, 2002, *The road to hell: The ravaging effects of foreign aid and international charity,* Free Press; Alex de Waal, 2009, *Famine crimes: Politics and the disaster relief industry in Africa,* Indiana University Press および Linda Polman, 2011, *The crisis caravan: What's wrong with humanitarian aid,* Picador〔邦訳　リンダ・ポルマン『クライシス・キャラバン——紛争地における人道援助の真実』大平剛訳、東洋経済新報社、2012年〕
18. Helen Epstein, 2010, "Cruel Ethiopia," *New York Review of Books,* May 13.
19. Angus Deaton and Ronald I. Miller, 1995. *International commodity prices, macroeconomic performance, and politics in sub-Saharan Africa,* Princeton Studies in International Finance 79, Princeton University Press.
20. Angus Deaton, 1999, "Commodity prices and growth in Africa," *Journal of Economic Perspectives* 13(3): 23–40.

21. Arvind Subramanian and Raghuram Rajan, 2008, "Aid and growth: What does the cross-country evidence really show?" *Review of Economics and Statistics* 90(4): 643–65.
22. Nancy Cartwright and Jeremy Hardie, 2012, *Evidence-based policy: A practical guide to doing it better,* Oxford University Press.
23. Nicolas van de Walle, 2005, *Overcoming stagnation in aid-dependent countries,* Center for Global Development; Todd Moss, Gunilla Pettersson, and Nicolas van de Walle, 2007, "An aid-institutions paradox? A review essay on aid dependency and state building in sub-Saharan Africa," in William Easterly, ed., *Reinventing foreign aid,* MIT Press, 255–81; および Timothy Besley and Torsten Persson, 2011, *Pillars of prosperity: The political economics of development clusters,* Princeton University Press.
24. Moss, Pettersson, and van de Walle, "An aid-institutions paradox?"
25. Deaton, "Commodity prices and growth in Africa," p. 23.
26. Arvind Subramanian and Raghuram Rajan, 2011, "Aid, Dutch disease, and manufacturing growth," *Journal of Development Economics* 94(1): 106–18.
27. Michela Wrong, 2001, *In the footsteps of Mr. Kurz: Living on the brink of disaster in Mobutu's Congo,* Harper.
28. Nicolas van de Walle, *Overcoming stagnation.*
29. Besley and Persson, *Pillars of prosperity.* 以下も参照。Timothy Besley and Torsten Persson, 2011, "Fragile states and development policy," *Journal of the European Economic Association* 9(3): 371–98.
30. Jakob Svensson, 2003, "Why conditional aid does not work and what can be done about it," *Journal of Development Economics* 70(2): 381–402 および 2006, "The institutional economics of foreign aid," *Swedish Economic Policy Review* 13(2): 115–37.
31. Ravi Kanbur, 2000, "Aid, conditionality, and debt in Africa," in Finn Tarp, ed., *Foreign aid and development: Lessons learnt and directions for the future,* Routledge, 318–28; 引用は p. 323。
32. Robert H. Bates, 2006, "Banerjee's approach might teach us more about impact but at the expense of larger matters," *Boston Review,* September, pp. 67–72.
33. William Easterly, 2002, *The elusive quest for growth: Economists' adventures and misadventures in the tropics,* MIT Press; 引用は p. 116〔邦訳　ウィリアム・イースタリー『エコノミスト南の貧困と闘う』小浜裕久・冨田陽子・織井啓介訳、東洋経済新報社、2003年〕
34. Polman, *The crisis caravan.*〔邦訳　ポルマン『クライシス・キャラバン』〕(p. 358–359 第7章注17参照)
35. Michela Wrong, 2009, *It's our turn to eat: The story of a Kenyan whistleblower,* Harper.
36. Nick Cullather, 2010, *The hungry world: America's Cold War battle against poverty in Asia,* Harvard University Press.
37. Nicolas van de Walle, *Overcoming stagnation.*
38. Connelly, *Fatal misconceptions.*
39. James Ferguson, 1994, *The anti-politics machine: "Development," depoliticization, and bureaucratic power in Lesotho,* University of Minnesota Press.
40. Leif Wenar, 2010, "Poverty is no pond: Challenges for the affluent," in Patricia Illingworth,

Thomas Pogge および Leif Wenar, eds., *Giving well: The ethics of philanthropy,* Oxford University Press, pp. 104–32.

41. William Easterly, 2006, *The White Man's Burden: Why the West's efforts to aid the rest have done so much ill and so little good,* Penguin〔邦訳　ウィリアム・イースタリー『傲慢な援助』小浜裕久・織井啓介・冨田陽子訳、東洋経済新報社、2009年〕
42. Mark Mazower, 2009, *No enchanted palace: The end of empire and the ideological origins of the United Nations,* Princeton University Press.
43. Michela Wrong, 2006, *I didn't do it for you: How the world betrayed a small African nation,* Harper.
44. Ruth Levine et al., 2004, *Millions saved: Proven successes in global health,* Center for Global Development.
45. Anthony S. Fauci and Gregory K. Folkers, 2012, "The world must build on three decades of scientific advances to enable a new generation to live free of HIV/AIDS," *Health Affairs* 31(7): 1529–36.
46. Deon Filmer, Jeffrey Hammer, and Lant Pritchett, 2000, "Weak links in the chain: A diagnosis of health policy in poor countries," *World Bank Research Observer* 15(2): 199–224; 引用は p. 199。
47. Helen Epstein, 2005, "The lost children of AIDS," *New York Review of Books,* November 3.
48. ウィリアム・イースタリーが投げかけた私のお気に入りの（そして効果的な）質問。例としては、以下を参照。2012, "How I would not lead the World Bank: Do not, under any circumstances, pick me," *Foreign Policy,* March 5.
49. World Health Organization, 2001, *Macroeconomics and health: Investing in health for economic development,* http://www.cid.harvard.edu/archive/ cmh/cmhreport.pdf および Jeffrey Sachs, 2006, *The end of poverty: Economic possibilities for our time,* Penguin〔邦訳　ジェフリー・サックス『貧困の終焉——2025年までに世界を変える』鈴木主税・野中邦子訳、早川書房、2006年〕
50. http://www.oecd.org/dac/effectiveness/parisdeclarationandaccraagendaforaction.htm
51. Nancy Birdsall and William Savedoff, 2010, *Cash on delivery: A new approach to foreign aid,* Center for Global Development.
52. Abhijit Vinayak Banerjee, 2007, *Making aid work,* MIT Press, pp. 91–97; 引用は pp. 95–96。
53. Thomas Pogge, 2012, "The Health Impact Fund: Enhancing justice and efficiency in global health," *Journal of Human Development and Capabilities,* DOI: 10.1080/19452829.2012.703172.
54. Michael Kremer, Ruth Levine, and Alice Albright, 2005, *Making markets for vaccines: Ideas to action,* Report of the Advance Market Commitment Working Group, Center for Global Development.
55. http://www.gavialliance.org/funding/pneumococcal-amc/about/
56. Michael Kremer and Seema Jayachandran, 2006, "Odious debt," *American Economic Review* 96(1): 82–92.
57. The Extractive Industries Transparency Initiative, www.eitc.org

58. Kofi Annan, 2012, "Momentum rises to lift Africa's resource curse," *New York Times,* September 14, http://www.nytimes.com/2012/09/14/opinion/kofi-annan-momentum-rises-to-lift-africas-resource-curse.html?_r=0

あとがき

1. Jared Diamond, 2004, *Collapse: How societies choose to fail or succeed,* Viking〔邦訳　ジャレド・ダイアモンド『文明崩壊——滅亡と存続の命運を分けるもの』楡井浩一訳、草思社、2005年〕
2. Olson, *Rise and decline of nations.*〔邦訳　オルソン『国家興亡論』〕
3. Steven Pinker, 2011, *The better angels of our nature: Why violence has declined,* Viking.
4. Kenny, *Getting better.*

著者略歴

(Angus Deaton)

プリンストン大学の経済学部教授．専門分野は健康と豊かさ，経済成長の研究．イギリス生まれ．米英の市民権を持つ．ケンブリッジ大学とブリストル大学で教鞭を執ったのち，プリンストン大学に移籍．2009年にはアメリカ経済学会の会長を務める．現在の研究テーマは，富裕国と貧困国における健康状態の決定因子と，インドをはじめとする全世界の貧困の計測．2015年ノーベル経済学賞受賞．著書 *Economics and Consumer Behavior*（共著，1980, Cambridge University Press）；*The Analysis of Household Surveys*（1997, World Bank）他．

訳者略歴

松本裕〈まつもと・ゆう〉翻訳者．訳書マハジャン『アフリカ　動きだす9億人市場』（2009，英治出版）ウッドマン『フェアトレードのおかしな真実――僕は本当に良いビジネスを探す旅に出た』（2013，英治出版）他．

アンガス・ディートン
大脱出
健康、お金、格差の起原
松本裕訳

2014 年 10 月 22 日　第 1 刷発行
2016 年 12 月 9 日　第 5 刷発行

発行所 株式会社 みすず書房
〒113-0033 東京都文京区本郷 5 丁目 32-21
電話 03-3814-0131（営業） 03-3815-9181（編集）
http://www.msz.co.jp

本文組版 キャップス
本文印刷所 萩原印刷
扉・表紙・カバー印刷所 リヒトプランニング
製本所 誠製本

ISBN 978-4-622-07870-8
［だいだっしゅつ］